卓新平 著

当代西方宗教思潮研究

『新时代』运动、女权神学
与后现代主义

RESEARCH ON
RELIGIOUS
TRENDS
IN THE CONTEMPORARY WEST

"NEW AGE" MOVEMENT, FEMINIST THEOLOGY
AND POSTMODERNISM

社会科学文献出版社
SOCIAL SCIENCES ACADEMIC PRESS (CHINA)

前　言

　　"当代西方宗教思潮研究" 这一课题是笔者过去二十多年来一直在努力探究的主要科研内容的组成部分。在宗教思想研究领域中，笔者的重点放在现当代，且以研究当代西方宗教思想为主。1998 年初，笔者获得了国家人事部资助的非教育系统优秀留学回国人员科技活动 A 类课题，即以 "当代西方宗教思潮研究" 为选题，其主要内容是对西方当代基督教思想的研究。几乎与此同时，原来与相关部门联合进行的国家社会科学研究 "九五" 规划委托研究重大项目 "当代基督教现状与发展趋势" 也转为由笔者个人单独负责。这样，由于任务重、时间紧，笔者当时不得不将 "当代西方宗教思潮研究" 的相关内容揉入 "当代基督教现状与发展趋势" 这一重大课题，并自 1998 年相继出版了作为这一课题成果的 "当代基督宗教研究" 丛书各卷，包括笔者个人单独完成的《当代西方新教神学》（1998）、《当代西方天主教神学》（1998）、《当代亚非拉美神学》（2007）、《当代基督宗教教会发展》（2007）等。而以 "当代西方宗教思潮研究" 为题的专著出版则被搁置下来。

　　在余后的时日内，笔者担任了繁重的研究所行政工作，亦参与了相关的社会工作，直到 2018 年退出行政岗位，才有机会抽出时间来重新审核这一旧稿，对之加以补充、修改、完善。好在当代研究是一种动态的研究，本来就需要时时更新、及时充实，这反而成就了这部专著。为了与前述 "当代基督宗教研究" 丛书形成区别，笔者在《当代西方宗教思潮研究》这部著作中主要撰写了前述丛书基本没有论及的 "西方 '新时代' 运动宗教思潮"，以及仅仅一笔带过的 "西方当代女权神学思潮" 和 "西方后现代主义宗教思潮" 等内容，当然其主要思潮研究还是以当代西方基督教神学思潮为主；以上述内容为基础，基本形成了本著作中的三编格局。当然，这里所论及的当代西方宗教思潮仍然没能包括其发展全貌，而在其动态进程中也不可能完全完成这一艰巨任务。在遗憾之余，这也会为笔者今后的拓展研究留下空间，激励笔者继续努力。

　　本著作在完成过程中得到了多方面的友好帮助，其中黄瑛博士、梁恒豪博士曾积极帮助笔者查找相关资料，原人事部"非教育系统优秀留学回国人员科技活动重点资助"计划于 1998 年使本课题得以立项并提供了研究资助，中国社会科学院世界宗教研究所创新工程和基督教研究室优势学科项目为本著作提供了出版资助，社会科学文献出版社人文分社宋月华社长及责任编辑等为本著作编辑出版给予了大力支持，在此一并表示衷心感谢！

卓新平

2021 年 7 月 8 日于北京寓所

目　录
CONTENTS

第三编 ◉ 西方后现代主义宗教思潮

绪　论

当代世界已经进入了一个全新时代的发展，自 20 世纪下半叶以来，世界就凸显其思想文化格局的更新，与经济发展、社会转型、政治重构、影响互渗相吻合。在这种影响全局的变动中，一个突出的特点就是宗教的"复魅"，精神灵性思潮重新活跃，这在西方社会尤为典型。由于世界发展的"全球化"趋势，这种变化也势必影响当代中国，因此观察研究世界巨变已刻不容缓，尤其是必须关注西方宗教等精神思潮的全新变化及其发展特色。这就是本课题研究的基本立意之所在。我们对于当代西方宗教思潮，必须密切观察、认真研究，且须以一种与时俱进的新视角来展开我们的认识，进行动态的调研，深化我们的思考，做出科学的分析判断。这也是我们促进中国当代文化发展、思想革新所应该进行的一门功课。

当前世界宗教信仰的分布格局没有出现根本变化，而且西方宗教的影响在全球的比重仍然很大，因此西方当代宗教思潮自然会有其世界范围的传播，直接或间接地影响世界上大多数人的精神生活及信仰走向。对此，我们应该高度注意和重视。据皮尤研究中心 2012 年以来发布的《全球宗教景观》报告和《维基百科》的统计，目前世界上信仰宗教的人数占到世界人口总数的 80% 以上，其中西方社会的绝大多数人仍然信仰基督教等宗教，而东方各种宗教对西方社会的影响在明显增强，并且有着"东方神秘主义"的典型特征；近百年来不断涌现的新兴宗教同样也发展迅猛，已达 1 亿多人[①]，其在西方世界同样非常活跃；当然，新兴宗教刚一亮相就直接表明了其具有全球扩展的姿态，而这种扩展也往往以西方社会文化为其基础和支撑。新兴宗教的一大特点就是"反传统"，对传统文化及传统宗教有着颠覆性的否定，这种咄咄逼人的态势虽然不一定能够取得成功，却也

---

① 参见张志刚、金勋主编《世界宗教评论》第一辑，宗教文化出版社，2014，第 1 页。

会推动传统文化及传统宗教的反思和革新，在面对新的历史机遇、适应时代变迁时不得不有所变动、适当革新。所以，我们一方面应该看到当代西方基督教思潮主要为其传统观念之多种理论的余绪，关键性突破不是很多；但另一方面则必须看到西方在过去约50年来已经出现一些与基督教传统明显不同而引人注目的新发展。这些宗教思潮的发展不是孤立的现象，与当代世界社会在政治、经济、科学、军事、思想、文化等方面的发展密切关联，反映出其互动、呼应和反向。在现代科学新发展的触动下，在当代社会问题及其冲突尖锐化的刺激下，西方宗教界开始主动、积极地思考一些焦点问题，其特点是反思甚至推翻了以往的见解，并出现了石破天惊的新奇观点，给整个世界带来震动，引起人们新的反思。因此，西方当代宗教思潮有着鲜明的时代特色，也会留下其区域社会、民族文化的印痕。

当代西方社会曾经出现其宗教究竟是"祛魅"而社会世俗化，还是"复魅"而人心神秘化的争论。在20世纪下半叶，社会世俗化的认识曾普遍流传，"上帝死了"亦成为这种世俗化的响亮口号。不过，在走近世纪之交的时代转换之际，宗教灵性却异常活跃，宗教"事件"也频频吸引社会媒体的眼球。这种宗教灵性的"复兴"或"复魅"使世界惊讶不已，人们开始重新评估宗教的魅力及影响，重新审视社会"属灵"还是"媚俗"的评估。当人们分析现代世界"全球化"的发展时，其多种因素中包括宗教的因素，意识到当代人所面对的难题仍然直接或间接地刺激当代宗教的"复兴"。其灵性层面的讨论不仅涉及"上帝是什么""上帝存在吗"等老问题，还更多地深入探究与人关联的"精神性""灵性体验"等尚未充分展开的自我之问。这样，宗教的关切在从"上帝"问题重新回到"人"的问题，宗教理论则更多地从哲学转向心理学、从形而上学转向经验人类学、从二元分殊之隔离的思辨转向主体客体相关联的现象、从书斋式的经院论道转向培训班式的修行实践。实际上，这种"复兴"并非简单的"复旧"，而是人类正在步入一个"新时代"的转型。科技、经济、政治、社会、文化等领域的巨变，预示着旧的时代在逐渐离开我们，而一个未知的新时代则在悄然来临。

在当代科技发展上，人类"向宏观世界和微观世界进军"取得了重大进展，在宏观宇宙认知上的"两暗一黑三起源"（暗物质、暗能量，黑洞，宇宙起源、天体起源、生命起源）重新引起宗教的遐想，"宇宙中可见物

质仅占 4.9%，而暗物质占到 26.8%，暗能量占到 68.3%"。① 2019 年 5 月
欧美两个精密探测器捕捉到仅持续了 1/10 秒的引力波信号，推测其乃是在
超过 70 亿年前由两颗透明星体合并而产生的一种超轻玻色子，这一假想粒
子被预测为一种质量不到电子的十亿分之一的暗物质粒子，由此把探究的
视域深入到暗物质领域及"平行宇宙"的猜想中。就当代科学发展的现实
而论，不仅"眼见为实"的物质极为有限，在可知物质世界中目前能够用
科技手段完全解释说明的也只能占其 4% 左右，余下的绝大部分虽然仍可
留给科技来研究解释，却不可能阻碍哲学、宗教对之也加以言述。而微观
宇宙认知上"希格斯粒子"（上帝粒子）的发现和各种病毒性肺炎肆虐让
人类措手不及、方寸大乱、惊慌应对，更让人感到其神秘而不可思议。
"上帝粒子""量子纠缠""元宇宙"等话语所引起的宗教联想，在当今世
界一点都不稀奇。特别是信息网络的普及，"千里眼""顺风耳"的神话已
经成为现实，以往描述宗教神明的"无所不知""无所不在""无所不至"
"无所不能"如今遂可给人一种重新认知或理解的机会，而信息世界的同
步和遍布也让人惊异且不安，使宗教生存及传播方式不断更新；很明显，
宗教的当代发展已形成无法割断的"信仰网络"，宗教信仰世界与电子网
络的"虚拟世界"形成对比，令人浮想联翩，一种"虚拟现实"的悖论油
然而生。科技发展给人类带来的另一种担忧则是人工智能的进展，人脑能
否真正控制人工智能成为问题，具有自我学习功能的机器人之出现，让人
越来越觉得很难真正掌握自己的"产品"，这种"产品"已经异化为人的
对立面，"大脑模拟"正在出现大于人之大脑的能力，而其"智能"也在
远远地超过人的智能；因而人们担心，一旦这种人工智能超出"人的智
能"及其对人工智能的掌控，那么就可能进入"后人类"时代，人则有可
能成为人工智能之"产品"的奴隶，遭受毁灭性打击。这也进而引发人们
的思考，即"意识""思维""自我认知""自我主体性""潜意识"等是
否仅为人类所专有，是否会出现由近代"人是机器"到当代"机器超人"
的逆转。由此而论，现代科技发展不仅使人类有可能被外在的核技术、环
境破坏、资源枯竭、病毒肆虐以及与外星高智能生物的接触毁灭，也有可

① 引自中国科学院原院长白春礼在十三届全国人大常委会专题讲座"世界科技前沿发展态势"，2020 年 12 月 26 日。

能被自己制造的智能"产品"取代。这种科技进步不仅不能真正促成"人定胜天",人类反而还可能被人自己的科研所毁,也使现代人不得不思考人与其外在及内在"异化"的关系,其关于人的这种处境的思索显然也会有宗教意蕴层面的考量。当前科技的发展已经带来了人类对宏观宇宙及微观世界在认知上的巨大变化,其震撼及其触动势必也会带来人对其直接所在的中观社会及人本身认知上的微妙变化。而这种"变"正是典型的时代变替之征兆。

在经济形态的纷繁多变上,全球经济一体化曾以"市场经济"的形式扬弃了传统的国别经济格局和比较封闭的经济体制,以往对经济制度的强调后来也被对经济市场的关注取代,但当人们将这一"全球大市场"看作会直接影响其社会生存及发展的必然之场时,这一市场"大海"却又令人莫测难料地翻脸变异,地区保护主义和逆全球化发展在新的时代成为一股强大的逆流,不少曾引领全球化发展的西方大国突然变脸,纷纷从全球经济市场及其共同体组合中退出、退群,转瞬就使全球经济发展陷入窘境和危机,让人们对未来世界经济发展感到迷惘和失望。这种世界经济非理性的突变,自然也使以往似乎顺理成章的经济理论及其体系遭到灭顶之灾,自由往来、平等贸易、公平竞争、让市场说话等看似颇为合理、一直在自圆其说的经济理论及其践行一夜之间就被颠覆,其在现实面前的脆弱给人一种不堪一击之感,人们面对霸凌淫威却无可奈何,只能忍气吞声。在与"经济市场"相对应时,曾有人论及信仰世界也出现了广泛、复杂的"宗教市场"或"信仰市场","宗教"的社会在场成为超市中的货物而任人挑选、取舍,宗教之间遂有着相互关联和公平竞争的存在关系,但如今其"自由贸易"的"市场"亦受到限制,宗教"产品"的公平"买卖"似乎也不复存在,人们失去其自由选择而不得不注意相关威权的眼色和社会舆论的好恶,不再有任何平等对话,"宗教自由"成为可望却无法企及的奢侈品。这种经济运行及其体制的突变让人措手不及,不知所措,人类的经济交往及可能发展重新又面临着究竟应"往何处去"之问,这也充分说明经济制度及其世界格局的过往一页已经翻走,尚不清楚的新页则在慢慢打开。

在国际政治的最新走向上,人们庆祝"冷战"结束的喜悦如过眼烟云,而更多感慨"后冷战"时期并没有带来真正的世界和平,而所谓"文明冲突"却让世界再次卷入战乱、纷争之中，在文化上的选边站队使世界更加分裂，在"文明冲突"中也重新见证了其"野蛮"，特别是不少局部地区都因民族、宗教、政治、文化等问题而成为"热点"，出现"热战"，其牵一发而动全身甚至引起了全球性的波动、不安；"冷战"时期美国及西方与苏联及东欧这两大政治、经济、军事阵营的对峙，曾有其利益共同体内部的相对和谐、共振，但如今美国从联合国人权、教科文和卫生等相关机构中退出，在经贸上与欧盟关系的恶化，对中国的野蛮打压，英国脱欧的特立独行，以及独联体国家直接的冲突、战争，使人们一下子失去了目标、没有了准则，原来为共同生存、抱团取暖而构建的共同体如今却因各自利益的侧重、维系及保护而分崩离析、解体决裂，丢失了其所谓国际"担待"的使命和职责。在近代几百年、现代社会半个多世纪才得以建立起来的公正、平等、互利之国际关系和人类共处原则，一下子就显得不堪一击、千孔百疮、惨不忍睹。在对人类"一半野兽、一半天使"之本性认知上，人类的文明进程本来应该是不断摆脱"野兽"的印痕、朝向"天使"的完美，但现在局部战争之凶强斗狠给人的感觉似乎是又要重新回到"丛林"的逆行，显露出"弱肉强食"的兽性残暴。局部冲突使世界大战的阴影加重，人们在迷惑，不清楚行将来临的下一个时代给人类带来的究竟是战争还是和平？

在社会发展的现实形态上，社会因为民族、宗教、经济、政治等问题而出现撕裂，人类发展走向又处于一个关键的十字路口，社会的当代转型似乎给广大人民群众带来的更多是疑虑、迷惘和彷徨，旧的社会利益集团在解体，新的社会关系之形成尚未确定，社会阶层之构建趋于更加复杂，人们在社会中的选择及定位则在进行之中，以往对社会正义、公平、民主、自由的认知被质疑，新冠病毒肆虐的疫情改变了整个世界社会的生存方式，以往看似平稳、有效的社会结构及功能面对疫情却显得非常脆弱，人们为了自保而以邻为壑，国与国之间、地区与地区之间为了阻止疫情的蔓延而彼此封闭、相互防范，社会的不信任感在增加，人们的戒备心理在加强，以往民族、种族问题的创口在扩大，社会的交往与治理的难度及其成本也明显加大。人与人之间的关爱、互助，怜悯之情、感恩之心等都需重新培养和践行。这种社会变动导致了宗教的当代存在及变迁，20 世纪下半叶出现的宗教对话、宗教和谐由风行转为衰弱，宗教矛盾在社会矛盾中凸显,宗教的社会存在方式、社会地位、社会交流、社会作用以及社会影响都出现了巨大变化,并且也直接对当今社会转型与重构产生着多重作用。

在文化发展和文明认知上,"文明冲突"与"文化对话"乃处在博弈之中,虽曾达到某种文明和谐共在的共识,但分歧、冲突到后来却更为明显,和谐对话的氛围越来越差。"文明冲突"目前已经成为西方文化思潮中的主流,多极政治在让位给单边政治,而多元文化及其认知则在顽强地存活,其发展步履维艰。如何才能使政治或文化的"单边主义"势头得到遏制,当前好像还无良方;当下文化的难题、文明的对抗是自"冷战"结束以来最为棘手的时期,今后是"文化保守主义"还是"文化开放主义"会占据主要地位,似乎还很难预料,不同文化走向的交锋空前激烈,仍相持不下;具体而论,是共建"人类命运共同体"还是"美国优先",在当今东西方文化的关系中形成鲜明对照、对峙甚至对抗,人类社会再次被强力撕裂,奢望实现"世界大同"而曾经风行的"普世价值""普遍人权"等"绝对标准"或"通行圭臬"已烟消云散,分离、退群正占据世界舞台的中心。在中美对抗的进程中,西欧也正在被撕裂,甚至美国内部也在遭遇空前的分裂,传统社会秩序、文化价值已处于分崩离析的边缘。因此,文化的生存及其可能形态在重新成为问题,人类文明正遇到严峻考验。其实,文化的传承一则在于教育,以培育人的精神气质和文化修养,使之有着可持续发展的人脉和资源;二则有赖于选择,回避不了优胜劣汰的严酷现实,"落后就会挨打"、逆水行舟不进则退的筛选无法逃避。所以,人们在重新关注各国的文化政策及文化战略,思考有无共建人类一体文明的可能。在这种文化发展现实中,宗教也没有退隐,而是处在风口浪尖之上;人们在观察、询问宗教于此所处的地位,所起的作用。而在今后世界文化的关联、重组或融合中,宗教也还会发挥其越来越重要的作用,会代表各种文明价值或文化意识的宣称及选择,甚至可能会成为所谓"文化战略"中的关键因素。

基于这种世界全局性的审视,当我们观察西方宗教现象及其可能发展时,根据其普遍性和特殊性的立体交织,则可以概括出如下一些典型特点。

其一,西方宗教虽不再占据其社会话语的主流或核心地位,但其在"全球化"之世界舞台上仍然地位显赫、异常活跃,并仍在参与西方主流话语的构建。于此，西方宗教亦明显突出了其"全球意识"和"普世诉求"，希望能够代表世界精神生活的主流来亮相，强调其所具有的"普世价值"，甚至强求一种其精神文化传统的"普遍传播"。因此，西方宗教仍会以"普世性""普遍性"为其文化品牌，那么也就依然没有放弃以西方为首、西方为大的认知思路和舆论宣传。在全球化经济和网络化世界的现实中，西方宗教仍表现出其强势存在，而许多国家和地区也因为经济交往、文化传播事实上的"打开国门"和"开放边界"，已经为西方宗教"无疆界"的发展及对其他地区的渗透、浸润提供了极为便利的条件。西方宗教已经改变了传统的传播手段和途径，越来越多地采用网络传播等信息化、高科技手段，因此人们长期以来所持守的"传教"观念发生了根本改变。信仰网络、宗教传媒这种时髦且便捷的联系方式和联络手段，一方面促进了同一宗教加快其内部联系和相互协调，使其精神信仰共同体与社会存在共同体有机关联，彼此之间有着相互呼应、紧密合作的关系；另一方面则加强了其扩展、外宣的意向，旨在其宗教共同体的全球扩张以形成其信仰社群的世界联盟。这样，西方宗教就不仅能够达成其在"跨地区意义上的个人和社会认同"，还会增强其"跨文化的认同感和效忠感"。① 同一宗教在走"合一共融"的道路，以寻求其内部团结，在其策略上达到协调一致。特别值得人们注意的是，这种"宗教认同"上的选边站队，会促进其在适应相关社会的进程中也会与其社会达到"政治认同"，于是各宗教间的差异或区别就更加明显，彼此之间的矛盾冲突也可能会加剧。所以，不能轻视西方宗教会以其思想协调与政教分殊来直接与相关国家或地区的社会、政治立场保持一致，并要高度警惕其可能会给西方的政治、经济之"霸凌"主义提供精神依据和伦理支撑。这样，我们在研究西方宗教时必须有这种普遍关联的思路，意识到其对我国宗教及整个社会的可能影响。当然，我们也应该看到西方宗教中会有与其主流政治不同的表现形式及去向，以此争取对之审时度势，采取趋利避害的积极举措。

其二，必须看到当代西方宗教也不是铁板一块，而是呈现一种前所未有的"多元"变局，由此使西方社会内各宗教的协调也更加困难，但其必

---

① 参见〔英〕戴维·赫尔德等著《全球大变革——全球化时代的政治、经济与文化》，杨雪冬等译，社会科学文献出版社，2001，第463~465页。

要性则更加明显。对此，有些学者以人类社会已经进入了"第二轴心时代"或所谓"宗教复魅"来解释这种西方宗教的多元及其空前活跃。20世纪下半叶的宗教曾经是令人兴奋的"对话"时代，人们习用宗教和平会保障世界和平、宗教对话会达致宗教和平的思路来积极评价宗教对话的价值与作用，但这种宗教对话的热闹场景好似过眼烟云，其曾带来的现象也让人觉得好像是经历了海市蜃楼的幻象。今天西方宗教的多元共在并没有达到在中华文化中所强调的"多元一体"之状，而更多表现出各自分道扬镳之势。于是，我们研究西方宗教也需要具体问题具体分析，不同宗教不同对待，切忌一刀切的简单、轻率。在此，我们应该看到西方的各种宗教已增强了其自我意识，比较突出自己的"身份认同"，而不主张随波逐流，更不愿与逆潮流发展同流合污。在多元中强调保持自己的个性，意识到各自的差异，这样才可能争取和而不同。所以，当代西方宗教不可能保持一致，当"不同"发生碰撞时就会摩擦出冲突的火花，求"和"难度显然加大。而西方宗教与世界其他宗教之间的分歧、矛盾和冲突，也势必加剧西方国家与其他国家或地区的矛盾冲突。尽管当今世界的这些冲突有着明显的政治、经济、民族、价值等原因，但其背后的宗教因素也显而易见，其中有些可能就直接引发、导致了这种纷争、冲突的扩大、蔓延。因此，必须看到西方宗教思潮的多元性，认清其复杂的社会、政治等因果关联。

其三，当代西方宗教的存在和传播形式也出现了多元化态势，与传统格局渐行渐远，其变局往往就是因为持之颇久的固定形态终被打破。西方社会比较典型的"建构性"宗教在向所谓"公民宗教"或"公共宗教"转型，或者出现了"心理宗教""教养宗教"等"精神治疗"类型的宗教，加之自然科学研究领域所讨论的"宇宙宗教"之整体审视和究源探索，所谓宗教的"制度性""组织性"等"建构性"理解受到挑战，并在一定程度上渐被抛弃。没有"教派"特征、无任何组织形态的宗教灵性追求及其实践活动的风靡，推动了西方当代社会出现不少对人们信仰的"非宗教性"解释，人们对什么是"宗教"的认识和界定出现了分歧，所谓"宗教"已经不能涵括人们的精神诉求和信仰灵性。或者说，传统意义上界定"宗教"的"内涵"在减少，而其"外延"却不断扩大。这样，西方宗教也有着从突出宗教的"社会性"而回归突出宗教的"精神性"之迹象，给人一种回到古代、回到原初的返璞归真之感。由于宗教的社会建构被打破、解体，其"宗教"认知流向其他领域则似乎显得更加容易，于是西方宗教当前乃有着更多面向的对话、融合，如宗教与科学、宗教与哲学、宗教与宇宙观、宗教与价值观的对话、沟通等。而在宗教思维上，理性的、思辨的宗教认知在减弱，与之对应的感性的、实践的宗教体验在加强。现代西方宗教学得以兴起，本来就在于弗里德里希·D. E. 施莱尔马赫（Friedrich Daniel Ernst Schleiermacher，1768-1834）所提出的宗教是人类"绝对依赖的感情"之名言，他更多地从宗教是人类"从有限中获得的对无限的感觉"之主体性来理解宗教，从人在接触无限时的内在"直觉和情感"来体悟宗教。在此，宗教乃人类的感性追求，是人类精神的音乐，所以宗教与人类的感性智慧、感性文明更加靠近。此外，"信仰"的含义加大，不只是局限于"宗教"信仰范畴之内。西方宗教更多是基于"宗教性"来界定宗教，强调人的精神信仰、精神气质、灵性诉求对宗教理解之决定作用，而对于所谓"宗教的社会组织形态"即宗教的社会性、建构性则不再强调，许多新兴宗教甚至在其社会组织形态上就很模糊，其关心和突出的是人的精神状态，争取的是一种信仰精神的共鸣，故而"宗派"传教的现象在减少，但其精神感染的力量却在扩大。例如，中国当代社会习惯用"民间信仰"来取代"民间宗教"之说，其意识到的正是这类信仰模式之社会组织建构之模糊难定，而这种"民间信仰"与民俗传统、地方习俗、物质或非物质文化遗产之间并无清晰明确的分界。其实，追溯西方信仰的历史，许多宗教最初并没有以"宗教"（religion）来自我界定或定位，只是后来才对之冠以"宗教"之名，而 20 世纪以来在西方又出现反对用"宗教"来解说其信仰的思潮，大有弃"宗教"术语之用的态势。这种反复在宗教认识史上乃意味深长，让人玩味。此外，宗教现象也会被人们用"民俗""民族传统习惯""精神传承""文化遗产"等方式来解释，其趋势是要"淡化崇拜色彩，突出文化内涵和民风民俗"。① 这样，"宗教"与"教化""修养"等人的内在心理层面更为接近，其"敬拜"也越来越多地向"灵修"等"精神培训"转型。当代西方宗教与这种民俗文化、社会共享的精神价值之多元交织和复杂交融也比较典型，故而值得我们特别关注。

---

① 参见钟坚《大陆民间信仰的乡间小路》，《凤凰周刊》2007 年 12 月 25 日，第 62~65 页。

　　其四，当代西方宗教与西方社会和整个世界的关系更为复杂和敏感，西方宗教对西方社会的辐射、渗入在表层上减弱，但对社会各阶层的影响并没有根本减少。19 世纪末 20 世纪初西方宗教曾受到"世俗化"的冲击，宗教"祛魅""上帝死了"成为惊世骇俗的口号，对宗教不仅有"非宗教性"解释，甚至还有"无神论"解释，给整个西方社会都带来震惊。然而，在 20 世纪末 21 世纪初，西方社会却冒出了宗教"复魅"之说，而且被社会舆论认同。西方传统宗教在不断改革，其内部在不断涌现出新的教派和新的思潮；而西方当代社会也是其新兴宗教产生的重要温床。这种宗教团体本身及其信教群众的内部结构所发生的变异、调整、革新，其中亦催生了新的信仰或利益集团，改变了宗教及其社会的建构，如传统宗教中神职人员与平信徒区别明显，而新兴宗教中却没有这种明显的神俗之分，其宗教领导层面和基本信众的关系是变动不居甚至可以互换的，这就颠覆了对传统宗教组织建构的认识。在西方宗教生存的现代社会中，以相关宗教为核心而形成了多种形式的"小社会"模式，丰富了社会子系统结构。当代西方社会中的政教关系已不能用传统认识上的"政教合一""政教分离""政教协约"等关系来涵括，政与教、社会与宗教、法律与宗教的关系都有着区域性、时代性的微妙变化，差距加大，个性凸显。因此，研究当代西方宗教更需要我们注意细节，洞幽烛微。另外，西方当代宗教的影响还与当前的"民族文化""社群文化""社区文化""企业文化"等"基层文化"发展密切相关，而宗教实践亦与精神修炼、身心锻炼、气质修养、心理治疗、各种修行等相混合；这使"宗教文化"的内涵变小、外延扩大，其社会文化内容在扩充，而其在社会各层次的表现则更为丰富。

　　当代社会带来的认识拓展，使人们重新开始思考"物质是什么""空间是什么""时间是什么""生命是什么""人是什么""精神是什么"这六大基本问题，"物质"与"精神"、"在"与"思"一直都是哲学、宗教去思索却难有终极答案的思维范畴。存在主义曾将这六大问题提升到哲学的高度，但其思辨之论并不能解决人的根本疑问。"实有"究竟是什么，以及其如何存在，导致人们对物质性质、物质本原及其存在方式之问，人类数千年的解读并没有释疑解惑。"空间"是什么涉及宇宙之大与小的问题，但其无穷大小使人困惑茫然，而其"空"非空、"无"非无，更是令人匪夷所思。"时间"则是让人百思而不得其解的另一问题，其衡量上的无限长或无限短亦奇妙无穷，让人的思维重新陷入绝境。人们关于宇宙"开端"之"大爆炸"等所谓科学推论或结论，就其延续的无限性而言无疑也只能是一个假命题而已。只是对思考者当下存在的时间之点而论，才有所谓过去或未来，而时间本身之"永恒"则将之一并涵容、无问往来。这也是宗教中"上帝"无有过去、现在、未来之分的论述所依。而"生命"的存在则在物质理解中出现一个独特现象，由此引发对"活""灵"的想象及勾勒。"人"作为独特的"生物"超越了任何其他生物，这种"生物"在宇宙中有无"同类"是其一问，这种过度进化、在生物界出类拔萃及独占鳌头的"生物"是否反而会加速生物的消亡是其二问；看看地球多种生物在人类的干预中正加速消亡，令我们无法不面对现实，而人类自身的一些极端"科学发现"或"科技发明"正带来人类会自我毁灭的恐惧，却也是不争的事实。人在生物界的异军突起，在于人的"思维"发展即"精神"的出现，这种"精神"理解一方面与物质的存在形式之问相关联；另一方面则与"灵性""灵魂""心理""超心理""意识"（"潜意识""无意识"）究竟是什么的探寻相结合。正是因为这种"精神"（思维）能力的出现及其发展，使人类自身陷入"四大危险"之中。此即现实人类社会的处境让人意识到并深深担忧"核能"（核泄漏、核战争）、"病毒"（自然界的嬗变或人工实验的滥用）、"生态破坏"（地球变暖、冰川融化、臭氧层被破坏、空气、水、食物被污染），以及"对人工智能失控"等潜在危险，人类似乎又一次走到"存在"还是"毁灭"的十字路口。人类上述"高智商"的发明反而可能加速人类的毁灭，这些问题及危机如果不能得到稳妥的解决，人们的心灵自然很难宁静。特别是人工智能之"机器人"的发展，使人对人的未来不寒而栗；阿尔法狗（AlphaGo）轻松击败世界围棋的所有高手已经给人带来了警示，这种机器人的自我学习能力及编程能力远超于其发明者"人类"，其升级版有可能会自我学习、自我编程而无视人对其之编程，那么将来人对之失控乃毫无疑问的。于是，未来取代人的是否就是"机器人"，机器人是否会拥有远超人类的"思维"、"智力"和"精神"，这些就成为人们不得不考虑的问题。其一大担心就是，过去人从动物界脱颖而出，故而可把其他动物关在人所构设的"笼子"里，未来机器人是否也会摆脱人的控制，反将人关进其控制人的"笼子"里呢？这一后果令人战战兢兢、不知所措，有人建议要考虑对机器人加以道德、伦理层面的编程设计，这就使机器人也具有了"精神""意识"甚至"灵性"层面的蕴涵。由此而论，人类的可持续发展是否应该为一种慢性发展、一种"道法自然"的发展，是否有着人越高速发展反而就越加快人的毁灭之悖论！这么多的问题正困惑着当代人类，而宗教对之也自然会设法给出其解读或答案。因此说，当代人类仍不可能放弃宗教，然其对宗教的认识及理解则会出现变化。

综上所述，当代西方宗教仍异常活跃，各种思潮层出不穷，令人目不暇接。这一切都与当今时代正处于转换时期有着千丝万缕的联系。要透彻了解当今世界，认识西方社会在全球发展中的意义与作用、其文化动态及走向，则需要我们对当代西方宗教思潮有所分析研究。当前世界宗教现状与中国社会的存在和宗教的发展已有着直接而密切的关联，尤其是中西关系包括其中的宗教因素也更加重要、复杂，我们已不可能回到过往的状况，故而必须勇敢、冷静地面向现实处境，有着睿智的举措和应对。因此，必须及时认识当代西方宗教的现状与发展，以便更为有效、更加积极地推动我们所倡导的共建人类命运共同体的使命、伟业。根据笔者的兴趣和专长，本研究在指向当代西方宗教思潮时，将主要系统探究在当代西方影响较大的西方"新时代"运动宗教思潮、西方女权主义宗教神学思潮、以及西方后现代主义宗教思潮等。限于时间和篇幅，本研究尚不能涵括整个当代西方宗教思潮的方方面面，故而仅为其全面探究的序曲，有着投石问路之意趣。

第一编
西方"新时代"运动宗教思潮

20 世纪与 21 世纪之交，国际社会对未来时代有许多预测和预言，其中尤其重要的是对世界文化的走向之断想或担忧，如对相关文明的"终结"或人类文明发展"转型"的猜想和担心等，不同社会文化结构及处境中的人们会有不同的想法和期望，但同一社会处境中对未来文明的发展及其文化特点也会出现不同的构想或预设。这在 20 世纪 70 年代以来在西方社会表现得最为典型且曾风靡一时的，就是对未来的"新时代"（New Age，亦译为"新纪元"）之各种猜测、断言和憧憬，由此甚至引发了影响广远的"新时代"运动，以及与之相关联的"新时代灵性"（New Age Spirituality）之宗教等精神文化思潮。但其代表人物表现出似乎对什么都不相信，又似乎对西方主流宗教所排斥的东方神秘主义都相信的悖逆。对此，西方舆论界出现了截然不同的态度和应对，并一度造成西方思想认知的分裂和迷茫。不过，虽然"新时代"运动宗教思潮看似来势凶猛，颇有席卷全局之态，而西方主流社会却将之视为一种文化逆流，并最终断然对之采取了否定及批驳的选择，这种选择中竭力捍卫西方文明的意向则显露无遗。此外，即使在对"新时代"运动思潮的意念抱某些保留看法的人们中，其基调也主要是危言耸听，旨在提醒西方社会警醒其发展的危机可能会到来，以此持有一种"危机"的意识和"先知"的眼光来洞观未来，起到"扭转乾坤"的社会作用。这就与 20 世纪初西方的"危机"思潮形成呼应，即要求西方文化用革新转型来改变其濒临衰败的局面，以迎接文明发展新的契机，压抑及克服任何对西方文化发展的思想威胁和社会挑战。不过，20 世纪初西方社会舆论对西方危机的警告是为了捍卫西方文明尤其是西方基督教文明在世界的优越地位，提出这种警醒者则直接被视为其"体制"内的"先知"。而"新时代"运动的发起者自身却没有这种"先知"的地位，他们被认为不是对西方文化体系的警醒和捍卫，而是有着标新立异的叛逆。只是这种标新立异之分道扬镳的企图很快就被西方文明的"捍卫者"们识破，故而有了抵制、反对这种文化"逆流"的补救措施。这样，关于"新时代"运动宗教思潮的谈论及争辩遂成为其未雨绸缪的思想文化举措，由此以巨大的舆论压力来号召西方社会的人们尽快重新觉醒，以其文化自知、自明和自觉来拯救或捍卫基督教的"文明时代"，希望其继续且可持续发展。这种努力在特朗普、拜登上台成为美国总统之后就更为明显、更加露骨，由此使"文明冲突"加剧而更难缓解。

在这一席卷整个西方的"新时代运动"宗教思潮中,人们非常明确地注意到"东方时代"与"西方时代"之不同表述,特别强调其差异性,反而不再关心其可能的"共同"和"相似"之处。饶有意思的是,西方社会似乎非常关切这一会影响或决定东西方命运的文化走向和时代特色,相比之下倒是东方社会的舆论对之比较麻木、超脱。不言而喻,随着"新时代运动"的崛起,西方社会舆论在此也极为明显地表露出对其文化不太自信的一面,非常担心其"西方文明"会被"东方文明"取代,害怕未来世界因为"西方时代"的终结而将会发生大变,其自近代发展以来的那种传统自信显然已经出现动摇。因此,这些由谁主宰未来时代的众说纷纭曾成为西方宗教界及社会思想界和学界在 20 世纪下半叶后期话语舆论中的主旋律,是人们关注的焦点和重点。

"新时代"运动的缘起首先是在 20 世纪 70 年代的北美,即在其基督教文化社会中兴起了这场影响广远的"新时代"运动。可以说,这一运动影响到西方社会的方方面面,其理论性和群众性兼备、传统与反传统兼容、本土文化和外来文化兼有,因此能够很快形成巨大的感染力和吸引力,而且迅速波及北美文化的各个方面、各个阶层,引起普遍关注和广泛讨论。而且,这一运动随之于 20 世纪 80 年代传入欧洲,在欧洲思想文化圈和宗教团体中也造成了极大的反响、引起了激烈的讨论。但需要指出的是,"新时代"运动虽然有较广的社会覆盖,但其影响和震动则主要是在思想界,故而主要表现为一种社会思潮。所以,西方学术界对之最为敏感,并很快就开始了对"新时代"运动寻根溯源、分析评述等研究活动,尤其是对其宗教蕴涵有着特别关注。从 20 世纪 70 年代中叶至 80 年代初,开始有对"新时代"运动及其文化的各种表述,如西方文化史学家威廉·I.汤普森(William I. Thompson,1945-)、戴维·斯彭格勒(David Spangler)等人在其汇编的文集《论地球的消失》(*Passages About Earth*,1974)中论及一种"行星文化",已超出地球文化之限;而弗里乔夫·卡普拉(Fritjof Capra)则在 1982 年已经论及因时代转折而出现的"上升的文化"或"太阳时代"等,当时曾将"新时代"理解为"太阳时代"。到 20 世纪 80 年代末 90 年代初,"新时代"运动已成为西方思想文化界,尤其是宗教界人士特别是其神学界学者们津津乐道且争论不休的热门话题,甚至在西方书店的宗教类书籍中有很大比重乃是专门论述"新时代"运动的。在这种氛围中，其思想影响在许多方面也开始引起东方世界的关注和研讨。例如在 20 世纪末，"新时代"运动主要代表的著作就曾在中国得以翻译出版；但在其翻译和介绍中，人们的关注点主要在于重新认识宗教与科学的关系，讨论的是现代科学尤其是现代物理学发展与东方神秘主义表现之跨界比较，故而给人们带来的更多是某种跨越时空的新奇。这也使人们联想到前不久中国社会关于"量子纠缠"与灵魂观念的比较或者说比附，以及中国某些自然科学家对佛道、禅思之灵修的讨论。不过，"新时代"运动虽然如此热闹，其基本思想却不为西方主流思想界、学术界和舆论界所认可，因此其来势凶猛，却日趋式微，给人一种突然来临又突然消失之感，并没有成为西方社会舆论所普遍接受的话语体系。这一发展颇值玩味，其思想意蕴也值得深究。对此，我们需要对整个西方现代发展具有一种整体思维意义上的审视。

所谓"新时代"运动，是西方当代文化危机和社会开放所导致的一种精神产物，是其宗教思潮新的表现。它觉得自己从东方神秘主义智慧中获得了灵感，有了石破天惊的突破，并尝试基于这种启迪来超越西方科学、思想与宗教的悠久传统和固定模式，给过去的发展打上一个句号，而寻求人们在观念、灵性和宗教上的革新，持一种开放心态来看待东方文化及其精神传承，以便能开创一个告别自我传统、走出以往习俗的"新时代"。

具体而言，它首先标志着对近代史上以伽利略·伽利雷（全称 Galileo di Vincenzo Bonaulti de Galilei，1564-1642）、艾萨克·牛顿（Isaac Newton，1643-1727）为代表的西方科学传统的扬弃和超越。自近代以来，西方曾经发生过 5 次科技革命，伽利略被视为近代物理学之父，而牛顿力学则乃近代物理学的重要支柱，二人的科学成就标志着近代物理学的创立，形成近代以来的第一次科技革命；此后，又出现了蒸汽机和机械革命、电力和运输革命、相对论和量子论革命，以及电子和信息革命，其中爱因斯坦因为提出了相对论而成为现代物理学之父，而量子论等科学理论的提出则几乎颠覆了传统科学观念，使科学研究出现根本性突破。量子力学的主要创始人沃纳·卡尔·海森堡（Werner Karl Heisenberg，1901-1976）则因其著作《量子论的物理学基础》（*The Physical Principles of the Quantum Theory*，1930）等而被视为"影响人类历史进程"的名人之一。此后，他进而将其探究扩展到哲学领域，在 1959 年发表了《物理学和哲学——现代科学中的革命》（*Physics and Philosophy-The Revolution in Modern Science*），形成了科学认知融入思想文化思潮的全新局面。至于当今电子和信息革命所带来的巨变则更是不言而喻。"新时代"运动与科技的对接主要是基于相对论和量子论所带来的科技成果，其主要代表人物之一卡普拉就是因为专门采访了海森堡而获得重要启迪及灵感，故此极力推动科学与宗教的对话及对比。

其次，"新时代"运动在哲学思维方面则表现出与以亚里士多德、阿奎那和笛卡尔为代表的西方哲学传统的分道扬镳。西方哲学自亚里士多德以来形成了强大的理性思维传统，注重逻辑推理、思辨理性，这套理论体系及研究方法与经典物理学有着密切的呼应，有着其因果之序、严密逻辑论证，而现代科学尤其是物理学的"测不准理论"即"不确定性原理"对经典力学提出了挑战，颠覆了人们对物质世界的习惯认识，这也使人们在哲学思维上意识到理性的局限性，所谓理性逻辑的精确性、规律性被人质疑，人们在理性思辨的"二律背反"之后寻求新的探究，而直观思维、神秘思维等曾被理性抛弃的认知则又重新回到哲学的话语讲台，人们对之亦会有着新的思考和审视。特别是在对理性的评价上，"新时代"运动的理性认知完全突破了西方传统神学、哲学和科学对理性的理解。例如，中世纪基督教神学把理性视为"存在于上帝心中"的"永恒法则"，这一客观理性乃"支配着整个宇宙"的"客观规律"或"神律"（阿奎那的见解）；近代西方哲学家笛卡尔也认为理性就是"上帝赋予自然的法则"，因而乃"永恒的""神圣的"；而自然科学家牛顿则将自己科学工作的神圣使命和最高目标定位为给这一法则作证，寻找并发现自然界的基本定律。显然，其理解的"理性"、"法则"和"定律"都是客观的、外在的，不以人的意志和思考为转移。但现代物理学却发展出与前述认知非常不同的观点："物理学家们已经开始认识到，它们所有关于自然现象的理论，包括他们所描述的'法则'，都是人类思维的产物，是我们关于实在的概念图像的性质，而不是实在本身。"[①] 这就是说，所谓"理性"、"法则"和"定律"不是客观的，而是主观的、主体的、内在的，既非纯"自然"，也非至高"神圣"。但这种"主观"的理性及其"发现"的法则只能是相对的、近

----

① 〔美〕F. 卡普拉：《物理学之"道"》，朱润生译，北京出版社，1999，第275页。

似的、类比的、非精确的，因为世界万物乃相互关联，若想完全了解其中一种事物则需了解所有其他事物，而要穷尽这些普遍关联则是根本不可能的；所以没有绝对理性，只有相对理性；没有绝对真理，只有实践真理。那不可穷尽、难以完全揭示的绝对真实或终极实在只能是可望而不可即，但可无限询问并探究下去的"物自体"，是与主体鸿沟相隔、有着无限距离的"彼岸"。

此外，"新时代"运动还带来了对强调上帝启示、基督救赎的西方宗教传统的疏远、异化，人们的宗教认知眼界大开，尤其是所谓"东方神秘主义"一度被不少西方人士青睐，这也是对以往认知中的只有基督宗教或包容多种基督宗教之明显逆反，多种宗教可以与基督宗教平等共存成为西方社会的人们不得不接受的常识。于是，科学、哲学、宗教都以一种对"神秘主义"灵性的全新体认而又走到了一起，对各种宗教中神明理解所触及的"终极实在"重做解释，并开始了新的对话、交流及沟通。

值得注意的是，"新时代"运动思潮中的科学与宗教互补、理性与神秘对话，以及人的灵性创新等精神主旨并没有催化或促进西方工业化社会中早已出现的基督教世俗化趋向，而是迎来了一种带有群众性、普遍性和反传统性的宗教信仰复兴，并有着对宗教多元化发展的包容和肯定。因此，"新时代"并非一个"世俗化"或"无神论"的时代。至于这种多元性的宗教复兴与发展对西方基督教会究竟是一种危险还是一种机遇，人们看法不同、臧否不一，而人们的各种态度则在很大程度上决定了其对整个"新时代"运动的界定和评价。这一方面拓展了人们对宗教的认识，会以一种更加宽容、认可的态度来对待更多的宗教现象；另一方面也使人们以一种整体观、生态观来重新认识、审视其习以为常的基督教存在及表现形式，对基督教信仰本身也会有新的发现和感悟。在众说纷纭、各论其理的争辩中，人们却一致承认这一新的灵性思潮具有独特的理论意义和广远的社会影响，而在对待及处理"新时代"运动给西方世界带来的波动中，也显露出西方社会对"新时代"的观察、思考和应对。

第一章 "新时代"运动的思想渊源

"新时代"（New Age）作为这一新兴思想运动的旨归在于厘清或协调宗教传统与现代发展的关系问题，其开阔的视域使之面向东方、面对整个世界文化。不过，对于这一"新时代"文字表述之来源，西方学者则有着不同的看法和不同的解释，迄今尚无定论。但可以确定的是，"新时代"的思想在西方近代文化传统中有其温床，折射出其宗教认知及对基督教发展的思虑和前瞻。当然，其思潮在西方社会并非只有一种来源，可能是多源汇流的结果，故有必要对之加以梳理。

第一节 基督教革新思潮之源

大体而言，"新时代"这一概念最早可以追溯到 18 世纪瑞典自然科学家和宗教复兴运动领袖伊曼纽尔·施韦登堡（Emanuel Swedenborg，1688 - 1772）的认知。他根据《圣经》传统，尤其是《新约·启示录》（21 章 1~2 节）的思想提出了宗教改革或灵性复兴的主张。1766 年，伊曼努尔·康德（Immanuel Kant）在其著作《一个视灵者的梦》（*Träume eines Geistersehers，erläutert durch die Träume der Metaphysik*）中对之曾有否定性评论。为了推行其主张，施韦登堡为此曾用拉丁文撰写相关著述，其中多次提到"新天新地""新耶路撒冷"等术语，要让人们在基督教文化背景中创立具有神秘主义意向的"新教会"，以迎接"新时代"。

施韦登堡的追随者有施韦登堡教派之称，通常也被人们称为新耶路撒冷教会，其特点就是以这种"新教会"作为其社团标识。施韦登堡教派虽然在欧洲遭到路德宗等新教教会的批评，但其影响仍然不久就传到了北美。施韦登堡受宗教神秘主义和冥想修道的影响而不再持守基督教的一教独尊，他为此倡导建立一种普世性、宇宙性的宗教，认为宇宙本身就具有一种灵修性质的精神结构。他反对传统基督教中关于肉体复活之说，认为"三位一体"教义也并不指上帝有三个位格，而只是对其神性的三种本质规定，其理论主张对自然科学、神秘学和基督教神学加以整合。他还坚持世人在救赎过程中不只是被动之体而可以积极参与，对人的灵性有着肯定性评价。

施韦登堡的主要著作包括 8 卷本的《在圣经及主的言语中之上界的奥秘》（*Arcana coelestia，quae in scriptura sacra seu verbo domini sunt* Ⅰ-Ⅷ，1749-1756）和《真正的基督宗教》（*Vera christiana religio*，1771）等，他在这些著述中明确提出了一种具有神秘色彩、强调通灵感应的神智论或通神论，并且在其自然科学研究中也试图按此精神来创立一种神学生理学。此外，他还以各种见异象的方式来展示他自己关于灵性世界的设想和希望，在实践中则寻求一种超越传统的灵性新生活。受其影响，不少基督徒与正统教会分道扬镳，自 1782 年以来开始建立各种脱离传统的"新教会"团体，从而形成一种以神智论为理论基础的地域性宗教复兴运动。此后，这些"新教会"进而从欧洲的瑞典、英国和德国又发展到北美大陆各地，因而常被人们称为"施韦登堡教派"。

第二节　浪漫主义、生态主义思想之源

"新时代"运动的另一思想渊源则可追溯到英国诗人兼艺术家威廉·布莱克（William Blake，1757-1827）的反传统意向和文化创新思想，他被视为英国浪漫主义的第一位诗人，"充满了美的想象力和天赋"，他的创作就体现出整体审视的浪漫气魄，能够把宏观与微观绝妙地融为一体，如其诗歌《天真的预兆》（*Auguries of Innocence*）在开头四行有如此表达"一沙见世界，一花窥天堂，手心握无限，须臾纳永恒"①，充满着想象和预见，把当代科学观测宇宙和古代宗教把握终极所获得的意趣先知般地尽情表达了出来。但在现实生活中他却缺乏"世俗技能"，故而显得与其周边的世

---

①　"To see a world in a grain of sand. And a heaven in a wild flower. Hold infinity in the palm of your hand. And eternity in an hour." 张炽恒在其《布莱克诗集》（上海三联书店，1999）中将之译为"在一颗沙粒中见一个世界，在一朵鲜花中见一片天堂，在你的掌心里把握无限，在一个钟点里把握无穷"。而著名美学家宗白华将之译为"一花一世界，一沙一天国，君掌盛无边，刹那含永劫"则更有禅意。

俗世界格格不入。他不仅在艺术上标新立异,成为 19 世纪英国艺术领域中一度风行的拉斐尔前派和青年派风格的先驱,在思想上亦力主与传统文化决裂,不再与之合流共存。布莱克的创作中充满非理性、非传统,以及重神话、重象征的意趣。此外,布莱克颇受施韦登堡"新教会"思想及表述的影响,而英语中的"新时代"(New Age)一词也因他多次运用而开始作为一种固定概念或特定表述并逐渐流行到西方各国,在其思想内涵中实际上也是对施韦登堡"新教会"之表述的心领神会和积极呼应。布莱克在1804 年发表的《弥尔顿》(Milton)诗文前言中曾写道:"醒来啊,新时代的青年人!抬起你们的前额,来反击那些愚昧的雇佣者们!因为我们在军营、在法庭和在大学,都能看到这些雇佣者,他们只要可能,就总会去压抑精神,并拖延其追逐物欲之战。"① 以布莱克为代表的这种思想倾向最终也在 20 世纪引发了以反传统文化为普遍特色的青年运动,其中大多表现为一种对西方现存社会结构及其文化形态的不满和反感情绪,并形成各种在行为上追求奇异怪诞、在精神上流露消极颓废的思潮或流派。如 20 世纪60 年代开始在西方引起普遍注意的"嬉皮士"运动,就是这一思想氛围的产物。不过,布莱克本人虽有不落俗套的气魄,如他曾和妻子一丝不挂地在院子树荫下欣赏《失乐园》,当被人撞见时还平淡地表白说"这就是亚当和夏娃",却仍然保持了其虔诚基督徒的身份及精神超越,追求思想"在天堂中遨游"的境界。

布莱克这种反传统趋势的精神表述和处世情趣后来在美国加州大学东湾分校历史学教授西奥多·罗萨克(Theodore Roszak,1933-2011)等人那儿找到了理想代表。罗萨克在其《反文化的形成》(*The Making of a Counter Culture*,1968/1969)、《阳性/阴性,性神话读本》(*Masculine/Feminine,Readings in Sexual Mythology*,与贝蒂·罗萨克[Betty Roszak]合著,1969)、《荒原终结之处,后工业社会中的政治与超越》(*Where the Wasteland Ends. Politics and Transcendence in Postindustrial Society*,1972)、《尚未完善的动物》(*Unfinished Animal*,1975)、《个人/星球,工业社会的创造性解体》(*Person/Planet,The Creative Disintegration of Industrial Society*,1978)和《对信息的崇拜》(*The Cult of Information*,1986)、《地球的声音》(*The Voice of the*

---

① G. Keynes ed. , *The Complete Writings of William Blake*, Oxford, 1966, p. 480.

Earth，1992）、《生态心理学》（Ecopsychology，1995）、《美国智者，长寿与同情性文化》（America the Wise，Longevity and the Culture of Compassion，1998）、《有性别的原子》（The Gendered Atom，1999），以及主编的《持异议的学院，美国大学人文说教批判文集》（The Dissenting Academy. Essays criticizing the teaching of humanities in American universities，1968）和《资源，在挑战巨大的技术荒漠时保持个人精神健康的当代有用资料文集》（Sources. An Anthology of Contemporary Materials Useful for Preserving Personal Sanity while Braving the Great Technological Wilderness，1972）等著述中阐明了这种反传统文化的倾向和情绪，被视为具有浪漫主义色彩的激进主义思潮的典型表述。罗萨克在其思考中已经触及社会文化的转型、阴阳二性的换位、生态意识、心理健康等热点问题，他的"反文化"被视为当时这一思想流派的标志性口号。此外，"反文化"也是所谓"垮掉的一代"之自我认知，他们反对世俗社会的传统习俗，反对美国进行的"越南战争"，反对在社会中已经腐朽的文化，主张选择另一种文化来作为替代。所以，反西方文化传统及其思想主流，就成为这一"新时代"运动的另一种重要萌芽和另一种典型特色，故而乃"新时代"运动的一种象征。

浪漫主义思潮与回归自然的生态主义有着密切关联，这种倾向神秘直观、强调整体把握自然的新宗教思潮在欧洲和北美都有扩散和嬗变。其中比较典型的是在宗教背景的浪漫主义和生态主义等思潮中得以凸显。自18世纪末以来，欧洲就出现了与理性主义神学针锋相对的基督教浪漫主义神学思潮，而且是以消极浪漫主义占上风，尤其是在英国、德国、法国、意大利等国的宗教文学中得以流传，例如英国基督教"湖畔诗人"（the Lake poets）威廉·华兹华斯（William Wordsworth，1770-1850）、塞缪尔·柯勒律治（Samuel Coleridge，1772-1834）等人就主张对现实要有一种超验主义的解脱，倡导非理性主义、神秘主义和自然主义，其诗歌故被视为神智意向的杰作或欧洲近代最早的生态诗歌。西方思维自近代以来就重理性而轻直觉，其主流认为理性代表着进步和未来，是科学与哲学之基，而直觉则意味着落后和过去，是宗教与信仰之依。但西方近代思想发展仍然有对古代直觉传统的顽强坚持，并在上述思潮中得以充分体现。而这种回归自然、直觉超验的意向亦影响到"新大陆"美国的思想发展，如美国的宗教思想家拉尔夫·沃尔多·爱默生（Ralph Waldo Emerson，1803-1882）也是特别崇尚直觉，欣赏自然的，主张超越人的感觉和理性而直接认识真理，曾创办评论季刊《日晷》（1840-1844）。其志同道合者在波士顿的康科德经常组织聚会、潜心研讨，由此发展出北美超验主义思潮，他还著有《论自然》（*Nature*，1836），以及包括《论超灵》等散文的《论文集》（*Essays*，1841）等，其思想理论乃神体一位论、理性主义与神秘主义的奇特结合。而同时代的美国超验主义思想家享利·戴维·梭罗（Henry David Thoreau，1817-1862）则曾协助爱默生编辑过其评论季刊《日晷》，他也主张远离尘嚣，提倡回归本心，亲近自然，为此他曾在离康科德两英里的瓦尔登湖畔隐居两年，体验简朴而回归自然的生活，希望以此能在自然的安谧中找寻一种本真的生存状态，享受彰显灵性的诗意。他因这一体验经历而完成了其长篇散文《瓦尔登湖》（亦译《湖滨散记》，*Walden*，*or*，*Life in the Woods*，1854），成为这一思潮的代表性著作。

第三节　通神学、神智学及人智学之源

源自施韦登堡的"新教会"理论逐渐促成了 19 世纪西方通神学思潮的兴起和流传，它以强调神智、秘传和灵修为特征，并成为当代"新时代"运动的思想渊源之一。他们在论及自己的神修经历时，还特别喜欢标榜其东方神修乃与众不同、得天独厚，其论著亦多有与印度教、佛教、道教等东方宗教的对话沟通。1870 年，活跃在美国的俄裔女通神论者布拉娃茨卡娅（Е. Л. Блаватская，英文称为布拉娃茨斯基夫人：Mrs. Blavatsky，全名为 Helena Petrowna Blavatsky，1831-1891）在美国芝加哥开始组建通神社团，1875 年 11 月 17 日，她与美国通神论者享利·斯蒂尔·奥尔科特（Henry Steel Olcott，1832-1902）在纽约创建其通灵论团体通神学会，由奥尔科特担任首任会长。奥尔科特的代表著作包括《佛教教理》（*Buddhist Catechism*，1881）、《所有宗教的共同基础》（*The Common Foundation of All Religions*，1882）和《通灵论，宗教与玄密科学》（*Theosophy*，*Religion and Occult Science*，1885）等。

此后，另一女通神论者、英国人艾丽斯·安·贝利（Alice Ann Bailey，1880-1949）开始以其神智及通灵理论来解释"新时代"。贝利本来身份为教师和作家，其家庭背景乃为美国圣公会传统，但她一生的大半时间都倾

注在通灵术、占星术、神智学上面。据传她童年和少年时代很不幸福，为此曾在 5 岁、11 岁和 15 岁时先后三次尝试自杀，在她 15 岁那年自杀未遂后即在 1895 年 6 月 30 日遇到一位高人指点才改变了她此后的命运；她最初根据其基督教信仰而相信这位高人就是耶稣，但后来在参加神智会活动时发现在墙上所挂的照片正是她所遇到过的那位高人，而此人却被称为库特·忽米（Koot Hoomi）大师，其信徒相信他是古希腊先贤毕达哥拉斯（Pythagoras）和中世纪天主教圣人阿西西的圣方济各（St. Francis of Assisi）之灵的化身。圣方济各也是美国城市旧金山之名，此城在醉心秘术的术士们心目中即有着颇为独特的神秘意义。在她经历了嫁给一位美国圣公会牧师而失败离婚之后，她放弃了其基督教信仰，随后嫁给一个共济会会员福斯特·贝利（Foster Bailey），夫妻俩创办了推动密传的杂志《灯塔》（*The Beacon*），后又创办路西法信托公司（Lucifer Trust，为了更加隐秘而改名路西斯信托公司 Lucis Trust）。以该公司为掩护，贝利先后创立了神智学会（Heo Society）、神秘术学校（Arcane School），以便教授、推广其因果报应、轮回、神性、灵智等思想理论。贝利著有《从伯利恒到髑髅地：认识耶稣》（*From Bethlehem to Calvary：Initiations of Jesus*，1937）、《未来的世界秩序》（*Coming World Order*，1942）、《新时代的门徒》（*Discipleship in the New Age*，1944）、《基督的再现》（*Reappearance of the Christ*，1947）、《未完成的自传》（*The Unfinished Autobiography*，1949）、《新时代的教育》（*Education in the New Age*，1954）等。她认为自己的大部分著作都是来自"智慧大师"的心灵感应，她对于印度教瑜伽大师马赫施的超越冥想和印度先知奥罗宾多的整体瑜伽都颇感兴趣。在其著作《新时代的门徒》中，她曾宣称，"新时代"是以一位"新的世界救主"即"光明之主"的出现而开始的；而在其《基督的再现》等著作中，她更系统地展示了自己的"新时代"观念，认为在"新时代"中会出现一种"新的世界宗教"。她主张要有"包容的灵"，认为所有宗教乃有着同一灵源，因此它们终究会汇入这一普世联合的宗教（a universal world religion）之中。而随着这"一个世界系统"（one world system）的到来，所有宗教、哲学、信仰都会走到一起，人们则会最终脱离无神论而回归宗教。这就是其描述的"新时代"愿景。为了推行其思想及主张，她积极参与社会活动，曾提出"世界仆人的新团体"这一创派立说之见，并据此于 1923 年创立了自己的秘传学派，她还与普世联合宗教社团、共济会，以及其他秘术协会有着广泛而密切的联系。由于这种"通神"说教及其神秘主义的盛行，有不少人称此种"新时代"实为"通神论的新时代"，是对古老神秘主义的回归。但西方正统基督教会则认为贝利是受到"撒旦隐藏的手策动"被"魔鬼引导"而偏离了正道。

"新时代"运动的思想渊源除了布拉娃茨卡娅和贝利等人对"神智"通灵的强调，这一流派还包括强调"人智"的著名奥地利人智论者鲁道夫·施泰纳（Rudolf Steiner，1861-1925）和在欧美广有影响的范得霍恩（Findhorn）① 灵性社团创始人乔治·特里维廉（Sir George Trevelyan，1906-1996）等人。施泰纳被视为"人智学"（anthroposophy）的鼻祖，著有《作为神秘事实的基督宗教》（*Das Christentum als mystische Tatsache*，1902）、《太阳的奥秘与死亡及复活的奥秘：公开化与密传性的基督宗教》（*Das Sonnenmysterium und das Mysterium von Tod und Auferstehung-Exoterisches und esoterisches Christentum*，1922）等，以此尝试对西方风行的基督宗教加以神秘主义的重新诠释。他还于1913年创立人智学会，并建有以人类通灵训练及疗养之实践为目的的心灵治疗和教育培训中心。

而特里维廉早年本来对金融经济颇感兴趣，但在1942年受到施泰纳的影响转而醉心于人智学，对之潜心研究四年，在苏格兰任教不久后于1947年经人介绍担任英国第一所成人教育学院阿廷汉园（Attingham Park）的院长，注重对灵修和生态问题的研习，此后他于1968年成为范得霍恩基金会的董事，在创立范得霍恩灵性社团上发挥了关键作用，1971年他在退休后亦成立了雷金信托公司（Wrekin Trust）。特里维廉的代表著作是《阿奎亚时代的愿景》（*A Vision of the Aquarian Age*，1977），其创办的范得霍恩湾社区则被视为"新时代运动的罗马和麦加"。而在斯彭格勒领导下，该社区于20世纪70年代已被发展成为"新时代"思想和旅游的著名中心，不少人将之称为世外桃源和纯洁乐土。斯彭格勒认为自己在范得霍恩找到了他寻觅已久的灵性本质，此后他又在加州创立了主旨相同的"洛里安团体"，

---

① 源自 Findhorn-community，亦译寻号角社区，为苏格兰北部寻号角湾这一海湾地区的著名田园社区之一，附近即范得霍恩生态村，最初于1962年由彼得·卡迪、艾琳·卡迪和多萝西·麦克林带着三个孩子乘着一辆房车来此定居而逐渐形成，后来成为"新时代"运动思潮早期的重要灵修基地。

而其发表的《启示——新时代的诞生》（*Revelation - The Birth of a New Age*，1971）、《倏现，神圣的重生》（*Emergence. The Rebirth of the Sacred*，1984），以及《对世界的重新想象，对新时代、科学和大众文化之批评》（*Re-Imagination of the World. A Critique of the New Age*，*Science*，*and Popular Culture*，1991）等书，亦在理论上阐述了这种社区生活乃是无限之爱及真理的生动启示，指出其本身就是对新时代、新世界的共同创造和积极参与。此后在斯彭格勒的影响下，汤普森（William I. Thompson）于1972年在纽约创立了林迪斯法那协会，称此为范得霍恩的修女中心，乃"新世界"精神文化传承的"殖民地"。汤普森在这里组织了各种会议，组织人们讨论与"新时代"运动相关联的各种主题，并出版相关丛书和期刊。汤普森本人亦写有《论地球的消逝》（*Passages About Earth*，1974）、《堕落肉身见到光明的时代》（*The Time Falling Bodies Take To Light*，1981）、《太平洋的变动》（*The Pacific Shift*，1984）等著作，其意向也是对时代变迁的思考、对一种体现出全新"星球文化"意蕴的"新文化"之期盼。

上述强调神智或人智的这些通神通灵论者虽然在其宗教意识中仍然保留着基督教关于"基督复临"、"上帝救世"和"新天新地"等传统观念，但更多的是倾心于神秘主义，尤其是东方神秘主义，以及超常的心灵体验和心理治疗等秘传实践活动。自1970年之后，"秘传"（Esotera）一词开始流行，在1978年甚至在媒体还出现了《秘传》杂志或相关专栏，受"新时代"运动影响的人们醉心于此道，认为由此可获得神秘智慧之真传。他们在自然科学上将宏观宇宙与微观宇宙相结合，在信仰上相信人之轮回转世、通灵交感之说，注重人体特异功能的发挥和灵修训练所达到的奇效，在宗教上则表现出对基督教之外的东方宗教之青睐，如对于印度古代宗教、中国儒佛道思想和藏传佛教，以及瑜伽、太极、禅定等灵性修炼传统都极为倾慕、神往，并且亲自实践其修行之举，认可其静坐沉思的方法。他们甚至提倡其信徒应去印度和喜马拉雅山地区修行，以便在那儿获得纯正的宗教灵气和神秘体验；如奥尔科特、贝利等人都曾亲自到印度阿迪亚尔等地考察、实践，或创宗立派。这种发展趋势最终导致了今日西方新兴宗教中神秘主义思想及秘密结社风气的复兴和盛行，以另一种形式接续了东西方宗教的对话与交流。由于随之涌现的宗教社团及其灵性修行社团层出不穷、宗派众多而且思想杂乱，有人亦将各种属于或接近于这类思潮的新兴宗教派别统称为"新时代宗教"。

综上所述,与这一思潮的发展直接有着关联,可被视为"新时代"运动思想先驱的人物除了布拉娃茨卡娅、贝利等人,还可包括埃德加·凯斯(Edgar Cayce)、阿莱斯特·克劳利(Aleister Crowley)、琼·格布瑟(Jean Gebser)、乔治·伊万诺维奇·格德吉耶夫(Georgei Ivanovich Gurdjieff)、卡尔·古斯塔夫·荣格(Carl Gustav Jung)和德日进(Marie-Joseph Pierre Teilhard de Chardin,音译名即马里-约瑟夫·皮耶尔·戴亚尔·德·夏尔丹)等人①。

显然,"新时代"运动是从西方社会文化内部出现的一种对其传统的反叛之举,其特点是超越西方宗教认知之限而更多地发现并认同东方智慧及其神秘思维,故使"新时代"运动被标榜为"寻找智慧的时代"。"新时代"运动不仅一反西方宗教信仰传统和哲学思维定式,还另辟蹊径向东方探寻,被东方神秘主义吸引。此外,"新时代"运动还特别突出其对生态主义、女权主义、神秘主义和整体思维的关注。这样,"新时代"运动表现出了对西方精神传统的逆反和背离,而曾指向一种与西方文化主流迥异的发展方向及探索路径。

---

① Christopher Bochinger, *"NEW AGE" und moderne Religion: Religionswissenschaftliche Analysen*, Chr. Kaiser Gütersloher Verlagshaus, Gütersloh, 1994, p. 134.

第二章 "新时代"运动的理论代表

从其整个历史过程全貌来看,"新时代"运动的发展比较零散,呈多元而无序之态,并非典型的宗教思潮之流传,其先后涌现的理论思潮之间从表面来看也无直接而内在的关联,但其发展意向却不约而同,好像有着一种默契。而且,这些思想都颇为新颖,一旦推出就能够在社会上形成轰动效应。例如,自 20 世纪 80 年代起,当代西方世界关涉"新时代"运动的理论及实践方面,已有几位"新时代思想家"获得了全球性影响,他们是畅销书的作者,其思想亦有不同凡俗、超越时代的特色,因此他们被视为"新时代"运动世界观及理论体系的建构者和代表者。然而,与西方传统基督教相比较,这种零散的"新时代"思潮并没有统一协调的体系,涉及的问题也广而散,对时代、生态、人性、心理、性别、科学、信仰、宗教、灵修、思想、文化、社会、历史、民俗、东西方关系、与基督教文化及神学的关系等都有议论,而且是各抒己见、畅所欲言。所以,从严格意义上来讲,这些"新时代"思想家们的阐述乃基于各自不同的研究领域和观察角度,有着不同的专业经历和人生体验,往往会体现出非常鲜明的异质性、随意性和多相性,其理论阐述也与传统基督教神学等宗教思想体系不同,没有比较清晰的逻辑性和西方风行的哲学思辨,而是显得比较含混、晦涩和零散,很难达到专业学科之体系完备的理论阐述程度,也不易构成彼此之间的有机协调统一。

总体来看,"新时代"运动发展迅速,涵盖较广,影响面大,涉及自然科学、社会科学和精神科学众多领域的问题意识、探究思路、框架结构、范式范畴、科学规则和实践方法等方面,而且其代表人物之"代表"性也只是相对而言,他们的出现具有自发性、自然性,并无清晰明确的思想传承史可以追寻,他们之间也缺乏具有"新时代"运动之强烈"自我意识"的横向联系和通盘考虑。此外,有些人"身在庐山"但不识其真面目，没有意识到自己已卷入一场意义不凡的思想运动，而有些人虽然没有弄清楚这一运动的缘由及其思想精髓，却自称已经参与这一"新时代"运动，认为自己的表述为"新时代"运动的典型观点和独有见解。这种多元甚至混乱的局面使人感到扑朔迷离，对于"新时代"发展的认知仍然模糊不清，故而很难对之加以简单把握和清晰勾勒，故此迄今国内对之研究甚微。不过，作为一种影响广远的精神灵性运动和给西方社会带来震惊的开拓性、探索性宗教思潮，它在其发起或推动者纷繁复杂的理论现象中，也可以在一定程度上表现出彼此类似或相同的精神意趣及思想本质，有着共同的时代特色。

关于"新时代"运动的代表性人物，早在 1984 年，格特·盖斯勒（Gert Geisler）等人开始在其文集中将莫里斯·伯曼（Morris Berman）、卡普拉、玛丽琳·弗格森（Marilyn Ferguson）、埃尔马·格鲁伯（Elmar R. Gruber）、阿诺德·凯塞林（Arnold Keyserling）、弗里德里希·克罗格（Friedrich Kroeger）、彼得·拉塞尔（Peter Russell）、鲁珀特·谢尔德拉克（Rupert Sheldrake）、特里维廉和弗朗西斯科·瓦热拉（Francisco Varela）等人称为"新时代运动的作者"。在 1985 年，汉斯－于尔根·鲁珀特（Hans－Jürgen Ruppert）在其《新时代，终结时代还是转折时代》（*New Age. Endzeit oder Wendezeit*，1985）一书中对"新时代"运动思想家又增加了戴维·玻姆（David Bohm）、布里塔及沃尔夫刚·达尔伯格（Brita und Wolfgang Dahlberg）、格尔德·格尔肯（Gerd Gerken）、埃里奇·詹特施（Erich Jantsch）、罗萨克、阿方斯·罗森堡（Alfons Rosenberg）和斯彭格勒等人。而在 1988 年和 1989 年，克里斯托弗·肖尔施（Christof Schorsch）则在"新时代"运动思想家的名单中又增加了冈特·安蒙（Günter Ammon）、约阿希姆-恩斯特·贝伦特（Joachim-Ernst Berendt）、艾琳及彼得·卡迪（Eileen und Peter Caddy）、苏基·科尔格拉夫（Sukie Colegrave）、黑兹尔·亨德森（Hazel Henderson）、詹姆斯·洛夫罗克（James Lovelock）、鲁迪格·卢茨（Rüdiger Lutz）、罗伯特·马勒（Robert Muller）、彼得·里珀塔（Peter Ripota）、鲍勃·桑普尔斯（Bob Samples）、威廉·I. 汤普森（William I. Thompson）、阿尔文·托夫勒（Alvin Toffler）、肯·韦尔伯（Ken Wilber），以及基督教神学家米歇尔·冯·布吕克（Michael von Brück）、雨果·M. 伊诺米亚-拉萨尔（P. Hugo M. Enomiya-Lassalle）和冈特·施维（Günther

Schiwy）等人。此外，与"新时代"思潮密切关联的人物还包括"超个人心理学"的代表人物伯恩德·菲特考（Bernd Fittkau）、斯坦尼斯拉夫·格罗夫（Stanislav Grof）、琼·豪斯顿（Jean Houston）等人，天主教本笃会修士比德·格里菲斯（P. Bede Griffiths）和戴维·斯坦德-拉斯特（David Steindl-Rast），以及鲁道夫·巴罗（Rudolf Bahro）、格雷戈里·贝特森（Gregory Bateson）、本杰明·克里默（Benjamin Creme）、诺伯特·A. 艾克勒（Norbert A. Eichler）、塞吉厄斯·戈洛温（Sergius Golowin）、米歇尔·赫塞曼（Michael Hesemann）、海因茨·科尼尔（Heinz Körner）、约翰·C. 利利（John C. Lilly）、斯蒂芬诺·萨贝蒂（Stefano Sabetti）、加里·斯奈德（Gary Snyder）、约亨·F. 尤伯（Jochen F. Uebel）、艾伦·瓦茨（Alan Watts）、罗伯特·A. 威尔逊（Robert A. Wilson）、阿瑟·杨（Arthur Young）、卡林·蔡特勒（Karin Zeitler）、克里斯·格里斯科姆（Chris Griscom）、雪莉·麦克莱恩（Shirley MacLaine）、简·罗伯茨（Jane Roberts）和秘传思想家索瓦尔德·德思莱夫森（Thorwald Dethlefsen）等人[1]。

"新时代"运动思潮是一种现代科学发展与古老灵性精神的奇特糅合，其代表人物并非传统意义上的宗教领袖，而乃各个领域甚至相关新兴学科的代表人物，故此我国在介绍这些人物及其代表著作时通常会从现代物理学、流行星相学、人类学、心理学、精神治疗学等学科领域或研究方向来思考，而鲜有与"新时代"运动的联系或联想。其基本原因就是仅从各专业领域来对之审视，最多有一点跨学科的关联。但若从其整体发展来观察，其"新时代"运动突出灵性的特色则是极为明显的，这与当代宗教以及相关新兴宗教的兴起与发展有千丝万缕的联系。这里，将重点对弗里乔夫·卡普拉（Fritjof Capra）、玛丽琳·弗格森（Marilyn Ferguson）、斯坦尼斯拉夫·格罗夫（Stanislav Grof）和格雷戈里·贝特森（Gregory Bateson）这四人的理论加以分析阐述，以便能够勾勒出"新时代"运动发展趋势及其当代宗教意向的基本线索。

---

[1] Christopher Bochinger，"*NEW AGE*" *und moderne Religion*：*Religionswissenschaftliche Analysen*，pp. 133-134.

第一节　卡普拉

一　生平与著作

弗里乔夫·卡普拉于 1939 年 2 月 1 日在奥地利的维也纳出生，早年曾在英国的生态学研究国际中心舒马赫学院（Schumacher College）任职，1966 年在维也纳大学获得理论物理学博士学位，随后在欧美多所大学包括法国巴黎大学（1966-1968）、美国加州大学圣克鲁兹（Santa Cruz）分校（1968-1970）、美国斯坦福直线加速器中心（Stanford Linear Accelerator Center，1970）、英国伦敦大学帝国学院（1971-1974）、美国加州大学伯克利分校劳伦斯·伯克利实验室（Lawrence Berkeley Laboratory，1975-1988）、旧金山国立大学等任教和从事研究工作，几十年来其研究领域包括高能物理、现代科学的哲学及社会蕴涵、东西方思想文化比较等，有物理学家、系统理论家和教育家之称，后来成为美国伯克利和加州生态文学中心（the Center for Ecoliteracy）的创会理事和主任，为地球宪章国际理事会（Earth Charter International）成员；曾获得普利茅斯大学的荣誉科学博士头衔、英国系统学会（the UK Systems Society）的金质奖章、媒体生态协会授予的尼尔·波斯特曼公共思想活动职业成就奖、意大利共和国总统奖章、亚利桑那州坦佩高端技术大学的列奥纳多·达·芬奇名誉勋章、开拓者奖、新维度广播电视奖、美国书籍奖等。他于 1974 年在《美国物理学杂志》（*American Journal of Physics*，42，1，15-19，Jan. 1974）发表《靴带与佛教》（Bootstrap and Buddhism，1974）一文，开始其当代自然科学研究成果与东方古代宗教观念的比较，由此引发了在自然科学与宗教比较研究中的一种全新审视及意趣。

卡普拉在"新时代"运动发展中，起到了从当代自然科学的发展之视野来审视宗教的关键作用。他敏锐地抓住了现代物理学、天文学等科学及技术层面的新发现，以其所带来的对以往一些宗教认知层面之老问题的重新思考来展开研究，故而起到了振聋发聩之作用。他的一大贡献，是引领西方学术界及整个舆论界对东方智慧尤其是印度和中国宗教及其神秘主义意向的关注，从而打开了宗教与科学对话、西方与东方对话的全新窗口，引入一股清新之风。虽然卡普拉本人并非当今世界第一流的科学家，但其认识科学与宗教的视角、其采用的比较方法，以及由此引起的联想及联觉却让人们感到耳目一新、激动兴奋，从而使其在当代精神思想发展舞台上占有别具意趣的一位。

卡普拉关涉"新时代"运动的主要著作包括《物理学之"道"：近代物理学与东方神秘主义的对应探究》（*The Tao of Physics. An Exploration of the Parallels between Modern Physics and Eastern Mysticism*，1975）①、《转折点——科学、社会和正在兴起的文化》（*The Turning Point. Science，Society and the Rising Culture*，1982）、《非凡的智慧——与名流谈话录》（*Uncommon Wisdom. Conversations with Remarkable People*，1987）、《生命之网》（*The Web of Life*，1996）、《隐蔽的连接》（*The Hidden Connections*，2002）、《列奥纳多的科学》（*The Science of Leonardo*，2007）、《向列奥纳多学习》（*Learning from Leonardo*，2013）等，其与他人合著的作品则包括《绿色政治》（*Green Politics*，与查伦·哈钦森 ［Charlene Spretnak Hutchinson］ 合著，1984）、《属于宇宙：关于上帝和自然的新思想》（*Belonging to the Universe，New Thinking About God and Nature*，1991）和《属于宇宙：科学与灵性的新领域之探》（*Belonging to the Universe, Explorations of the Frontiers of Science and Spirituality*，1991）（与托马斯·马图斯 ［Thomas Matus］ 及戴维·斯坦德-拉斯特 ［David Steindl-Rast］ 合著）、《生态管理》（*EcoManagement*，与卡伦巴赫 ［E. Callenbach］ 等人合著，1993）等，特别是他与罗马大学生物学教授皮尔·卢伊基·卢伊西（Pier Luigi Luisi）合著的《生命的系统观》（*The Systems View of Life*，2014）影响颇广，其共同主编的作品则有《朝向可持续性的指导职责》（*Steering Business Toward Sustainability*，与冈特·波利 ［Gunter Pauli］ 共同主编，1995）等；此外，他还活跃在社会媒体，接受各种采访报告，并且是多部畅销书的作家，其与人合作的影视作品包括《心灵漫步》（*Mind Walk*，1990）等。在他一生中，他认为最关键的是他在 20 世纪 60 年代所经历的两个革命趋势之影响，其中一个发生在社会领域，另一

① Modern Physics 在已出版的朱润生中译本中被译为"近代物理学"，其实卡普拉在此所指乃量子力学和相对论出现以来的"现代物理学"，因此以下所引该译本中的"近代物理学"实指"现代物理学"。

个发生在思想领域,而他的工作就是顺应这种革命趋势,促成人们向现代整体观的积极转型。

二 "新时代"运动思潮的自然科学动因

卡普拉曾为美国加州大学伯克利分校的理论物理学教授,虽然其在物理学领域影响甚微,但他开始以另外一种视域来审视、解说自然科学发展的成果及其意义,这就是对东方宗教特别是对其神秘主义的联想。而卡普拉的脱颖而出,则是在他专访海森堡等物理学诺贝尔奖得主,并于1975年出版了《物理学之"道"》(The Tao of Physics)[1] 一书之后;他将这些物理学名家关于物理学与哲学、宗教相关联的思想加以拓展并具体化才一举成名,并被视为当今"新时代"运动最著名的理论代表之一。因此,其理论的出发点是根据现代物理学的发展而开始对宇宙及人类的重新认知,以悟出其中的神秘之"道"。他公开宣称,他撰写此书的目的,就是要"试图指出近代物理学远远超出了技术,物理学的道路或曰'道',乃是一条具有情感的道路,一条通向精神知识和自我实现的道路"。[2] 此外,卡普拉在中国社会受到关注,并与"新时代"运动相关的重要著作还有《转折点——科学、社会和正在兴起的文化》(1982)[3] 等。这样一来,卡普拉就远远超越了其最初高能物理学的研究范围,而在哲学、宗教、神话、生态学、系统论、整体论等领域有广泛的涉猎,亦引起了人们的普遍关注。

在自然科学上,卡普拉深受海森堡、玻尔(全称尼尔斯·亨里克·戴维·玻尔 [Niels Henrik David Bohr],1885–1962)和奥本海默(全称朱利叶斯·罗伯特·奥本海默 [Julius Robert Oppenheimer],1904–1967)等人的研究及其理论学说的影响,热衷于对高能物理、量子力学等的探究,积极参与推动"新物理学"的发展及其最新观念的普及;于此,他还特别欣赏这些科学家对东方宗教及其古代智慧与原子物理学的相关概念和理论之间具有联系的见解,承认"近代物理学的概念往往显得与远东宗教哲学中

---

[1] 此书在全世界已发行了40多种版本,被译为十多种语言出版,中译本最初有灌耕编译《现代物理学与东方神秘主义》,四川人民出版社,1983;以及朱润生译《物理学之"道"》,北京出版社,1999。

[2] 〔美〕弗里乔夫·卡普拉:《物理学之"道"》,朱润生译,北京出版社,1999,第12页。

[3] 中译本由卫飒英、李四南译,四川科学技术出版社,1988。

表达的概念惊人地相似";① 为此，探究这些相似及其蕴涵的深刻意义及启迪遂成为卡普拉的主要使命。这种对自然科学最新进展的解读可谓标新立异、与众不同，给传统科学界和思想界都带来了震撼。所以，"新时代"运动看似宗教意趣甚浓，其思路却一下子拉近了与自然科学最新发现之寓意的距离。

在哲学思辨上，卡普拉强调整体论和哲学概念之结构研究，提出对复杂事物的理性符号学之解，以此确定对人类终极洞见的哲学表达，构建其整体哲学体系。而这种整体论也是与自然科学在当代发展中对宇宙的整体关注和思索紧密相关的。传统自然科学立意分门别类、专业独行，对近代科学分类、多学科的发展有着巨大贡献，但在其整体关联上却有着明显的不足，由此导致各学科隔行如隔山的彼此封闭、各行其是。而当代自然科学尤其在宏观世界之探的天文学以及微观世界之探的粒子物理学等学科发展上则重新突出其整体的审视和思考，并使这种整体论与哲学思维联系起来。这样，历史上哲学认知在经历了客体思维、主体思维之后，迎来了当代发展之整体思维。对世界的普遍联系之体认，也使以往的学科分类变得相对化，跨学科研究则脱颖而出，成为主流。而这种科学、哲学的整体观或整体思维，则呼应、对接上具有古老传统的宗教整体思维，其思维的特征本身就是具有神秘性质的。令人感到奇特和惊讶的是，这种神秘思维竟然在当代人类发展中会与科学的精密实验和哲学的理性思辨不谋而合，殊途同归。这样，在学科构建、知识领域和信仰理解上，他都在尝试着其"整体论"的践行，形成其整体审视的解说。

在世界观上，卡普拉主张对生命加以生物学、社会学、生态学诸领域的统合认知，对科学与社会的关联加以系统论的探究；这种世界观已经脱离了以往社会学观察的窠臼，更加具有生态意义和生命哲学的考量，而且基于系统论的梳理规范。由此就使现代世界观的走向体现出前所未有的精神科学之充盈。这样，"新时代"运动的思维就增加了人们对宇宙观、生命观、社会观的系统联结，依此而尝试找出对真实存在加以全新审视的重要范式，以及对文化转型发展之社会蕴涵的全新理解。他认为现代物理学所含有的宇宙观与当前西方社会是不协调的，因为"这种社会并没有反映出我们在自然界中

---

① 〔美〕弗里乔夫·卡普拉：《物理学之"道"》，朱润生译，第3~4页。

观察到的那种和谐的相互联系。要达到这样一种动态平衡的状态，就需要一种根本不同的社会和经济结构，需要一次真正的文化革命"。① 所以说，"新时代"运动的世界观基于现代发展的科学观，并由此不断推进，使之深入社会经济、文化等领域，而传统的宗教世界观则在一种科学范式的包装下也可能得以复活，重新"合理"地映入人们的眼帘。

此外，在教育上，卡普拉作为一个科学普及学者和大众教育学家，则特别突出教育的生态意义和环保意识。他认为对下一代的教育应该推动一种生态化、注重环境变化及保护的能动模式，让青少年培养"生态"意识，关爱我们生存的地球，了解其星际关联，从宇宙起源及发展来看地球的意义，体悟其中生物存在的价值，从而使人类今后能够更好地与自然相协调、和睦共存，守住这一人类得以观察寰宇的独有家园。

三 与近代经典科学的分道扬镳及向古代宗教意蕴的返璞归真

在上述著述中，卡普拉以一种整体论、生态论的观点来审视现代物理学给人们的世界观所带来的重大变化，不仅向人们展示了当代的"社会危机"和"专家失效"现象，有着告别过去的悲壮，还尖锐指出这场危机的本质乃是人们认知观念上的深刻危机，是运用传统"还原论"方法而导致的失灵和碰壁。为此，他认为 20 世纪 60~70 年代以来迅速发展的这场"新时代"运动正是代表着一个充满生机与活力、正在勃勃兴起的全新文化，其特点是扬弃以笛卡尔-牛顿科学体系之传统力学世界图景这一过时的世界观与方法论，以往的"经典"被淘汰或扬弃，与之呼应及关联的则是迎来人们认知方法和价值观念的巨大转变。

与此同时，卡普拉坚持这一新的社会运动不仅会摧毁一个旧世界，也能创立一个新世界。他根据著名科学史家托马斯·库恩（Thomas S. Kuhn）1962 年在《科学革命的结构》（*The Structure of Scientific Revolutions*）中提出的"范式转换"这一重大思想来建构新的理论体系。在此，卡普拉基于世界文化内在的"统一"精神而倡导其"趋同现象之道"，主张用新的系统观范式来取代旧的还原论范式，强调东、西智慧，阴、阳模式之"互补"的原则，展示"宇宙之舞"，从而提出了一个新的实在观。"这个新的实在观要求

---

① 〔美〕弗里乔夫·卡普拉：《物理学之"道"》，朱润生译，第 296 页。

我们的思想、观念和价值观都进行根本的改变。这个新实在观包括：在亚原子物理学中发展起来的新的有关时间、空间和物质的概念；正在形成的有关生命、精神、意识和进化的系统观；应用于健康和康复的整体论方法；应用于心理学和心理治疗的东西方结合的方法；新的经济学与技术的概念框架；以及生态的和女权主义的观点。"①

卡普拉认为世界的发展已经到达了一个意义非凡的"转折点"，其典型特点就是预言着西方传统文化的衰落。他说，自 20 世纪最后 20 年以来，"我们发现我们自己处于一场深刻的、世界范围的危机状态之中。这是一场复杂的、多方面的危机。这场危机触及着我们生活的每一个方面——健康与生计，环境质量与社会关系，经济与技术及政治。这是一场发生在智力、道德和精神诸方面的危机，其规模和急迫性在人类历史上是空前的"②。西方有一些思想家预言了西方的危机和衰落，在 20 世纪开始在西方社会频频敲起警钟，担心未来世界发展会出现对西方发展不利的转折点。对此，卡普拉认为："这些预言看来是过于理想主义，尤其是按照目前美国政治右翼的观点和基督教原教旨主义鼓吹的中世纪的实在论来看。但是，当我们以一个广义的进化观来看待这种形势时，这些现象作为文化转变的必然因素则是可以理解的。按照兴起、鼎盛、衰落和解体的有规律的模式（这些看来是文化进化的特征），当一种文化变得过分僵化——在其技术、思想或社会组织中——从而无法迎接条件变化带来的挑战时，衰落便发生了。这种灵活性的丧失伴随着和谐的普遍丧失，因此导致社会失调与混乱的发生。在这一衰落和解体过程中，尽管占统治地位的社会组织仍然强行推行其过时的思想，但是它们却逐渐濒于解体，而新生的、具有创造力的少数正以其独特的才能和不断增强的自信心面对着这些新的挑战。"③ 这里，卡普拉明显表达出其对美国政治右翼和保守的基督教原教旨主义之反感及否定，认为它们代表着一个过时的、落后的文化，其被淘汰和迎来社

---

① 〔美〕弗里乔夫·卡普拉：《转折点——科学、社会和正在兴起的文化》，卫飒英、李四南译，四川科学技术出版社，1988，内容提要，第 2 页。

② 〔美〕弗里乔夫·卡普拉：《转折点——科学、社会和正在兴起的文化》，卫飒英、李四南译，第 3 页。

③ 〔美〕弗里乔夫·卡普拉：《转折点——科学、社会和正在兴起的文化》，卫飒英、李四南译，第 412 页。

会转型乃是必然的发展趋势。甚至对于西方的左派，他同样也不看好。"在我们目前社会中所观察到的正是这一文化转变的过程。民主党与共和党、大多数欧洲国家的传统右派和左派、克莱斯勒公司、道德多数派以及大多数学术机构，所有这些都是这一正在衰落的文化的组成部分，它们正处于解体过程之中。20 世纪 60 年代和 70 年代的社会运动代表了一个正在兴起的文化，这个文化现已准备就绪向太阳能时代过渡。当转变正在发生时，衰落中的文化是拒绝变革的，甚至会更加僵化地固守过时的思想，占统治地位的社会组织机构也不愿意把它们的领导地位让给新生的文化力量。但是，它们都将不可避免地继续走向衰落和解体，而正在兴起的文化却将继续生长，并且最终必将获得领导地位。当这个转折点临近时，认识到这一重大的进化性变革不可能被短期政治活动阻挡，将使我们对未来充满希望。"①卡普拉的看法可谓一针见血，深刻犀利，有着否定过去、期盼未来的姿态。这里，他实际上是在向整个西方体制及文化传承宣战，当然很明显也有着要"全盘否定""打击一大片"的意向。正因为如此，其观念遭到西方思想界和学术界的强烈抵制和批判，导致了相当一段时间的文化紧张和思想交锋。但他预言到一个完全不同的未来，其洞见及胆识还是令人刮目相看的。

四 卡普拉的基本思想框架

在卡普拉的基本思想框架中，有着"范式转换"与"趋同"、阴阳"互补"、"寻找智慧"、"新物理学"、"东方神秘主义"等关键词，由此将作为学术基础的物理学与其神思向往的东方神秘主义精神加以"有机"结合，从中则可窥见其理论架构的基本形态。

（一）现代物理学与东方神秘主义的相似

卡普拉认为，无论是传统的还是现代的物理学关于物质的基本理论，正在显示出与古代尤其是东方神秘主义的精神观念有着惊人的相似之处。在他看来，物理学的理性洞见与神秘论的直觉智慧之间有异曲同工及趋同巧合之效，遂使"新时代"实际会成为一个"寻找智慧的时代"，尤其是

---

① 〔美〕弗里乔夫·卡普拉：《转折点——科学、社会和正在兴起的文化》，卫飒英、李四南译，第 412~413 页。

西方人寻找东方人神秘智慧的时代。当然，卡普拉将这种超越东西方、跨越科学理性分析的思维与宗教来自直觉真理的沉思体验之间的巨大鸿沟有机勾连起来的创举，看作"全然是一种智力锻炼"。他于此以其自然科学知识基础，尤其是他对现代"新物理学"的理解来全力寻找宗教的奥秘，涉及东方的印度教、佛教，中国阴阳变易哲学、道家和道教，以及中、日禅宗等，所接触的经典包括《吠陀》《奥义书》《摩诃婆罗多》《华严经》等佛经，以及《易经》、《道德经》和《论语》等中国宗教经典，而其求同意趣也在世界观念、认识思路、理论方法等方面深入展开。他之所以论物理学之"道"，就是因为他认为道家"对自然界的细致观察，结合着强烈的神秘主义直觉"，"道家把自然界的一切变化都看成是阴、阳两极之间能动的相互作用的表现，因此他们相信，任何对立的双方都构成有两个极的关系，两极中的每一极都与另一极能动地联系着"，"一切对立物的两极关系就是道家思想的依据"，由此而有的体悟"使道家的贤哲们得以具有深刻的见识"，其重要意义则在于"这些见识已为现代科学所证实"。①

但是，东方神秘主义与机械论的近代西方科学尤其是以经典力学为主的物理学是格格不入的，而对依赖理性的哲学思维也是难以相容的。"东方神秘主义者关心的是对实在的直接体验，它不仅超越理性思维，而且超越感性认识。"在印度教中所要把握的实在乃"无声、无觉、无形、不灭的"，也是"无味、永恒、无嗅的"，而且还是"无始、无终、高于一切，稳固坚定"的；在佛教中是要直接体验"真如"的"绝对知识"；而在道教中则告知人们"道可道，非常道"。② 这些表述的"不精确性和含义不明确"却反映出东方语言的"潜意识层次和联想"，从而与科学的"明晰的定义"和"确定的联系"相差甚远。但有意思的是，科学的抽象语言最终要靠数学形式来表达，数学作为"一种极为抽象和浓缩的语言"实际上也反映出自然的本质，这就回到了毕达哥拉斯（Pythagoras，约前580-约前500）的所谓"万物皆数"之论，而他的这一表述实质上是"一种很特殊的数学神秘主义"，于是就"把逻辑推理引入了宗教的领域"。③ 由此可见，

---

① 参见〔美〕弗里乔夫·卡普拉《物理学之"道"》，朱润生译，第100页。
② 参见〔美〕弗里乔夫·卡普拉《物理学之"道"》，朱润生译，第15~16页。
③ 参见〔美〕弗里乔夫·卡普拉《物理学之"道"》，朱润生译，第19页。

甚至在科学领域，理性与神秘其实从一开始就并非水火不容、分道扬镳的。同样，在现代物理学的发展中，其获得的已不只是理性知识，也有直觉知识，即来自"直觉的领悟"，故而也与神秘主义元素有缘。实际上，无论是科学探究还是个人认知，包括现代医学的治疗判断，都不能离开直觉，这种直觉有时很准，且反映出一定的真实性，却很难从理论上对之加以彻底而透彻的说明，故而往往会被披上一种神秘的色彩。与此相关，卡普拉认为在神秘主义中其实也有相应的理性知识，如宗教信仰基于神秘经验，宗教知识则以这种经验为基础，因此也就形成其经验主义传统，而对其经验的分析和解释却不乏理性逻辑。于是，神秘主义的经验与科学主义的实验相对应、有呼应，二者并非泾渭分明、绝对相悖，其中有着双方的互补、互渗。"当理性的思维沉寂时，直觉的思维方式就会产生一种特别的知觉，以一种直接的方式去体验环境，而不经过概念性思维的清理。……与周围环境浑为一体的体验，是沉思状态的主要特点。在这种意识状态下，一切形式的割裂都停止了，消退为无差别的统一体。"① 除了数学等符号表达，科学的解释仍然需要语言，但人的语言总是相对的、不精确的，在此同样会与神秘主义的处境相遇。东方神秘主义的各个流派都深信"言辞永远无法表达终极的真理"，因此"东方神秘主义所依据的是对实在本性的直接洞察，而物理学依据的则是在科学实验中对自然现象的观察。在这两种领域中随后都要对观察结果进行解释，并且通常是用言辞来交流所作的解释。由于言辞总是关于实在的一幅抽象而近似的图画，用言辞来解释科学实验或神秘主义的洞察必然是不精确和不全面的。近代物理学家和东方神秘主义者都同样地深知这一事实"。② 显然，卡普拉以其对物理学的知识和对东方神秘主义的理解来对之加以解释，旨在说明现代科技如此发达的西方社会为什么突然对东方神秘宗教会感兴趣，并也依此而对"新时代"运动之所以兴起提供某种能够说得过去的理由或科学根据。科学上凡能确定的说明都是相对的，而宗教神秘主义对终极实在的说明则都是无法真正确定的。科学理论的不完善性或局限性，也似乎于此找到了答案，并且颠覆了以往对科学理论的绝对确认。过去人们对科学实验的绝

---

① 〔美〕弗里乔夫·卡普拉:《物理学之"道"》，朱润生译，第26页。
② 〔美〕弗里乔夫·卡普拉:《物理学之"道"》，朱润生译，第27页。

对性有着确信，而对宗教神秘体验的或然性嗤之以鼻，但如今的结论则是：可以反复确认的科学实验实际上必须满足各种具体的条件，而或然的神秘体验对于个体则不一定非真。其体验者所需要的正是这种体验本身，并不是对其体验的描述或证明。所以，宗教常见的描述或解释不会追求精确，而会习惯地用"隐喻和象征"，以及"似是而非的隽语"或看似"荒谬的谜语"。① 尽管如此，宗教之"神"与物理学之"论"都是"思维的创造"，都是其"用来描述自己对实在的直觉感受的模型"。②

现代物理学与东方神秘主义之共识和共鸣，还表现在对人类语言局限性的体认上。现代科学理论尤其是量子论和相对论的发现，是以往语言所无法描述的，也不可能以之来讨论或论证。海森堡就曾指出，"在量子论中出现的最大困难……是有关语言运用问题"，新发现的量子世界是传统逻辑理性及通常概念所无法论说的，如"波粒"共构现象就是无法用普通语言和通常想象所能解释清楚的，因为"粒子"是指"限制在很小体积中的物体"，而"光波"却可"扩展在大范围的空间中"③，其有本质之矛盾，却又确实同存。而宗教神秘主义对终极实在的解释对语言来说也是"不可能之可能"的悖论，宗教语言好像什么都说到了，其实却什么都没说。宗教思想家承认"我知我无知"，但仍强调是一种"有学问的无知"；宗教神秘主义者鼓吹"否定神学"，认为对作为终极实在的"神明"不能说"是什么"，而只能说"不是什么"，即没有肯定性界定，而只有对任何界定的否定。这样，宗教的语言不能靠理性，也很难有逻辑，最后只剩下了祈祷，所以宗教信仰者认定只有"祈祷"才可能是宗教的真正语言。但这种语言已经不是解释性的理性，而乃宣泄性的情感。卡普拉为此总结说："每当用理智去分析事物的基本性质的时候，事物的基本性质看起来总像是荒诞无稽或者自相矛盾的，神秘主义者早已经看到了这一点，但是直到最近才成为科学上的一个问题。"④ 其结果，现代科学不是与宗教相距更远，而是离得更近。"原子物理学使科学家们得以初窥事物的本质。物理学家们现在和神秘主义者一样，涉足于对实在的非感知的经验，他们不

① 〔美〕弗里乔夫·卡普拉：《物理学之"道"》，朱润生译，第29~30页。
② 〔美〕弗里乔夫·卡普拉：《物理学之"道"》，朱润生译，第31页。
③ 〔美〕弗里乔夫·卡普拉：《物理学之"道"》，朱润生译，第34页。
④ 〔美〕弗里乔夫·卡普拉：《物理学之"道"》，朱润生译，第37页。

得不面对这种经验自相矛盾的方面。因此从那时起,近代物理学的模型和概念开始变得与东方哲学的模型和概念相类似。"①

卡普拉指出:"近二十年来,在西方兴起了对东方神秘主义极大的兴趣,与各界人士的讨论,对于我理解这种兴趣在较广泛的文化上的来龙去脉有很大的帮助。我现在认识到,这种兴趣是一种广泛得多的倾向的一部分,即试图抵消在我们的思想和感情中,我们的价值观和态度上,以及我们的社会和政治结构中的失衡。我发现中国的词语,阴和阳,对于描写这种文化上的失衡非常有用。我们的文化总是偏爱阳,或男性的价值观和态度,却忽视与其互补的阴,或女性的对应物。我们看重坚持己见,甚于归纳各方面的意见;看重分析,甚于综合;看重理性知识,甚于直观的智慧;看重科学,甚于宗教;看重竞争,甚于合作;看重扩张,甚于保守;诸如此类。这种单方面的发展,已经到了产生社会、经济、道德和精神方面的危机,令人担忧的阶段。"② "新时代"运动来势凶猛,而且其意向明确,有着偏向东方的旨归及倾斜,这乃是对西方发展的逆反和失望。"新时代"的到来则预示着"旧时代"的终结,人类社会正面对着命运攸关的重大转型。

在他看来,西方发展可能到了一个"物极必反"的转折时刻,其在20世纪下半叶的社会走向似乎有着冥冥之中的趋同,即都忧虑生态危机、关注阴阳平衡、向往神秘主义、有着整体审视;而且令人惊奇的是,现代物理学呈现的宇宙图景亦与东方神秘主义的意向有着深刻的和谐一致和表象上的惊人相似。他为此感叹说:"二十世纪物理学的两个基础——量子理论和相对论——如何迫使我们差不多用印度教徒、佛教徒或道教徒的眼光来观察世界。"③ 因此,他认为在不为人知的深层面上科学与宗教观念并非本质矛盾,而有着殊途同归之意想不到的效果。这样,现代最新科学的发展及其发现或许能够平息历史上宗教与科学的冲突,从其新的宇宙论、世界观上给宗教意蕴一种全新的解释。通过其整体论、系统论的诠释,他非常感慨地说道:"这对于我认定神秘的传统哲学(亦称持久常在的哲学)为我们近代的科学理论提供了最为坚实的哲学基础来说,是令人印象深刻

---

① 〔美〕弗里乔夫·卡普拉:《物理学之"道"》,朱润生译,第38~39页。
② 〔美〕弗里乔夫·卡普拉:《物理学之"道"》,朱润生译,再版前言,第2页。
③ 〔美〕弗里乔夫·卡普拉:《物理学之"道"》,朱润生译,第4~5页。

的明证。"① 对于未知世界，科学与宗教都有其关注，双方的解释在没有达到科学观测和实验的确证时也都有其想象和揣测，这种"想象力"所展示的精神意趣势必会超出其认识的通常之维，而这种多维视域的相遇则使"新时代"运动深感有着科学与宗教重新对话的现实必要。

（二）在"范式转换"中"模糊"认识会替代以往科学与哲学的"确定"

卡普拉坚持当代世界乃是处于自然、人文和社会科学领域中新、旧范式转换的时代，在物理学、生物学、医学、心理学、生态学、经济学、社会学和哲学等领域都出现了巨大的历史性转折。为此，人们必须检查和清理过去的旧观念和旧理论，了解并掌握现在的新观念和新理论。这种思想使人们对理性认知的"确定性"产生动摇和怀疑，因为各科学分支既然是在某种范式内发展，那么就会受其支配和影响，有其局限和缺陷；但科学发展到一定阶段时亦会突破原有的范式而采取一种全新的范式，对过往加以扬弃和超越。在近代西方哲学史上曾有德国思想家康德（1724-1804）在批判"纯粹理性"时论及理性之"二律背反"（antinomie），而现代科学在探究科学的精确性时也出现了海森堡所指出的"测不准原理"（uncertainty principle），于是科学和哲学都不得不面对其"不确定性"。所以，肯定理性"确定性"之有效程度，必须以对这种范式转换的认真考虑为前提。此外，这种"确定性"究竟是具有普遍性，还是仅有个殊性，也是颇值反思和探究的。卡普拉承认自然科学之实验结果有其可重复性，从而可以得到其普遍性的公认；然而，宗教的神秘认知却无法确保其可重复性，"因为神秘主义首先就是一种不可言传的体验。任何神秘的传统思想，只有在你决定积极参与时，才能较深刻地感知"。② 显然这种由体验而得到的感知是很难具有可重复性即普遍性的，但并不能因此就截然否定其真实性、无视其真实存在。尤其是个体体验的唯一性和不可重复性并不就意味着其虚假或不存在，传统范式是无法证实灵性或灵感的存在或真实的。

---

① 〔美〕弗里乔夫·卡普拉：《物理学之"道"》，朱润生译，再版前言，第 4 页。此处译者将 Perennial Philosophy 译为"持久常在的哲学"，其实这就是西方基督教传统中对其宗教哲学所称的"永恒哲学"。

② 〔美〕弗里乔夫·卡普拉：《物理学之"道"》，朱润生译，序言，第 3 页。

　　而且，在科学的发展上，他感到亦可发现不少回归和 "轮回"，其创新有时在实际上也是一种返回，现代物理学的新视域非常戏剧性地把人们引向了 "一种在本质上是神秘主义的宇宙观"，从而使认知又 "返回到 2500 年以前的起点上"。这里有着一种 "螺旋式" 的发展，使其上升与回归相关联。这就是卡普拉所发现的令人惊讶的不可思议之处，即西方科学的 "起点是早期希腊的神秘主义哲学，它的复苏和崛起，则是通过理性思维令人难忘的发展，日益脱离它原初的神秘主义起源，而形成一种与远东宇宙观尖锐对立的观念。在最近的阶段上，西方科学终于开始克服这种观念而返回到早期希腊哲学和东方哲学的宇宙观上来。然而，这一次它已不仅依靠直觉，而且还依靠高度精确和复杂的实验，以及严格而一致的数学表达方式"。[1] 在西方科学和哲学的发展上，历史就见证了这种 "范式转换"，其极为关键且非常典型的就是文艺复兴和近代理性思潮的出现。

　　文艺复兴使人们摆脱了亚里士多德的思维方式和基督教会的社会影响，开始以科学实验来验证纯理论的说法，用数学语言来表述科学理论，其精准性被视为 "真正的科学精神"；与之俱来的理性思潮则把自然界划分为 "精神" 和 "物质" 这两大彼此分离且独立的领域，由此而出现近代以来对 "唯心" 与 "唯物" 的哲学理解。此时所言之物质世界则被看作由不同物体所构成的机器，与生命、精神无关，"宇宙是机器""人是机器"之说占据了社会的主要舆论，而得天独厚、相得益彰，与之极为吻合的科学正是力学，此即经典物理学的基础和机械宇宙观的依据，物质之测由此得到了机械论的准确或精确，但生命体悟的有机性被忽略或遗忘。卡普拉指出，勒内·笛卡尔（René Descartes，1596-1650）以 "我思故我在" 的名言而奠立了主体思维之基，其在把自我与思维相等同的同时已使精神与肉体分离并造成了 "形而上学混乱"。[2] 西方古代科学与哲学具有 "客体认知" 的性质，而笛卡尔开创了 "主体认知" 的时代，但遗憾的是与这一时代同步的则乃客体与主体、物质与精神的分割；从古代客体的统一性到近代主客体的分离和分割，就是这次 "范式转换" 的后果。

　　但与西方的发展不同，东方的宇宙观却一直是 "有机" 的、"关联"

---

① 〔美〕弗里乔夫·卡普拉：《物理学之 "道"》，朱润生译，第 5~6 页。
② 〔美〕弗里乔夫·卡普拉：《物理学之 "道"》，朱润生译，第 8~9 页。

的、"统一"的、"整体"的，而且基本上是一种"模糊整体"。在这一整体中，"一"与"多"本无实质意义，只是解说者的感觉和区分。东方神秘主义以其匪夷所思的方式保持了宇宙的整体关联，主客体并无本质区分，一切物体和事件都有其相互关联，"东方神秘主义者一再述说，我们观察到的一切事物都是思维的产物，它们从特定的意识状态中产生，而且如果我们超越了这一状态，它们将再度消失"。[①] 人们对周围世界的认识和描述故而乃人之精神的"幻觉"或"错觉"，是"精神的投影或'影像'"。所以，在对世界的认识和描述中是无法把主客体分开的，恰如现代现象学所理解的，客体是关涉主体的客体，主体则是关涉客体的主体。而二者的互动和干涉就形成了宇宙的整体，其万物之间都有着干扰和纠缠；这也是现代科学实验所发现的认识物质世界过程中"干扰"的意义，以及物质的"波粒"二元之互变和无分。这类理解中也存在最新科学进展在热议的所谓"量子纠缠"现象及其解释。而东方神秘主义的相关表述则是"当思维受干扰时，就产生了事物的多样性，而当思维平静时，事物的多样性就消失了"[②]。"干扰"而动，导致多变，因变动不居而无法把握，故称"无明"或"无知"；在此，可以说是"明明白白我的心，逻辑理性说不清"。西方宇宙观尝试在变动中把握真实，视此为"有学问的无知"，乃其科学、哲学中一种流变的辩证法；而东方宇宙观却强调在"静"中之"悟"，故有"禅定""无念"之体验，而"禅"之表象即是"无言""淡定"。"无论是印度教、佛教还是道教，他们的信徒的最高目标是认知所有事物的统一和相互联系，超越孤立的单个自我的概念，并且使他们自己与终极的实在归于统一。"[③] 正是这种东方冥冥之中的统一观、整体论，使其民众更容易归入"大我"、实现"梵我如一"，可谓典型的"东方集体主义"。当西方思维强调"认识你自己"时，东方德性则要求"忘掉你自己"，在这种集体观、整体观中做到"忘我""无我"。卡普拉认为这种"觉悟"乃牵涉整个人的体验，故其最终本质是宗教的。因此，他不认为东方乃无宗教的、无神论的世界，而大部分的"东方哲学在本质上都是宗教哲学"。显

① 〔美〕弗里乔夫·卡普拉：《物理学之"道"》，朱润生译，第 264 页。
② 〔美〕弗里乔夫·卡普拉：《物理学之"道"》，朱润生译，第 10 页。
③ 〔美〕弗里乔夫·卡普拉：《物理学之"道"》，朱润生译，第 10 页。

然，其对宗教的理解在西方世界有着共鸣，与作为东方文化重要代表的当代中国之宗教理解却有着巨大差异。在他认为这是典型的宗教表达之处，我们却不以为然，淡而化之。

不过，卡普拉从另一个层面又承认了东方观念中对自然的动态认知，这种"有机"观将物质与精神共构一体，因此是有生命的、生态的、能动的、运动的、变化的、演进的，于此他对中国古代经典《易经》评价很高。当仍有中国人把《易经》简单地视为占卜之书时，卡普拉却说，"《易经》作为一部睿智的著作，远比用于占卜重要"，"查阅《易经》的目的不仅在于测知未来，更重要的是了解现在的境遇，以便采取适当的行动"，因此"它启发了各个时代主要的中国思想家的灵感，其中包括老子，他的一些深刻的格言就是源出于《易经》。孔子对《易经》进行了潜心的研究"，"和整部《易经》一样，孔子注释的核心是强调所有现象动态的方面，一切事物和境遇无休止的变动就是《易经》的要旨"。① 同理，"佛家把物设想为事件，而不是物体或物质"。"物"不仅是"物质"，还是"动态"，是"事件过程"，即"事变"。而"佛家通过自己对自然界的神秘体验所认识到的，现在已经通过现代化科学的实验和数学理论而被再度发现"。② 卡普拉先是强调了东方思想文化之"静"态，但在论及《易经》等中国经典时又意识到其"动"态之意蕴，这一静一动之辩证关系及动静之同的奥妙尚未被他透彻体悟，故在其理论逻辑的深层之处仍未梳理清楚，存有矛盾和混乱。

从这一观察层面，卡普拉还意识到东方神秘主义与现代物理学另一引人注目的相似之处，就是神秘主义的修行不只是观察，而更有参与，这种主客体之互动使以往仅仅静观物质世界之变的方式被打破，宗教体验虽然基于其个殊性，但体验方式本身则有着普遍意义。也就是说，客观世界的呈现与其观察主体的主观参与、干涉密切相关，二者之间的这种互动和感应在现代物理学的实验中也成为必要，科学家在实验安排及准备过程上的改变，直接会影响其观测及实验结果的不同。对此令人惊讶的相似现象，卡普拉有着如下表达："在东方神秘主义中，这种普遍的交织关系总是将

① 〔美〕弗里乔夫·卡普拉：《物理学之"道"》，朱润生译，第98页。
② 〔美〕弗里乔夫·卡普拉：《物理学之"道"》，朱润生译，第258页。

观察者和他们的意识包括在内，在原子物理学中也是这样。在原子的层次上，只能通过准备过程和测量过程来了解所研究的对象。这一系列过程的结果总是存在于观测者的意识中。测量就是在我们的意识中引起感觉的相互作用……原子物理学的定律告诉我们，如果让被研究的原子对象与我们相互作用，它将以多大的概率来引起某种感觉。海森伯说：'自然科学并不仅仅描写和解释自然界，它是自然界与我们自己之间相互作用的一部分。'" "在原子物理学中，我们不能仅就所研究对象的性质本身来进行讨论，这些性质只有在所研究的对象与观测者相互作用的过程中才有意义。"① 主体思维和客体思维都曾把观察者与被观察对象分割、区别开来，而整体思维则认为不应该，也不可能做出这种分割，因为其乃对世界整体性的撕裂，也自然找不到真理的结果。现代物理学"以参与者代替观察者"的见解，与东方神秘主义修行者"没有外在世界与内在世界之别"的见地，可谓"英雄所见略同"。

（三） 对宏观、微观的整体审视与宗教之奥秘

卡普拉把宏观世界和微观世界、科学世界和人生世界作为一个统一的整体来看待，认为现实存在乃是一个极为复杂、运动多变、交织难分、无限发展的关系网络，其中既有着差异距离、对立对照，却又都相互干扰、相互依存、相互作用。因此，主要基于客观观察的牛顿古典力学观和物理观与笛卡尔哲学实体静态思维和单向思维方法在认识这个关系网上已经失败、无能为力。

一般而论，人类科学发展对宇宙的认识大致分为三个层面，即宏观、微观和中观。所谓中观指人所处于认识的常态范围，即人的社会处境及其观察视域，通常基于"眼见为实"的观察与思考。而人即是中观的核心，人对宏观及微观世界的观测也是以己为立点，从自己的观察与思考出发，由此会以直线来观测空间，用平面来测绘地球，而对人的中观研究基本为生命科学、思维科学之探，当然也属于社会科学的研究范围。而自然科学的认知发展则主要是在宏观世界和微观世界，恰如人们常引用的爱因斯坦预言：未来科学的发展，无非是继续向宏观世界和微观世界进军。而一旦

---

① 〔美〕弗里乔夫·卡普拉：《物理学之"道"》，朱润生译，第 123、124 页。

超出中观的"常识",则往往会颠覆我们的传统认知、习惯思维,如在当代物理学的视域中,"即使空无一物的空间也是弯曲的",并非简单的直线延续;而人们"用一系列平面图"所描绘的,却也是"弯曲的地球表面",所以这样的努力只是"近似地描绘现实世界",这也揭示出"所有的理性知识必然是有限的"。[①] 为此,当代科学为我们指出的科学真理是"相对论""测不准定理",提醒人们意识到其认知的"相对性","无论它看来是如何明确,也只在有限的氛围内适用"。[②]

对宏观世界的观察研究涉及天体运行、星系演化、宇宙起源等问题,故而可进而扩展为宇观、胀观之探。按照钱学森的理解,在自然科学的标准中,"宏观世界的典型长度就是 10^{-15} 厘米 $\times 10^{19} = 10^2$ 米。那是一个篮球场的大小",而宏观世界再往上则为宇观世界,即天文学家所观测的世界,如果它与前述宏观世界差 19 个数量级,则可大到 $10^2 \times 10^{19}$ 米 $= 10^{21} \approx 10^5$ 光年,而银河星系的大小为直径在 10 万光年以上;至 20 世纪下半叶,天文物理学家观测发现了我们所在的宇宙在不断膨胀,并推算出这个宇宙在 100 多亿年前从一个微点开始爆炸,故有"大爆炸理论"(Big Bang Theory)之说,但这个理论预设了时空有起点,故被更近的"宇宙膨胀论"(inflationary universe theory)取代,这种观念即胀观;胀观的世界之典型尺度约为 10^{16} 亿光年,现代科学通过射电望远镜等最新仪器所能观测到的世界尺度则为 150 亿光年左右的时空区域,这是目前人类所能认识的世界之规模。[③] 既然宇宙在膨胀,而且还在加速膨胀,那么其原因是什么呢?为此,当代宏观宇宙的研究猜想除了可以观测到的物质,应该还有尚未观测到的暗物质、暗能量存在,据估计宇宙中可见物质仅占 4.9%,其余则为暗物质、暗能量所占,这是当前人类采取任何方式都无法"看"见的,故此仍然为人类科学认识之谜。在宏观的天文景观中,其星系星象的分布亦给人带来了观测微观世界的想象。

从人类对微观世界的观测来看,过去科学家认为物质切分到原子就到头了,故称其为"原"子。但 19 世纪末 20 世纪初的科学发展进而发现原

---

① 〔美〕弗里乔夫·卡普拉:《物理学之"道"》,朱润生译,第 15 页。
② 为海森堡之语,转引自〔美〕弗里乔夫·卡普拉《物理学之"道"》,朱润生译,第 15 页。
③ 卢明森、鲍世行编《钱学森论大成智慧》,清华大学出版社,2014,第 503 页。

子非本"原"，还可以分下去，结果使以往的"物质世界"消失了，并带来了以原子论为基础的古典科学体系之坍塌，一些守旧的科学家甚至以自杀来为之陪葬，完成了其为古代科学观的殉道。从原子继续分为电子、中子、质子等基本粒子，现代的高能物理学即称"粒子物理学"（particle physics）。随着对基本粒子的研究，古典力学于此让位给量子力学。至 2013 年希格斯粒子（亦有"上帝粒子"之称）被发现，粒子物理学标准粒子模型所预言的 61 种基本粒子都被找到。而随之又深入对"缪子"（muon）与上述标准模型之差别的探究，以及对"虚粒子"存在的推测。为此，在对微观世界的科学研究之技术层面则出现了纳米技术，所谓"纳米"（nm）即毫微米，其长度为 10^{-9} 米，即 0.000001 毫米，约 4 倍原子大小。而微乎其微的微观世界研究与硕大无朋的宏观世界研究的对照、结合，则产生了粒子宇宙学、高能天体物理学等新兴学科。钱学森指出，微观世界的大小以基本粒子的 10^{-15} 厘米长度为标准，而比基本粒子还要小 19 个数量级的超弦世界之长度则仅约 10^{-34} 厘米，这种"超弦理论"（superstring theory）之诞生就使人类对世界的观察进入了比微观世界更下一个层次的渺观世界，其独特之处则不再是四维时空（三维空间加一维时间），而增加到十维时空，对这多出的六维时空之无知，则意味着隐秩序的存在。[①] 这种宏观整体与微观整体之结合研究，使戴维·约瑟夫·玻姆（David Joseph Bohm，1917－1992）在 1952 年发表了题为《以隐藏变量尝试诠释量子论》的论文，指出物质包括物质、能量、信息三要素，在此物质就是在三度空间可见的实际显现，能量则是物质间可见或不可见的交互作用效应，而信息恰恰就是潜藏在这两种现象背后的隐藏秩序，所以形成这三者的有机关联。而这种隐藏秩序即被其称为量子势（quantum potential）或隐秩序，1980 年玻姆又出版了《整体与隐秩序》[②] 之著作，认为真正决定世界的是在科学理论中还没有看到的隐秩序，因此有必要找到这一隐秩序。钱学森就认为，这种隐秩序之寻觅必须从微观世界追寻到其渺观层次。

在观察这种宏观世界与微观世界之复杂关联中，人们的认识得以提升，开始体悟出局部包含整体、而整体亦寓于局部之奇特关系，因此进而

---

① 卢明森、鲍世行编《钱学森论大成智慧》，第 502~503 页。

② David Bohm, *Wholeness and the implicate Order*, Routledge and Kegan Paul, 1980.

又发展出全息理论。所谓全息，通俗讲即一张照片可分为无数碎片，而从每块碎片中却都能看到完整的影像。1967 年，贝诺瓦·B. 曼德博（Benoit B. Mandelbrot）又以其《英国的海岸线有多长?》之著名文章提出了"分形理论"（fractal theory）。他指出，从观测海岸线上，就可以发现其形貌上的自相似性，即其"局部形态和整体态的相似"。于是，认知上的奇葩出现了：那些被自然科学家们千辛万苦的探寻、长期摸索之思考所得出的结论，却早在东方神秘主义的宗教中一语道破，如《佛典》所言"一花一世界，一叶一菩提"。把分形理论用于基督教与佛教对话的德国神学家佩里·施密特-里克尔（Perry Schmidt-Leukel）就为其"分形理论视角下的佛耶对话"之著作取名为《一花一世界》（*To See A World in A Flower*）①。这真使人百感交集，让人一下子就想到了辛弃疾"众里寻他千百度，蓦然回首，那人却在灯火阑珊处"的寻觅与发见之名言。

在此，卡普拉觉得现代物理学对宏观及微观世界的可能观测根本动摇了传统观念，而其发现则"迫使空间、时间、物质、客体、因果等等这样的一些概念发生深刻的变化；由于这些概念对于我们体验世界的方式来说是那样地带有根本性，以致于使被迫改变这些概念的物理学家们感到几分震惊是不足为奇的"②。于是，现代物理学家不得不另辟蹊径，而使卡普拉颇感惊奇和兴奋的，则是现代科学家于此可以回到古代，再观东方宗教的神奇认知。印度宗教的宇宙观指出，"因为是最小的，所以也是最大的"；道教说人体就是一个小宇宙；而佛教如上之言，一朵花中就有一个世界，一粒沙子里就藏着大千世界。这也让我们想起了"新时代"运动思想先驱布莱克前述之美妙诗句。而其发见的惊人之处，就是打破了传统意义上固定的物质观，同时也打破了因循守旧之科学家、哲学家在认识物质世界上的固执。显然，卡普拉认为，古代东方宗教早已从"超自然"的事物中预见了这个奇妙而不可思议的物质世界，这种"微尘中的无限宇宙"就是一种"分形宇宙论"。其实，近代西方通过来华传教士而曾受东方哲学尤其是中国《易经》阴阳二元见解影响的思想家戈特弗里德·威廉·莱布尼茨

---

① 中译本，〔德〕佩里·施密特-里克尔（Perry Schmidt-Leukel）《一花一世界——分形理论视角下的佛耶对话》，张绪良、王蓉译，宗教文化出版社，2020。

② 〔美〕弗里乔夫·卡普拉：《物理学之"道"》，朱润生译，第 41 页。

（Gottfried Wilhelm Leibniz，1646-1716）在其"单子论"（monadology）中就认为，宇宙就是由无数个单子所构成，而每一个单子里都有一个完整的宇宙。"物质的每个部分都可以看成是一座长满植物的花园……但是植物的每一根枝条……也是这样的一座花园。"① 可见在这种认识中极大和极小都会无限扩延下去，因此大与小本无绝对标准，其对比在于其观察主体及其中介。

在东方神秘主义的认知中，终极实在与一切事物之整体统一的关联，其实就是宗教信仰中"神与人""神与世界"的关系。而这在现代科学的解释中则扬弃了有神与无神的存在理解及彼此之间的争论。东方神秘主义和现代物理学的一个契合点，就是相信物质的世界也就是神明的世界，二者之间本来就无法截然相分。卡普拉说："东方宇宙观最重要的特点，也可以说是它的精髓，就是认识到一切事物的统一性和相互关联，以及体会到世界上所有现象都是一个基本统一体的表现。一切事物都被看作是这个宇宙整体中相互依赖和不可分割的部分，是同一终极实在的不同表现。东方的传统总是谈到这个不可分割的终极实在，它表现在一切事物之中，一切事物都是它的部分。它在印度教中称为'梵'，在佛教中称为'法身'，在道教中称为'道'；由于它超越一切概念和范畴，佛家也称之为'真如'。"② 这种整体统一的思想在宗教中对于超越"人格神论"起着关键作用，其实这在西方中世纪思想发展中就已被晚期经院哲学家库萨的尼古拉（Nicolaus Cusanus，1401-1464）领悟，为此他说上帝是绝对的极大，而宇宙则是相对的极大，是对上帝的摹本和缩影。万物与上帝就是"对立统一"（coincidentia oppositorum）的关系，"上帝在万物之中，贯通于万物之中，而万物也都完全在上帝里面。"③ 这种思想在近代西方的泛神论和现代西方的万有在神论等思潮中也有展示，但因其并非主流思潮而不被重视，仅在思想界内小范围地流传。而东方神秘主义的这些充满神秘色彩的表达却通过"新时代"运动与现代物理学的发现相比附而迅速扩散，形成较大规模的影响。卡普拉认为："宇宙的基本统一性不仅是神秘经验的主要特征，

① 转引自〔美〕弗里乔夫·卡普拉《物理学之"道"》，朱润生译，第288页。
② 〔美〕弗里乔夫·卡普拉：《物理学之"道"》，朱润生译，第113页。
③ 〔德〕库萨的尼古拉：《论有学识的无知》，尹大贻、朱新民译，商务印书馆，1988，第132页。

也是近代物理学最重要的发现之一。它在原子的层次上变得明显起来，并且随着我们深入物质内部，直到亚原子粒子的范畴，它也就变得越来越明显。所有事物的整体性将再次作为贯穿我们对近代物理学与东方哲学进行比较的主题。在研究亚原子物理学的各种模型时，我们将会看到，它们一再以不同方式表达着同样的见解，那就是物质的成分和涉及它们的基本现象，全都是相互有关，相互联系和相互依赖的，不能把它们看作是孤立的存在，而只能看作是组成整体的部分。"①而其根本意义就在于东方神秘主义的这一直觉性洞观被现代物理学的科学实验印证，此依据故而更容易被世人接受和信服。

（四）动物大脑与恰如"外在大脑"之宇宙

卡普拉在其探究中还从宇宙观转入生物观，指出"神经心理活动的器官——大脑及其神经系统——是一个极为复杂的、多层次的、多维的生命系统"，而"神经系统的主要功能是通过接受和传送电脉冲和化学脉冲来相互通信。要做到这一点，每一个神经系统都发展出大量的细丝，分别去与其它细胞相连接，这样建立起一个巨大而复杂的通信网络，与肌肉和骨骼系统密切地交织在一起"。②对于大脑神经系统的功能，他认为不能指望传统还原论就能解释，还必须依靠现代整体论的洞观。"还原论的方法用于理解具体的神经机制，整体论的方法用于理解哲学机制与整个系统的功能之间的结合。"③通过现代系统论、整体论的审视，卡普拉注意到大脑神经系统之复杂网络结构的重大意义，正是因为这一网络体系才能形成普遍联系。于此他感到更加令人惊讶的是，现代生物科学发现，动物大脑的脑细胞结构图与宇宙星系结构图有着惊人的相似之处，而大脑细胞也与整个宇宙有着一样的结构，甚至宇宙的成长过程和结构可能也与大脑细胞的生成过程和结构几乎一模一样。大脑皮层与宇宙暗物质分布之图亦惊人的相似。大脑似微缩宇宙，宇宙如巨型大脑。于是，有趣的现象发生了，不仅宏观、中观和微观有其相似性，人的大脑网络与宏观世界的星系网络及微

---

① 〔美〕弗里乔夫·卡普拉：《物理学之"道"》，朱润生译，第114~115页。
② 〔美〕弗里乔夫·卡普拉：《转折点——科学、社会和正在兴起的文化》，卫飒英、李四南译，第283页。
③ 〔美〕弗里乔夫·卡普拉：《转折点——科学、社会和正在兴起的文化》，卫飒英、李四南译，第283~284页。

观世界的粒子及更微弦的联系网络也非常相似。这就是他所关注的动物大脑与宇宙现象之"外在空洞大脑"的对比，而其结构的网络状况还会使人联想到当代无所不包、无处不在的网络信息技术效果。这种局部以及整体之有机关联可以用网络状态来呈现，而当代人也正在见证网络世界的奇特和奇妙。古代神话中曾让人神往、着迷的"千里眼""顺风耳"，以及传统基督教神学观念中"上帝"的"无所不在"、"无所不能"和"无所不知"，今天靠这种网络信息科技就可以达到类似之效。这好像就应了19世纪末20世纪初流行的弗里德里希·威廉·尼采（Friedrich Wilhelm Nietzsche, 1844-1900）之狂言："上帝死了""超人"诞生了！不过，当代人类还没有来得及高兴得太久，就已经开始担心"悲剧的诞生"了。在人工智能之发展中，大脑的功能被深入探究和发掘，而其成就和发明却导致了人脑已不如电脑了的结果，人类在许多竞技比赛中很快就惨败在"机器人"手下，出现了人的"新异化"及"人的存在荒谬化"①。欧洲近代理解中曾有"人是机器"之言，而人工智能却使"机器变人"，康德所问"人是什么"在人机关系比较中重新成为棘手问题。现在人们开始担心人工智能超常的自我学习能力，害怕其失控后机器反而会控制人类：过去人类在动物世界中脱颖而出，以其智力进化而形成地球表层的智能圈，得以把动物关进了笼子里，或圈在人类为之保留的空间；而今后机器人的发展尤其是超级智能机器以其远远超越人类的自我学习能力和速度而终将掌控一切，包括完全控制人类，从而是否也会把人关进笼子里受其支配？其可能已经在机器人战胜人的下棋比赛以及各种竞技表演上充分展示出来。这一提问会让人不寒而栗，担心"人的时代"之可能结束。虚拟的"元宇宙"及其未来的"新主人"既令人刺激和兴奋，也让人恐慌和畏惧。

因此，"新时代"运动对大脑的想象及比附，带给人们许多新的思绪和担忧。动物大脑尤其是人的大脑为其生命及精神带来最根本的支撑，其指挥即通过神经系统以及我们中医所言的经络系统来实现，这与人们今天所经历的网络系统几乎有着异曲同工之处。此外，通过外在的干扰或干涉甚至可能渗入大脑，把人的思维暴露无遗，个人由此会毫无隐私可言。过

---

① 对此可参见孙伟平《人工智能与人的"新异化"》，《中国社会科学》2020年第12期，第119~137页。

去曾有外来的"托梦"之说,如今则完全可能存在外来的"盗梦"真实。于是,"外在大脑"的思考就水到渠成,给人们认识宇宙带来一种新的思路。这里,精神的传播方式与物质的传播方式亦有着趋同之处,网络的传播既可以用物质传播也可以用精神传播的方式来解释,其可见与不可见则和物质与暗物质的关联异曲同工。而"脑"及其功能究竟是物质还是精神?是否其还有我们没有发觉的"特异功能"?在此物质与精神是否可以截然区分而论?这都引起人们的怀疑和思索。既然人的生命运动要靠大脑,那么宇宙的运行、规律及秩序是否也有其"大脑"所支配!宇宙也是"大脑",即"外在大脑",而这种"宇宙大脑"在此即"新时代"运动可能所想要表述的"上帝"。其实这就是不少科学家所言之"宇宙神论"及其"宇宙宗教情感"。对此,阿尔伯特·爱因斯坦(Albert Einstein,1879-1955)就曾有如下自我表白:"我们认识到有某种为我们所不能洞察的东西存在,感觉到那种只能从其最原始的形式为我们感受的最深奥的理性和最灿烂的美——正是这种认知和这种感情构成了真正的宗教感情,在这个意义上,而且也只是在这个意义上,我才是一个具有深挚的宗教感情的人。"[1] 传统上所言"神人关系"于此则成为宇宙与人类的智能及网络联系关系。显然,从宏观和微观的视角探究宇宙的本原及本质,以及生命和精神的意义,科学家在此也很容易走向"宇宙神秘主义",并且往往会在实为宗教性质的东方神秘主义中找到共鸣或印证。

不但在现代物理学中,而且在现代生物学中,卡普拉都察觉到其与东方神秘主义的有趣关联,由此导致其有关系统生命观与神秘主义之关系的思索。他为此指出:"系统生命观在最深层的本质上是精神的,因此和许多神秘传统所持的思想相一致。科学和神秘主义之间的相似不仅限于现代物理学,而且现在已被同样的理由扩展到了新的系统生物学。"[2] 这里有两个特点引起他的高度注意,一是其普遍的相互联系和相互依赖;二是呈现出的实在之内在动态特性,而东方神秘传统对系统的生命有机体观念带来了富有启迪的重要思想。其中大脑在生命指挥系统中的地位及其意义,则

---

① 引自赵中立、许良英编译《纪念爱因斯坦译文集》,上海科学技术出版社,1979,第50页。
② 〔美〕弗里乔夫·卡普拉:《转折点——科学、社会和正在兴起的文化》,卫飒英、李四南译,第293~294页。

带来了"宇宙大脑"之联想，并进而与宗教的"上帝观"相关联。于此，卡普拉运用了法国天主教神学家和自然科学家德日进（1881–1955）有关"精神圈"的思想。这就是指人在地球上还增加了覆盖其表层的一个"精神层"，而这种以人的"心智"为特点的"精神圈"是宇宙进化过程所达到的顶峰，因为它象征着人的精神在这种"超生命阶段"已趋向其进化终点，即万物在上帝之中所达到的超人格统一。卡普拉很欣赏德日进这一"心智创生"的思想，因其目的是要达到称为欧米伽的宇宙精神中心；这样，人的精神遂与宇宙精神相关联，而德日进"最终把上帝看作是所有生命之源，特别是看作进化动力之源。按照系统论，把上帝这一概念看作是宇宙的自组织动力学"，而在现代神秘主义用来说明神的各种观念中，德日进的上帝概念"则可能是最接近现代科学的概念"。① 不言而喻，"宇宙大脑"在他看来即为上帝。

（五）对精神与物质有机共构之系统的宗教诠释

卡普拉还根据上述趋同现象而提出要建立一种包罗万象的系统论体系，以捕捉、认清现实存在这一奥妙无穷的关系网络。宇宙即网络，生命即网络，而人的社会关系也是一种网络关系。这种系统观基于新的自然与社会结构范式，强调综合与实用，并且从灵性意义上来重构其精神观，即摈弃过去宇宙精神与上帝精神的对立，而坚持二者的等同。在他看来，上帝不是创世主，而是宇宙精神。这就突破了传统人格神、造物神的观念，而与强调上帝乃宇宙的和谐及秩序之宇宙论和强调上帝乃存在及其规律的存在神论不谋而合，由此亦传承着自牛顿至爱因斯坦等科学家对宗教的理解。

卡普拉的系统论体系不仅促进了西方系统范畴、系统学科及系统工程的繁荣发展，也深化了自然科学的理性与人文科学乃至宗教精神（尤其是东方神秘主义）的灵性或灵气之融合。所谓"东方神秘主义"在其表述中"是指印度教、佛教和道教的宗教哲学"，而这种宗教哲学和神秘主义则乃东西共有的，"虽然这些宗教哲学包含着大量微妙地交织在一起的宗教教规和哲学体系，但是它们宇宙观的基本特征却是相同的。这种宇宙观并非仅仅出现在东方，而是在某种程度上出现在所有神秘主

① 〔美〕弗里乔夫·卡普拉：《转折点——科学、社会和正在兴起的文化》，卫飒英、李四南译，第295页。

义的哲学中"。[1] 为此,他表明自己写《物理学之"道"》之书的主题,就是要揭示"近代物理学把我们引向一种与古往今来各种传统的神秘主义宇宙观相同的观念",这种"与近代物理学之间的相似之处不仅表现在印度教的《吠陀》中,在《易经》和佛教的典籍中,而且也出现在赫拉克利特(Heraclitus)的断简零篇,阿拉比(I. Arabi)的泛神论神秘主义派,或亚基(Yaqui)的巫师胡安的教诲中";当然,他承认东西方神秘主义也各有侧重,"东方神秘主义与西方神秘主义的差别在于,神秘主义学派在西方始终只是配角,而在东方的哲学和宗教思想中却构成主流"。[2] 他把重点放在对东方神秘主义的探索上,为此还特别勾勒了自己对"宇宙之舞"的感受:"一位舞蹈着的湿婆像被叠印在气泡室中碰撞粒子的径迹上"![3] 在他看来,"湿婆之舞就是舞蹈着的宇宙,就是能量通过无穷多样互相融合的模式的不停流动"。[4] 近代物理学与东方神秘主义所持守的宇宙观其实有着惊人的相似性,这说明科学的理性能力与宗教的直觉能力是可以互补的,在认识宇宙的奥秘时甚至可能殊途同归。于此,他认为在认识东方神秘主义上科学与哲学可以走到一起来,也可以形成对宗教之新的发现和新的理解;因而他希望"那些从未接触过东方宗教哲学的物理学家们,能够对物理学的哲学观点感兴趣。他们将发现,东方神秘主义提供了一个协调一致和尽善尽美的哲学框架,它能容纳物理学领域最先进的理论"。[5] 20世纪末,不少著名的科学家对东方宗教哲学和神秘主义曾产生浓厚的兴趣,并且开展过相应的研究。这些研究所得来的重要收获,就是发现东方宗教思想的"中心主题是一切事物的统一和相互关系",卡普拉说:"这一概念不仅是东方宇宙观的实质所在,而且也是近代物理学产生的宇宙观的基本要素。"因此,东方宗教的经典表述"与近代物理学的模型和理论之间有着最为惊人的相似之处"。[6] 受东方宇宙观的启迪,他认为西方应该放弃过时的机械宇宙观,而形成有着东西方呼应、在东方神秘主义与现代物

---

① 〔美〕弗里乔夫·卡普拉:《物理学之"道"》,朱润生译,第5页。
② 〔美〕弗里乔夫·卡普拉:《物理学之"道"》,朱润生译,第5页。
③ 〔美〕弗里乔夫·卡普拉:《物理学之"道"》,朱润生译,第310页。
④ 〔美〕弗里乔夫·卡普拉:《物理学之"道"》,朱润生译,第231页。
⑤ 〔美〕弗里乔夫·卡普拉:《物理学之"道"》,朱润生译,第2~3页。
⑥ 〔美〕弗里乔夫·卡普拉:《物理学之"道"》,朱润生译,第89页。

理学之间产生共鸣的"有机宇宙观"。那么，为什么可以预期现代物理学的宇宙观能与东方神秘主义的宇宙观相似？卡普拉回答说："这两种宇宙观都是在我们探究事物的本质时产生的，当我们在物理学中研究更深的物质领域，在神秘主义中研究更深的意识领域，也就是当我们在日常生活表面的机械外貌的背后发现有一个不同的实在时产生的。"[①]

这种视域的拓展和研究的扩大进而使对物质的研究与对精神的研究联系起来、结合起来，体现出当代学术的跨学科特点，自然科学、生命科学、社会科学、精神科学、思维科学等得以整合。那种把物质与精神绝对分开的研究已经过时了，系统论所要求的则是二者结合而论，不可顾此失彼。而这种结合也给重新审视宗教、洞观其奥秘提供了新的可能及空间。不过，卡普拉觉得人们不一定已经达到了这种认知程度，或许他们领悟到了某些全新的领域、范畴和思路，但也有可能在还没有真正找到时就已失去，与某种颠覆性的变革擦肩而过。所以，卡普拉对"新时代"充满期盼，但人们对之也充满着困惑。

从对宇宙的物质本原探究出发，卡普拉逐渐深入精神领域，因而从物理世界进入了宗教世界。于此，他探讨了有与无之境、无限大与无限小、"道"与"气"、场与信息、无常（anitya）与变异、生与死，固与化等相悖而相应的问题。他感到一方面，大千世界变幻无穷、运动不息，没有什么是永恒不变的；而另一方面，从物质的本真而言却无生无死，一切皆永恒，物质不灭。在这种现象面前，他开始重新琢磨东方宗教中一些语焉不详、充满玄奥之论："诸行皆是坏灭之法"，"色不异空，空不异色，色即是空，空即是色"，"空无自相，约色以明，不碍幻有"，凡此等等。对比宇宙自然，那么空即场，即"幻有"，即暗物质和暗能量，即永恒，其实也就是空不"真空"；而色即场的显现之象，即临界，即可感触之物质。这里，空与色，场与态，道与器，动与体，物质与精神，显然都有其内在关联，有着一种无法眼见、难以察觉的"隐秩序"。甚至"实""有"与"空""无"也非清晰可分，"空""无"作为人所无法悟透的"隐在"其实有丰富的蕴涵。卡普拉指出："按照东方神秘主义者的观点，一切现象所隐含的实在超越了所有的形式，并且是无法描述和详细说明的。因此，

---

① 〔美〕弗里乔夫·卡普拉：《物理学之"道"》，朱润生译，第293页。

它们常被说成是'无形'、'无'或'空'。但是不能把这种'无'当作只是空无一物。与此相反,它是一切形式的本质,是一切生命的泉源。"而按照道家的理解,"虚而无形谓之道","道"如"空谷"或"一种永远是空的容器",却"具有包含无限多事物的潜势",所以,"空"其实"是一种具有无限创造潜力的'空'"。① "空"也是实在的表达方式,在宇宙统一整体中无问虚实、难辨空有、不分静动,一切都是有机共构,一切都属"轮回的世界"。人们于此会不约而同地感触到亦为神秘主义者的诗人威廉·巴特勒·叶芝(William Butler Yeats,1865-1939)之超凡想象,回到其神奇之问"我们怎能区分舞蹈与跳舞人?"在卡普拉看来,若顺应宗教与哲学之见,"既然运动和变化是事物的基本性质,那么引起运动的力就不是在事物的外部,而是物质固有的一种属性。与此相应,东方有关神的形象并不是从天上指挥着世界的统治者,而是从内部控制着一切事物的一种原则"。② 这样,认识世界也会出现一种从外观到内省的明显转型。以往东方神秘主义以精神来解释物质世界,而卡普拉则根据现代物理学的发现而认为精神就内蕴在物质之中,以现代物理学的相关物质概念也可以相似地说明"道""场""气""无",以及"太虚""无形"等东方哲学认识世界的概念及范畴,达到"梵我同一"的奥妙之境,"从而近代物理学的结果似乎是证实了中国的贤哲张载的话:'知太虚即气,则无无。'"③

在"新时代"运动的思想语境中,这种当代科学的发现和描述显然要靠主观客观的协同共进,其概念的展示与勾勒也不再是摄影、临摹式的反映,而更多是人之心智的积极参与和天才创造。世界未动是心动,而精神之波亦可带来物质之波动。不但"我思故我在",而且"我思故世在",从而会与乔治·贝克莱(George Berkeley,1685-1753)的"存在就是被感知",王阳明(1472-1529)的"心外无物,心外无事,心外无理""观花故花在吾心"等思考产生共振共鸣。以前曾被近代唯物主义否定的认知,在"新时代"运动对最新科学发现的认知中获得了一种新的认识之维。这样,"新时代"精神推出了一种"互补"原则。卡普拉认为:"科学和神

---

① 〔美〕弗里乔夫·卡普拉:《物理学之"道"》,朱润生译,第196、197页。
② 〔美〕弗里乔夫·卡普拉:《物理学之"道"》,朱润生译,第11页。
③ 〔美〕弗里乔夫·卡普拉:《物理学之"道"》,朱润生译,第208页。

秘主义是人类精神两种互补的表现，一种是理性的天赋，另一种是直觉的天赋。近代物理学家通过理性智能极端的专门化去体验世界，而神秘主义者则通过直觉智能极端的专门化去体验世界。这两条途径完全不同，它们所涉及的，要比某一种物质观丰富得多。然而，我们在物理学中得知二者是互补的。它们既没有哪一个包含另一个，也没有哪一个可以归结为另一个，对于更充分地认识世界来说，二者都是必要的和互补的。……科学不需要神秘主义，神秘主义也不需要科学，但是人们却需要这二者。神秘主义的体验对于认识事物最深刻的本质来说是必要的，而科学则对于现代生活来说是必要的。因此，我们所需要的并不是神秘主义直觉与科学分析的综合，而是它们之间动态的相互作用。"① 这表明卡普拉在分析了东方神秘主义与现代物理学研究表象上的相似性之后的冷静态度。他要求的是互补，而不是任何方向的归属。正如当代天主教神学家孔汉思（Hans Küng，1928–2021）在谈到卡普拉时所言，人们"都在强调分析和综合互补，理性知识和直觉智慧互补，科研和伦理互补，也就是科学和宗教互补"。② 根据这一世界整体的图景，卡普拉力主放弃二元对立而走向趋同融合，摒除西方优越、西方独大的思想而注视东方。于是，他基于文化动力学的律动观而断定偏重于阳的西方文化已因阳盛阴衰、平衡失调而患上"文化病"，强调其发展既然已到阳极而阴的转折点，就应该面对现实，用偏重于阴的东方神秘主义精神来加以解救，将其侧重自我、排斥异己的阳型行动范式转换为听其自然、兼收并蓄的阴型行动范式，并从传统的静态社会结构观转向现代变化的动态模式观。这样，则可能从另一种选择中摆脱西方的危机，迎接世界的全新发展。

总之，卡普拉在"新时代"运动发展中起了筚路蓝缕的开拓作用，他不是创立新兴宗教的教主，但其思考却有着宗教之维，且带来了给东方宗教神秘主义的"正名"及相应的宗教思潮。之所以对这一运动冠以"新时代"，是因为卡普拉宣称，在这一时代"我们需要的是一种'新规范'——一种对实在的新看法，一次对我们的思想、概念和价值观的根本的改变"③。而他致

---

① 〔美〕弗里乔夫·卡普拉：《物理学之"道"》，朱润生译，第 295~296 页。
② 秦家懿、孔汉思著：《中国宗教与基督教》，吴华译，三联书店，1990，第 244 页。
③ 〔美〕弗里乔夫·卡普拉：《转折点——科学、社会和正在兴起的文化》，卫飒英、李四南译，前言，第 34 页。

力的就是这一"规范转变"。当然，从卡普拉的社会定位来看，他所倡导的不破不立之创举和气魄，仍然是西方 20 世纪以来"危机意识"的必然产物。他对此坦然承认，并在为弗格森的代表作撰写前言时说道："当我们继续迈入 80 年代时，我们会越来越意识到，我们正面临着一场极为深刻、波及世界的文化危机。这是一场错综复杂、层次多元的危机，它触及我们生活的每一领域——我们的生计与幸福、我们生存环境的质量与我们的社会关系，以及我们的经济，技术和政治。"① 但卡普拉利用中国智慧对"危机"的理解而看到其包含的"危险"与"机会"这两层意思，充分认识到"危机"与"变化"之间的深刻联系和辩证发展。他相信，正是这种危机得以产生的社会文化背景才真正迎接到"新时代"的来临。而他对"新时代"的审视，则是基于其物理学等自然科学基础、结合东西方哲学的视域，以系统论、整体论、有机论的意识及方法来重新评价东方神秘主义及所涉及的东方宗教，从而形成了与西方宗教、哲学传统的强烈对比。他的这种见解颇有自然科学的依据，却在倾向东方神秘主义上滑得很远，让人察觉到一种宗教情怀和对神秘主义的同情及包容。所以，对这一思潮以及卡普拉调和现代科学与东方宗教的奇特努力，我们仍需要钱学森所思考的"大成智慧"之分析判断。

第二节 弗格森

一 生平与著述

玛丽琳·弗格森是"新时代"运动的主要代表人物之一，为美国著名女性作家、编辑和公众演说家。她出生于 1938 年 4 月 5 日，大学毕业后结婚，开始写小说和诗歌，但不久离异；她与第二任丈夫结婚后于 1968 年迁居加州，最初曾与丈夫合著讨论家政的书，随后兴趣转向当时流行的"人性潜能"运动，从此参与"新时代"运动。她于 1973 年出版《脑革命：心灵研究的前线》(*The Brain Revolution：The Frontiers of Mind Research*)，

---

① Marilyn Ferguson, *The Aquarian Conspiracy. Personal and Social Transformation in Our Time*, Los Angeles：J. P. Tarcher, 1980, preface.

将其主要关注点集中在大脑结构、作用及意义的探究。此时她成为美国人本主义心理学会的创立者，担任了思维科学研究所董事，并于 1975 年至 1996 年编辑出版《脑/心公报》（Brain/Mind Bulletin）双月刊，其内容主要是介绍与大脑之探相关的思想学习、教育结构、身心健康、心理分析、心理学、意识状态、梦幻、坐禅等研究，介绍相关的理论、观念和学说。她的出发点与其他"新时代"运动的代表相同，即对其所处的时代及社会给予一种批判性审视，寻找新的发展可能和机遇。她认为我们的时代精神处于一种矛盾相悖之境，人们既有实际的一面，又表露出超越的渴求，在精神上重视启蒙，在现实中相信权力，在社会上希求依赖，在信仰上走向神秘，在人际交往中注重谦卑，但在主体意识上却突出个人主义。这种脑心之探使人加强了对内心的审视，却开始怀疑以往的理性思维；这种阅读与思考逐渐向灵性意境上侧重，既有仰望星空的渴求，又有反观脑心的内省。这样，她就掀起了一场头脑风暴，推动了"脑心"革命。

弗格森的主要意向体现在对未来的展望，突出的是时代"转变"之主题。其"变"乃是全方位的，而其"化"则波及许多领域。对时代之变的反思，使她亦开始重新认识人的本身及本质。她坚信人们把握了过去并不等于自己就已发挥了其潜能，因此人们在任何时间起步都还可以选择如何解放自己的未来。这种对自我的信心同时也流露了对其社会现实的失望，为此她曾参与研究想彻底改变美国社会及制度的"没有名字的运动"（the Movement that has no name，亦译"无以名之的运动"），指出"我们这个时代的精神充满了诡谲。又实际又超越。重视启蒙、权力、依赖，也重视神秘、谦卑、个人主义。既是政治而又非政治。推动这种精神的人，是纯粹的当权派，可是却又和摇旗呐喊的急进派结盟"①，为之她写过不少评论，并发行过报纸《前端公报》（Leading-Edge Bulletin），而这一探讨的结果就是《宝瓶同谋，我们时代个人及社会的聚变》（The Aquarian Conspiracy：Personal and Social Transformation in Our Time，1980）② 一书的问世。此书是

---

① 〔美〕玛丽琳·弗格森：《宝瓶同谋，大数据时代的思想聚变》，廖世德译，湖南人民出版社，2014，第 13 页。

② 此书最初于 1980 年出版，1987 年再版，1993 年由廖世德译为中文题为《宝瓶同谋，大数据时代的思想聚变》，在台北方智出版社出版，其译本随后于 2014 年由湖南人民出版社在内地出版发行。

弗格森的代表著作，其思想曾受到德日进的影响，所谓"同谋"之喻就是借鉴德日进《地球精神》一文中的"共谋"（Conspiration）之说，表达了宇宙及人类社会进化的意趣，以及人在其中的参与。她为此曾解释说，最初她并不喜欢这个字眼，但她发现参加上述运动的人们"这样共享策略、互相呼应、彼此以微妙的记号辨认对方，其实不只是互相合作而已。他们在互相'串通'。这个运动是一个同谋（conspiracy）!"而"Conspire（同谋、共谋），就其原本的意义而言，意指'在一起呼吸'。这是一种紧密的结合。所以，为了彰显这种结合亲善的本质，我就用了 aquarian（宝瓶的）这个字来形容它"；特别是当她知道加拿大总理杜鲁道在其演讲中"引用的一段话说法国科学家兼教士德日进（Pierre Teilhard de Chardin）曾经呼吁一种'爱的同谋'"[①] 之后，就不再犹豫地将其新作以《宝瓶同谋》为名。事实上，她的"宝瓶时代"之论在人们对"新时代"的理解上具有转折意义的作用，有助于大家了解"新时代"思潮，从此使人们把"新时代"与"宝瓶时代"即"水""阴性"之时代关联起来。但在西方也有某些宗教团体的人认为此书的所谓"同谋"其实就是想要颠覆基督教的思想观点，因而是西方非主流文化的反文化宣言，故应加以批判和排斥。

实际上，弗格森呼唤一个新的"宝瓶时代"，是因为她感受到当今西方时代的危机，而"当代的危机其实是一个已经开始的革命必要的动力"，"我们的病态就是我们的机会"，德日进曾宣称"每一个时代，人类都说自己正处在历史的转折点"，但有一些时刻人们对这种转变的感受会不同寻常、特别深刻，"人不分男女共有一个密谋，他们的新展望推动了一种重大的变革风气"，"但是其实德日进早就预言了这种现象"。[②]

《宝瓶同谋》一书的出版使弗格森一举成名，此书全球销量已超一百万册，而且被译为 16 国语言出版发行，成为"千万宝瓶迷心中的意识圣经"，亦被人们称为"新时代手册"，而她本人也被誉为意识领域的"大祭司"。所谓"宝瓶同谋"是指当今社会"有一些人不约而同、心照不宣地

---

① 〔美〕玛丽琳·弗格森：《宝瓶同谋，大数据时代的思想聚变》，廖世德译，2014，作者引论，第 14 页。

② 〔美〕玛丽琳·弗格森：《宝瓶同谋，大数据时代的思想聚变》，廖世德译，2014，第 4 页。

形成一项共识，想要在宝瓶时代开始推动或完成人类及地球的转变"①，这种预作酝酿、共同准备即为"同谋"，所以也有大家一起"协调"、起着"协同"作用之意，故而亦可称为"阿奎亚协同作用"。自 1976 年始，她就观察到了人们的价值观出现了戏剧性的变化，但她将之视为一种积极的、正面的现象，因为这种巨变使不少人都共同参与"谋划一个更人道的社会，建立一个更和谐的世界"②。所以，"'同谋'指的是地球上的人类，无论文化背景的差异性有多大，似乎都不约而同地朝着一种更完整更系统性的方向在演进，这包含了个人的主观经验在身、心、灵三个层次上的整合，以及政治、经济、教育、医疗、科技、环境生态等外在领域也都不断地摆脱旧有范型的限制，开显出一种更符合'天、地、人'平衡性的运作方式，简言之，就是一种更'人道'化与'道'化的体现"。③ 在她看来，在社会发展中尊重人的主体性本身就是目的，因此应把提升人的意识放在重要位置。反思过去，在近代科学、理性、工业、机械、唯物论等肆虐人类的生活方式、思考和心灵机制几百年之后，人类和自然都处于濒临崩溃之状，因此人们必须重新发现自己的精神性意义，重新寻回自己的灵性价值，让人的心智得到解放，在世界观、价值结构上让自己、让精神"回家"。这种精神回归也是对未来宝瓶时代的向往，这一时代即将或许已经来临，人们必须做好准备。因为展望未来而使弗格森持有乐观情怀，她宣称这个社会以及位于其中的我们从来不会失望，而是对未来抱有希望；这个世界发展所展现的形式总是会超出人们的预期。但我们只要愿意，其实每个人都可以成为其发展中的主角，发挥一定作用。此书出版后也引起了各界的热议，如美国著名心理学家卡尔·罗杰斯（Carl Rogers）就曾评论此书以难以忘怀的鲜明度而刻画了一个细密的变革网络，并认为这个网络将会在西方文化当中导致一场无法避免的革命。弗格森也因为此书扩大了其社会影响，如美国前副总统戈尔就对她有着特别关注，并曾邀请她做客白宫与

---

① 〔美〕玛丽琳·弗格森：《宝瓶同谋，大数据时代的思想聚变》，廖世德译，2014，译者序，第 5 页。

② 〔美〕玛丽琳·弗格森：《宝瓶同谋，大数据时代的思想聚变》，廖世德译，台北方智出版社，1993，胡因梦序，第 3 页。

③ 〔美〕玛丽琳·弗格森：《宝瓶同谋，大数据时代的思想聚变》，廖世德译，2014，胡因梦序，第 1 页。

之深谈。2008 年 10 月 19 日，弗格森因心脏病突发而逝世。

二 主要思想

（一）"宝瓶时代"

弗格森也力主"新时代"的精神乃在于"统一"与"协同"。在她所描述的"阿奎亚时代"（Age of Aquarius）即"宝瓶时代"，就是向这一发展趋势的转型。在其代表作《宝瓶同谋》（1980）中，她就特别指出，西方从现代到后现代的范式变化，是个非常独特的时代转型，这一转变具有根本性的意义，会颠覆以往的传统及认知，而这种转变的推动则乃众人参与的"同谋"。

所谓"阿奎亚"（Aquarius）在中文一般意译为"宝瓶宫"，即西洋星占学说所言黄道十二宫的第十一宫。古代西方的"星占学"（astrology）最早时期与"天文学"（astronomy）是无法区分的，后来才逐渐分道扬镳，由星占学哺育而形成科学体系的天文学，以及保留了迷信色彩的星象学或星占学，而根据后者在实践上的运用则被称为"占星术"。但"星占学除了迷信和神秘之外，它确实需要精密的观测和计算"，所以"星占学是人类历史上最早出现的精密科学"[1]。其渊源可以追溯到 4000 年前的巴比伦，与其农耕文明据天象以预占年成好坏密切有关，经过复杂的发展变迁后来则以"迦勒底星占学"（Chaldaean astrology）的方式流传并影响到西方社会。

此处所指的"黄道"乃"表示地球上的人看太阳于一年之内在星座之间所走的视轨迹，也就是说，它是地球的公转轨道平面和天球相交的大圆。黄道这个大圆和天赤道成 $23°26'$ 的角，相当于春分点和秋分点。古代天文学家，为了表示太阳在黄道上的位置，将黄道分为 12 段，叫做'黄道十二宫'"[2]。太阳在黄道上的运行位置多被古人按照动物的形象来命名，称为相关星座，故此黄道带亦有"动物圈"或"兽带"（zodiac）之称。这就是所谓黄道十二宫（zodiacal signs）的说法，在欧洲中世纪晚期的希腊语及拉丁语文献中已有记载。一般从春分点按照逆时针方向分为白羊座（Aries）、金牛座（Taurus）、双子座（Gemini）、巨蟹座（Cancer）、

---

[1] 参见江晓原《历史上的星占学》，上海科技教育出版社，1995，第 12 页。

[2] 石笛主编《西方星相学》，海南出版社，1996，第 4 页。

狮子座（Leo）、室女座（Virgo，亦称处女座）、天秤座（Libra）、天蝎座（Scorpio）、人马座（Sagittarius）、摩羯座（Capricorn）、宝瓶座（Aquarius）和双鱼座（Pisces）这12宫。不过，在3000年前巴比伦的星占学中，黄道带曾被称为"月道"即指按照月亮的轨迹来排列，而且其星座也多达18个，其中没有上述12宫中的金牛座和巨蟹座，另外多出了8个星座，即白羊座（Aries）、双子座（Gemini）、狮子座（Leo）、室女座（Virgo，亦称处女座）、天秤座（Libra）、天蝎座（Scorpius）、人马座（Sagittarius）、摩羯座（Capricornus）、宝瓶座（Aquarius）、双鱼座（Pisces）、昴星团（Pleiades）、毕星团（Hyades）、猎户座（Orion）、英仙座（Perseus）、御夫座（Aurige）、鬼星团（Praesepe）、南鱼座（Piscis Austrinus）和北鱼座（Aninitum）[①]。但在历史的流变中，西方星相学逐渐接受了黄道十二宫的说法，而18宫之论则基本消失。这种12宫的说法在西方民俗中颇为流行，几乎成为一种普遍认可的"大众迷信"。

按照西方星占学的说法，太阳从上述春分点朝顺时针方向大约每2100年在其中一宫范围内运行，然后会到达下一宫。根据记载，约公元前1000年时，其春分点曾在白羊座[②]；太阳在白羊宫运行之后，在过去的2000多年中则一直在"双鱼宫"中运行，所以这一时代以"鱼"为象征。而在古希腊文中，"耶稣、基督、上帝、之子、救世主"这5个词的首字母拼在一起正好是希腊语的"鱼"字，《圣经》中亦有耶稣收渔夫彼得为其第一门徒，让他"得人如得鱼一样"之说。[③] 因此，基督教曾以"鱼"为其象征符号，行将过去的称为"公元"的两千多年即基督教时代。"双鱼宫"是黄道十二宫的最后一宫，而双鱼星座就位于宝瓶座之东，随后则会开始其从东往西之全新的一轮运行，这即意味着太阳将来会进入"宝瓶宫"运行。

弗格森认为太阳进入"宝瓶宫"则正好就标志着基督教时代的结束和一个新时代的来临。而这个新时代即"阿奎亚新时代"（"宝瓶宫"时代）。"阿奎亚"（Aquarius）在古希腊语源中即与"水"相关，意指"水精""运水者""监管水者"等；其在古代巴比伦时期曾与洪水相关联，

① 参见江晓原《历史上的星占学》，第33页。
② 参见江晓原《历史上的星占学》，第36页。
③ 《圣经·新约·马太福音》4章19节。

而在古埃及传说中尼罗河的泛滥就是因为宝瓶座代表的人把瓶子里的水倒了下来，古希腊神话中也有对宝瓶座的描述，正是其与水的这种密切关联而被称为"宝瓶宫"或别名为"水瓶宫"；而宝瓶宫的象征符号就为两道并行协同的水波纹（≈）。从"水"属"阴"之推论，故有"新时代"乃"水精时代"，也就是为阴型范式或东方阴性时代即神秘主义复兴时代之说。其实，在基督教思想传统中，亦有人关注到"宝瓶时代"之表述，如利维·H. 道林（Levi H. Dowling，1844-1911）早在 1908 年就出版了《耶稣基督的宝瓶福音，世界及普世教会宝瓶时代之宗教的哲学及实践基础》[1] 一书。此书曾多次再版，人们一般将"宝瓶时代"视为"新时代"的同义词。受其影响，在圣巴巴拉等地于 1908 年出现了《新神学杂志》（New Theology Magazine），在 1908—1910 年则有《新时代杂志》（New Age Magazine）面世，而相关说法在 1910—1918 年则改为《宝瓶新时代》（Aquarian New Age），自 1918 年开始遂改名为《宝瓶时代》（Aquarian Age）。相关名称的杂志在20 世纪 60 年代至 80 年代至少也有十几种之多，因此弗格森使用"宝瓶时代"显然并不是其原创，可能也从道林的思想中得到启发。不过，道林的原初思想是基于《新约圣经》"新天新地"之说而推崇一种"新的启示"，以期补充和完善基督教的新约传统，其核心观念就在于认为耶稣不仅在巴勒斯坦活动，还去了印度、中国西藏、波斯、美索不达米亚、埃及、希腊等地，并研习了这些地区的神圣学说，向当地民众传播其爱的福音。因此，道林等人借此一方面要强调《新约圣经》"同观福音书"中的神智、秘传的色彩，认为早期教会就是具有神智意义的社团；另一方面则主张耶稣的福音具有跨地域和跨文化的普世神秘价值。

弗格森则根据自己的构设而利用了这一西方星相学关于"宝瓶时代"的说法及寓意，预言世界发展将会迎来一个"新的时代"，即"宝瓶时代"，其最快大概会从 2142 年开始，而最慢则大约要到 2712 年才开始[2]。弗格森之所以要用"宝瓶"这一星占学术语来表达其思想，就在于她觉得

---

① Levi H. Dowling, *The Aquarian Gospel of Jesus the Christ. The Philosophical and Practical Basis of the Religion of the Aquarian Age of the World and of the Church Universal.* London and Los Angeles，1908.

② 〔美〕玛丽琳·弗格森：《宝瓶同谋，大数据时代的思想聚变》，廖世德译，2014，译者序，第 5 页。

自己"虽然并不熟知星相学，可是却颇注意我们的通俗文化里由于一个普遍的梦想所产生的象征力量。这个梦想就是，经过了黑暗、暴戾的双鱼座时代，我们即将进入另一个爱与光明的时代。这个光明与爱的时代就是'心灵真正解放'的时代"①。对她而言，新的"宝瓶时代"是人类心智全新发展的时代，人们也将会体会到一种告别过去、彻底解放的清新感觉。

（二）阴性与未来

"新时代"运动特别鲜明地提出了"阴"性的意义及作用，弗格森认为这一"新时代"应该就是从男性化的刚烈似火，即进取、分解、理性的"阳"之时代转向女性化的柔情似水，即接受、综合、协同、顺应的"阴"之时代。她感觉到"阴"的性质在东方文明中更为典型、凸显，故而与卡普拉的思想形成呼应。而当卡普拉对现代物理学之"道"加以诠释时，就结合了其对中国思想文化中"道"的理解。在他看来，"道"既有宗教中的"终极实在"之义，也指宇宙之本质。"就其原初对宇宙而言的意义，'道'就是无法定义的终极实在。从这一点上来说，它相当于印度教的'梵'和佛教的'法身'。"此外，"道"还"具有内在的运动特性，按照中国人的观点，这就是宇宙的本质。'道'就是宇宙的过程，它无所不包；世界被看成在不断地流动和变化"。② 而在对"道"的理解中，他最为欣赏的则是中国思想中"一阴一阳之谓道"的阴阳平衡、刚柔相济的观念，指出"自古以来，自然界原型的两极就不仅用光明和黑暗，而且还用男和女、刚和柔、上和下来表示。阳是强壮、男性和创造力，与天相联系；而阴则是黑暗、善纳、女性和母性的成分，用地来代表。古老的地心说认为，地在下面静止，所以阳象征着动，阴象征着静。在思维的领域里，阴是女性复杂的直觉思维，阳则是男性明晰的理性思维。阴是圣贤安宁沉思的静止，阳是帝王强有力的创造活动"；因此，"这对阴和阳是浸透了中国文化的巨大主题，并且决定着传统的中国生活方式的所有特点"。③ 不过，在传统社会文化中，往往是男性在主导甚至主宰着世界，而女性则受到压

---

① 〔美〕玛丽琳·弗格森：《宝瓶同谋，大数据时代的思想聚变》，廖世德译，2014，作者引注，第14页。
② 〔美〕弗里乔夫·卡普拉：《物理学之"道"》，朱润生译，第93~94页。
③ 〔美〕弗里乔夫·卡普拉：《物理学之"道"》，朱润生译，第95、96页。

抑。卡普拉承认"目前我们的观念过分偏重于'阳',过分富于理性、男性和进取性",而"整个人类文明的延续,可能就取决于我们能否进行这种变革……取决于我们对东方神秘主义某些'阴'的观点的接受能力,体验自然界的整体性的能力,以及与之和谐地共存的才艺"。①

这些见解对弗格森有着重要启迪作用,但在弗格森的思想倾向上则更多表现出对"阴"性文化的特别青睐,故而明显代表着一种女性主义或女权主义的意向。她还认为,这种女性或阴性,非常充分地在东方文化中体现出来,而且这种女性特质在思想倾向上则似乎与直觉、隐秘、神秘、宗教、通灵等有着更多、更直接的关联。当然,卡普拉也表达了自己对这种女权主义的肯定,在其系统生态观中他就承认"生态观在本质上是精神性的",这"在妇女运动所倡导的女权主义精神中找到了理想的表达……女权主义精神是以对所有生命形式的整体性和对出生与死亡的循环律动的意识为基础,因此反映出一种对待生命的深刻的生态态度"。②

从对"阴"性的认识及强调,弗格森认为"妇女的力量是我们这个时代的火药桶。妇女在扩大她们对政策和政府的影响力时,她们那'阴'的一面就会将以往'阳'的范型的界限向外推展出去。女人的神经比男人有弹性。文化上她们也比较容许直觉、敏感。她们的自然环境一直也是比较错综、多变、滋育、容易结盟,时间感比较流畅"③。在新的时代,女性的作用得以发掘,女性的意义也获得了全新认识。"若要使人类历史诞生一个新时代,并且滋育之,那么以往给标示为柔弱的种种价值观——慈悲、合作、耐心——便是我们迫切需要的。"④ 在弗格森看来,女性有其在性别上的独特优势,如"整体、专注、和解"本来就是"阴"的素质,故而女性大脑在看整体时有着其本有的优越性,可以在整体保健、创造性科学上发挥其作用;女性还对时间及季节比较敏感,在方向感上有一种直觉,而且有等待的耐性;此外,女性在社会政治层面则会更多地努力争取和平、反对战争,会比较注意儿童发展、福利慈善事业;当"男性处理社会组织的方法已

① 〔美〕弗里乔夫·卡普拉:《物理学之"道"》,朱润生译,第296页。
② 〔美〕弗里乔夫·卡普拉:《转折点——科学、社会和正在兴起的文化》,卫飒英、李四南译,第409页。
③ 〔美〕玛丽琳·弗格森:《宝瓶同谋,大数据时代的思想聚变》,廖世德译,2014,第205页。
④ 〔美〕玛丽琳·弗格森:《宝瓶同谋,大数据时代的思想聚变》,廖世德译,2014,第206页。

经走到末路"时，女性则可带来柳暗花明的转机，因为"女性由于对种种关系和社会形式比较敏感，可能能够想出超越冲突与对立的方法"。所以，"女人能够拯救行将溃败的社会"。甚至在人文修养方面，女性也展示出其明显的优势，"女性在追求基本人文素质方面远远超过男人"，可以给正在"退化而枯竭的文明"带来"新生活方式，而成为更新的泉源"。①

当然，弗格森并不主张女性取代男性而扮演领导的角色，却反对把这种领导视为"男性的偏颇"（male bias）；她认为女性可以参与领导，由女性把"转变生命时不可缺的质素"带给社会，在"性、政治、智力、权力、母性、工作、社群、亲密"等方面都"发展出新的意义"，从而获得"我们与宇宙一种更为深刻而持久的关系"。② 在此，弗格森还特别引用了中国的一句俗语"妇女能顶半边天"，强调"在一个彻底失衡的文明里，妇女是政治更新最大的力量"③。总之，在她的心目中，如果人类进入"宝瓶时代"，"那么未来便属于女人"④。

（三）"转变"的时代

弗格森在其论述中所谈频率最高的词语即"转变"，在她看来，"转变"带来了新时代，"转变"也是新时代的内容和进程。因此，认清这一系列转变，是人类进步发展的关键。而所谓"转变"就是要与传统的认知告别，过去"看起来"是"真"的物质或现象，在这种转变中正经历了其幻想破灭、经验坍塌的遭遇，如地球、太阳作为宇宙"中心"的印象，物质是"硬"的、"实"的之"确证"，在现代科学所揭示的宏观及微观宇宙面前都灰飞烟灭。当人面对这一切时，"转变"就不可避免了。

第一是"范型的转变"。于此，弗格森提到了库恩的著作《科学革命的结构》所论及的"范型转移"（paradigm shift，亦称"范式转换"或"范型转变"），认为"范型"（pattern）作为思想架构可在许多方面被引

---

① 〔美〕玛丽琳·弗格森：《宝瓶同谋，大数据时代的思想聚变》，廖世德译，2014，第206、207页。
② 〔美〕玛丽琳·弗格森：《宝瓶同谋，大数据时代的思想聚变》，廖世德译，2014，第206页。
③ 〔美〕玛丽琳·弗格森：《宝瓶同谋，大数据时代的思想聚变》，廖世德译，2014，第205页。
④ 〔美〕玛丽琳·弗格森《宝瓶同谋，大数据时代的思想聚变》，廖世德译，2014，第207页。

用，但一旦其遇到社会巨变或重大科学发现，其转变则势在必行。所以，范型的转变通常会与社会及认知危机相关，但这种危机对此类改变是启示性（instructive）的，而不是破坏性（destructive）的。此外，这种转变往往具有突变的特点，它会带来对过去的否定和面向未来的超越，而当人们普遍接受这种突如其来的转变时，也就导致其时代的集体范型之转换。至于个人，其范型的转变同样具有颠覆性的意义。恰如一个人在久久凝视一幅变景画那样，他突然如产生幻觉一般在画面中看到了隐藏的全新图画，其题材全变，却另有栩栩如生的新景呈现。这如同开了"天眼"，旁人尚未察觉，你却有豁然开朗之感，虽不可思议，却真实存在。这种景观是观察者主体与图画客体之间的互动，而对其把握及领悟则是一种范型的转变，它开启了人们的科学认识，也可能拓展其宗教、政治信仰。可以说，人们于此经历了旧范型的死亡，体会到对新范型的觉醒。

第二是"意识的转变"。人类对自我意识已经有久远的研究历史，形成了其习惯见解。但随着现代心理学的拓展，人们开始论及与意识内在关联的"潜意识""无意识""超意识"等体验。对此，弗格森认为，本来这个"意识区"是对我们开放的，但因自身的局限或"抑制思想"的结果，我们一直只是"部分"地"意识"到存在真实，也就是说"我们仿佛一直只睁一只眼睛看东西"。[①] 而当人们开拓自己的意识，丰富自己的经验时，则会带来"意识的转变"。弗格森指出："人类的历史里面，有这种经验的人很多。有偶然发生的，也有追求出来的。打坐、重病、荒野旅游、高峰经验、努力于创作、精神修炼、控制呼吸、'止念'（抑制杂念）、入定、运动、孤独、音乐、催眠、冥思、知识上辛苦的努力之后，都可能发生这种内在深层的转变。"显然，这并不是一般经验意义上的意识，而往往被视为具有宗教蕴涵的"洞识"和"超验"。"几百年以来，在世界各地，每一代都有一些人在传授能够诱导这种经验的技巧。各地的兄弟会、宗教院会、小团体都在探索通达此种意识的方法。"这本来只是小范围的实践，而且在近代世俗化的过程中越来越被人轻蔑和排斥，但在出现社会危机、进入时代转型之际，这种古老的方法和认识却得以复活。"这十年以来，这些看似简单的体系及其典籍，诸多文化的财富，突然间所有

① 〔美〕玛丽琳·弗格森《宝瓶同谋，大数据时代的思想聚变》，廖世德译，2014，第9页。

人都得以接近了。"① 通过现代传媒、教育等方式，人们重新关注意识问题，并比以往更容易地导向一种内在的心灵转变；而其与以往不同之处，则是这种意识之变不再囿于传统的方式，非常奇特地与现代科学尤其是现代物理学结合起来；与之相对应的，就是心理意识从心理学之维进而扩大到一种超心理学或心灵学的理解。过去人们对称为"灵异现象"的未知事物不敢妄言，传统宗教层面的解说已经"声名狼藉"，但对比现代物理学新的测不准理论，如今"灵异现象可能和次原子物理现象一样自然"②。当近代经典物理学"所有已知的物理法则""全部崩溃"之后，过去觉得未知而不可思议的那些不可测现象，现在则可以所谓转变了的意识来对待，其"未知之谜"也不再让人感到奇异和惊讶。在弗格森看来，"这些未知的层面包括千里眼（remote viewing，传统上称之为 clairvoyance）、心电感应（telepathy，心灵事件移转）、预感（precognition）、心动力（psychokinesis）、同步现象（有意义的巧合）等"③。过去这些现象只能以宗教的方式来解释，或将之框定为"宗教意识"，而现在却可以用科学理论、实验手段来相应说明，尽管目前仍然存有对"特异功能"的证伪，以及对"量子纠缠"的怀疑。科技以网络、大数据、电脑、手机等证实上述现象时，亦与传统宗教之间、神秘之探开始了对话与交流。科学家本来只关心"这个表面上看来事事物物皆具体的世界"，现在也转向神秘莫测的心灵世界，"超心理学以前主要是心理学家和精神病学家的领域。但是近年却吸引了很多物理学家"。④

弗格森在这里探究了客观科学与主观经验的趋同现象，并强调二者必须紧密结合。她曾明确说道，"实验显示，人的意图可以在一个距离之外与物质互动，在云室（cloud chamber）、晶体、放射线衰退中影响粒子。……事实上，人的意图，凡是产生生理行为的，每一次都是心影响物。至于意识和自然世界如何互动则依然还是个谜"，人们在这二者之间"好像遗漏了一

---

① 〔美〕玛丽琳·弗格森：《宝瓶同谋，大数据时代的思想聚变》，廖世德译，2014，第10页。
② 〔美〕玛丽琳·弗格森：《宝瓶同谋，大数据时代的思想聚变》，廖世德译，2014，第155页。
③ 〔美〕玛丽琳·弗格森：《宝瓶同谋，大数据时代的思想聚变》，廖世德译，2014，第155页。
④ 〔美〕玛丽琳·弗格森：《宝瓶同谋，大数据时代的思想聚变》，廖世德译，2014，第155页。

种联系"①。由此而论,原本清晰、绝对的主客体之截然区分,现在却变得模糊、相对了,而在其互动、互渗、互摄中,我们可以确信"物质变精神,精神变物质"这一真理。根据这一思路,弗格森从个体意识推论到集体意识,从个人的潜意识推论到集体潜意识,从生命推论到"超生命"(superlife)。为此,她特别推崇德日进的《地球的精神》(*The Spirit of the Earth*)和《人类的现象》(*The Phenomenon of Man*)这两部著作,因为在"新时代"人们已经将其自我意识"提升到生命的新阶段",于此"心灵发现了自己的进化"。②弗格森在这里也非常赞同英国历史学家阿诺德·汤因比(Arnold Toynbee,1889–1975)的预言:"转而面对内心世界""将为我们这个问题重重的文明召唤一种新的生活观。……东方的精神思想对西方的影响,将是这个时代最重大的发展。"③

第三是"脑与心的转变"。弗格森在此论及了对"超验"的体验,认为按照常情是无法对之解释清楚的。她说:"有一些体验,我们有时模模糊糊地称之为超越的、超人格的、精神的、变化的、超凡的,或者就说是高峰经验。这些经验的感觉面都是无可化约的。光明、联结、爱、时间消失、无边无涯等等感觉,又会因为一些诡谲的情况而更复杂。在这些诡谲的情况里,逻辑都派不上用场。"因此,"大家共有的一个智慧的体认是,超验的那一刻只能体会,无法言传。'道可道非常道……'"④在她看来,这给人们带来的震撼巨大,靠以往的研究、推算,在此都会失效。于是,不能在逻辑、推理这种传统模式中因循守旧,而必须另辟蹊径,因为在其实质上,"意识的转变不是要研究,而是要体验的","这时我们眼中注视到的,将是心灵的转变,身和脑的转变,生活方向的转变"。⑤所谓转变,其实就指一种重构或重建,事物一经转变就出现了其性质的变化,带来一

---

① 〔美〕玛丽琳·弗格森:《宝瓶同谋,大数据时代的思想聚变》,廖世德译,2014,第155页。
② 〔美〕玛丽琳·弗格森:《宝瓶同谋,大数据时代的思想聚变》,廖世德译,2014,第29~30页。
③ 〔美〕玛丽琳·弗格森:《宝瓶同谋,大数据时代的思想聚变》,廖世德译,2014,第30页。
④ 〔美〕玛丽琳·弗格森:《宝瓶同谋,大数据时代的思想聚变》,廖世德译,2014,第47页。
⑤ 〔美〕玛丽琳·弗格森:《宝瓶同谋,大数据时代的思想聚变》,廖世德译,2014,第48页。

种 "新见"。而脑变或心变都是论及自我主体之变，由此才可能 "我见我之见""我心知我心"，在大千世界中回归 "小小的、局部的我"，给自己的认知一个支点，使自己的体悟得以出发。这种意识到自己的意识即一种证悟，由此则可超越自己 "线中之线""圆中之圆" 的封闭性定位，获得走向整体的自由。"新时代" 运动既强调对外在世界之观察的改变，也注重对自我内在认知的改变，弗格森甚至更加倾向于对自我内在能力的开发，因为 "我们每个人的内在都有一座大钢琴，可是真正会弹的没几个"，所以我们很有必要 "提炼注意力的体能和微妙的内在感觉"。[①] 当代宗教思潮的发展在一定程度上不再过于强调仰望天际对 "彼岸世界" 那种 "上帝" 形象的描述或向往，其 "上帝论" 只是作为一种精神或思辨传统来留存，而人们更多关注及谈论的则是个我内在，更愿意倾注于对个人情感、心理、精神的捕捉。这在 "新时代" 运动中就得到了非常典型的表述。弗格森为此特别主张 "心灵可以练习观察自己，观察自己的实相"，认为以前人们习惯的理性意识只是其整个意识中微不足道的一小部分而已，在这之外而潜在的意识却往往不为人知，或许人们一辈子都没能触动它，甚至根本不知道其存在；但是按照心理学家威廉·詹姆斯（William James，1842-1910）的说法，"只要必要的刺激因素具备，稍一触及，它们立刻就会完整地全部呈现"。[②]

弗格森进而指出，改变人们心灵的有四种方式。一是承认例外，即承认在我们现有的信仰体系之外会有种种反常现象存在。二是在不为人知的情况下逐渐发生的 "增上的改变"。三是钟摆式的改变，即 "放弃原来明确的体系，采用另一个体系。这时老鹰变成了鸽子，原本狂热的宗教信徒变成了无神论者，做事慢无章法的人一变而为深思熟虑者——或者相反"。四是范型的改变。前三种改变如果不被大脑整合好互相冲突的信息则会半途而废，只有第四种才是 "新的透视点，是以新形式或新结构将信息结合的一种洞见"。[③] 前三种方式都带有偏见或因走极端而会偏颇，只有第四种

① 〔美〕玛丽琳·弗格森：《宝瓶同谋，大数据时代的思想聚变》，廖世德译，2014，第51、52 页。
② 〔美〕玛丽琳·弗格森：《宝瓶同谋，大数据时代的思想聚变》，廖世德译，2014，第52 页。
③ 〔美〕玛丽琳·弗格森：《宝瓶同谋，大数据时代的思想聚变》，廖世德译，2014，第52~53 页。

才能以一种综合、整体、统一的审视来为前三种方式补偏救弊。这种方式持有一种开放性，没有"断言"，也放弃"确定"，留有充分的空间和回旋的余地。这里，弗格森希望人们"觉醒到自己认知上的变流与转换"，相信"人脑确有无限转换范型的能力"，而"任何在我们的生活中打搅旧秩序的事物都有可能击发转变的扳机"，所以现在不是鼓励人们怀旧、回首，而要积极面对未来，身处"动荡不安的 20 世纪却反而有可能将我们推向世代以来所梦想的变革与创造"。①

从人的大脑功能之协调及整合的意义上，弗格森想到了东方宗教的智慧，其追求的整合及协调诚如英国文学批评家约翰·米德尔顿·墨瑞（John Middleton Murry）所言，"心和脑的协调是'一切高等宗教的奥秘'"②。这种融合了理智和感情并具有超越性的统一认知作为人的灵魂乃这一奥秘的"中心"，会在曼陀罗、炼丹术中呈现，而东方宗教修炼中的"打坐、念诵等一类的技巧可以促进脑波的专注与协调"，"这种技巧的成果是纯然的协调，是逻辑式思考与直觉式思考同时而平等的合作"③；于此东西方的智慧得以整合，通过互补而趋于完整。西方人以求局部的精确而计算树木，东方人则以整体的审视而思考树林，"如今要求完整已经是所有文化神话出现时的一个主题。……见树又见林的心是一种新的心"④。

第四是"人的转变"。弗格森在收集其"宝瓶同谋"问卷调查对各种神奇体验的描述中，也列举了在各种宗教及其修行实践里的体验，如"禅、藏密、混沌说（chaotic）、超验论者、基督教、犹太教神秘哲学、拙火（kundalini）、罗遮瑜伽（raja yoga）、坛特罗瑜伽（tantric yoga）等各宗各教的打坐。这是一种'心理综合'（psychosynthesis）——一种结合观想与打坐的体系"，与身体戒律或治疗相关联的哈达瑜伽、太极拳、合气道、空手道，以及"苏菲（Sufi）经文、公案、回僧舞（dervish dancing）"等"各种使人意念专注的法术"⑤。这些可称为"心理技术"（psychotechnologies）的修行实践正是改变人的意

① 〔美〕玛丽琳·弗格森：《宝瓶同谋，大数据时代的思想聚变》，廖世德译，2014，第 54 页。
② 〔美〕玛丽琳·弗格森：《宝瓶同谋，大数据时代的思想聚变》，廖世德译，2014，第 62 页。
③ 〔美〕玛丽琳·弗格森：《宝瓶同谋，大数据时代的思想聚变》，廖世德译，2014，第 60、63 页。
④ 〔美〕玛丽琳·弗格森：《宝瓶同谋，大数据时代的思想聚变》，廖世德译，2014，第 63 页。
⑤ 〔美〕玛丽琳·弗格森：《宝瓶同谋，大数据时代的思想聚变》，廖世德译，2014，第 67 页。

识的各种方法，而每个人其实都可能发现这些凝聚心神的新方式，但人的转变不是一蹴而就的，而是如同运动那样与日俱增，这种转变"是一个没有终点的旅程"，会经历一个又一个的阶段，弗格森指出有如下四个阶段。

第一个阶段是可被视为"入点"（entry point）的初级阶段，人的转变是"事出意外"（happenstance），其对于绝大多数人而言"是神秘或心灵的经验：难以否定，也难以解释"；于此，刚开始转变过程的人尚说不清自己的感觉，虽然觉得自己发现了一种内在的"自我肯定"（self-rightness），却又担心别人称其为以自我为中心。① 在入点的人有着进退的回旋可能，其进之境界就如同追求这个"圣杯"（Holy Grail），从而一切随之改观，而退出则如同穿过游乐园的紧急出口一般。

第二个阶段称为"探索"（exploration），在此遂有了追寻的决心，因而由此追寻带来转变；不过，人们在此阶段的追寻仅习惯于一种方法，故而会落入那种非此即彼之"钟摆式的改变"，"他们把超觉静坐（Transcendental Meditation）、慢跑、Est、深度按摩等等看作治疗人间疾病的万灵丹。其他体系一概放弃"。② 但这种外在的"明确"最后还是无法让人找到"终极的解答"，因此回归内在乃势在必行。

第三个阶段就是回到内在之探，被称为"整合"（integration），人在此时则"已经接受了自己内心的'上师'（guru）"。弗格森说："这个阶段的初期，新信仰与旧形态之间可能会有一些不和谐音，一些尖锐的冲突。动乱的社会会企图用旧工具、旧结构自我重建；同理，个人面对新信仰与旧形态的冲突时，最先想到的，也是改善这种情况，而不是改变情况，是改革情况而非转变情况。"③ 改善、改革是维系旧形态的努力，而转变则为彻底更新，当这种努力走向自我之后，则"不再需要外在的理由使自己成立"，亦会发现保留旧形态的"整合"会导致对新信仰的不适应。弗格森对此总结说："起先还在入点的时候，个体才发现的是'知'还另有方式。进入'探索'阶段时，他发现的是，这些知都可以带出一些体系。等到了整合的时候，由于他已经看出他以往的习惯、抱负、策略不再

---

① 〔美〕玛丽琳·弗格森：《宝瓶同谋，大数据时代的思想聚变》，廖世德译，2014，第70~71页。
② 〔美〕玛丽琳·弗格森：《宝瓶同谋，大数据时代的思想聚变》，廖世德译，2014，第73页。
③ 〔美〕玛丽琳·弗格森：《宝瓶同谋，大数据时代的思想聚变》，廖世德译，2014，第73页。

适宜自己的新信仰,这时,他才明白,'存在'(being)另有状态。"①

于是,就进入了第四个阶段,她称之为"同谋",即其《宝瓶同谋》著作之主题。在这一阶段,她的基本思路就是让众人的心灵结合起来以便治疗并转变社会,而此时此刻"那伟大的社会意义就开始呈现了"②。由此可见,人的转变经历了"从偶然的发现,到全然的专注,再到献身同谋",在这个过程中,人们可以看到各个时代及各个文化都各有其内心的地标,并产生过为之服务的心理技术,而这些发现还是相辅相成、彼此关联的;人们检视这些通路则会注意到历史上把这些转变都说成是"觉醒"。不过,事实上人们是很难达到这种觉醒的,"我们有时候会将梦误以为是现实。类似这种情形,体验过那种大知觉的人会惊讶自己以往总认为自己是清醒的,但其实是在梦游"③。这里,人们议论得较多的是"美国梦",为了打破这种梦的幻觉,探究其乃真实或为虚幻,弗格森在此也对游移多变的美国梦进行了分析,认为"美国梦是一条变色龙,变来变去。对最初的移民而言,美国是一个等待探索、开发的大陆,是弃民和异议者的天堂——是一个开始。然后,这个梦逐渐转变为苦行而理想的民主形象,诉说的是正义与自治的古老希望。可是很快地,这个梦就异化为扩张主义、拜物主义(materialist)、民族主义乃至于帝国主义那种财富与支配的景象——父权主义、昭昭天命(Manifest Destiny)(译注:一种帝国主义的扩张政策,但却说是为了必要或慈悲)"④。当然,她也不否认"美国梦永远有两个'身体'":"一个是可以捉摸的,针对物质幸福与日常实际的自由而有的梦想;另一个则从物质幸福的梦想轻盈缥缈地延伸而出,追求精神的解放。"但这后一个梦看似更为根本却更难企及,多为社会上生活无忧的阶级之臆想。针对这一现实,弗格森遂提出其"宝瓶同谋的梦想",其特点是"一种非拜物扩张的架构",是优越、精神财富、个体潜能的发掘之"超验者的观点",是自主、觉醒、创造及和解。⑤ "美国梦"曾是美国精神的支撑,而弗格森如此之剖析则意味着对不少美国人而言,这种梦已经破灭。

---

① 〔美〕玛丽琳·弗格森:《宝瓶同谋,大数据时代的思想聚变》,廖世德译,2014,第 74 页。
② 〔美〕玛丽琳·弗格森:《宝瓶同谋,大数据时代的思想聚变》,廖世德译,2014,第 74 页。
③ 〔美〕玛丽琳·弗格森:《宝瓶同谋,大数据时代的思想聚变》,廖世德译,2014,第 78 页。
④ 〔美〕玛丽琳·弗格森:《宝瓶同谋,大数据时代的思想聚变》,廖世德译,2014,第 102 页。
⑤ 〔美〕玛丽琳·弗格森:《宝瓶同谋,大数据时代的思想聚变》,廖世德译,2014,第 103 页。

在"同谋"阶段，人们至少有两种收获。一是重新认识集体、社会意识，从而使"情谊""社群""关爱"有了新的意义，此时还会达到一种新的认知突破，即"在知觉到人我相连的那个集体的我之外，还有一个超越的、全面的大我"，人因而可以从"'小小的，局部的我'走向充满全宇宙的那个大我"，① 此即东方宗教的"梵我如一"之境。二是意识到任何事物皆是"过程"，故其目标、终点就不那么重要了；"生命一旦变为过程，赢和输、成功与失败就没有分别了"，而"过程一旦重要起来，价值观就开始改变，焦点也开始转变。以前看来巨大的，现在看来很渺小，很遥远。以前微不足道的，现在却有如直布罗陀（译注：意为难以攻克之地）"。在这一过程中，一切看似固定的现象都是可以改变的，其不断重组和重造就犹如万花筒那样多样。② 这种"释然"正是现代人的"鸦片"，是让人获得解脱的"心灵鸡汤"。过程之流动让人们发现了现象的"不确定"性，一切事物都并非绝对的，当人们"悟"到其流变和非恒定时，就会从其"文化的昏睡"中觉醒，从而打破文化的围墙、摆脱文化的束缚。这种"不确定"的感觉，在现代社会始于自然科学中出现的"测不准"现象，由此人们推断所有的科学知识其实也都是不确定的，科学研究包括其实验所观测的一切、所得出的一切结论，都具有不确定性，都是相对的，所谓结果或结论都受限于相关条件或手段。因此，科学的定律也是可以变动的，并非绝对"定"论或"定"律。鉴于实验的相对性和不精确性，其定论或定律也势必包括猜测的成分，故而只是对未知事物的某种推断，有其合理因素但不绝对。由此可见，科学思维同样具有想象力，也是对未知、未来的预言和想象。当然，科学不是历史，故此告知已有并无真实价值，而预测未知、预言未来才有科学意义，尽管它有出错的风险却也值得一试。对于人的探究而言，人会面对绝对真实，却得不到也得不出绝对真理，"真"理只能是相对的，任何事情都不可能得到准确、完全真实的描述和说明。但这种面对"不确定性"的"相对性"把握对于认知中的人类却很有意义，故而人们非常欣赏"相对论"的价值。在人类发展进程中，要解决过去没有碰见的问题或过去一直未获解答的问题，则必须有勇气向未知领域挺

① 〔美〕玛丽琳·弗格森：《宝瓶同谋，大数据时代的思想聚变》，廖世德译，2014，第82页。
② 〔美〕玛丽琳·弗格森：《宝瓶同谋，大数据时代的思想聚变》，廖世德译，2014，第83页。

进，向未知敞开心扉，大胆探索，于此则应允许出现可能不完全正确的判断或结论，同时也允许怀疑的精神及态度，怀疑和挑战不确定性反映出人的自由精神，故而也具有难能可贵的价值。根据这种新的认识，人们不再把科学视为绝对的，而是意识到其理论也不过是对仅仅具有相对确定性的那些实际把握的知识陈述与说明，受制于其确定性程度的各不相同，因此是处于"真实"与"想象"之间。这种状况随之会使人们联想到艺术，如其常言的画作即在"似与不似"之间，艺术既不绝对真实，也不完全虚幻。而若进一步推论，人们自然会联想到宗教的认识及意境。当传统宗教信仰中固定、绝对的"神明"消失之后，则会倾听那种不确定的、游移倏忽的、内在的和直觉的"神召"。由此可见，"新时代"意识到了现代发展中科学、艺术、宗教之"趋同"。在人们的认知中，从过去感到具有无限可能性而在如今却意识到其可能性的缩小，这样就现实主义地回到一种"不可能的可能性"（impossible possibility）之认识悖论。对于以往人们的绝对自信而言，现在的处境几乎乃"最是人间留不住，朱颜辞镜花辞树"（王国维《蝶恋花》）之窘境。所以，现代人呼唤一种"转变"，而"新时代"的"宝瓶同谋"就是要促进这种转变，"在转变的过程当中，我们变成了自己生命的艺术家和科学家"，其获得的"创造者"的质素则使我们可以"整体视野（whole-seeing）、新鲜——孩童般的认知、好玩——流畅感、爱冒险、轻松地专注于事物、沉浸于沉思物件、同时处理几个复杂观念、愿意放弃通俗的观点、进入尚未形成意识的材料、依照已成状态不依期望或制约看事物"。[①]

从上述"范型""意识""脑与心"及"人"这四种转变，尤其是从人的转变继续深化，弗格森进而扩展到探讨人的社会转变，职业与价值观的转变，以及人际关系的转变等领域，并且意识到这种探究将永无止境。这一思想的开拓，在于她对"宝瓶时代"人类转型的深刻体悟，以及对过去单层面、西方中心之偏执看法的抛弃。这一变动源自现代自然科学的新发现和新见解，随之向社会科学、思维科学等精神科学领域不断发展，进入一个找不到终极目标因而没有终点的过程。弗格森为此曾感叹

---

① 〔美〕玛丽琳·弗格森：《宝瓶同谋，大数据时代的思想聚变》，廖世德译，2014，第98~99页。

说："自然界没有底线。自然界没有一个最深的地方是创造了一切有条不紊的意义的"，这一认识直到现代科学才终于达到，从此"科学是以知识代替常识。……我们那些最前进的知识历险把我们带进了没有线性理解与逻辑界限的仙境"，这里，"实相非但是我们设想的陌生人，而且还是我们设想不到的陌生人"；其结果，"时至今日，我们最尖端的科学说出来的话却开始显得神秘、象征性，破坏了我们追求终极肯定的希望"。① 过去建立在固定、确证，却僵化之地的西方文明由此感到了崩溃的危险，其拯救、希望则在于"新的开始、新的生活，免于一切限制与身份拘束的自由"，在于一个"改造自己"的"新世界"。为了"要梦见更大的美国梦"，弗格森及其"宝瓶同谋"的诸人开始把眼光投向东方，开始寻找一种东西方的平衡。"他们的意图在于'探索一种显然将种种相反的价值观——东方与西方、传统与现代……——统一的动态平衡。'"他们开始相信，"生活作为一种不受拘束的历险，人拥有在其中厘定自己方向的自由"，为此他们邀请大家一起"参加这一趟发现之旅。这一趟航行，任何地点都是起点，目标也永无止境"。② 也正是在这种处境中，弗格森论及其对宗教的新理解和新审视。

（四）从宗教到精神

在西方精神传承中，基督教等高度组织化的宗教在其社会及历史发展中占据着非常重要的位置。但"新时代"的宗教理解对这一传统的认可或保留则仅仅在于"回溯到当时的超越论"。弗格森指出，"新时代"以来"这股精神传承的提倡者不喜欢任何组织化的宗教。他们宁取直接的体验"，而开启一种"内在世界的'旅行'"。③ 据 1978 年的调查报告，美国社会大约有"86%的'非教徒'和76%的教徒同意他们应该在组织化宗教之外追求自己的信仰。60%的教徒同意'大部分的教会已经失去真正的宗教精神'。"这种社会舆论形成了"对于组织化的宗教一次严厉的指控"。④

---

① 〔美〕玛丽琳·弗格森：《宝瓶同谋，大数据时代的思想聚变》，廖世德译，2014，第129页。
② 〔美〕玛丽琳·弗格森：《宝瓶同谋，大数据时代的思想聚变》，廖世德译，2014，第112页。
③ 〔美〕玛丽琳·弗格森：《宝瓶同谋，大数据时代的思想聚变》，廖世德译，2014，第347~348页。
④ 〔美〕玛丽琳·弗格森：《宝瓶同谋，大数据时代的思想聚变》，廖世德译，2014，第348页。

如果说西方宗教传承中还有值得一提的，那就是其宗教神秘主义，但其在西方宗教历史上被边缘化，而且还往往与宗教异端绑在一起，因而以往并没有受到足够的重视。弗格森说："'mystical'这个字是由希腊字 mystos 衍生而来。而'mystos'的意思是'保持沉默'。神秘经验揭示的现象往往是无言而含蓄的。""对于'mystical'这个字的第一个定义是'直接与终极实相结合'，第二个定义是'模糊或不可理解'。……对于未曾体验神秘状态的人而言，'直接与终极实相结合'即是'模糊不可理解'的。"① 而对于体验到神秘状态的人而言，神秘状态就是知识，其看见的则是思辨的理智通常所无法测知的深层真相。中世纪神秘主义思想家迈斯特·约翰尼斯·爱克哈特（Meister Johannes Eckhart，1260－1327）曾论及在这种神秘体验中人的灵性可以同神性相通，而这种宗教经验是不需要任何形式的，在内心深入认识自己则可以在宇宙高处认识上帝，因此，"不先认识自己的人不可能认识上帝"，人们必须"深入灵魂深处，那隐密之处……深入根源，深入高处；上帝能做的，全部都在那里"。② 但爱克哈特却被中世纪教会视为异端，遭到排挤；当时"教会里如果有人想直接体验那种知识、那种奥秘，不论那是中古基督教的神秘者、回教的苏菲信徒还是犹太教的卡巴拉信徒，教会皆视之为异端"；而这种状态在现代社会已经发生了逆转，恰如弗格森之言，"可是，现在这些异端已经有了土地，教义失去了权威，'知'超越了信仰。"③

结合美国宗教发展的实际，弗格森指出美国基督教的历史已发生巨变，各种神秘主义思潮的渗入不言而喻。就美国基督教新教传统来看，"美国总是每隔一段时间就会产生一次大觉醒（great awakening）。这样的美国自然就吸引了很多神秘者、传道者。早在我们现在所见的精神革命发生以前很久，东方和西方的神秘教就已经影响到美国的主流思想"。甚至其还产生了大众影响，催生了各种非主流的现代思潮，有的还成为当下社会颇为时髦的流行

① 〔美〕玛丽琳·弗格森：《宝瓶同谋，大数据时代的思想聚变》，廖世德译，2014，第351页。
② 〔美〕玛丽琳·弗格森：《宝瓶同谋，大数据时代的思想聚变》，廖世德译，2014，第363页。
③ 〔美〕玛丽琳·弗格森：《宝瓶同谋，大数据时代的思想聚变》，廖世德译，2014，第351页。

文化。"对于美国超越论'垮掉的一代'（the beat generation）而言，这些神秘教的观念是三餐的面包。"① 在美国占主流的基督教新教则发生了嬗变，其主流教派的影响日趋式微，逐渐让位给不断涌现出神秘主义思潮的福音派、灵恩派等。同样，"美国天主教会'在一个焦虑、不确定的时代，感到松动、不确定'。信徒现在开始呼吁教会改革，并且传播、参与圣灵降临运动和异能运动（charismatic movement）。据估计，到 1979 年为止，差不多有 50 万名天主教徒成为异能者，能够预言、治病"②。其结果，美国有不少天主教神学家不再尊重教宗的权威，而愿意独身成为天主教修士修女的人数也越来越少。

应该承认，这些渗入也并非原样照搬，而是经过了其"本土化"的过滤。"禅宗、隋登堡主义（Swedenborgianism）、通神论、吠陀等东方宗教、哲学到了美国，就跟原先在日本、18 世纪的英国、19 世纪的印度不一样。美国的信奉者有时候会使用东方的符号，可是透过爱默生、梭罗、惠特曼、滚叫派（Shakers）等哲人、教派，其中的根本精神生命却得到更充分的了解。"③ 不过，这与现代社会的"世俗化"趋势截然不同，人们转向东方宗教传统寻求答案，"并不是因为他们已经不再对人生根本的问题追寻超越的解答"，而是因为其灵性追求更为迫切，故而急于"想看看东方传统对我们这个'岌岌可危的社会和苦恼的宗教'能提供什么助益"。④ 弗格森对于这一处境也颇为纠结，一方面，她眼看西方建制式的宗教因为其固有的缺陷、人们的异议和信徒的叛教而失去活力，影响式微，深感很难复苏；但另一方面，她对东方的认知仍很模糊，对于东方就如此战胜西方、取代西方尚有不甘和抵触。因此，她对人们"转向东方寻求圆满"之"心灵的归航"亦有自己的解释，对于"人类精神永恒努力地回归东方，回归家园"之说加以辩解，强调"东方并不代表一种文化或宗教，而是一种方

---

① 〔美〕玛丽琳·弗格森：《宝瓶同谋，大数据时代的思想聚变》，廖世德译，2014，第 348 页。

② 〔美〕玛丽琳·弗格森：《宝瓶同谋，大数据时代的思想聚变》，廖世德译，2014，第 349 页。

③ 〔美〕玛丽琳·弗格森：《宝瓶同谋，大数据时代的思想聚变》，廖世德译，2014，第 348 页。Shakers 通常被中译为"震颤派"，由英国公谊会分出，流传于北美。

④ 〔美〕玛丽琳·弗格森：《宝瓶同谋，大数据时代的思想聚变》，廖世德译，2014，第 348 页。

法学"，是给人"一个广大的、解脱的视野"，而且在此意义上"'东方'老早就存在于西方的密教传统中了"。① 在这种解释中，显然有着她对西方信仰传统衰败的担心和无可奈何。

对东方宗教信仰精神的兴趣，是西方信仰传统对自己的拨乱反正，由此可见"新时代"运动的一些代表并不是对"宝瓶时代"的到来乐观其成，而是担忧西方精神传统的命运，向其社会提出警醒，给人们相应的忠告。即使是"东方时代"的到来、"阴性"文化取代"阳性"文化，也非他们由衷欢迎的。所以，西方舆论对之全力抵制、反对，倒是顺理成章、情理之中的。对此，弗格森就曾引证天主教神学家安东尼·帕多华诺（Anthony Padovano）的话说："西方宗教已经发生的反应——一种使我们对东方宗教更为敏感的革命——其实是一种了解，了解不论答案如何，都是来自我们自己。宗教的大动乱是由要求'内在性'的神引起的。信仰在西方并没有死灭，只是转向内在而已。"②

"转向内在"是"新时代"运动以来西方宗教认知转型的选项之一。过去西方人在基督教中信奉的上帝主要是"外在的上帝"，上帝是"天父"，高高在上，俯视人世；而在"新时代"即将出现的精神传统中，上帝不再是"主日学校崇拜的人格神"；只有在超越了"不可感知""不可了解的世界"之体验中所悟到的"宇宙这一个高层的部分"，才能找到人心认可的上帝。此外，从东方宗教还可以借鉴的体认，则是从空间之"整体"、从时间之"过程"来感知神明。这样，"在体验中，上帝即是流动、整体、生与死变化无尽的万花筒、终极的因、存有的根基、艾伦·华兹所谓的'众声所出的无声'。上帝就是意识显现为 lila（宇宙的游戏）。上帝就是可以体验，不可言说的组织矩阵，使物质产生生命"。③ 同理，上帝被视为"过程的上帝"，"是动词""是发言""是爱""是和谐"，上帝"从解放的混沌能量中重组宇宙"。于是，人们可以摆脱传统中关于上帝存在

---

① 〔美〕玛丽琳·弗格森：《宝瓶同谋，大数据时代的思想聚变》，廖世德译，2014，第348页。

② 〔美〕玛丽琳·弗格森：《宝瓶同谋，大数据时代的思想聚变》，廖世德译，2014，第349页。

③ 〔美〕玛丽琳·弗格森：《宝瓶同谋，大数据时代的思想聚变》，廖世德译，2014，第362页。

的证明、回避所谓终极之问。"我们既不须要为'终极的因'设想目的，也不必奇怪是谁或什么东西引发'大爆炸'，发动了这个可见的宇宙。我们有的只是经验。……上帝是宇宙中全部的意识，经由人的进化而扩展。我们在神秘经验中可以感受到一种全方位的爱、慈悲、力量。"①

在这种理解中，对"上帝"（神明）的认知已从"存在"转向"意识"。"宝瓶同谋"问卷调查表明：回卷者中虽然有许多人宣称自己已经退出了传统建制性宗教，但仍有约76%的人"非常相信"或"适度的相信"死后意识仍然存在，只有5%的人持怀疑态度，3%的人根本不相信。② 现代人对"神秘体验"的关注超过了对于"上帝存在"之问，弗格森说"神秘经验差不多总是会使人开始相信意识的某一层面是无可摧毁的"，这一关注扬弃了有神无神之争与论，她以被视为"无神"的佛教举例说："佛教徒比喻意识是黑夜中燃烧的火焰；随着时间的过程，这一朵火焰并不是同一朵火焰，可是也不是另一朵火焰。"③ "意识"的神秘性、对意识的究竟之问，已经成为现代人宗教信仰中的主要关注。弗格森故此引用一个精神领袖会议向联合国发表的声明加以证实："我们这个时代的危机正在向这个世界的宗教挑战，要他们释出一种力量，超越宗教、文化、国家的界限，进入人类社群一体的意识，从而推动一股精神动力，解决这个世界的问题……我们肯定这一新的精神，捐弃狭隘，导向全球意识。"④

从弗格森思想的社会文化背景上考察，她一方面深受20世纪60年代外向型"政治革命"的影响，故而有着对政治的关心，如抗议对越战争、主张黑人权力运动等；另一方面她也受到20世纪70年代内向型"意识革命"的感染，如嬉皮士运动、超越冥想派、自我经验派等反传统文化思潮和东方神秘主义的流行。在"新时代"运动关注现代科学发展的背景下，她觉得科学与经验应该同属于一种对自我意识及自我实现的新兴趣。而

---

① 〔美〕玛丽琳·弗格森：《宝瓶同谋，大数据时代的思想聚变》，廖世德译，2014，第363~364页。
② 〔美〕玛丽琳·弗格森：《宝瓶同谋，大数据时代的思想聚变》，廖世德译，2014，第364页。
③ 〔美〕玛丽琳·弗格森：《宝瓶同谋，大数据时代的思想聚变》，廖世德译，2014，第364页。
④ 〔美〕玛丽琳·弗格森：《宝瓶同谋，大数据时代的思想聚变》，廖世德译，2014，第349页。

且，她已认识到社会矛盾冲突和精神悖谬现象之间的趋同性及统一性，所以对德日进的宇宙、地球、人类之"进化"有一种不同寻常的贴近感，她相信仍在持续的"双鱼时代"终将结束，而行将来临的"宝瓶时代"则应该带给人转变的希望，因此大家有必要协调合作，为之"同谋"。但弗格森在"新时代"之特征中比较强调个人自我的改变，她认为社会的改变首先要从单独个人的改变开始，这种自我意识观念之改变自然会对集体与社会产生熏陶、感染作用，使之最终获得一种认识实在的新视野、新思路。所以，人们必须转向"内在"。此外，她认为对自我身体及意识结构的更多了解还能改变人们科学研究的方法，推动一种"心理技术"，从而达到主客观的合作、主客体的统一。这种协同意义上的"同谋"作用因而能将自然与人生、个体与集体、理性思辨与神秘智慧、精确界定与模糊把握、科学与宗教等包摄整合，形成一种纵横交叉、错落有致的关系网络。这样，"宝瓶时代"并非世俗的时代，更不是"无神"的时代，这个时代虽然可能会扬弃建制性宗教，却会把宗教信仰重新引进人们的内心，成为人们最为典型的意识精神之表述。

第三节 格罗夫

一 生平与著述

斯坦尼斯拉夫·格罗夫是美籍捷克裔心理学家，1931 年 7 月 1 日生于前捷克斯洛伐克的首都布拉格，中学毕业后入布拉格查尔斯大学学习精神医学，1956 年获医学博士学位，从而与精神分析、心理治疗这一领域结缘。因此，他对"新时代"运动最大的贡献就是引导人们重新回返内心，拓展并深化人的心理探询，从而使"新时代"运动思潮形成典型的心理学意向及其理论特色。他早年曾受弗洛伊德精神分析学派的影响，但觉得其视域仍然不足以统揽、透窥整个人的心理、精神状况，此后他又曾专门研究致幻剂在精神病治疗中的作用，并于 1965 年在前捷克斯洛伐克国家科学院获得医学哲学博士学位，随之任前捷克斯洛伐克布拉格精神病学研究院院长。格罗夫于 1967 年获得美国纽黑文心理治疗研究基金会所提供的奖学金，于是前往美国深造，并因 1968 年苏联入侵捷克斯洛伐克而决定移居美国。他最初在美国约翰·霍普金斯大学和巴尔的摩斯普林格罗夫医院研究室担任研究员，随后于 1969 年在美国约翰·霍普金斯大学医学院担任精神病学助理教授，后来又受聘担任美国马里兰大学精神病学研究中心的精神病学研究部主任。在这一专业发展中，他领导创立了加利福尼亚整合研究学院（California Institute of Integral Studies）的格罗夫超个人训练（Grof Transpersonal Training）项目，并且成为该院在旧金山的宇宙哲学、意识和哲学系的特聘终身教授；此外，他亦在奥克兰智慧大学和圣芭芭拉太平洋研究生院等高校或研究中心任教。

格罗夫于 20 世纪 60 年代末在美国参与创建超个人心理学，并作为创始人而担任国际超个人学会（ITA）第一任主席，他与克里斯蒂娜·格罗夫（Christina Grof）结婚后主要居住在加州北部的磨坊谷，两人对精神研究和心理领域有着共同的兴趣，曾于 1973 年在加利福尼亚的伊萨兰共同参与创建超个人研究机构伊萨兰研究中心（Esalen Institute）。基于对这种"超个人"心理及"非常态"意识的钻研，他进而发明了"全息呼吸法"（holotropic breathwork），其方法的典型特点就是设法绕过理性，而引发出人的情绪真相，在治疗中让深层情绪浮现并与自我融合，使之得以整合，易于理解。这样，他的探究体现出对深蕴心理学的深化，故而成为所谓"超个人心理学"的创建者之一，并被视为探究人类意识之终极境界者和全息呼吸法的开创人，他因此还获得了"冥王星先生""打开灵魂封印的人""死亡重生的大祭司"等称号。

格罗夫认为，每个人的身体都有一个雷达，这个"内部雷达"就是全回归状态能够起到的作用，即"自动地将潜意识中情感最强烈的、在精神力学上最相关的迫在眉睫的心理内容，带到意识中"。[①] 这会体现出其内在的能动性。其视域及见解拓宽了人类心灵的版图，而其对个人的重视则使其理论与人本主义心理学颇有相似之处；而且，他还从心理治疗深入文化人类学、生态学等思想领域，他关注的是个人、社会、文化之内蕴要素，偏向对其多维性、神秘性的深究。这种研究及其成果得到现代社会尤其是当代心理学领域的认可，故此 1993 年他获得超个人心理学协会名

① 〔美〕斯坦尼斯拉夫·格罗夫：《非常态心理学——现代意识研究的启迪》，刘毅、王芳、曾荣等译，云南人民出版社，2003，第 28 页。

誉奖，2007 年 10 月 5 日获得布拉格达格玛和瓦茨拉夫·哈维尔基金会（the Foundation of Dagmar and Václav Havel in Prague）授予的 VISION 97 终身成就奖，以及 2010 年获得出生前与出生过程心理学协会颁发的托马斯 R. 维尼奖（the Thomas R. Verny Award）。格罗夫的一大特点，就是并不将其学问囿于专业人士的书斋之内，而是利用现代媒体来积极输出，引起大众舆论的关注和响应。为此，他曾应邀担任《头脑风暴》《千禧年》等科幻电影的特效顾问，并参与了许多与之相关的理论与实践的普及工作。

与纯粹的理论学者不同，格罗夫因其职业传统及临床经验而非常注重实践，其兴趣在于了解人的潜意识领域和对各种心理治疗的探究，为此他曾组织了在世界各地的巡游以推行其修行及治疗方法。他曾经安排 2015 年 6 月、2016 年 1 月对中国北京等地的访问，按其计划 2015 年 6 月 23 日与杰克·康菲尔德（Jack Kornfield）博士①、朱彩方博士②等人对话，讨论中国传统哲学和灵性与超个人心理学的关系，佛教禅修与超个人心理学的相互影响，神经科学研究帮助人们更好理解佛教禅修练习等主题，而其格罗夫全息呼吸工作坊则也构设了在厦门（2015 年 10 月 29 日~11 月 3 日）、成都（11 月 8~11 日）、香格里拉（11 月 15~18 日）等地的培训活动。因此可以说"新时代"运动思潮的影响也已经传入中国。格罗夫先后获伯林顿的弗蒙特大学、加州帕洛阿尔托超个人心理学研究院和泰国曼谷世界佛教大学授予的荣誉哲学博士学位。2016 年 4 月他与布里吉特·格罗夫（Brigitte Grof）结婚，在近 90 岁高龄时他还于 2020 年 5 月与妻子一同开创新的全息呼吸法培训活动。

格罗夫已出版约 30 部著作，主要著作包括《人类意识的领域：从 LSD 研究进行的观察》（*Realms of Human Consciousness：Observations from LSD*

① 美国禅修专家，美国佛教本土化倡导者，曾在泰国、印度和缅甸的寺庙出家修行，回美国后在麻省巴尔镇创建内观禅修社，是美国加州伍德科尔镇"灵磐中心"（Spirit Rock）创始人之一，著有《智慧的心：佛教心理学通用指南》《踏上心灵幽径》《狂喜之后》《佛陀教义》《寻求智慧的心灵》《活着的达摩》《宁静的森林水池》《精神和心灵的故事》《佛陀箴言录》《宽恕、慈爱与平和的艺术》《将达摩带回家：立地觉醒》等。

② 1964 年出生，江苏昆山市锦溪镇人，北京第二外国语学院英语系文学学士，美国哈佛大学神学及心理学硕士，加州整合研究学院东西方心理学博士，常住旧金山禅修中心，重点研究佛教与心理学，从事精神动力学训练，1992 年曾师从净慧长老；曾任哈佛佛教会主席，国际超个人协会理事，国际禅修心理治疗研究院会员，中国超个人与整合心理学协会主席，澳门城市大学博士导师等；在世界各地参与组织"禅修与心理整合"工作坊。

Research，1976）、《弗罗拉的案例》（*The Case of Flora*，1980）、《超越大脑：心理治疗中的出生、死亡和超越》（*Beyond the Brain：Birth，Death and Transcendence in Psychiatry*，1985）、《超越死亡》（*Beyond Death*，1986，与克里斯蒂娜·格罗夫合著）、《自我发现的冒险：心理治疗与内心探索意识维度和新观点》（*The Adventure of Self-Discovery：Dimensions of Consciousness and New Perspectives in Psychotherapy and Inner Exploration*，1987）、《急寻自我》（*The Stormy Search for Self*，1990，与克里斯蒂娜·格罗夫合著）、《宇宙游戏》（*The Cosmic Game*，1998）、《未来心理学》（*Psychology of the Future，Lessons from Modern Consciousness Research*，2000）[①] 等，其他著作还包括《致幻剂：通往神秘交感之途》（*LSD：Gateway to the Numinous*）、《终极之旅》（*The Ultimate Journey*）、《当不可能出现时》（*When the Impossible Happens*）、《死亡登录薄》（*Books of the Dead*）、《治疗我们最深的创伤》（*Healing Our Deepest Wounds*）、《现代意识研究与艺术理解》（*Modern Consciousness Research and the Understanding of Art*）、《致幻剂心理疗法》（*LSD Psychotherapy*）、《全息呼吸法》（*Holotropic Breathwork*，与克里斯蒂娜·格罗夫合著）等；他主编的著作则包括《古代智慧和现代科学》（*Ancient Wisdom and Modern Science*，1984）、《人类生存和意识进化》（*Human Survival and Consciousness Evolution*，1988），以及《灵性紧急状态》（*Spiritual Emergency*，与克里斯蒂娜·格罗夫合编）等。其著作被译为德、法、俄、韩、日、中、意大利、西班牙、葡萄牙、荷兰、瑞典、丹麦、乌克兰、斯洛文尼亚、罗马尼亚、捷克、波兰、保加利亚、匈牙利、拉脱维亚、希腊、土耳其等 20 多种语言。因此，格罗夫无疑是当代国际心理学界及宗教研究领域中极为活跃的人物。

二　基本思想

（一）非常态意识的发现

格罗夫的主要理论创建即"非常态心理学"的创立，他根据自己长期医学理论研究和临床治疗经验的体悟，认为人的意识并非常态所见到的那样简单，其呈现的状态乃有极为复杂的层次，而人的意识所反映的也并不

---

① 〔美〕斯坦尼斯拉夫·格罗夫：《非常态心理学——现代意识研究的启迪》，刘毅、王芳、曾荣等译，云南人民出版社，2003。

仅仅是来自大脑的神经生物进化过程。以前人们留意到和比较关注的只是人的常态意识，但这种认识有着遮蔽，很不全面，因此格罗夫强调要特别关注非正常的意识，他将之视为"非常态心理学"的任务，他觉得这种意识并不只是物质的附属物，而可能有着更多的蕴涵。在他看来，正常意识只占了人的整个意识的一部分，实际上还存有各种非正常意识状况，如各种心理疾病、精神应激状态、濒临死亡的心理感觉等非常态的意识现象，都不是正常意识所能解释的，因此势必还会有一种非常态意识的存在。这样，他提出了对非常态意识的关注，认为这种意识涵扩很广，尤其在宗教中比较典型；若对其加以深入发掘，则也可能有助于现代社会对人类疾病的治疗。他说："在宗教仪式的情景中，非常态意识促成土著民族直接与原型现实的接触，例如神、神话领域及超自然的神秘力量。除此之外，这些意识状态对各种疾病的诊断和治疗也起了重要的作用。"① 而与之相关联的则有心理辅导、精神分析、心理治疗等方法的出现，以对应这种非常态意识现象；这也就是格罗夫"非常态心理学"之推出。于是，格罗夫认为必须"系统地探索这种非常态意识的潜力，也就是一种具有治疗性的、转化性的和进化性的潜力"②。为此，格罗夫有意识地参加过许多与非常态意识有关的训练，以及世界各民族文化的宗教仪式。显然，他把观察和研究的重点放在宗教现象上，而且主要是具有原初形式的、原始状况的宗教崇拜活动。这样，他接触过美洲各地的萨满现象，并"广泛接触了各种精神训练派别，包括静修、禅宗和瓦尔吉雷纳（Varjrayana）佛教、印度教瑜伽、密教和天主教本笃会的代表"③。在这些现象的神秘性中，他认为可以发现通往现代心理困境的神奇之途。

宗教关注的一大问题即生死体验，所以他在这种非常态意识中还对死亡学展开过专门的研究，以便窥测濒死体验及其心理和精神状态。对其而言，死亡体验也是一种自我超越，而过去西方社会的人们对之却关注不

---

① 〔美〕斯坦尼斯拉夫·格罗夫：《非常态心理学——现代意识研究的启迪》，刘毅、王芳、曾荣等译，第4页。

② 〔美〕斯坦尼斯拉夫·格罗夫：《非常态心理学——现代意识研究的启迪》，刘毅、王芳、曾荣等译，前言，第1页。

③ 〔美〕斯坦尼斯拉夫·格罗夫：《非常态心理学——现代意识研究的启迪》，刘毅、王芳、曾荣等译，前言，第2页。Varjrayana 即金刚乘，密乘的别称。

够，"对那些经历死亡过程的人也缺少有效的人道关怀"；以往人们对死亡持有比较简单的认知，要么等待宗教中对人死后是去"天堂"还是下"地狱"的审判，要么则为"死了死了、一死百了"的无所谓态度。"除了极少数的例外，大多数心理健康专家有解决各种各样情感问题的特殊方法，但却很少涉及死亡。那些面对所有可想象的最深刻危机的人，依然没有得到任何有意义的帮助。而这些危机同时影响到个人的生理、情感、人际、社会、哲学和精神等层面。"① 在宗教中，对于死亡乃有其独有的解脱体系，此即宗教的生死观或宗教的死亡学理论。世俗社会中人们对死亡的理解乃一种"终结"，是生命的结束。但宗教对死亡的理解却是一种"过渡"、一种生命存在方式的"转型"。格罗夫说："一般而言，现代工业社会国家的生存条件，并没有给面临死亡者提供理念和心理上的支持，这与古代和前工业社会形成了鲜明的对比。古代人们的宇宙观、哲学观、神话与精神仪式生活，清楚地告诉人们，死亡并不是绝对的和无法挽回的终结。他们相信在身体死亡后，生命将以某种形式继续存在。"② 因此，"前工业社会似乎都同意，死亡并非是永恒的失败和一切的终结，而是一种重要的转换"。③ 这种对死亡的解释暂且不论是否真实，但至少对濒临死亡者提供了一种精神安慰，是极为人道的临终关怀，它会给死者带来宗教的慰藉，减轻其对死亡的恐惧和痛苦。甚至死亡仪式本身"也能提供心理与精神的帮助。这些程序被用来为个体面对永恒的转变，或为死后的旅程提供特殊的指导"。④ 所以，往往在生死关头，宗教的意义会凸显出来。此外，宗教具有的这种非常态意识不仅是以人生的"过渡"来超越死亡，还会带来许多奇特、令人惊讶的死亡体验，就如基督教等宗教的"末日审判"那样跌宕起伏、惊心动魄。显然，这种"死亡意识"势必是一种非常态意识，也是对常态意识的灵性超越。

---

① 〔美〕斯坦尼斯拉夫·格罗夫：《非常态心理学——现代意识研究的启迪》，刘毅、王芳、曾荣等译，第208~209页。

② 〔美〕斯坦尼斯拉夫·格罗夫：《非常态心理学——现代意识研究的启迪》，刘毅、王芳、曾荣等译，第209页。

③ 〔美〕斯坦尼斯拉夫·格罗夫：《非常态心理学——现代意识研究的启迪》，刘毅、王芳、曾荣等译，第209~210页。

④ 〔美〕斯坦尼斯拉夫·格罗夫：《非常态心理学——现代意识研究的启迪》，刘毅、王芳、曾荣等译，第210页。

在格罗夫看来，对死亡的体验在相关宗教中还发展出了相应的理论学说，如不少宗教中所流传的末世神话等。"末世神话学一般认为，死者的心理经历着一系列复杂的意识历险。死后的心理旅程有时被描绘成一种具有穿越与地球相似的美好风景区域的旅行，有时会遇到许多原型存在物，或者是经过一连串的全回程意识状态。有些文化相信灵魂可以进入临时的境地，如到达天主教的炼狱或藏传佛教的罗卡斯（Lokas），也可到达某一永恒的边界——天堂、地狱、极乐世界。许多文化都各自独立地具有再生或转世轮回的信仰，这种信仰认为意识可以重新回到另一个现实的肉体生命中去。"[①] 其中"转世轮回"则使人生有着某种承前启后的神秘关联，生命之整体性甚至其"永恒性"在此得到晦涩的说明。而这种"与死亡相关的经验被看作是对重要现实的再现，因此值得仔细体验和描绘"。[②] 在此，死亡并非孤立的现象，而乃人生的重要构成。宗教文化"为死亡的经验赋予了丰富色彩，并将死亡看成是生活整体不可分割的一部分"。这样，人们就可以视死如归，从容不迫，有尊严地面对死亡。"死"不仅意蕴有"死后"关联，更有着与现实相关的"生死"联系。如在藏传佛教等东方宗教中，其传统会"将死亡的过程看成是精神从死和再生的循环中得到解放的唯一机会，或者，即使我们未能完成这一解放，死亡的过程也是决定他们下一世生活本质的重要阶段。在此意义上，可以认为，'两世'生命之间的中间状态比轮回后的存在更重要。因此，在活着时，一个人为这一时刻作准备的精神修炼就显得至关重要了"。[③] 格罗夫在此表达了一种"向死而生"和"为生而死"的辩证互动。这也就提醒我们，研究意识及非常态意识，显然需要具有人类存在的完整性和整体性境界。

不过，格罗夫提醒说，这种死亡经验乃或然的，而非必然的，各个人发生的情况也极不相同。"一个人极有可能一生都未曾经验过这些领域，甚至从未意识到它们的存在，直到他的生理死亡的那一刻才被推入这种状

---

① 〔美〕斯坦尼斯拉夫·格罗夫：《非常态心理学——现代意识研究的启迪》，刘毅、王芳、曾荣等译，第209页。

② 〔美〕斯坦尼斯拉夫·格罗夫：《非常态心理学——现代意识研究的启迪》，刘毅、王芳、曾荣等译，第210页。

③ 〔美〕斯坦尼斯拉夫·格罗夫：《非常态心理学——现代意识研究的启迪》，刘毅、王芳、曾荣等译，第210页。

态。然而，有些人却能在活着的时候发现这种经验的领域。促成这种可能性的方法有：致幻剂物质、强有力的经验性心理治疗、严格的精神修炼以及参加萨满仪式。对许多人而言，在心理精神危机（精神处于应急状态）时，不需要任何已知的诱因就会自发地产生类似的经验。"[①] 为此，格罗夫建议人们在健康和强壮时就可以进行这种经历死亡的精神训练，这种训练可以给人带来一种"已经死过一次"的神奇体验，从而使人们不再因死亡而感到恐怖，也不再惧怕死亡，完全可以用一种平常心来面对死亡，"以便我们在面对生理死亡时不会对死亡产生一种完全吃惊的反应"。[②]

所谓平常心包括自然的平常心和经过训练而达到的平常心。有的人可能天生具有这种自然的平常心，但这只能是凤毛麟角的少数人，而其他人则可以通过训练、修行而获取。所以，格罗夫等超个人心理学家特别主张这种相应的修行训练，热衷于组织各种各样的培训班或工作坊。在积累了丰富的经验之后，格罗夫还宣称："非常态意识研究所得的资料，对传统心理学、精神病学、精神治疗学和其他学科的科学范式提出了尖锐的挑战。"[③] 其实，他的相关解读和创见给宗教学带来的挑战同样也是巨大的、令人震撼的。

格罗夫所表达的是一种被动的、防范性的非常态意识，其在宗教中也窥见了与之关联的超常意识或超越意识之存在。不过，应该还有更为积极、主动的超越意识。对此，中国学者孙正聿从哲学的高度强调人之独特性时曾论及这种"超越意识"，指出："上帝给万物准备好了现成的、固定的本性，唯独给人留下了永恒的'空缺'——人根本没有前定、不变的本性，这使得人必须通过永不停息的超越活动，去填补和生成生命的全部内容。大自然给动物安排了天然的家，唯有人必须挣脱自己的躯壳，去创造精神、文化和意义世界，才能赢得自己亲切的家园。因此，为了防止生命力的彻底萎缩和暗淡，为了避免无家可归，我们呼吁自强不息的超越意

---

① 〔美〕斯坦尼斯拉夫·格罗夫：《非常态心理学——现代意识研究的启迪》，刘毅、王芳、曾荣等译，第214页。

② 〔美〕斯坦尼斯拉夫·格罗夫：《非常态心理学——现代意识研究的启迪》，刘毅、王芳、曾荣等译，第214页。

③ 〔美〕斯坦尼斯拉夫·格罗夫：《非常态心理学——现代意识研究的启迪》，刘毅、王芳、曾荣等译，前言，第3页。

识。"① 在西方近现代转型时期,同样有着超越意识的德国哲学家尼采
(1844-1900)曾将之发展为一种"权力意识",并且有着"上帝死了,超
人来了"的反宗教意识;不过尼采虽然有着"超人"的超越,却不幸因过
于"超越"而为疯子,故而成为非常态意识之极端。而孙正聿则强调要基
于社会历史之坚实大地来走向超越,认为"人类的生活、历史和发展,是
人类的超越意识的现实根基"。② 在他看来,人乃作为"万物之灵"来超越
自我,基于其"自我意识",在"觉其所觉""知其所知""想其所想"
"行其所行"的前提下而走出自己相对狭隘、封闭及有限的存在,因此这
种"超越意识"虽然不是心理意识层面的,却蕴涵丰富的文化世界、精神
世界和意义世界,可以与格罗夫的非常态意识形成鲜明对照。但这里给人
的启示是,格罗夫注意到的"非常态意识"可以提醒我们认识到自己"常
态意识"的局限,从而为人类的"非常态"及"超越"意识打开更为广
阔的视域。

(二) 意识的全回归状态

与"非常态意识"相关联,格罗夫进而给我们描述了意识之"全回归
状态"的图景,指出:"全回归状态也用来培养直觉和超感官知觉,以便
获得一些更实际的用途……它们还是艺术灵感的源泉,为宗教仪式、绘
画、雕刻和作曲提供灵感。"③ 其研究"非常态意识"的意义,则是为了走
向"意识的全回归状态"。在此,"全回归"(holotropic)术语中的这种
"全"(holos)即意指"整体",而希腊语源的"翻转"(trepein),这里则
是指"向整体移动""向整体的方向发展"。格罗夫说:"我们在日常意识
状态中,只认同我们真我的一小部分。在全回归状态下,我们能超出狭隘
的自我界限,去开拓完整的真我。"此时"意识以一种非常深刻和基本的
方式实质性改变……我们会同时经历两种很不同的现实,也就是'两只脚
踩在不同世界里'的感觉"。而且,"我们的感官知觉会有很大的改变。当
我们闭上眼睛的时候,我们的视觉领域会被我们的个人历史、个人以及集

---

① 参见孙正聿《超越意识》,吉林教育出版社,2001,封底附言。
② 孙正聿:《超越意识》,第1页。
③ 〔美〕斯坦尼斯拉夫·格罗夫:《非常态心理学——现代意识研究的启迪》,刘毅、王芳、
曾荣等译,前言,第3页。

体潜意识的心像所充满。我们会有许多有关植物、动物及大自然，或宇宙各方面的视觉经验，这些能带我们进入原型生命（原型的存在）和神话经验的领域。当我们睁开眼睛的时候，我们对环境的知觉能被这种潜意识生动的投射而转化提升，这包括各种声音、躯体感觉、嗅觉和味觉的改变"。① 显然这已不是常眼的视域，而会有一种"开了天眼"的感觉。其实，格罗夫在此乃运用了现代发展中诞生的整体论、全息论方法来说明自己的理论，并由此将个体与整体密切关联，使人得以意识到个体之内蕴却与宇宙整体之本质有着惊人的相似。这样一来，人向"整体"的移动及发展也就顺理成章了。

此外，这种状态还带来了人们情绪的变化及扩大，"这些情绪都超过了我们日常经验的范围。它们从如痴的狂喜、如醉的祝福感到深不可测的恐惧、极大的愤怒、彻底的绝望、浪费的罪恶和其他难于想象的情绪上的痛苦。这些情绪状态的极端形式，就好似所有世界的伟大宗教圣书所形容的天堂或地狱的情况一样"。② 这种状况恰如人们所反映的"情绪失控"之态，但也正是在这一"非常态"之中人们才会有许多"异样"或奇特的体验。所以说，在"意识的全回归状态"下，人们会"产生深奥的心理洞察"，其体悟远远超出了我们通常所把握的教育及理解范围；"然而，到目前为止，全回归状态下那些最有趣的洞见只是包含了哲学的、形而上学的和心理学的事物。"③ 这在格罗夫看来是远远不够的，因为这种状态不只是展示出现实表象，还会有更为深远的回溯。"从更广阔的历史发展来看，全回归意识状态的疗法是人类最古老的治疗方法。这样，使用全回归状态的治疗方法代表了重新发现、重新用现代语言来阐释人类学家所记录的古代和原始社会所用的精神治疗，特别是萨满教的宗教程序。"④ 不言而喻，格罗夫在此悟出了古老宗教及其礼仪中的精神治疗意义及其独特效果，如

---

① 〔美〕斯坦尼斯拉夫·格罗夫：《非常态心理学——现代意识研究的启迪》，刘毅、王芳、曾荣等译，第3页。

② 〔美〕斯坦尼斯拉夫·格罗夫：《非常态心理学——现代意识研究的启迪》，刘毅、王芳、曾荣等译，第3页。

③ 〔美〕斯坦尼斯拉夫·格罗夫：《非常态心理学——现代意识研究的启迪》，刘毅、王芳、曾荣等译，第4页。

④ 〔美〕斯坦尼斯拉夫·格罗夫：《非常态心理学——现代意识研究的启迪》，刘毅、王芳、曾荣等译，第17页。

在萨满教的那种癫狂、痴迷状态中却有着不为现代人所察觉的神奇疗效。

随着人的意识中超个人现象这一层面的发现，人与宇宙内在关联的奥秘被揭开了。这是格罗夫所特别感兴趣的重要方面。既然是"超个人"的意识，那么也就是说，人具有一种"宇宙意识"或"超意识"。"在这种意识中，我们可以经历心理的死亡与再生的过程，也可能经历其他超个人现象。"这是一种超越自我的感觉，是与大自然、宇宙交往的感觉，是处于"许多神话般的风景"之中的感觉。而基于这种感觉，"描述宇宙及存在的精神本质的宇宙论、神话学、哲学及宗教的最佳资源，就是这类全回归的经验，它们是了解萨满教、原住民族及世界一些著名的宗教仪式和精神生活的关键"。① 格罗夫据此对古老宗教、原住民宗教等做出了与现代人的理解截然不同的另一种解释。他指出："引发全回归状态的实践，可以追溯到人类历史的最初源头。它是萨满教最重要的特征，是人类最古老的精神体系和治疗艺术。很多意欲成为萨满的人在其成为萨满的初期会经历一种自发的精神心理性危机（萨满疾病），这种危机是一种人处于强烈的神视状态，在这种状态中，萨满将会进入下界，即死亡界。在死亡界中，他将会遭遇恶魔袭击，面临各种试炼、极刑（如被撕成碎片），接着，得到再生，然后上升到一个极乐境界。"② 在看似"病态"之状中，格罗夫却发现了"神视状态"，故此他对常人不屑一顾的原始宗教现象给予很高的评价，认为其中藏着与宇宙原型相通的奥秘。原始人的精神现象可能更接近宇宙本原，而萨满教则被视为"人类心理最基本和最初的'原始心智'"，而其得以发生也是因为全回归状态，萨满在此状态中可以随心所欲地进入一种神视状态，并因为其亦可使之出现在其部落的其他成员身上而被视为"心理导师"，可以帮助他人也能够"超越（超过）复杂领域"。③ 这种状态反映出人的神奇心理，其回归亦是向其本原的靠近，人与自然、与宇宙及与神明的关联在此得到了心理学层面的解释。不过，这种萨满具有的原

---

① 〔美〕斯坦尼斯拉夫·格罗夫：《非常态心理学——现代意识研究的启迪》，刘毅、王芳、曾荣等译，第4页。

② 〔美〕斯坦尼斯拉夫·格罗夫：《非常态心理学——现代意识研究的启迪》，刘毅、王芳、曾荣等译，第7~8页。

③ 〔美〕斯坦尼斯拉夫·格罗夫：《非常态心理学——现代意识研究的启迪》，刘毅、王芳、曾荣等译，第9、8页。

始、原初之态虽可超越种族、性别、文化和历史之别，然其技术和程序也只能在"那些没有遭受西方工业文明破坏的地方"才会有效并得以保留。[①]在所谓"文明"的发展进程中，人类原来本有的一些特性或本能却被这一"文明"消解、化掉了。本是与"天地本原"相通的一些方式，在这种文明进程中却被视为荒诞不经的"迷信"现象而逐渐被克服，其神奇功效也随之消失。所以，人类社会的"世俗化"就被看成是"祛魅"过程。许多原本"天经地义"的宗教活动在现代社会中经历了"被边缘化"的遭遇，成为少数人、小范围的隐秘活动。于此，格罗夫列举了许多具有这种神秘意义的现象，如萨满仪式、佛教修习、禅宗、内观、金刚乘、瑜伽、密宗、道教冥想、苏菲旋转舞、卡巴拉教修行、基督教祈祷、隐修主义沉思、希腊静观主义、耶稣会神操实践、高峰体验、更生、神通、通灵、濒死体验、外星人体验、附体状态、醉酒、梦幻、心醉神迷之幻觉、进入冥界之旅、体验死亡、肢解、重生、复活、神奇飞升至天国圣境、太阳国度、瑜伽修炼、宗教冥修、佛陀菩提树下的觉悟、耶稣在沙漠受魔鬼的诱惑、默罕默德夜行登宵与真主安拉相会、去地狱或升天堂的体验、圣保罗在前往大马士革之途突然失明后在盲中见到耶稣而皈依、圣安东尼对各种诱惑的抵制、圣女大德兰（德肋撒）的神迹奇事等。这些描述中都有与常情相悖的神秘奇事，现代人对之已不以为然，但格罗夫则认为应该有深层次的剖析，并以意识的全回归状态来对之加以解释。

格罗夫进而指出，引起全回归状态的手段或技术对古代宗教和原始文化而言有两种，一种是使用了"神圣技术"，包括鸣鼓等形式的敲击活动、宗教音乐、读经诵经、礼仪舞蹈、改变呼吸、培养特殊觉醒意识等"技术"性手段；一种是"在宗教仪式中使用致幻植物"，这就是传说中的所谓"神剂"，且古已有之，"如几千年前古代裴丝安（波斯人禅波斯古经）的毫玛（haoma）和印度的印地然尼亚（indoiranian）部落使用的索玛（身体），很可能是吠陀（吠陀梵语）宗教和哲学的重要来源。在东方国家、非洲及加勒比地区，人们为繁殖、欢乐和宗教庆典的目的而吸食由各种不同大麻制成的药剂，这些药剂有各种不同的名目……它们已经成为婆罗

门、某些苏菲教派、古代斯基萨安丝（skythians）和牙买加拉丝塔珐利安斯（Rastafarians）这些不同宗教组织的重要圣事。"① 格罗夫在其非常态心理治疗中曾把使用致幻剂作为一种治疗手段，而他认为古代宗教活动为了达到参与者心醉神迷、灵魂出窍、超凡脱俗的神秘体验之状，其实也使用了致幻的"神剂"。根据这样的理解，古代的宗教不但是能够使人致幻的"鸦片"，而且为达到这种神奇效果还实际使用了与"鸦片"类似的"神剂"。

除了原始巫术和古代宗教的圣事仪式所表现的这种非常态意识之全回归状态，格罗夫认为现代世界中仍然非常活跃的各大宗教实际上亦有着同样现象。"许多伟大的宗教发展了'繁杂的心理精神程序'，它们被专门用于引起全回归经验，包括传统道教和复杂的密教仪式的精神修炼、不同的瑜伽术、印度教的静坐、禅和藏族人的佛教中所使用的修心术。此外，还有伊斯兰教的苏菲派人士，在他们的神圣典礼中，使用沉重的呼吸法、虔诚的赞歌和旋转舞以引起出神状态。""在犹太基督传统中，我们要谈到苦修教派的呼吸训练，半身浸入水中的浸礼，耶稣基督的祈祷者（希腊正教静修者），罗耀拉的神操，各种犹太教神秘哲学和犹太教哈西德派宗教仪式的程序。各种引起和促进直接精神体验的方法，是各种伟大宗教的神秘教派和修道院规则的特性。"② 显然，格罗夫对传统宗教有着另一种理解，其宗教认知的侧重点亦格外不同，灵性、神修、心静、禅定、超越冥想成为其关键词。

根据这种非常态意识的全回归状态，格罗夫与其第一位妻子发展了一种"全回归呼吸疗法"，其基本方法虽然是基于呼吸的治疗力量，然其理论核心却仍旧是宗教思想和现代心理学实践之结合。所谓"全回归"之呼吸治疗，实际上就是一种接受了新观念的全息治疗，旨在以其整体关联及互动来指导其治疗方法，唤醒被遗忘或压抑在潜意识中的创伤经验，而这种"痛定思痛"却在一定程度上可以缓解痛苦甚至治愈疾病。其方法上的创见则是超越过去治疗方法上的局部性、具体性举措，而是更多地引导人们系统、深刻、完整地认识心灵、意识和精神之在，以提升自我心理境界，摆脱病魔的纠缠。这也说明其相关治疗实际上是以心理安慰、心理疏

---

① 〔美〕斯坦尼斯拉夫·格罗夫：《非常态心理学——现代意识研究的启迪》，刘毅、王芳、曾荣等译，第 5 页。

② 〔美〕斯坦尼斯拉夫·格罗夫：《非常态心理学——现代意识研究的启迪》，刘毅、王芳、曾荣等译，第 13 页。

导为主，乃一种精神治疗或宗教性治疗。格罗夫曾承认说："在理论与实践上，这一方法有机地结合了古代原始犹太教义、东方精神哲学与西方深度心理学中的各种成分。"① 这种东西方精神的有机结合，使他对现代流行的深蕴心理学有了更多的发挥，对其中的宗教蕴涵也有了更深的发掘。

在格罗夫看来，超个人意识的发现对"新时代"的意义，就在于它扬弃了笛卡尔哲学范式和牛顿物理学范式中物质与精神的截然区分，重新肯定了二者的整合与统一。在他看来，超个人危机（即"灵性应急状态"，spiritual emergency），或者说在"精神紧急状态"之灵性开启过程中的危机，不是普通的意识状况，有着不同凡俗的意义，对其审视就不可仅从局部来看，而必须有一种整体观念。其作为超常的意识状态，实际上乃通往更高层次的心理功能和精神觉知的前奏，是一种独特的"开启"或开端，起着重要的连接作用。根据他的观察与分析，在此，最为关键的是人之生理、心理、灵性三因素所起的作用，可被视为"灵性应急"的导火索，生理是基础、心理乃深究、灵性为升华，故而必须对之加以综合思考。也正是在此时此刻则会出现格罗夫论及的所谓高峰体验、前世体验、临终体验和幻想体验等，这种体验是一种危机体验，但也有超越危机的无限可能。他认为这种称为"超个人危机"的精神危机也隐含着治愈和转化的机遇，借用中国哲理，"危机即转机"，在危险中也有峰回路转的机遇，因而处理好超个人危机乃具有积极的超个人价值。所以，格罗夫所言之"意识的全回归状态"，是以全息理论来观察并处理局部与整体的关系，在局部中发现整体之在，每一局部都能够反映整体的本真，局部乃向整体移动和靠近；在整体中则有对局部的关照及统摄，有着其原型本质的统一性。而在全息状态下对个人自发现象的体验，就反映出整体的审视和通盘的考虑，对于非常态精神疾病的治疗，格罗夫认为这种体验则具有疗愈和转化的潜能，因此很有必要对之发掘和运用。

（三）超个人心理学

格罗夫在上述认知的基础上创立了其超个人心理学体系，他宣称"超个人心理学，一门尽力把灵性与西方科学中新出来的范式进行整合的学

---

① 〔美〕斯坦尼斯拉夫·格罗夫：《非常态心理学——现代意识研究的启迪》，刘毅、王芳、曾荣等译，第 167 页。

科，其理论概念与实践方法，有助于缓解我们所有人正面临的危机"。① 但他承认这种创意原初是来自荣格，指出："超个人心理学的鼻祖荣格在他的著作中，描述了关于我们及存在的现实与宇宙维度的生活策略。他建议在我们的日常生活中，不管我们做什么都应有系统的自我探索，这才能使我们与宇宙的最高原则联系起来，在其引导下我们才能发展完善的自我'个别化'（Individualization）。"荣格思想是现代深蕴心理学的扩展，其特点就是"把从集体潜意识中汲取而来的智慧整合进了物质世界知识中。这个伟大的瑞士心理治疗师的看法，与全回归状态的洞察和观察是基本一致的"，而"如果有更多的人采用这种生活态度，那么能明显增加我们克服目前地球上威胁生物生存危机的机会"。② 其实荣格本人亦是典型的宗教心理学家，这种心理学从普通心理学发展到超心理学，遂亦成为"灵学"或"通灵学"（parapsychology），从正常意识经潜意识而到达非常态的超意识或超个人意识之探。从中我们可以窥见现代自然科学的最新发展及其对全息论、整体论、系统论等新方法的倡导，如目前西方比较风行的"全息呼吸法"、系统医学等，其中一个重要特点就是吸收了东方智慧，有着中医那样的整体哲学理念和个我人文关怀。荣格在其思想发展过程中就曾专门研究过东方宗教，特别是对中国道教情有独钟，因此其体系中已经体现出"深蕴"与"超越"的关联。不言而喻，现代非常态心理学的发展还有着深刻的宗教因素，对宗教的"超个人""超验"等"超越"精神重新加以解读，这也说明现代宗教发展正将自己整合入现代自然科学和人文学科的体系之内，以其"隐"而达其"显"。格罗夫相信，其所开展的"全回归状态的研究为我们对宇宙、大自然及人类不同于主流的看法，提供了有说服力的支持。它们经验性地证实了信息论和系统论先驱明确表达的概念，即地球及整个宇宙是个统一的、相互联系的网络。其中每个人都是一个完整的部分"。③

格罗夫超个人心理学的发展之直接目的是指向对非正常意识状态的治

---

① 〔美〕斯坦尼斯拉夫·格罗夫：《非常态心理学——现代意识研究的启迪》，刘毅、王芳、曾荣等译，第 275 页。

② 〔美〕斯坦尼斯拉夫·格罗夫：《非常态心理学——现代意识研究的启迪》，刘毅、王芳、曾荣等译，第 271 页。

③ 〔美〕斯坦尼斯拉夫·格罗夫：《非常态心理学——现代意识研究的启迪》，刘毅、王芳、曾荣等译，第 278 页。

疗和研究及由此带来的启发，特别是运用超个人心理治疗方法来治疗精神病，对患有精神危机的病人进行这种超个人方式的干预。此外，其理论体系还对在量子物理学、生物科学、大脑研究、意识研究等方面新出现的有关精神病的理论和科学范式进行理论研究和具体分析。根据他的看法，人的精神恍惚状态其实是有利于心理治疗的，这种状态真实反映出人的潜意识活动及其特性，是超出人之通常意识的一种扩展现象。在其理论中他断定人的意识结构包括三个层面，即出生前（prenatal）或出生过程（perinatal）之围产期的自我记忆层为第一个层面，此间婴儿出生前在母亲子宫内与之一体，体验到无时间、无边界的生命，随之婴儿在出生过程中被挤压，则体验到一种"彻底湮灭的挣扎经验"；第二个层面即婴儿出生后（postnatal）的出生构成层，这里有婴儿的出生突破和超越原有边界即从此前限制中彻底解脱的体验，包括出生创伤、在不稳定状态中的焦虑和生死等经验；第三个层面即超个人（transpersonal）的超越人格层，在此就使人的自我意识能够超越自我及时空之限，可以直接与世间万物及宇宙意识进行心灵沟通；也正是在这一层面便出现了轮回转世的经历，物我合一、天人感应的体验，化入宇宙整体的感受，以及与神鬼灵交的体会等，展现出人的精神意识之升华。格罗夫认为，受弗洛伊德个体无意识理论的影响，人们开始注意到无意识或潜意识的存在，而以前只是关注到出生后的一个层面。根据其超人格意识之说，格罗夫认为自己的研究不仅是继承了弗洛伊德精神分析及治疗的方法，还窥探到人之内蕴的整体世界观或宗教世界观，由此则可勾勒出人类心灵的完整图谱。从这一意义上来说，他声称人按其传统原本就是宗教的、灵性的、具有神秘感的和醉心秘术的。这里，格罗夫特别强调了围产期意识和超个人意识这两大领域，前者指人的出生创伤之经历，是对意识之溯源，而后者则直接与宗教关联，乃意识之超越。他说："超个人领域同时还与祖先的、种族的、种系发生的、因果报应的记忆来源、存在的原型和神话经验有关。这些极端的经验，似乎能归类于宇宙精神和超宇宙、元宇宙的虚空中，从古至今，在世界各国的宗教、神秘主义和玄秘文学中都描述过这些现象。"[1] 实际上，格罗夫是从其心理学及心理

---

[1] 〔美〕斯坦尼斯拉夫·格罗夫：《非常态心理学——现代意识研究的启迪》，刘毅、王芳、曾荣等译，第 20 页。

治疗的角度来重新体认宗教，而这种新的审视则需要"在世界流行宗教中那种极为典型的狭隘或肤浅的宗教传承与真正神秘主义传统或伟大的精神哲学的深刻之间"[①] 加以区分和鉴别，决不可将它们混为一谈。

在人们的精神生活中，当其朝天仰视所找寻的那位超然、超越的神明变得越来越神秘、模糊之后，处于宏观宇宙的"太阳神"退隐，人们则开始回归内心，窥视自我意识内在的奥秘，在精神的微观宇宙中另辟蹊径，即研究意识及非正常意识，回到心理学的探究范围，而且是以此来建立一套全息意识状态的、超个人心理学的理论体系。因此，人们会说 21 世纪其实乃心理学的时代，宗教问题亦会越来越靠近心理学的问题。这也充分说明认真解决现代人的心理问题已经成为当务之急，所以当代宗教也不再留恋形而上的彼岸之神，而是回归内在、回返心灵，解决人们心理上的"焦虑"问题。但"新时代"的宗教心理并不一定就如施莱尔马赫（1768-1834）所言"宗教是人们绝对依赖的感情"，以及鲁道夫·奥托（Rudolf Otto，1869-1937）关于"神圣"之言等所触及的超越性神秘感，而是更多地反观内心，回到人本身的意识、心理中来窥测、找寻和说明。所以说，现代人的宗教不仅是要解决那种超越信仰问题，而更多的是要解决自己的心理问题，从人自身的"深蕴"心理意识本身来找寻答案，获得解脱和超越。

超个人心理学反映了对身心疾病的超个人看法，这种心理疾病是颇为普遍的，包括梦幻、臆想、焦虑、恐惧、癔症、抑郁、狂躁、强迫、边缘、自恋、药瘾、酗酒等现象。为了找出产生这些疾病的原因，这一心理学则突出了人在出生前及超个人阶段对心理疾病的潜意识影响和作用。而其对生死超越的重视则反映出超个人心理学所关注的现代心理学之新维度，于是也就从传统认知上的"还原"探索转向当代风行的"超越"追求。

超个人心理学基于其超个人意识观，其基本特征就是要找寻人类意识的终极境界。格罗夫指出，在平常的意识状态中，好像事物能够全然无缘

---

① Stanislav Grof, *Geburt*, *Tod*, *Transzendenz. Neue Dimensionen in der Psychologie*, München: Kösel, 1985, S. 316. 此为格罗夫《超越大脑：心理治疗中的出生、死亡和超越》德文版。

无故地发生，外在于我且与我无关；而能够以某种形式来展现的概念，似乎也是不可理解的；这是一种"存有"的境界及其物质性认知，但是在"空无"之境中，情况则发生了根本变化。现代物理学盛行的量子波动理论就认为，"空无"可能会被认为是由无限的"量子"所组成的，这种"量子"虽为微乎其微的小粒子和小碎片，却能导致所有的事物发生。而当我们作为主体参与，对之选择了某一个特定的现实之后，这一现实则会在我们的意识中被创造出来，成为我们意识的有机构成。因此，人的意识其实还包含着现代人远远没能认识到的各种意识现象，而通过人们的"高峰体验"则会有惊人的发现。于此，其看似"空洞，但却包含一切"。"它没有特别的内容，但在潜在的形式中却包含一切。我们可以同时体验到什么都是，又什么都不是的感觉，当个人同一性和自我消失时，我们感觉到被扩大到这样的一个范围，那就是，我们的存在包含了整个宇宙。相似地，觉察空的或空虚的形式犹如觉察有形的存在一样成为可能。我们甚至可以达到这样一种状态：我们可以看见世界是存在的又是不存在的。"格罗夫认为："高峰体验可以传递那些看起来似乎是终极的智慧和知识，印度吠陀经（Upanishads）将这种智慧和知识描绘成'这就是赋予了每件事物内涵的知识源泉'。在高峰体验的过程中，我们所获得的东西是难以言喻的……然而，这种体验可以深刻地影响到我们的价值体系和生存策略。"① 格罗夫把这种"高峰体验"解释为沟通且超越"有"与"无"、"实"与"空"的奥秘，就好似佛教中"色不异空，空不异色；色即是空，空即是色"（《摩诃般若波罗蜜多心经》）之境。这里，主体与客体并没有西方物质主义所认为的那样截然区分、本质有别，而是本原相同、本质相通的。不过，"高峰体验"也不是常态的，而乃"偶现"的精神现象。格罗夫对之虽不承认宗教性理解，但其解释的本质却仍然是宗教性的。他说："当我们产生一种高峰体验时，我们会产生克服了思想和肉体分裂的感觉，感到我们已经达到了合一和整体的状态。同时我们也超越了平时有差别的主体与客体，体验到令人心醉神迷的与人类、自然、宇宙和上帝相

---

① 〔美〕斯坦尼斯拉夫·格罗夫：《非常态心理学——现代意识研究的启迪》，刘毅、王芳、曾荣等译，第140~141页。Upanishads 即《奥义书》，是印度教古代吠陀教义的思辨作品。

合一的感觉。这种情况与快乐、幸福、平静和内部安宁的强烈情感有关。在平凡世界里，空间有三个维度，时间就是一条线，在这种神秘的经历中，我们有种脱离平凡世界的感觉。我们走进了超自然的、卓越的王国，在这个王国里，所有的维度和线都不再适用。在这种状态里，无限和不朽成为经验上的事实，这种状态的超自然性与过去的宗教信仰无关，它反映对现实的超凡性的直接理解。"① 但其描述的这种状态颇似中国传统文化所追求的"天人合一"境界，所彰显的则是人类个体的本质回归，即重新回到与大自然、与宇宙、与世界万物的本来联系之中。这种境界实际上是对宗教意蕴更为开阔、更加开拓的理解。

在格罗夫的超个人心理学中，有着对意识之全息状态的研究和开发，于此探讨了与人类意识的终极境界有着直接联系的根本问题，涉及宇宙的原型及其创造原则，人类与这种创造原则究竟有什么关系，以及宇宙创造的动态过程等，而在价值、伦理层面还包括什么是阻碍人正确认识自我本性的禁忌、人之善恶的本质和来源等。在这种意义上可以说其超个人心理学乃是一种跨学科探究，且有着古今关联的时空观，只不过他在此乃集中在心理治疗的诸种考量而已。其心理治疗的核心就是启发被治疗者的内在自觉，使其发现并认识到自己有着内在神圣的自我，而这种自我是与宇宙的创造原则、绝对意识或普遍心灵密切联系的，是一种整体、全息的存在。过去人们没有注意到这种联系，其常态而有限的思维逻辑故而只是掌握了世界万物的表面现象，尚未深入到其内蕴的、根本的意义之所在。

格罗夫认为，全息意识状态有助于消解个体与绝对意识之间的界限或障碍，常态意识在其意识中有着"遮蔽"，没有纵览和全观；如果要改变这一状态，正确协调常态意识状态与超越意识状态之间的关系，使常态意识可以升华到超越意识，则应妥善地运用"身体的自我"（body-ego），使人基于现象世界所获得的实用知识，作为其升华、飞跃的起点，最终方可达到超个人的意识境界。在现代心理学的手段中，这种效果的达到不只是精神上的，而且也可以采用相应的技术手段，过去视此为"神剂"，现在则归之为"科技"。所谓超个人意识状态，也就是超越当前现实世界中人

① 〔美〕斯坦尼斯拉夫·格罗夫：《非常态心理学——现代意识研究的启迪》，刘毅、王芳、曾荣等译，第140页。

们的精神状态，它既可以通过宗教、哲学之沉思，也可以采用致幻剂或其他相应的治疗技术来达到，使人有着超凡脱俗的意识状态。

当然，心理学上的理解不同于哲学家的理解，不是思辨性的、价值性的，而乃情感性的、体验上的对人生和宇宙万物之精神感悟和深刻洞见。这里，格罗夫所言"超个人"主要与人的经验有关，是"超越经验"、"超越情感"、"超越思维"、"超越意识"和"超越精神"，体现出其"超验"本质。在格罗夫看来，现代世界已经是一种病态的世界，人类无节制地"利用和开发"大自然，实际上是对大自然的"施虐和掠夺"；而人类进而又把生物进化、适者生存的"丛林规则"引入人类社会生活，激起人与人之间的无情竞争、对各地资源的侵吞和抢劫，以"狼性"来对待彼此。这种状况由此导致人的"心理—精神危机症状"。但他没有看到社会改革的意义，而只注重于个人的心理改善，依赖人类意识状态的"内在转化"，强调自我的心理调适和精神超越，包括超越通常意识的自我限制和超越时空的限制，使这种超越意识得以扩展或延伸。他相信其扩展使人能够进入一种超越的精神领域，甚至让人觉得可从未知的领域获得信息，达到一种超越意义的洞观。但若从常态认知来解释，看似冥冥之中受某种精神力量支配的所谓指导，实际上也不过是人们长期生活和工作经验的汇集，日有所思，夜有所梦；经常所遇，偶达所感。而超个人心理学则突出了"内观"和"直觉"，认为这种"高峰体验"之奇遇常常是以个人直觉的方式而被人感受，对之有效引导则可起到心理治疗的作用。当这种超个人的意识洞察超越人们的生理、精神治疗及解除其心理—心灵的精神危机等范围之后，也会触及自然生态、社会处境，于是也就有了保护人类生存、缓解全球危机、改造现实社会的可能选项。超个人心理学于是也会与深刻的哲学反思相呼应，成为跨越科学、哲学、宗教的理论体系。通过对人类生存状况的内在处境之深刻体验，超个人心理学会给人们带来重要的启迪，让人们从"个人心理"走向"宇宙精神"，体悟到人类自己其实是与世界万物心灵沟通、息息相关的，自然世界和人类社会是共同生活在一个共生的整体相连的精神网络之中的，从整体的视域来保持其平衡、达成其和谐乃至关重要。因此，"新时代"思想于此也从超个人心理学的视角而要求人们具有一种强调统一、关注整体、共同发展和积极合作的全新科学世界观，并认为这种世界观的最深刻根源就存在于人类的内在人格之中，必须从人的意识入手来恢复人的理性精神之态。所以，格罗夫致力于超个人心理治疗的普及和推广，把社会运动内化为意识运动，把政治经济的改造转变为心理治疗，他宣称人类意识状态的改变和转化是人类生存价值的根本所在，认为也只有当人类调适好自己的心理状态，真正从内心深处意识到人类必须与大自然整体共在、和谐相处，时时提醒自我这种密切关联，才能使人类以其健康的心理来确保在这个地球上万物的共生共在，确保国际大家庭的和睦安宁。其结果，本应有的社会革命被异化为心理革命，而物质世界的改造也嬗变为精神意识的改善。

（四）宗教和精神性的意义

在格罗夫的研究中自然不可能回避宗教问题，他曾提问说："如果我们最深远的本性是神圣的，并且我们与宇宙的创造规则相一致，那么对物质世界里具有肉体的我们，又如何能相信这个说法呢……一个无限的精神实体又如何能创造出我们这群有限的、与创造根源分离、与同类疏离的个体呢？"① 这显然是典型的宗教问题，其中的关键点即宇宙与人类、神圣与世俗、绝对与相对、无限与有限的关系问题。对于有限人类而言，这些关系乃呈现为开放性的，它们不可能彼此隔离，而必须辩证地双向互动。从人的视角来看，"与宇宙创造的来源再融合的道路上充满了许多磨难、风险和挑战。'绝对'的演示不是一个完全封闭的系统。它为主人公发现包括他们自己的宇宙身份在内的创造本质提供了可能性"②。人处在这种复杂关系中，其根本目的就是追求与存在的"最高原则"实现合一，达到在精神上对"绝对"的体悟及回归，因为"许多宗教体系把精神旅途的目的界定为解除个人界限和与'绝对'再联系起来"③。而人在此所面对的，则是如此事实，"无差别的绝对意识或空虚，不仅代表着精神旅途的终点，也代表着万物的根源和开始。'神'是提供分离与合一的本源，也是对原始统一体的分裂与解散的作用者。如果这个本源在它原始形式上是完善和完

---

① 〔美〕斯坦尼斯拉夫·格罗夫：《非常态心理学——现代意识研究的启迪》，刘毅、王芳、曾荣等译，第263页。
② 〔美〕斯坦尼斯拉夫·格罗夫：《非常态心理学——现代意识研究的启迪》，刘毅、王芳、曾荣等译，第264页。
③ 〔美〕斯坦尼斯拉夫·格罗夫：《非常态心理学——现代意识研究的启迪》，刘毅、王芳、曾荣等译，第268页。

美的，对它来说就不会有任何理由来创造，于是另外的经验性领域也就不会存在。既然已经这样做了，绝对意识的创造倾向就清楚地表达了一个根本的'需要'。'两极性'世界因此便成了对'神'的未分离状态的重要补充"①。宗教中对"神"的理解和体认是最为根本的，现代宗教发展虽然淡化了形而上的"神明"界说及描述，却仍不可能彻底摆脱对"神"之究问。格罗夫认为，人与神的分离、物质与精神的脱节，这是人无法回避的根本问题之所在；而二者的和谐及统一，则是其回答和期盼。"因此，任何令人满意的解决办法必须包含尘世的和超越的范围，即形式世界和非形式世界。"② 格罗夫于此给出了一种超越的维度，同时亦观照尘世的、形式的现实存在。而对这些问题如何能够比较彻底的解决，如何体现出统一的宇宙意识，格罗夫则仍用宗教与精神性的关联来作答，不过也展示出了其见解远比传统宗教理论更为开阔的视域。

格罗夫指出："全回归状态的研究，带来的最激进的新观点可能是精神性及其与宗教的关系。"③ 古代社会曾是讲究精神的世界，而物质的实在性却只能相对而言。"前工业化时代的人们一致认为，我们所知觉到的和我们每日生活在其中的物质世界并不是唯一的现实。他们的世界观中还存在着现实的隐形维度，在那些维度中有各种神、恶魔、无形体的存在实体、祖先的精神和象征力量的动物。前工业化文明有着丰富的宗教和精神生活，它们都与这些通常隐匿的领域进行直接接触，并且从中获得重要信息或接受援助。他们相信这是影响物质发展的一种重要而有用的方式。"④然而，这种古代传统一度丢失，人们对物质世界的肯定带来了对精神世界的疑问，重"物"的情感使一切都被物化，于是对"存在是否有精神的维度"产生了巨大分歧。"西方物质主义科学形成的对人类本质和宇宙的理解，根本不同于古代和前工业化社会。很多世纪以来，科学家已

---

① 〔美〕斯坦尼斯拉夫·格罗夫：《非常态心理学——现代意识研究的启迪》，刘毅、王芳、曾荣等译，第 268 页。
② 〔美〕斯坦尼斯拉夫·格罗夫：《非常态心理学——现代意识研究的启迪》，刘毅、王芳、曾荣等译，第 269 页。
③ 〔美〕斯坦尼斯拉夫·格罗夫：《非常态心理学——现代意识研究的启迪》，刘毅、王芳、曾荣等译，第 192 页。
④ 〔美〕斯坦尼斯拉夫·格罗夫：《非常态心理学——现代意识研究的启迪》，刘毅、王芳、曾荣等译，第 192 页。

经系统探索了物质世界的各个方面，并且积累了使人印象深刻的在过去根本不可能获得的信息。它们已经代替、纠正和补充了早期关于自然和宇宙的观念。"① 也就是说，人们相信世界乃物质的世界，不再认可对之加以任何宗教的或精神性解释。传统宗教曾经给人们所描述过的精神世界现在看起来似乎是"虚构的、不存在的"，甚至是"荒谬而完全不能理解的"②。显然，在格罗夫看来，近代社会发展出现了一种蜕变，传统宗教的影响在明显减弱，其理论与实践也在与人们的现实生活脱节。"物质主义科学从根本上削弱了宗教在我们文化中的影响，但它还不是唯一的因素……西方宗教也已经极大地削弱了其经验的成分以及与深层的精神来源的联系。结果，这种宗教变得空虚、无意义，并且越来越脱离我们的生活。"物质的世界不仅没有"神明"存在的空间，甚至连"精神"也无处藏身，以前在现实生活中曾如此鲜活的宗教遂黯然失色，其一度显得格外活跃、热闹非凡的场景也逐渐在销声匿迹。宗教要么会消亡，要么必须另寻出路。"在这种情况下，它是根本不可能与以巨大的技术成就作后盾的物质主义科学相匹敌的，宗教不再是人们在濒死和死亡中的支柱，也不再是生活中的活力来源。它对死后历程的指引作用，连同像天堂和地狱这样的超越境地，都被归入到了神话和精神病学的手册。"③ 在新的自然科学尤其是现代物理学、天文学的成果亮相之前，对世界的精神性认知受到了严重挑战和根本否定。西方近代科学强调世界的物质性，具有所谓"精神"载体的人也不过是"机器"而已。"对现实的神圣维度的描述和对精神生活的强调，是与统治工业化世界的信仰系统有着尖锐的矛盾冲突的。在西方主流经院科学看来，只有物质是真实的存在，宇宙历史是一部物质发展史。生命、意识和智力或多或少是这一发展的偶然而次要的附带现象。它们是广阔宇宙中的微不足道的一小部分中的被动而蛰伏的物质，是经过数十亿年的进化之后出现的。显而易见，在这类宇宙中

---

① 〔美〕斯坦尼斯拉夫·格罗夫：《非常态心理学——现代意识研究的启迪》，刘毅、王芳、曾荣等译，第 192 页。

② 〔美〕斯坦尼斯拉夫·格罗夫：《非常态心理学——现代意识研究的启迪》，刘毅、王芳、曾荣等译，第 193 页。

③ 〔美〕斯坦尼斯拉夫·格罗夫：《非常态心理学——现代意识研究的启迪》，刘毅、王芳、曾荣等译，第 207 页。

没有精神性的位置。"① 广袤的寰宇一片安宁，并没有精神幽灵的出没，到处所见的都不过是冰冷如石的物质实体。而从近代西方神经科学的发展来看，意识也是完全依赖于生物机体的，绝对没有其独立存在。但格罗夫指出，实际上此说乃是毫无证据的假设，人们对其真实情况基本上一无所知。"尽管如此，这种形而上学的基本假设，仍然是西方物质主义的首要神话之一，并且对我们的整个社会产生了深远的影响。"②

而根据格罗夫超个人心理学的研究，超自然感并非子虚乌有之说，而是有着经验的支撑。他说："按照全回归状态研究的观察结果，目前一元论物质主义对精神性特征的排斥和病理化的做法就显得站不住脚了。在全回归状态中，现实的精神性维度能够以某种方式直接经验到，就如同我们在物质世界中每天的经历一样令人信服，同样，也能一步步地来描述那些推动人们进入这些经验的程序。对超个人经验的仔细研究表明，它们在存在论上是真实的，并且告诉我们关于隐藏着的那些存在的重要信息。"③ 这样，格罗夫以其超个人心理学的理论和实验又证实了精神世界的存在，他肯定了奥托、荣格等人关于"神圣"或"神圣界"之说，这种起源于精神的深层次经验所具有的品质可以有"神圣的""宗教的、神秘的、魔力的、至深的或上帝的"等类似的叫法，而这种"超自然感的基础是对以下事实的直接领悟：我们面临的是现实的更高秩序的领域，这个领域是与物质世界根本不同的"④。在其理解中，世界并非单一的存在，而乃精神与物质这两个世界二元共存，相映生辉。

很明显，格罗夫的理论不是"祛魅"而是要"复魅"，是要重新回到精神的世界、神秘的世界。因此其作为重要代表的"新时代"这种思潮也只能用宗教思潮来解释。不过，与传统的宗教不同，"新时代"对"灵性"的突出至少在形式上出现了与传统宗教的根本不同，而更接近于当今世界

---

① 〔美〕斯坦尼斯拉夫·格罗夫：《非常态心理学——现代意识研究的启迪》，刘毅、王芳、曾荣等译，第 207 页。
② 〔美〕斯坦尼斯拉夫·格罗夫：《非常态心理学——现代意识研究的启迪》，刘毅、王芳、曾荣等译，第 194 页。
③ 〔美〕斯坦尼斯拉夫·格罗夫：《非常态心理学——现代意识研究的启迪》，刘毅、王芳、曾荣等译，第 194~195 页。
④ 〔美〕斯坦尼斯拉夫·格罗夫：《非常态心理学——现代意识研究的启迪》，刘毅、王芳、曾荣等译，第 195 页。

的"超心理学"或"灵学"的范式。格罗夫认为："要想避免误解和混淆，关键是要对精神性和宗教作一个清楚的区分。……精神性以对现实的不寻常领域和维度的直接经验为基础，它不需要一个特定的场所或一个官方任命的人作为中介去与神接触。神秘主义者不需要教堂或寺庙，他们认为他们的身体和天性能经验到现实的神圣维度，包括他们自身的神性。他们需要的不是行使职权的祭司，而是由同类探索者组成的支持团体，或者一位在这种内部历程中经验更丰富的老师。"[①]在其理解中，传统宗教的教阶等级必须摒弃，固定的宗教活动场所也没有必要，这就把宗教社会组织的基本形态彻底否定了。不过，他仍承认这种社会团契的必要性，但它应该是联谊性的，具有工作坊的特色；其领导者或引导者也不应该是居高临下、颐指气使的牧师（神父），而是与人谈心交心的老师及心灵辅导者。

实际上，当格罗夫具体论及这种精神性的经验时，仍然回到了宗教理解的范畴，因为他没有脱离，还是继续围绕着"神圣维度"来谈论。他说："直接的精神性经验，以两种不同的方式出现。第一种是内在的神的经验，它使日常现实的知觉产生了微妙但深刻的转化。有过这种精神性经验的人，把环境中的人、动物和无生命的物体都看成是宇宙合一领域的创造性能量的具体化，同时认识到各种生命和物体之间的界限是幻觉，是不真实的。这是一种对自然的直接经验，如斯宾诺莎的'上帝'或'自然'。"[②]这种内在的感觉小到自我的身体，大到整个自然，但都是一种对内环境的经验和体悟，认识到这种内环境的平衡及和谐则触及了一种神圣的维度。"精神性经验的第二种形式，即超凡的神圣，包括看到了超现象学的、常态意识下知觉不到的原型存在和现实领域。在这类精神性经验中……全新的内容似乎从现实的另一水平或秩序'展开'和'说明'了。"[③]所谓超凡的神圣则指向一种超越性，人们在其体悟中故有"超越之神"的信仰。不过，格罗夫并不同意传统宗教神学把"神"视为对所有问题"无所

---

① 〔美〕斯坦尼斯拉夫·格罗夫：《非常态心理学——现代意识研究的启迪》，刘毅、王芳、曾荣等译，第 195~196 页。

② 〔美〕斯坦尼斯拉夫·格罗夫：《非常态心理学——现代意识研究的启迪》，刘毅、王芳、曾荣等译，第 196 页。

③ 〔美〕斯坦尼斯拉夫·格罗夫：《非常态心理学——现代意识研究的启迪》，刘毅、王芳、曾荣等译，第 196 页。

不在、无所不知、无所不能"的"绝对"解决；相反，"我们必须谨记：任何一个'神'的存在体，它只是带领我们进入宇宙的'绝对'根源的窗口而已，而非宇宙的最终归依"。① 这里，格罗夫所论及的精神性则关涉个人与宇宙之间的特殊关系，它是或然的、随感的、个殊的、私密的，往往是个我所遇的那些不可思议的神迹奇事，而且是可遇却不可求，并无可以重复发生、反复见证的确实性即确定性。相关体验也往往是不可言述、只能意会的。这种与天地相通的灵性或"天性"可能稍纵即逝，难以回返。恰如幼儿"天性"（特殊功能或"特异功能"）的开启与发掘，一旦错过了相关的时间段就不再可能。人成熟之后会增加许多理性，就如宗教形成规模之后的体制化、秩序化，但其原初的"灵性"、本有的"天性"之减少或消失亦是不言而喻的。

同理，宗教有其原创时的精神活跃及创见，而一旦其成为组织形态的定式，则会失去其原初的灵动和精神火花。"有组织的宗教是制度化的团体活动，它发生在指定地点，如一所寺庙或教堂里，还有一群被任命的官员，他们可能有或没有对精神现实的亲身体验。一旦宗教变成了有组织的，它往往就完全失去了与其精神本源的联结，并成为剥削人们的精神需要而不去满足这种需要的一种世俗社会机构。"② 在格罗夫看来，宗教的组织化、制度化本身就为其世俗化埋下了伏笔；一旦宗教体制固定下来，宗教的原初使命和原始激情也就寿终正寝了。"有组织的宗教趋向于建立一些旨在追求权力、政治、金钱、财产和其他世俗私欲的阶级体系。在这些情况下，作为一种阶级体系的宗教组织，不喜欢也不鼓励其成员有直接的精神性经验，因为这样会培养自主性而不能被有效地控制。"与之相对比，"真正的精神生活只在神秘教派、僧侣阶层和忘我宗教中继续着"③。大型宗教组织基本上是一种世俗性的呈现，通常只会留下一些宗教的表层而已。在宗教精神层面，宗教性才是最重要的，而宗教的社会结构只不过

---

① 〔美〕斯坦尼斯拉夫·格罗夫：《非常态心理学——现代意识研究的启迪》，刘毅、王芳、曾荣等译，第 254 页。

② 〔美〕斯坦尼斯拉夫·格罗夫：《非常态心理学——现代意识研究的启迪》，刘毅、王芳、曾荣等译，第 196~197 页。

③ 〔美〕斯坦尼斯拉夫·格罗夫：《非常态心理学——现代意识研究的启迪》，刘毅、王芳、曾荣等译，第 197 页。

是宗教的表层、外观而已,并不具有体认宗教的核心作用。宗教在创立时,是充满了这种宗教性意义上的精神体验的。这种"最初的神秘经历"恰如"火山喷发时不断涌出的岩浆,它是令人激动、充满能量和活跃的。……这种神秘状态是珍贵的记忆,我们可能创造一种'仪式'使我们记住这一重要事件",也可能将之"放进一个概念框架之中系统组成一种教义"。这一进程也恰好是宗教嬗变或异化的过程,其教义化、仪式化、程序化的固定,会失去其原初幼稚却真诚的宗教灵性和本色。人们在这种经验的积累中留住了往初的记忆,却很难保住其原创意义的灵性。"此经验把我们与宇宙联系起来,并给我们的伦理——价值观系统、道德标准和行为带来了深远而直接的冲击。"① 如果人们对周而复始、不断重现的仪式产出审美疲劳,则应该醒悟到宗教仪式就是古老宗教场景的"记忆",是其宗教源端、原初的复活。格罗夫认为:"在宗教仪式的情景中,非常态意识促成土著民族直接与原型现实的接触,例如神、神话领域及超自然的神秘力量。"② 受此启迪,他宣称其形而上学的治疗方法就是要找回这种感觉,相信在其治疗过程中也会出现让相关人群"一起进入到治疗性的神灵超拔状态的情况"。③ 但在历史的演进中,"由于各种原因,有组织的宗教在其存在的过程中逐渐脱离了其最初的精神本源。当它从经验的模式分离开时,它的教义就退步为教条,宗教仪式成为空洞的形式主义,宇宙伦理成为道德主义。……曾经生动的精神系统现在所剩下的倒更像是包了壳的熔岩,而不是神秘经验所创造的那种充满活力的岩浆了"。④所以,格罗夫所理解且欣赏的宗教并不是历史上那种拘泥于教义、教规和教阶的宗教,他认为宗教就应该具有某种"艺术核心"的气质,空灵而神秘、潇洒而震撼,由此方能彰显其精神性的奇妙。甚至宗教的语言也不应该是那种逻辑严密、严谨死板的经院术语,而理应是可以动人心弦、给人

---

① 〔美〕斯坦尼斯拉夫·格罗夫:《非常态心理学——现代意识研究的启迪》,刘毅、王芳、曾荣等译,第 197 页。

② 〔美〕斯坦尼斯拉夫·格罗夫:《非常态心理学——现代意识研究的启迪》,刘毅、王芳、曾荣等译,第 4 页。

③ 〔美〕斯坦尼斯拉夫·格罗夫:《非常态心理学——现代意识研究的启迪》,刘毅、王芳、曾荣等译,第 5 页。

④ 〔美〕斯坦尼斯拉夫·格罗夫:《非常态心理学——现代意识研究的启迪》,刘毅、王芳、曾荣等译,第 197 页。

激情的诗化语言。西方宗教语言在其固化（异化）中形成了许多技术语言，有着严格的逻辑规定和推理过程，而格罗夫更喜欢的则是作为东方精神载体的诗化语言，这些宗教语言的表述方式本身就是诗，所以也被西方追求灵性精神体验的人们时常引用。"那些熟知东方精神哲学的人在描述他们的精神体验和洞察的时候，经常引用亚洲的各种语言。"这些语言就像诗那样隽永，令人动情、让人神往。"诗，尽管仍然不是一个极其完美的工具，但它看起来是一个能传递精神经验本质及交流超越人类经验的现实的更为充分和适宜的方法。因为这一因素，许多伟大的有远见的人和宗教圣师在与人分享他们形而上学的洞察时，常求助于诗。许多经历过超越状态的人也从各种经典诗歌中回忆和引用相应的篇章。"① 精神不需要繁文缛节，而需要直接能够引起心灵的震荡。所以，格罗夫把诗作为非常态意识在全回归状态时的迸发，是其精神性的最恰当表达。

很明显，格罗夫根据这种精神性理解而对各大宗教的主流组织持相对批判和否定的态度，却对其神秘教派及其实践大加赞赏、充分肯定。他认为："具有内在的或神圣经历的人，面对精神性是开放的，这种精神性存在于世界著名宗教的神秘分支中或隐修团体中，而没有必要一定要出现在主流组织中。"② 如在基督教中，"有过这种经验的人不会欣赏梵蒂冈统治集团和罗马教皇的法令"；在伊斯兰教中，"它使人们对一些穆斯林团体的宗教政治、反异教徒的圣战不再持同情态度"；在犹太教中，"这种经验的犹太教形式将个人与犹太人的神秘教义相联系……而不是走向基本教义的坚持及保守的态度"；这两种发展有着鲜明对比，"一种深切的神秘性经验使宗教之间的界限逐渐溶解，而有组织宗教的独断主义往往强调差异并引起对抗和敌意"。所以，"真正的精神性是普遍的，包容一切的，它基于个人的经验而不是教条或宗教经书"。③ 从世界宗教的历史发展及现状来看，组织形态的各宗教之间有着矛盾和冲突，甚至宗教战争也乃常态。"主流

① 〔美〕斯坦尼斯拉夫·格罗夫：《非常态心理学——现代意识研究的启迪》，刘毅、王芳、曾荣等译，第 257~258 页。

② 〔美〕斯坦尼斯拉夫·格罗夫：《非常态心理学——现代意识研究的启迪》，刘毅、王芳、曾荣等译，第 197 页。

③ 〔美〕斯坦尼斯拉夫·格罗夫：《非常态心理学——现代意识研究的启迪》，刘毅、王芳、曾荣等译，第 198 页。

宗教可以使人们在自己组织内联合起来，但却不接受别的组织的信徒，因为他们把自己的团体与其他所有团体对立起来，并且试图使它们皈依，或者消灭它们。那些'异教徒'和'无信仰者'的称呼，以及基督教和犹太教之间、穆斯林和犹太教之间的冲突只是一些突出的例子。在当今麻烦不断的世界里，宗教以它们目前的形势来看，本身就是问题，而不是解决方法。具有讽刺意义的是，甚至同一宗教的两种派别之间的差异都能成为一个充足的理由，从而引发严重的冲突与流血事件。基督教的历史和爱尔兰的暴力事件就是例子。"① 在他眼中，这种宗教冲突都明显有着现实的政治经济等利益之争，因此根本算不上所谓"圣战"，缺乏基本的神圣之维。所以，宗教应该尽力脱离其世俗的羁绊，从政治经济等摩擦中淡出，回到其灵性的本原。

在宗教与科学的关系上，世俗化的社会对宗教阻碍了科学的发展多有批评，但格罗夫却觉得应该具体分析、一分为二，不可笼统而言。他指出："毫无疑问，有组织宗教的教义一般与科学有着根本的冲突，而不管这种科学是机械唯物主义模式，还是正在开展的范式。然而，在关系到基于精神经验之上的那些可信的神秘体验时，情况就很不同了。伟大的神秘传统已经在人类意识和精神领域方面，积累了丰富的知识，其使用的方法类似于科学家获得有关物质世界的知识时所用的方法，它包括引发个人经验的方法论，系统地收集数据和主客观间的实证。"② 于是，格罗夫宣称，对精神经验仔细而不怀成见的调查研究，以及对超个人现象不带偏见的严肃探究，包括其对世界的物质主义理解之挑战，绝非不科学，而有待更深入的研究和鉴别。他断言："只有这种方法才能回答有关神秘经验的本体论地位的一个关键问题：它们是否显示出了存在的一些基本方向的深层事实，就像永世哲学所主张的那样，或它们是否是迷信、幻想或精神病的产物，就像西方物质主义科学所认为的那样呢？"③ 在他看来，传统的心理学

① 〔美〕斯坦尼斯拉夫·格罗夫：《非常态心理学——现代意识研究的启迪》，刘毅、王芳、曾荣等译，第 198 页。
② 〔美〕斯坦尼斯拉夫·格罗夫：《非常态心理学——现代意识研究的启迪》，刘毅、王芳、曾荣等译，第 198 页。
③ 〔美〕斯坦尼斯拉夫·格罗夫：《非常态心理学——现代意识研究的启迪》，刘毅、王芳、曾荣等译，第 199 页。

和精神病学因为受到这种物质主义哲学的遮蔽而无法真正理解宗教及精神性，结果将神秘经验也看作精神疾病的表现。他为此感慨说："很难想象宗教仪式和精神生活是以精神病人的幻想、错觉和毫无根据的迷信和想象为基础的。"① 而近代西方基于物质主义的思想及科学体系在抵制宗教时"也没有在民间信仰或只注重教义的保守宗教和复杂的神秘传统，或基于数世纪的对心理的系统内省探索之上的东方精神哲学之间进行区分"。② 受这种物质主义的影响，近代西方科学曾对东方宗教及其神秘主义持排拒态度，而现代物理学等自然科学的最新发展及其成果却充分肯定了东方宗教及其神秘主义的认知见解，意识到其"密教哲学是一个对人类心理提供了深层理解，并在综合而复杂的科学世界观背景中，提出了存在的精神性视角的系统"。格罗夫为此强调："密教学家形成了对宇宙的深刻认识，它已经被现代科学以许多方式所证实，其中包括空间和时间的复杂模型、宇宙大爆炸概念和其他例如太阳系、星际间的引力、地球与行星是圆的和熵。这种领先数世纪的知识符合了西方的发现。"③ 人类远古的宗教与科学本来是模糊一体的，在这种宗教中与在科学中一样有着天才的预见，折射出其与宇宙原型的本质关联。只是在后来重"物"之"机械"风行的时代，宗教遭到了普遍的批判和唾弃，自身也失去了其原初的纯真。但现代科学发展在对无限之大的宏观宇宙及无限之小的微观世界的探索中，却发现其最根本的原理与远古宗教之猜测或推断有着惊人的相似之处，故而出现了返璞归真、不忘初心的奇特现象。人们似乎也在此找到了宗教与科学的"珠联璧合、相得益彰"，或者有着"殊途同归、不谋而合"的惊喜。

这样，格罗夫在其理论中选用了一种新的视角来为宗教正名。他不是"一刀切"地完全肯定或否定宗教，而是对之加以非常具体、极为个性化的分析研究。他以其综合性的审视而总结说："科学与精神性的表面不相容，是非常明显的。通观历史，精神性和宗教在人类生活中一直扮演着关

---

① 〔美〕斯坦尼斯拉夫·格罗夫：《非常态心理学——现代意识研究的启迪》，刘毅、王芳、曾荣等译，第 200 页。

② 〔美〕斯坦尼斯拉夫·格罗夫：《非常态心理学——现代意识研究的启迪》，刘毅、王芳、曾荣等译，第 199 页。

③ 〔美〕斯坦尼斯拉夫·格罗夫：《非常态心理学——现代意识研究的启迪》，刘毅、王芳、曾荣等译，第 199 页。

键而重要的角色,直到它们的影响被科学和工业革命所代替。科学和宗教以其各自的方式,代表了人类生活中极端重要的一部分。科学是从我们所居住的这个世界上获得知识的最有力工具,同时精神性作为我们生活意义的源泉也是必须的。此外,宗教的推动当然也是促进人类历史和文明发展的最具强制性的力量之一。"格罗夫希望能够找回宗教与科学之间的平衡,亦对宗教的精神性作用大加肯定,并觉得有进一步对之发掘、深究的必要。他深感宗教不可小觑,由此而认识到"要对人类产生如此强大的影响,显然宗教必须反映出人类本性的某一真正深层的方面,尽管在人类历史中对这个真正核心问题的表述是有问题的和扭曲的"①。

所以,格罗夫充分肯定了宗教所具有的非常态的心理现象及超个人的意识状态,并认为这种状态正在当代社会发展中复活、重生。他认为:"世界上所有伟大的宗教都是由强而有力的全回归状态经验的宗教家所提出来的。在产生幻像的经验中,他们被先知、神秘家、圣人的鼓舞诱导而产生了信念。"② 宗教的经验使之产生出一种"信仰的文化",这在人类文明历史发展中乃举足轻重。而当宗教产生后,其则有着独树一帜的经历和成就。"宗教和精神性已成为人类史和文明史中极为重要的力量。如果说宗教创始人的幻像经验不过就是大脑病理的产物的话,那么很难解释他们数世纪以来对几百万人深远的影响和他们的经历所激发出的辉煌建筑、绘画、雕刻、音乐和文学。在任何一个古代或前工业文明中,宗教仪式和精神生活都扮演着重要的角色。"③ 因此,"仪式"乃一种凝固的历史,是不断重演的历史戏剧或史诗,人们有必要发掘其中深藏的奥秘,品味出其灵性神韵,故不能把这种精神生活和文化生活简单而粗暴地加以"病理化"。

按此推理,现代宗教出现的一些回归灵性的新发展乃是返璞归真,回到宗教最本原、最基本的意义。当宗教的"组织性"消失后宗教并没有"消亡",而是回到宗教最原初的精神状态,这也恰好是当代新兴宗教的典型特

---

① 〔美〕斯坦尼斯拉夫·格罗夫:《非常态心理学——现代意识研究的启迪》,刘毅、王芳、曾荣等译,第 199~200 页。

② 〔美〕斯坦尼斯拉夫·格罗夫:《非常态心理学——现代意识研究的启迪》,刘毅、王芳、曾荣等译,第 200 页。

③ 〔美〕斯坦尼斯拉夫·格罗夫:《非常态心理学——现代意识研究的启迪》,刘毅、王芳、曾荣等译,第 202 页。

色之一。因此，如果我们按照对社会"教派"的理解来界定宗教，那么现代社会中的宗教则明显在减少、削弱，甚至在逐渐消失。但如果我们根据宗教性这种精神性层面来认识宗教，尤其是反观古代宗教和东方宗教重新映入人们的眼帘，则宗教在当代的活跃就显然是有目共睹的。格罗夫指出这种古代宗教思想与现代心理治疗在双向互动、交相辉映，认为"近几十年，在西方社会已经看到了古代宗教仪式和原始'神圣技术'的复兴。除此之外，现代深度心理学和经验性的心理治疗已经发展了能使精神的开启更容易和有效的新方法"。① 当观察各种精神修炼、心理培训、健身修行活动时，我们往往就可能窥见其中"宗教性"的现代作用及大众影响。

格罗夫尝试以非常态心理学的研究来改变及改革对人之自我的认知，并进而希望能够说明"这些研究结果对理解当今全球危机、意识研究以及超个人心理学提出的缓解危机的方式和意义"，他认为这些研究"揭示了恶意攻击和无限贪婪的心理精神根源"，指出"这两种力量随着激进的科技进步，已经成为我们这个星球上人类生存的严重威胁"，并且相信"全回归意识状态的研究，不仅提供了对这些人类精神上的危险因素的一个新的理解，而且提供了对抗和改变它们的有效方式"。② 格罗夫看到了现代人及其社会的危机，这在当前美国尤为典型，自特朗普等人当政以来，美国对待中国等相关国家不依不饶、咄咄逼人的态度，就完全可以用"恶意攻击和无限贪婪"来描述，加之美国国内出现的残杀黑人、冲击国会等极端行为，使人们对美国乃至整个西方的价值观、精神传承等都产生了怀疑，有着种种指责。其多重标准，依人或依与之利益关联而定，已失去了所谓"普世""绝对"的表象，而露出其利己主义、霸权主义的本质。甚至环顾当代国际发展，也不难看出当前社会充满了暴力，个人滋长着戾气，出类拔萃的天才再往前走一步就变成了疯子，谨小慎微的"良民"一旦放纵则沦落为"暴徒"。整个世界的确充满了危机，人性发展有着很难确定的未知，人类在当下又在渴望着出路和拯救。对此，格罗夫表示其研究及其新策略的旨归就是要"着重关注对自古以来驱动人类历史的两种基本力

① 〔美〕斯坦尼斯拉夫·格罗夫：《非常态心理学——现代意识研究的启迪》，刘毅、王芳、曾荣等译，第271页。

② 〔美〕斯坦尼斯拉夫·格罗夫：《非常态心理学——现代意识研究的启迪》，刘毅、王芳、曾荣等译，前言，第5页。

量——暴力倾向与贪得无厌的心理精神根源"。① 但是，格罗夫提出的解决办法却过于幼稚和乐观，其基本立场也是唯心主义和有神论的，如他表明要揭示"西方科学唯物主义一元论世界观在技术进步和精神价值的失落中所起的作用"，② 认为"感通经验"这种"超自然现实""对于无神论者或坚持唯物主义世界观的人来说"则可能会"导致严重的哲学困扰"。③ 由此可见他对于外在的、物质的存在及其意义不屑一顾，而是转向内在的、精神的存在，相信人的意识之"进化"及升华。他给出的结论宣称："我们未来唯一真正的希望，是人性的内在转变和将意识提升到一个更高的水平。"④ 在他看来，"当今的全球危机基本上是一个心理精神的危机"，而且"很难想象，人类如果不通过一个大规模的内部剧烈的转化并把它提升到心理成熟和心理意识的更高水平上，危机就能得到解决"。⑤ 由于物质世界已越来越测不准、说不清，现代人开始把其关注转向内在，思考其内环境之状，对人的精神性也有着高度的重视。他相信："精神应急的完满结束和完整性，指的是一个人的侵略性的减少、种族和政治宗教上的宽容、生态的重视、价值观的深度改变等。因此，关于心理精神危机的完满结束，可以推动一个人达到一个较高的意识发展水平的说法并不是夸大其词。"⑥ 他看到了社会问题，却不重视其问题的解决，反而认为要立足于个人的改变，其资源则是古今关联、东西结合的共聚，即包括西方现代可提供的技术手段，以及古代东方可借鉴的精神传承。他觉得"人本主义和超个人心理学已经发展了自我探索、治愈疗法，以及个性转化的有效的经验性方法。其中一部分来源于治疗学的传统知识，另外一部分则来自于远古精神的现代实

---

① 〔美〕斯坦尼斯拉夫·格罗夫：《非常态心理学——现代意识研究的启迪》，刘毅、王芳、曾荣等译，第 272 页。
② 〔美〕斯坦尼斯拉夫·格罗夫：《非常态心理学——现代意识研究的启迪》，刘毅、王芳、曾荣等译，第 272 页。
③ 〔美〕斯坦尼斯拉夫·格罗夫：《非常态心理学——现代意识研究的启迪》，刘毅、王芳、曾荣等译，第 147 页。
④ 〔美〕斯坦尼斯拉夫·格罗夫：《非常态心理学——现代意识研究的启迪》，刘毅、王芳、曾荣等译，前言，第 5 页。
⑤ 〔美〕斯坦尼斯拉夫·格罗夫：《非常态心理学——现代意识研究的启迪》，刘毅、王芳、曾荣等译，第 275 页。
⑥ 〔美〕斯坦尼斯拉夫·格罗夫：《非常态心理学——现代意识研究的启迪》，刘毅、王芳、曾荣等译，第 125 页。

践"，并相信"进行这些方法的实践，能导致精神的开启。如果大多数人这样做的话，则我们的集体就能向'生存'方向前进"，甚至有着获得"群体免疫"的那种乐观，希望"如果有足够数量的人们经历深层的内心转化过程，我们就可能达到意识进化的层面"。① 不过，格罗夫的感觉显然过于乐观。在普遍的社会病面前，格罗夫的心理治疗和精神纠偏显得微不足道、无济于事，其作用和效果也不过是"新时代"之"人民的鸦片"而已。所以说，我们当然应该关注这种心理学在"新时代"的独特作用，但若指望以之来拯救人类、改变世界，却可能是一种自不量力的"幻想"或"神话"。当然，格罗夫主要是从超个人心理学的发展及其新的发现来重新审视传统宗教及其精神性，尤其是其神秘经验，对之加以相应的认同和肯定。他主张尊重个案，坚持从自身的角度来对精神性加以客观、科学的研究。因此，其对东方精神的关注、对整体论和系统论思想的发掘，特别是以宗教意识来解读超个人心理现象以及治疗精神疾病的构想，仍是值得我们重视和研究的。

第四节 贝特森

一 生平与著述

英籍美国文化人类学家格雷戈里·贝特森于 1904 年 5 月 9 日出生在英格兰的格兰切斯特，其父威廉·贝特森（William Bateson）是西方现代遗传学的创始人之一，其祖父是剑桥大学圣约翰学院的院长，整个家庭在剑桥大学有着重要的学术地位，因此他从小就受到家庭学术教育的熏陶。他青年时期曾在剑桥大学圣约翰学院读书，1925 年获得自然科学专业的学士学位，然后他在剑桥大学继续学习人类学专业，拜英国结构功能主义人类学的奠基者拉德克利夫-布朗（A. R. Radcliffe-Brown，1881－1955）为师，并于 1930 年获得了人类学硕士学位。在攻读硕士学位期间，他曾于 1929 年至 1930 年到新几内亚塞皮克河流域等地从事野外田野调查。1931 年他获得资助后又重返塞皮克河流域做了 15 个月的田野调查，其人类学代表作

---

① 〔美〕斯坦尼斯拉夫·格罗夫：《非常态心理学——现代意识研究的启迪》，刘毅、王芳、曾荣等译，第 298 页。

《纳文》(*Naven*)就是这一调研的成果。对此,我国著名人类学家高丙中曾评价说,贝特森"是我最喜欢的人类学家之一。他的代表作《纳文》是我读过的智慧含量最高的一部民族志。从他的田野作业到这部大作的完成历程,我们能够几近刻骨铭心地感到民族志是怎样'磨'成的";"在西方人类学众多的人物和庞杂的著述里,如果我们把兴趣放在田野作业和民族志的创意上,贝特森的《纳文》(1936)和马林诺夫斯基的《西太平洋的航海者》(1922)、拉比诺的《摩洛哥田野作业反思》(1977)就构成了一个特别有意义的历史序列",这三部著作"是高耸在民族志发展史上的三座丰碑"。[①]

贝特森于 1936 年与美国著名人类学家玛格丽特·米德(Margaret Mead,1901-1978)结婚,贝特森是其第三任丈夫。米德被誉为人类学之母,曾担任美国自然史博物馆馆长和美国人类学会主席,她在学生时代于 1923 年与卢瑟·克里斯曼(Luther Cressman)结婚,后来与其离婚而于 1928 年嫁给人类学及心理学者里奥·F. 福琼(Reo F. Fortune),当时米德已因其著作《萨摩亚人的成年》(*Coming of Age in Samoa*,1928)而在人类学界脱颖而出,但福琼却名不见经传。为了帮助福琼,米德曾请著名人类学家布罗尼斯拉夫·卡斯帕·马林诺夫斯基(Bronislaw Kaspar Malinowski,1884-1942)为福琼的新著《多布的巫师》(*Sorcerers of Dobu*:*The Social Anthropology of the Dobu Islanders of the Western Pacific*,1932)写序。但这段婚姻也没有维系太久,米德与福琼于 1935 年离婚。随后贝特森于 1936 年在新加坡娶了米德,这样他与米德在人类学上精诚合作,一同研究仪式化穿着异性服装的行为等民俗现象,1936 年至 1938 年又与米德一起在巴厘岛工作。

不过,贝特森的学术兴趣不只是限于人类学。1936 年,他认识了控制论的发明者罗伯特·维纳(Norbert Wiener,1894-1964)等人,1940 年后参加维纳领导的跨学科的控制论研究团队,从此他在控制论研究领域亦多有发声,影响渐起。

他于 1948 年移居美国加利福尼亚州,从此相对淡化了其对人类学的兴

---

① 高丙中:《民族志是怎样"磨"成的?(代译序)》,〔英〕格雷戈里·贝特森:《纳文——围绕一个新几内亚部落的一项仪式所展开的民族志实验》,李霞译,商务印书馆,2008,第 6、16 页。

趣，而重点转向研究"精神"（Mind，亦译为"心灵""心智"等）本身。他曾在美国加州帕洛阿尔托参与有关精神分裂症的研究，对其发病原因提出了"双重约束"（double bind）理论等，亦为研究系统论的梅西控制论会议（Macy conferences in Cybernetics，1941-1960）核心小组的创始成员之一，此间还参与过当地家庭治疗小组的活动，后又参加群进程（Group Processes，1954-1960）而专门研究社会和行为科学。此外，他对体细胞突变在进化中的作用亦有过相应研究。当他具有较大的知名度之后，他曾应邀到柏林、汉堡、苏黎世、科隆等地演讲或参加研讨会，以推广其见解。

贝特森一生研究过人类学、视觉人类学（与其妻米德共同为这一学科的先驱）、传播学、语言学、符号学、系统论、控制论等，故被尊为当代"控制论大师""20 世纪最重要的社会科学家之一"。同为"新时代运动"主要代表的卡普拉曾回忆说："在贝特森于伊萨兰研究中心度过其人生的最后两年之际，我很幸运能够经常与他讨论。在我看来，他是 20 世纪最有影响的思想家之一。其思想的独特来自其广泛的涉猎和融会贯通。在一个碎片化和过于专业化的时代，贝特森通过审视联结不同现象的模式及被结构所掩饰的过程而向多门科学的基本论断和方法提出了挑战。他在许多学科——人类学、控制论、心理治疗学，最为重要的是由他所开创的认知科学之新的跨学科领域，都做出了具有深远意义的贡献。而或许更为重要的是这一事实，即他捍卫了一种全新的思维路径，这与我们的时代关联密切，这就是以关系、联结、模式和处境的方式来展开思维。""贝特森不仅是一位杰出的科学家，而且也是极具原创性的哲学家。他有着超凡魅力，并会如禅宗大师那样通过提出让人惊讶和看似神秘的问题而给人们的心灵带来震惊。"① 其"永远活跃的思想"善于将各不相同的现象有机联结起来，并对之加以整体性审视，因而颇得业内人士的好评。此外，他兴趣广泛，喜好文艺，还曾担任过电影导演和摄影师。1980 年 7 月 4 日，贝特森在美国加州旧金山逝世。

贝特森的主要专著包括《纳文：从三种观点来对新几内亚部落文化拼图

---

① 引自卡普拉为贝特森女儿纪念其父的作品所写的敬辞，Homage to Gregory Bateson by Fritjof Capra，*An Ecology of Mind*, *A Daughter's Portrait of Gregory Bateson*，www.anecologyofmind.com.

所引发问题的审视》① （ *Naven：A Survey of the Problems Suggested by a Composite Picture of the Culture of a New Guinea Tribe drawn from Three Points of View*，1936，1958）、《精神生态学进程》（*Steps to an Ecology of Mind*，1972）、《精神与自然：必要的统一》② （亦译《心灵与自然：应然的合一》，*Mind and Nature：A Necessary Unity*，1979）、《精神生态学》（*An Ecology of Mind*，1981）、《天使之惧：论神圣认识论》（*Angels Fear：Towards an Epistemology of the Sacred*，1987）、《神圣统一：精神生态学深究》（*A Sacred Unity：Further Steps to an Ecology of Mind*，1991，与罗德尼·E. 唐纳德〔Rodney E. Donaldson〕合著）等。

二 思想与特点

（一）对"精神"的新理解

贝特森曾用"精神"（mind，或称"心灵""心智"）作为"系统现象"来表述其观点，其许多研究及相关著述也都是围绕着"精神"来展开，认为"精神即那些起着共同作用的各组成部分或其成分的一种集合"③。对于贝特森所论 mind 究竟应该译成"精神"、"心智"，还是"心灵"，中国学者对之有各自不同的看法。中国心理学家张建新在为贝特森的代表著作 *Mind and Nature* 之题为《心灵与自然》的中译本写"审校序"时曾道出其纠结："首先要澄清一下关于书名中'mind'一词的翻译。我原本坚持将其译作'心智'而非'心灵'。心智是人们对已知事物的沉淀和储存，通过生物反应而实现动因的一种能力总和。一个人的心智指其各项思维能力的总和，被用以感受、观察、理解、判断、选择、记忆、想象、假设、推理，而后指导其行为。这似乎也正是目前我国心理学界取得共识的一种定义。古代人们谈及心智，大约有头脑聪明、才智、神志等意

① 中译本书名未按此英文原意翻译，而是根据本书的民族志实验内容意译为〔英〕格雷戈里·贝特森：《纳文——围绕一个新几内亚部落的一项仪式所展开的民族志实验》，李霞译，商务印书馆，2008。

② 此书已有两种中文译本：《心智与自然》，章明仪译，台湾商周出版社，2003；《心灵与自然：应然的合一》，钱旭鸯译，北京师范大学出版社，2019。

③ Gregory Bateson，*Geist und Natur. Eine notwendige Einheit*，Frankfurt：Suhrkamp，1982，S. 113. 钱旭鸯译中译本《心灵与自然：应然的合一》的译文为"心灵是相互作用的部分或组件的集合"，北京师范大学出版社，2019，第 105 页。

义。而关于心灵的定义，我们则认为它是将动物在生物学的层面上与植物区分开来的分界线；古语多指思想感情和心思灵敏。”根据这种具有通常意义的理解，张建新一度认为："比较上述两词的定义，似乎心智与贝特森谈及的 mind 更为接近，因为在该书中，mind 不止被用于描述动物，也被用于描述植物及一切有生命的存在。"① 不过，在反复细读贝特森的原著后，他感到"心智"并不能满足贝特森所要表达的本意，因为"心智通常只与大脑、神经系统联系在一起……但在贝特森那里，mind 一词与所有复杂的生命系统都发生着关联，非生命系统与生命系统联结起来的更大系统也具有某种 mind；它不仅与意识相连，还与科学解释范围之外的'美'和'神圣'领域紧密缠绕。mind 是生成于并进化在非生命系统之外的非实体存在的真实，是无法用现存物理学原理予以简单解释的。因此，在贝特森的书中，使用'心智'的翻译似乎难以完整复现他对 mind 的思考原意"②。在纠结之后，张建新最终还是使用了"心灵"一词来替代"心智"。其实，从贝特森的本意来看，把 mind 译为"精神"可能更为贴切，因为"精神"与物质、实体相对应，并不局限于生命体，西方思想界故而有"世界精神""绝对精神"之言。而"心灵"之表述毕竟离不开人，离不开生命体，有其主体性之局限。就连张建新在将 mind 译为"心灵"时也不得不承认，"心灵即人的意识、精神、灵知"。③ 张建新在此看到了贝特森受到东方智慧之启发，如中国道家之"道"虽然看不见、摸不着，却作为一种"规律"或"原理"而"确确实实的存在"，表达着某种终极追求。所以，mind 对于贝特森而言还是属于精神现象学的范畴，体现着对"精神"的本真表达。而"作为一位具有深厚人文情怀的科学家，贝特森同爱因斯坦等人一样，内心深处存在着美和神圣……除了致知的科学外，还有着致情的美和致意的神圣"。④

---

① 〔英〕格雷戈里·贝特森：《心灵与自然：应然的合一》，钱旭鸯译，北京师范大学出版社，2019，张建新"审校序"，第 2 页。
② 〔英〕格雷戈里·贝特森：《心灵与自然：应然的合一》，钱旭鸯译，张建新"审校序"，第 2~3 页。
③ 〔英〕格雷戈里·贝特森：《心灵与自然：应然的合一》，钱旭鸯译，张建新"审校序"，第 3 页。
④ 〔英〕格雷戈里·贝特森：《心灵与自然：应然的合一》，钱旭鸯译，张建新"审校序"，第 4 页。

在传统思想关于物质与精神之区别及关联的讨论中，精神现象仅局限于人的思维范围，故而很容易被人用"心灵"来表述和界定。这样，精神并没有其独立存在，不过是人之头脑的反映而已，故此精神离不开生命体，仅仅是人之生命的功能。贝特森认为这种认知过于狭窄，所谓名与实，客观与主观，意识与无意识，部分与整体，大与小，始与终，前与后，因与果，数与量，有与无，开端与结束，趋异与趋同，统统都是"过时"的认识论前提。为此塞尔焦·曼吉（Sergio Manghi）在为《精神与自然：必要的统一》一书所写的序言之始就引用了艾略特（T. S. Eliot）的著名诗文："我们探索不停休，终究全力到尽头，出发之地竟现身，相认相识似初度。"① 他注意到贝特森看到了这种整体关联之无问头尾、不分始终。显然，贝特森乃是从"一个更广阔的视角"来观察存在，从生命生态而扩展到"由意识、美和神圣联结的更大生态系统"，从"自然原理"而开拓到"精神原理"，从"物""体"之存在而推断到"道""理"之存在，并进而认为这种存在的奥秘就在于"一种具有形式之美的联结模式、联结之联结的模式"，在于"两种甚至多重随机过程的互动之舞"②，这也就是不同于自然生态学、生命生态学的精神生态学之存在。何谓"精神"？精神就是由本身非精神之存在部分的联结，是由部分形成整体的集合，这些部分本身并不是精神性的，而精神乃是它们中存有的某种内在组织及其关联，精神过程即指各部分之间的相互作用。精神故为无所不在却又隐藏在一切存在之后的"道"。显然，上述相关部分所内在的有机组织及其和谐作用，其涵括一切的联结及"互动之舞"，就构成了贝特森关于精神的"生态学概念"。他进而用这种概念以跨学科的博学来对人类学、心理学、生物学和认识论等认知领域重加解释，摈弃了以往认识论的过时前提，给予"精神"全新的解读，并倡导一种整体的世界观念和系统论、控制论的研究方法。不过，贝特森在此所言"精神"概念与传统宗教所理解的精神本质不同，他的"精神"理解显然具有一种结构性的组成，突出的是其关联与互动，故而需要对之加以系统、全面和动态的把握。因此，贝特森的

---

① 〔英〕格雷戈里·贝特森：《心灵与自然：应然的合一》，钱旭鸯译，"序言"，第 1 页。
② 〔英〕格雷戈里·贝特森：《心灵与自然：应然的合一》，钱旭鸯译，张建新"审校序"，第 4 页。

这一基本思想元素及认知进路乃被视为"新时代"运动的重要思想构成，贝特森亦成为其主要代表人物之一。贝特森于此还推动了系统论即系统科学的发展，而这一系统之构思使其打破了传统学科界限，进入了新的时代及其学科领域。其视域所涉及的相关知识涵括科学哲学、哲学存在论、物理学、生物学、工程学、社会学、政治学、经济学、地理学、计算机科学、心理治疗等领域。显然，贝特森强调的是各个领域、各个部分之间的关系、联结和互动，其"生态学概念"从自然生态之关联而扩展至社会生态之关注，最终在精神生态上达到其淋漓尽致之发挥。所以，贝特森所从事的探究在学理意义上可被视为典型的跨学科研究。

贝特森反对那种把一切仅仅还原为"物质"的自然科学研究，认为科学也必须探究精神现象，形成精神科学。从其对精神的理解上，他认为人具有一种信仰本真，从而通过神秘主义而与超自然之在挂钩。这种超自然更多是关联性的、精神性的，而不只是"唯物"之实体存在。此外，这种精神上的问题在心理学层面还反映出个体与其周围人群之间沟通上的失常，其"失联"现象则会模糊其间性关系，中断其互动性传播。特别应该引起人们注意的，就是这种人类行为的障碍会促使人反思其社会环境，认清其关联的彰显者。这种对关联形态的注重，使贝特森对其关联背景的分析要先于对其关系内容的分析。在其互动、联结中，相关传播则反映出其具有不同等级的连续过程。

在贝特森看来，传播学注重微观研究，关心细节，从而与以系统论、控制论、信息论等为代表的宏观理论对比鲜明、相得益彰，有着珠联璧合之效。他认为传播才是人的本质属性，与精神现象有机呼应。于是，他进而提出了"元传播""关系传播""对称与补充"等理论构想。这样，"传播"在贝特森的理论中遂成为一种范式，他旨在以一种统一的范式来处理人、自然、社会所共构的复杂世界。与西方传统认知的还原论不同，贝特森追求的不是穷根究底、不断分割的还原，而是推崇一种整体论的审视。这里，整体论的把握则需借助于系统论、控制论和信息论等关系理论，看重的是整体性的有机关联。

就其系统论而言，贝特森认为这种系统乃是全方位的，包括生物体、机械构建、社团组织、信息手段等，其系统依赖的不是物质内蕴的能量，而乃形成关联的流动，因此信息流动对于其系统才是非常独特、极为关键的。所以，系统论所关注的，就是系统如何通过持续不断地发生在其系统内部的信息交换、反馈来进行调节。控制论则关涉信息流动、交换和反馈（feedback），而他强调的就是这种"反馈"，由此信息之流便产生出差异、不同和出现更新。控制论就靠其不断反馈来关注世界及人类社会，形成有机而有效的掌控。为此，贝特森特别重视对自我、对生命世界、对自然环境，以及对精神和生态系统的有机控制。而信息论在贝特森的视域中则在于信息在其流变中乃成为"生异之异"（a difference that makes a difference），这种差异和不同使信息不会固定，时时更新，且在其进程中永远是"回路"，从而带来信息的互动和彼此影响。这种信息乃是在其传播互动之过程中得以保留、维系、修改和变动。

贝特森把这三论有机结合起来，旨在以新的视角来研究自然存在、社会存在和精神存在，全方位地观察探究整个世界。在他看来，人类生态系统是一个复杂的控制系统，其核心就是推动其信息的传播和转化。他将控制论应用于生态人类学及其内稳定系统，指出世界乃由各种系统组成，如个人系统、社会系统、生态系统、精神系统等，而且每一系统中都会存在彼此竞争和相互依赖，并促进其自适应变化，在变化中依靠其反馈回路来控制多个变量，以保持平衡和稳定。若进一步深究，则会发现这些系统其实都是至高无上的控制论系统即最高系统的一部分，各个系统都乃其所属，并受其控制，所以最高系统的功能实际上就相当于传统所理解的"无所不能"之上帝。贝特森坦言，这一最高系统其实就是"精神"之在，虽然它是内在的，但鉴于其普遍性的有机关联，对之却应作为整体来看待。不过，贝特森认为这种最高系统在西方认识论中已经出现了崩塌，其原因就在于西方传统理论只强调单层面的还原而导致与"精神"的冲突，结果使"精神"出现了退化。西方近代科学认知误导人认为自己乃主宰着最高系统，人因此以一种科学的傲慢来对待自然，认为人可以改造环境，而环境则必须适应人，相信"人定胜天"，其结果则会破坏并摧毁上述最高系统。而当代的发展则使人们开始走出近代认知上的这种傲慢，意识到应该以谦逊的态度来接受最高系统，而不是以科学的傲慢来居高临下、颐指气使。在对精神世界的探究中，贝特森认识到意识的有限性，看到意识只是获得知识的一种方式，而非其全部，故而主张应该推动有限意识与无意识整合为一，促进思想与情感的有机结合、理性认识与感性认识的互补与交融。例如，宗教和艺术就最为典型地表现出上述特征，因此是少数几个在完全意识中作为整体行动的领域，其乃感性智慧和精神文明的表征。于是，意识的认知得以扩大，贝特森以此而积极地呼应了深蕴心理学的发展，在其心理咨询和心理治疗实践中多有拓展。总之，贝特森相信，通过把最高系统视为整体的智慧行动，人类就可以改变其与"精神"的关系，从以往的分裂变为今后的互补；显然，其对"精神"的理解是超越人之内在的"心灵"或"心智"的。他还提醒人们必须清楚地看到，人在分裂中会在无休止的竞争中被捆绑、遭禁锢；而通过互补与整合，则会改变被动、束缚的局面，让一种可达到最普遍化的智慧文化能够在最高系统内灵活变化、游刃有余。从贝特森对"精神"的理解及诠释中，可以看出"新时代"运动对近代西方文化的反思和评估，这种文化以其二元论来讲究对称，其对称关系就是一种行为的增加导致对方相同形式的反应，故会产生对立、对峙和对抗，保持二者之间的矛盾张力。这种对立观使西方文化习惯于把部分从整体中分离出来，并单方面控制一个部分，而认为另一部分就是敌对的，故此反对其边界外面的部分。这一认识迄今仍未得到根本改变，"新时代"运动思想家的真知灼见并没有引起西方舆论的重视，仍处于人微言轻、被边缘化的状态，这在当前美国及其西方盟友极力抵制、打压中国的态度中已不言而喻。二元对立是西方文化的本质，其根本弱点就是忽略了还有一个更大系统的有机组成部分之存在，故而与中国文化中"天人合一"的理念完全相悖。

（二）精神生态学的构思

基于其对"精神"的理解，贝特森试图构建一种精神生态学体系。他从研究人类学出发，扩大到了生态学领域，认为人类学在此可以与更为广阔的生物世界紧密相连，不相分离。而在其更深入的探究中，他进而意识到生物学其实也只是包罗更广的精神生态学的一部分而已，所以有必要不断扩大和调整自己的认知范围及其方式，意识到不同部分相互关系之间的联系及联结的重要性。正是基于这种日臻成熟的思考，贝特森撰写了《精神与自然：必要的统一》一书，并表示他写这本书的直接任务就是要"构建一幅有关世界是如何在精神层面上联结在一起的图景"，为此他思考的问题包括"思想、信息、符合逻辑或实用的一致性所需的步骤以及其他相似的事物之间是如何结合在一起的呢？逻辑（即创造思想之链条的经典程序）与事物和生物的外部世界（其部分或整体）之间是如何建立起关系的？思想真的是在链条中发生的吗？或者只是学者们和哲学家们将这种线形的（lineal）结构强加于它？试图避开'循环论证'（circular argument）的逻辑世界又是怎样与一个将因果循环推理作为主导而非特例的世界建立起关系的呢？"① 以及"若系统认识论从线性逻辑走向联结逻辑，那么世界图式将会是什么样貌呢？"② 于此，贝特森思考其统一体的重点在于其得以整合之联系、联络和联结，表示"我们将要研究和描述的是一个由相互关联的信息材料、抽象的重言式逻辑、前提和例证所构成的庞大网络或者矩阵"。③ 显然，贝特森想要以其精神生态学的构设来另辟蹊径，跳出传统西方思维单向性的窠臼，推出一种整体性把握及其关联的网络系统，其"联系""联结""联合"遂成为关键词，而在人们的新思考中则也需要一种"联觉"和跨越。从贝特森突出上述"联"之构想中，可以看出他对整体中的部分也很重视，恰如他对其女儿所说，"当我们想要描述整体的时候，部分是很有用的"。④

虽然贝特森并没有直接论及宗教，但其精神生态学体系内蕴的精神支撑却仍然是具有宗教性的，其整体性的统摄和把握并没有脱离神圣之维，而是旨在对以往神秘信仰的整合与升华。所以，他在《精神与自然：必要的统一》一书的开篇就引用了基督教思想家圣奥古斯丁（Saint Augustine，354-430）在其代表著作《上帝之城》（The City of God）中的经典表述，以言明这种局部与整体关系中的神圣维度，解说其完美之中所显露的神性："柏拉图学派的普罗提诺（Plotinus）借着至高神化育出的、美得无形无音的花与叶，证明了上帝（Providence）已降临至世间万物。他指出，若不是出自那将无形而恒常之美无限渗透至一切的神性，这些脆弱的芸芸众生又何以被赋予如此完美无瑕又赏心悦目的美。"⑤ 其精神生态学对人类

---

① 〔英〕格雷戈里·贝特森：《心灵与自然：应然的合一》，钱旭鸯译，第 25 页。
② 〔英〕格雷戈里·贝特森：《心灵与自然：应然的合一》，钱旭鸯译，张建新"审校序"，第 8 页。
③ 〔英〕格雷戈里·贝特森：《心灵与自然：应然的合一》，钱旭鸯译，第 25 页。
④ 〔英〕格雷戈里·贝特森：《心灵与自然：应然的合一》，钱旭鸯译，第 238 页。
⑤ 〔英〕格雷戈里·贝特森：《心灵与自然：应然的合一》，钱旭鸯译，第 1 页。

与其所在星球时代生存状态之思，被视为对 20 世纪人类这一生存处境"进行重新思考的最重要贡献之一"，"这是一种更深度地探索我们是其中一员的更大（人际的、社会的、自然的）系统的尝试，这个系统正在快速地将人性与技术所含的拯救力量中日益增长的神秘信仰整合起来"，而这种信仰在过去曾是"一种将意识目标列在首要地位的危险的信仰"。① 贝特森在此所关心并强调的不只是关系，而乃关联，不只是接触，而乃整合。他将精神放在自然历史、生命过程及其不断增长且不可逆行的显著变化中最为核心的位置，将生物进化与精神过程密切关联。② 这里，联系、关联比溯源、究问更为重要，由此可把任何异质和遥远的现象统统带入我们的视域和思虑之中。

贝特森对西方传统的认识论进行了反思和反省，对人们传统形成的"顽固的心灵习惯提出尖锐的挑战"，从而让人们认识到其"对必然性的科学追求或者反科学追求的背后隐藏着'深层的认识论恐慌'"。③ 在西方还原论思维习惯指导下，自然科学以发现物质的"原子"为目的，并察觉到对物质的追本究源会回到其本初的相似性、一致性，虽然会感觉其"大道至简"的神奇，却也会对这种"孤独的真理骨架"感到"无法忍受"。西方科学的还原论在 20 世纪陷入困境，它要求精确溯源、追本穷源，却面对永无止境、无法穷尽的尴尬：原子非"原"，在其内部又进而分出了基本粒子，夸克是目前所发现的最小的基本粒子，但其是否"基本"却仍不好说。此外，物质于此出现的波粒互动现象，二者之间是什么关系，究竟是物质之"子"的消失还是另有玄奥，科学家们对此已经感到"测不准"了！所谓"眼见为实"在还原论的思路上因而出现了动摇，无论是"人眼"还是实验所用"仪器之眼"，其所见也不过是在相关层面、维度及方法上有局限性的认识，故其审视和结论不一定为"实"，"实"好像成了可以接近却无法企及的"物自体"。所以，对于"新时代"运动的思想家而言，这种还原的"精确"其实也只能相对而言，没有任何认识能够做到绝对精准、穷尽到其根本，而只能是一个无限进行并无尽头的过程。由此而

---

① 〔英〕格雷戈里·贝特森：《心灵与自然：应然的合一》，钱旭鸯译，"序言"，第 3 页。
② 〔英〕格雷戈里·贝特森：《心灵与自然：应然的合一》，钱旭鸯译，第 3 页。
③ 〔英〕格雷戈里·贝特森：《心灵与自然：应然的合一》，钱旭鸯译，"序言"，第 5 页。

论，西方还原论的科学及其技术探索只是一个层面、一种维度、具体方法的求真之探，所达到的"孤独的真理骨架"之精准意义也只有相对性。这种窘境使"新时代"运动的思想家蓦然回首，走出还原论的死胡同而开辟整体论的新天地。于是，他们遥望东方，重新探索东方整体论的神秘及神奇。这种整体论所要求的是一种模糊把握，所谓分割之精细不是为主的，也没有必要去强求，而注重整体中各个部分的有机关联、相互"纠缠"，掌握其整体之联系及互构才是重要的。显然，整体审视无法做到绝对正确或确保准确，却可在其相互关联、协同作用上取得认知成就，解决实际问题。在此，精神就是这种整体之各部分之间的关联，是这些关系的集合，其复杂链接导致无穷尽的因果循环，"因与果便形成了循环性（或更复杂的）链条"，"所有的信息都会被编码"，结果就"产生了逻辑类型这一事实"。①

在其体系中，贝特森主张用新的视角去审视这种"精神"观念，即要从"更广阔的视角去检验那些思维的惯性行为"，将"精神""生动地描述为某种不可言喻而超自然的东西"，按照这一思路则可进而批评在西方社会中人们"思维的惯性仍然遵循着启蒙—浪漫时代的二元论，它至今仍然约束着我们大多数现代理论的想象，甚至也约束着各种尚无定论的后现代学说"②。在进入 21 世纪之际，人们处于一种"全球化"态势的共在，"当自由主义经济快速全球化以及生存、武器和沟通的技术全面进步（善恶共存）之后"，贝特森的思想提醒人们要对那些自我中心的、单边主义的"不可思议且恐怖的'互动共舞'保持察觉"，要提高人们共在共存的境界，即"十分有必要去提高我们人类的觉悟，意识到我们是伟大而神秘关系（个人、群体、人类、性别、种族）之中的一个部分"③。而贝特森建立其精神生态学的一个重要动机，就是想强调关注人们对这种世界共在之联结模式做出反应的必要性，而且这种必要性乃具有多维之审视，"必须同时具有理性、审美意义和宗教性"④。

---

① 〔英〕格雷戈里·贝特森：《心灵与自然：应然的合一》，钱旭鸯译，张建新"审校序"，第 7、8 页。
② 〔英〕格雷戈里·贝特森：《心灵与自然：应然的合一》，钱旭鸯译，"序言"，第 4 页。
③ 〔英〕格雷戈里·贝特森：《心灵与自然：应然的合一》，钱旭鸯译，"序言"，第 6 页。
④ 〔英〕格雷戈里·贝特森：《心灵与自然：应然的合一》，钱旭鸯译，"序言"，第 6 页。

　　既然强调其关联，给人一种时与空、知与行、视与听、理性与感性、抽象与形象之"联觉"的想象，那么贝特森的精神生态学自然有着跨学科的特征。他为自己设定的任务是"对思考进行的思考，是更为基础性的任务"，"这项任务超越了任何特殊的学科领域（比如生物学和人类学），超越了多学科融合的问题，超越了对两种文化的区分，也超越了科学和人文学科。……它使我们把文化作为一个整体来进行思考"。① 这种跨越及超越是针对西方近代以来学术分科所带来的弊病，因为各学科由此虽然独立却也孤立，而其体制建制则成为各学科之间及其精神与思维方式之间的"转换边界"："它们因此而相互分开着，其研究的内容独立于其脉络，不容于其他观念，也脱离了围绕在它们周围的自然、社会、政治、文化和经济世界。"② 所以，贝特森寻求突破，要打破学科藩篱和壁垒，其跨学科研究的本质不只是要跨越不同学科的边界，而更重要的是重新擘画其所思考的精神之图景，以便让人们更好地理解其观念生态学和精神生态学，得以"寻找一种更加生态化、更加复杂并且更加富于创造性的认识"，而且还是"一种对探索及其途径更美好、更优雅的认识"。③

　　在贝特森构设的精神生态学中，他对科学和宗教信仰也都有其独特的感悟和认知，其中有些想法甚至是具有颠覆性的意义。这说明他已经在其精神探索中告别西方过往的历史，并在找寻新的洞天。

　　关于科学，贝特森不同意以往关于科学客观、确定、万能之见。在他看来，科学也不过只是一种"探索"（probe）而已，有着明显的主体性和主观性，因而不可否认科学的有限性，有必要看到科学乃存在各种各样的限制性和可能性。此外，科学是建立在预设之上，也没有绝对的确定性。他说："科学就如艺术、宗教、贸易、战争甚至睡眠一样，也建立在预设（presuppositions）之上。只是，它与其他大多数人类活动的分野在于：科学思维的发展路径不仅由科学家们的预设，也由科学家的目标所决定，

①〔英〕格雷戈里·贝特森：《心灵与自然：应然的合一》，钱旭鸯译，"英文版编者导言"，第3~4页。

②〔英〕格雷戈里·贝特森：《心灵与自然：应然的合一》，钱旭鸯译，"英文版编者导言"，第4页。

③〔英〕格雷戈里·贝特森：《心灵与自然：应然的合一》，钱旭鸯译，"英文版编者导言"，第4、5页。

而且科学思维的发展就是要不断验证和修改旧的预设,并创造出新的预设。"① 以前人们以科学的精确性和精准性而主张科学应与宗教分道扬镳,并断言科学必然就是反宗教的,因为宗教乃以其模糊性和神秘性而著称,不可与科学同日而语。但贝特森从方法论及科学的根本出发点上驳斥了上述观点,认为所谓科学的原则、原理和规律其实也仅为某一维度的预设,因此也只能相对而言,其出发点并无本质区别,所以他承认其精神生态学的主题"显然与宗教的核心和科学正统观念的核心有密切的关系"。② 在人们的感觉中,科学的使命好像就是在自然世界探索真理、发现真理、证明真理,这在贝特森看来却是假象,他断言科学从未证明过什么,"科学有时改进假设,有时证伪(disproves)。然而,证明(proof)则完全是另外一码事,也许除了在完全抽象的重言式逻辑领域之外,它从来就没有发生过。我们时常会说,如果给定如此这般的抽象推测或前提,那么如此这般的结果就一定会出现。但关于知觉的内容或者由知觉归纳推理得到的内容是否真实,则又是另外一回事了"③。贝特森固然承认"趋同序列是可预知的"④,却更强调"趋异序列是不可预测的"⑤,而被称为"真理"(verities)的这些东西并不一定都是重言式的,所以"真理"也"并非一直为真",人们"对真理的观点当然是会变化的",甚至"圣奥古斯丁所谓的永恒真理,在离开我们的观察之后是否还永远为真",贝特森也只能表示"我就不知道了"。⑥ 由此可见,科学的预设显然并不是可以确定的预测,在自然科学的发展中贝特森发现一个有趣的现象:"奇妙的是,实验方法越精细,其结果就越难以预测。"⑦ "我们不仅不能预测到下一瞬间将会发生什么,更为重要的是,我们也无法预测微观世界、天文宏观世界或者地质久远古代的下一个维度是什么。科学作为一种知觉方式(恰如所有科学所宣称的那样),就像所有其他知觉方式一样,在收集真相之外可见信号时,它的能

---

① 〔英〕格雷戈里·贝特森:《心灵与自然:应然的合一》,钱旭鸯译,第28页。
② 〔英〕格雷戈里·贝特森:《心灵与自然:应然的合一》,钱旭鸯译,第29页。
③ 〔英〕格雷戈里·贝特森:《心灵与自然:应然的合一》,钱旭鸯译,第30~31页。
④ 〔英〕格雷戈里·贝特森:《心灵与自然:应然的合一》,钱旭鸯译,第51页。
⑤ 〔英〕格雷戈里·贝特森:《心灵与自然:应然的合一》,钱旭鸯译,第47页。
⑥ 〔英〕格雷戈里·贝特森:《心灵与自然:应然的合一》,钱旭鸯译,第235页。
⑦ 〔英〕格雷戈里·贝特森:《心灵与自然:应然的合一》,钱旭鸯译,第48页。

力也是有限的。"所以，贝特森断定"科学探索（probes），但不证明"。① 在剥掉科学这一神圣的外套之后，贝特森进而指出科学探究的主观性，宣称"没有所谓的客观经验"，包括科学在内的"所有经验都是主观的"，"我们自以为我们'知觉'到的表象，都是我们的大脑所创造的"。② 西方近代思想史上对于存在的主体性一直很纠结，笛卡尔（1596-1650）以"我思故我在"而从主观之思确认了主体之在，而乔治·贝克莱（George Berkeley，1685-1753）却以"存在即是被感知"来强调客体之在也在于主体之思，是主观认知的结果。这些讨论最终使哲学之主客分殊让位给现象学的主客共构，"现象"即"有关主体的客体，也是有关客体的主体"③。现代自然科学实验中科学家主观预设及其方法、手段之主体性对其实验结果的影响，使"主观经验"的意义再次得以凸显，但其认知也进一步深化。按照贝特森的理论逻辑，从整体论的模糊、宏观意义上，"我们能够知道普遍的事物"，而在还原论的精细、微观探究中，"但却理解不了特定的事物"。④

尽管认识到了科学的局限性，贝特森的本意却并不是想要抛弃科学；相反，对科学意义及其作用的冷静分析，特别是当人们意识到科学有其相对性，并非万能之后，却可更好地运用科学。在贝特森看来，对科学探索不可奢望，却能够有所作为。而且，不要孤立地、唯科学独尊地抬高科学，但可从整体关联的意义上来看待和评价科学，由此给予科学恰当的定位。贝特森看到了科学还原论回溯的困境，却仍然肯定了其溯因推理的意义和价值。这种立场也充分反映出贝特森认知理论的弹性活力。贝特森曾如此解释说："我们已经习惯了我们安身的宇宙，习惯了用可怜的方式对之进行思考，我们几乎看不到其中的一些令人惊叹的东西，比方说，进行溯因推理是可能的"；"溯因推理就是将从描述中获得的抽象元素进行横向延伸"，因此应该"能以全新的眼光来看待溯因推理，溯因推理的可能性真的有点不可思议，但其实这种现象比你我乍一想要广泛得多"。⑤ 不过，不可孤立地仅从科学上来看待溯因推理，其实这种推理有着更为广泛的运

---

① 〔英〕格雷戈里·贝特森：《心灵与自然：应然的合一》，钱旭鸯译，第34页。

② 〔英〕格雷戈里·贝特森：《心灵与自然：应然的合一》，钱旭鸯译，第35页。

③ Gerardus van der Leeuw, *Phänomenologie der Religion*, Tübingen, J. C. B. Mohr, 1977, S. 768.

④ 〔英〕格雷戈里·贝特森：《心灵与自然：应然的合一》，钱旭鸯译，第48页。

⑤ 〔英〕格雷戈里·贝特森：《心灵与自然：应然的合一》，钱旭鸯译，第165页。

用。"隐喻、梦境、寓言、寓意、整个艺术、整个科学、整个宗教、整个诗歌、图腾崇拜（如上所述）以及比较解剖学的事实组织等，都是存在于人类心灵领域之内的溯因推理的事例或集合。""溯因推理还有可能延伸到物理科学的本源，诸如牛顿对太阳系的分析、元素周期表等都是历史上的相关例子。"① 所以说，溯因推理乃是人之思想的必然和惯性，贝特森认为"在一个无法进行溯因推理的宇宙中，任何思想皆无可能"。② 依此推论，贝特森将溯因推理视为一种"普遍事实"，同时提醒人们要注意其可能出现的变化，正视思维困境的存在，因为"认识论中的任何改变都蕴含着我们整个溯因推理系统的转变。我们必须经受得住因无法进行思考而带来的混沌威胁"。③

关于宗教信仰，贝特森则认为其改革更新乃势在必行。他在此指出，如同哲学上笛卡尔"心""物"分开的二元论，科学上从前的物理学用"力量"、"张力"、"能量"和"社会力"这些"奇怪的隐喻"所解释的心灵现象，以及近代发展史上如培根、洛克和牛顿等人用量化术语来研究和评价精神现象的反美学预设，传统宗教的世界观和认识论也"都是陈旧过时的"；"从宗教基础方面看……这些前提早在 100 年前就已经变得明显不可接受而过时了。……甚至早在 18 世纪，威廉·布莱克就看到，洛克和牛顿的哲学只能产生出'黑暗撒旦的磨坊'（dark Satanic mills）。"④ 就古老巫术而言，贝特森不认为宗教是由巫术演化而来的，反而断言"巫术是一种堕落的宗教"，那种"祈雨舞"最初目的是让"老天"下雨之说，"其实是一种对更加深刻的宗教需求的恶性曲解"，"一直以来，人们都有着一种倾向——几乎成了一种需要——想把宗教庸俗化，将它变成为娱乐、政治、巫术或者'权势'"；所以，贝特森对所谓超感知力、灵魂出窍经验、唯灵论，以及一切神迹奇事之说都颇为反感，认为"所有这些都是些症状，都是为了逃脱越来越难以忍受的赤裸裸的物质主义而矫揉造作做出的错误努力，所谓的奇迹，不过是物质主义者对于如何逃脱他自身物质主义信仰的一个想法罢了"；他还指明巫术所讲究的乃是控制的可能性，而如

① 〔英〕格雷戈里·贝特森：《心灵与自然：应然的合一》，钱旭鸯译，第 165 页。
② 〔英〕格雷戈里·贝特森：《心灵与自然：应然的合一》，钱旭鸯译，第 165 页。
③ 〔英〕格雷戈里·贝特森：《心灵与自然：应然的合一》，钱旭鸯译，第 166 页。
④ 〔英〕格雷戈里·贝特森：《心灵与自然：应然的合一》，钱旭鸯译，第 249 页。

今看来"巫术真的只是一种伪科学"。① 至于作为西方社会信仰主流的基督教及作为东方宗教典型的印度教等，贝特森评价说："我们已经丧失了基督教的核心。我们丢掉了湿婆（Shiva），这位印度教的神祇……我们亦失去了阿布拉克萨斯（Abraxas），这位在诺斯替教（Gnosticism）中掌管白天和黑夜的可怕而又美丽之神。我们已经放弃了图腾崇拜，那种人类组织与动植物组织并行存在的神秘感。我们甚至失去了濒死的上帝。"② 显然，在贝特森的眼中，传统宗教已经风烛残年、难以维系。在美国乃至整个西方世界，宗教的世俗化和功利化似乎并没有挽救其过时的存在方式。甚至"宪法保障的'宗教自由'似乎也在推波助澜：出现了一个奇怪的、完全世俗化的新教，以及一大堆各式各样的巫术崇拜和对宗教全然无知的人们。在罗马天主教会放弃使用拉丁文的同时，成长中的一代则正在学习梵文的圣歌，这绝非偶然！"③ 特别是在美国，传统宗教的形势亦不乐观，其处境已经岌岌可危。"在美国这块宗教自由的国土之上，宗教教育在国家教育体制中却没有受到法律的保护。宗教信仰较弱家庭的成员在他们自己家庭之外自然就得不到任何宗教训练。"④ 与宗教的衰败相伴随的，则是人们正"面临着日益增大的不信任、庸俗、精神错乱、对资源的过度开发、对人的戕害，以及急功近利的商业主义，面对着贪婪、沮丧、恐惧和憎恨的刺耳声音"。⑤ 在这种世俗化、功利化、庸俗化的社会中，人们目睹了"反美学、反意识和反神圣的罪过"。⑥ 虽然贝特森叹息这种江河日下、人心不古的宗教颓势，却也对之不屑一顾，并表明自己"一直以来都在试图避开那类会掩盖思考明晰性中存在漏洞的信仰"。⑦

其实，在贝特森心中有着自己对宗教信仰的理解及把握。根据其对世界的整体认知和对科学作用的评价，贝特森主要从超然和内在这两个层面具体阐述了自己的信仰理解。

在超然意义上，贝特森认为，对世界而言乃存在一种"根本性的统合"，

① 〔英〕格雷戈里·贝特森：《心灵与自然：应然的合一》，钱旭鸯译，第241页。
② 〔英〕格雷戈里·贝特森：《心灵与自然：应然的合一》，钱旭鸯译，第22页。
③ 〔英〕格雷戈里·贝特森：《心灵与自然：应然的合一》，钱旭鸯译，第250页。
④ 〔英〕格雷戈里·贝特森：《心灵与自然：应然的合一》，钱旭鸯译，第29页。
⑤ 〔英〕格雷戈里·贝特森：《心灵与自然：应然的合一》，钱旭鸯译，第250页。
⑥ 〔英〕格雷戈里·贝特森：《心灵与自然：应然的合一》，钱旭鸯译，第246页。
⑦ 〔英〕格雷戈里·贝特森：《心灵与自然：应然的合一》，钱旭鸯译，第240页。

他将之称为"终极的统合",这种"统合"也正因为其具有对世界的统摄而彰显出神圣性。贝特森指出:"'我们都是生命世界的一部分'。……在今天,这样的表达会唤起我们的怀旧情怀。我们大多数人已经失去了那样一种将生物圈和人类视为整体的感觉,而这种整体感会使我们与对审美价值的肯定重新结合在一起。今天我们中的大多数人都不相信,无论我们有限的经验中存在多少起起伏伏的情节,但更大的整体依然美丽。"① 在他眼中,作为"天父"之人格形象的上帝观已经过时了,但神圣的"终极实在"却始终存在,并依然如故地在对世界加以统摄和把握;虽然过去的宗教观念被"琐碎世俗化为商业或政治语言,但至少在人类胸膛之中还存有这样一种冲动,想要将我们作为其中一部分的全部自然世界统合起来,并使之神圣化"。② 这种冲动则正是人的宗教性的表露,其向往和追求的正是抽象意义上的"终极的统合"。贝特森曾说:"世界上曾经存在并且仍然存在许多迥异甚至对立的认识论。这些认识论都强调了终极的统合……它们也都强调了终极的统合具有审美意义的观点。这些观点的一致性让人看到了希望,量化科学具有的巨大权威或许还不足以否定终极的统合之美。"③实际上,这种认知在古代早已有之,可惜在人类认识的历史进程中丢失了,因此贝特森将之视为人类认识中的一个大错误,承认"我们对统合之美感的丧失,只是源于一种认识论上的错误",但"这一错误可能比古老认识论中存在的所有微小错乱之和都更加严重,古老认识论全都赞同存在根本性的统合"。④ 由于这一认识论错误,人们失去了曾有过的统合感,而采取了一种虽然清晰却更狭窄及单向的认识途径。贝特森为此举例描述了那种把世界的现在和过去"都永恒地建立于演绎逻辑(deductive logic)之上"的情景:据此,"至高心灵或逻各斯(Logos)处于演绎推理链的源头;排在其后的是天使,而后才是人,再后则是猿类等,直至植物和石头。所有事物都按照那个预设了热力学第二定律的前提,被安置并束缚于演绎逻辑的排序之中。该前提断言,'更完美'的事物绝不可能产生于'不太完美'的事物"。这显然是一种"退化论"的逻辑,其演化链条的

---

① 〔英〕格雷戈里·贝特森:《心灵与自然:应然的合一》,钱旭鸯译,第22页。
② 〔英〕格雷戈里·贝特森:《心灵与自然:应然的合一》,钱旭鸯译,第22页。
③ 〔英〕格雷戈里·贝特森:《心灵与自然:应然的合一》,钱旭鸯译,第22~23页。
④ 〔英〕格雷戈里·贝特森:《心灵与自然:应然的合一》,钱旭鸯译,第23页。

延续则会每况愈下，直到"进化论"的出现，这种存在之链才被颠覆，从而使人"摆脱了那种消极且直观的前提，即完美必须始终先于不完美"。① 这类逻辑模式成为人类认识的工具和依据，逻辑在此即"创造思想之链条的经典程序"，西方思想史上曾形成重逻辑推演、轻统合审视的局面，而宗教所需要的也是要"确立我们作为所谓生态重言式（ecological tautology）中成员的身份，这一生态重言式是生命与环境的永恒真理"。② 这种"重言"乃是相关联命题的集合，故也是一种逻辑表述。在其演进发展过程中，就形成了所谓的"逻辑类型"（logical typing），但其最终仍需回到那种"神圣统合"的认识之道上。

在内在意义上，贝特森则论及宗教意蕴上的自我认识。他指出，"古希腊的箴言'认识你自己'（know thyself），可能蕴含着诸多层次的神秘启示"，此外，"还有一个非常简单、普遍又的确非常实用的方面"，即"任何外部的知识等都必须部分地产生于人们的自我知识（self-knowledge）"。③ 于此，他对佛教的看法表达了异议或有所补充："佛教徒宣称自我是一种虚构（fiction）。若真是如此，我们的任务就变成对这种虚构种类进行辨识。但就眼前来说，我更愿意接受'自我'是一个启发性概念（heuristic concept），是一架有助于攀爬、随后又可以丢弃或者置之身后的梯子。"④ 人既是有限的，却也具有超越性；其原因就在于人具有物质和精神的双重存在，由此方可确认人的本性与存在，而人的意义及其作用也正是据此而得以体现。贝特森说："作为物种之一的人类，在所处的生命宇宙背景之下，似乎就应该是全然独特的、完全物质性的；然而，生命宇宙却是普遍（而非特殊）的、是具有灵性（而非物质性）的。"⑤ 按照基督教"创世论"的说法，人本来具有"神"的形象，在世界的蛮荒时代人亦具有"一半天使、一半野兽"的定位；然而因为人犯原罪而堕落，其动物性遂被更多地提及，反而遮蔽了其精神灵性。随之，人类文化的演进就似乎陷入了一种"格勒善法则"（Gresham's law）的束缚，即进入"劣币驱逐良币"的怪

---

① 〔英〕格雷戈里·贝特森：《心灵与自然：应然的合一》，钱旭鸯译，第 23 页。
② 〔英〕格雷戈里·贝特森：《心灵与自然：应然的合一》，钱旭鸯译，第 241 页。
③ 〔英〕格雷戈里·贝特森：《心灵与自然：应然的合一》，钱旭鸯译，第 155 页。
④ 〔英〕格雷戈里·贝特森：《心灵与自然：应然的合一》，钱旭鸯译，第 155 页。
⑤ 〔英〕格雷戈里·贝特森：《心灵与自然：应然的合一》，钱旭鸯译，第 5 页。

圈。"根据这一法则，极简化的观点总会替代繁复的观点，粗俗而可憎的事物总会替代美妙的事物"，"凡有组织的事物"都会"比大部分正统宗教所描述的人类精神图像，都显得更为智慧和精巧"，尽管如此，贝特森仍坚信"美好的事物却仍然存续着"。① 于此，他对人与自然仍有比较积极的评价，他反对人与外在世界的隔离或封闭，主张二者之间的关联和互摄，并且明确表示"我正在超越那条有时将人类封闭起来的边界。……心灵（mind）对我来说就变成了外在于思考者的自然世界中万事万物的一种映射"。②

显然，贝特森这里是把精神（mind）作为沟通人之自我与外在世界的关系来理解，而并非纯为内在的"心灵"；根据宗教现象学者米尔恰·伊利亚德（Mircea Eliade，1907–1986）关于主客体"圣显"（hierophany）的思想逻辑，贝特森所论人之自我心灵之"显圣"则在于世界精神"映射"之"圣显"（或"神显"），其关联及契合乃不言而喻。这里，"圣"显然有着更为广泛的涵括，但其"显"仍然蕴含着其所理解的"神"之存在，只是对"神"的诠释则有着更为深刻、复杂的内容。而任何"神""圣"之"显"理应都有"人"的在场，乃人的观察、体悟、理解和描述。正因为如此，"自然现象所反映出来的，不是人类物种的最残酷、最简单、最兽性和最原始的方面；相反，恰恰正是人类身上的那种更为复杂、美妙、精细和高雅的部分反映着自然。并不是由于我的贪婪、我的目的性以及我的'兽性'和'本能'等，才使我认识到镜子的另一面，那里存在'自然界'；相反，我在自然那里所看见的恰恰是人类身体的对称性、美与丑、优美以及人类生活和微不足道智慧的根源之所在。人的智慧、他身体的优雅甚至他创造美丽事物的习性，正如同他的残酷一样，都具有'动物性'。毕竟，'动物性'这一特殊词语本义就是'被赋予了心灵或灵［灵魂式精神（animus）］'"。③ 这样，贝特森看出了"生命宇宙"与物质宇宙的不同及独特之处，并将之视为其探究生命意义及精神生态学的价值之所在。他于此尝试回答"人到底是什么"的问题，并从人的"动物性"中超出对人的纯物质性理解，敏锐地悟出其生命、生态之意蕴，进而达至人与

---

① 〔英〕格雷戈里·贝特森：《心灵与自然：应然的合一》，钱旭鸯译，第5页。
② 〔英〕格雷戈里·贝特森：《心灵与自然：应然的合一》，钱旭鸯译，第4页。
③ 〔英〕格雷戈里·贝特森：《心灵与自然：应然的合一》，钱旭鸯译，第4页。

精神性的关联。至于人的发展，贝特森虽然不同意"退化论"的见解，却对随后出现的"进化论"亦有冷静的分析。他认为曾风靡一时的拉马克（J. -B. Lamarck）式进化论坚持将内在于生物中的心灵视为决定生物形态转变的决定因素，其突破在于将"重点从至高的逻各斯转向了内在的心灵"，但近现代工业革命见证了"机械（engineering）完胜心灵的辉煌"，使适应文化新发展的认识论"不再将心灵作为一种解释原理"；尽管其现代反对者强烈表示"对心灵作为一种解释原则的否定是不能容忍的"，却不能确定这种心灵之进化具有必然性。特别是在当代机械发展的升级产品人工智能对心灵智慧的能力也提出了严峻挑战之后，谁也不知道心灵进化究竟还能走多远。所以，贝特森这里论及了一种"随机"性，指出"思想与处于随机（stochastic）过程中的进化演变十分类似"。[①] 他甚至把这种"随机"的观念延伸到对人类社会历史发展之"或然"性的理解。针对"在合适的社会力或张力的作用下，某个人会成为第一个推动趋势发展的人，至于这个人是谁则无关紧要"，"谁来充当变革的核心并不重要"之说，贝特森则认为这样的说法很不恰当，并且强调"谁是第一个推动趋势的人，确实是重要的"，"恰恰是因为个人的核心作用，才使得对未来历史的预测是不可能的"，[②] 故而对历史发展是否具有必然性持有一种不可预测的怀疑态度。

无独有偶，当代科学发现的物质世界亦有惊人的相似之处，其"随机"性同样非常典型，故而不可把物质、精神完全割裂开来分析和理解。贝特森指出："以永恒之眼（eye of eternity，即将万物置于宇宙和永恒的脉络中）来看，很可能所有的事件序列都是随机的。对于永恒之眼甚至对于那些富有耐心和同情心的道家圣人来说，掌控整个系统很显然不需要有任何的终极偏好。但对我们来说，我们生活在宇宙的有限区域之中，每个人的生存时间也是有限的，因此，趋异的世界既是真实的存在，也是无序或革新的潜在来源。"[③] 世界与人之或然性，使他感到人"注定活在幻觉之中"，但若冷静、淡定待之，则"也能像道家那样以无为之道处事"。[④] 所

---

① 〔英〕格雷戈里·贝特森：《心灵与自然：应然的合一》，钱旭鸯译，第 24 页。
② 〔英〕格雷戈里·贝特森：《心灵与自然：应然的合一》，钱旭鸯译，第 50、51 页。
③ 〔英〕格雷戈里·贝特森：《心灵与自然：应然的合一》，钱旭鸯译，第 203 页。
④ 〔英〕格雷戈里·贝特森：《心灵与自然：应然的合一》，钱旭鸯译，第 204 页。

以，人的存在具有两极，一极乃作为摸不透之大千世界的宇宙，另一极则为个人存在的特殊性及其或然性，但二者之间仍有着关系及关联。他以这种方式说明了心灵的个殊性以及精神关联的重要性，认为心灵之间的相互作用即是由差异所引起的，这里涉及的乃不具有时空性的"非实体现象"，因此对这种精神现象只能用关系来说明。

贝特森在此对"关系"有着多重描述，认为这种关系会提供关于不同维度的信息或关于不同逻辑类型的信息，恰如从两个器官联合视觉（双眼视觉）中得到的信息。为此，他特地引用了英国玄学派诗人约翰·多恩（John Donne，1572-1631）的《告别词：莫伤悲》来加以说明："若我们的灵魂一分为二，也应如坚定的圆规；你的灵魂是定脚，坚定不移，但当另一只脚起步，你便随之旋转。虽然一只脚坐镇中心，但当另一只脚四周漫游，它便侧身倾听；待它归家，它便起身相迎。这即是你之于我，我必像另一只脚，侧身转圈，你的坚贞成就我圆的完满，让我终于我起始之处。"① 这显然是一种典型的精神"量子纠缠"，其"纠缠"难以进行"物化"之究，而只可加以"关系"之解；这种关系的存在是不言而喻的，同样也不可言传，只能意会。如果以传统物质观的还原论来探究这种关系，可能会永无结果。但如果以精神整体观来联想、联觉这种关系，只信其在、不究其底，则是一种信仰，于此则与传统宗教仍然保留着千丝万缕的联系，恰如天主教方济各会伊利亚·德里奥修女（Sr. Ilia Delio）之言，"一个在关系中的天主促就了一个在关系中的宇宙"。所以，贝特森把传统"本体"信仰转变为当代"关系"信仰。而"关系"无处不在，人类却尚无根本说清的可能，那么就只有保持这种模糊和神秘之感，关注其关系的存在并尽量协调好能够把握的关系。非常清楚，贝特森已经跳出了传统宗教信仰认知的藩篱，有其自我的重新思考。他不同意视"稀里糊涂"为"宗教产生的必要条件"，不以"信仰和屈服"作为宗教认信之基本条件，而要孜孜不倦地找寻宗教信仰中的思考明晰性，并且不允许其存在纰漏。② 他并没有系统阐明自己的宗教观，也没有任何宗教神学体系之构建；不过，他在其"精神生态学"中所宣称的六个组成部分却不离宗教思考之

① 〔英〕格雷戈里·贝特森：《心灵与自然：应然的合一》，钱旭鸯译，第150页。
② 〔英〕格雷戈里·贝特森：《心灵与自然：应然的合一》，钱旭鸯译，第240页。

维。这六个部分"就是意识、美、神圣,以及意识与美间的关系、美与神圣间的关系、神圣与意识间的关系",① 意识在此乃精神的生物学基础,而人的意识相信"神圣的东西(无论那意味着什么)肯定与美的东西(无论那又意味着什么)存在(某种程度的)相关性",其"精神生态学"显然就是想弄清这些关系,并"了解它们是怎样关联的"。② 如果超越物质世界的探究,超越人之个我的心灵意识,那么贝特森的"精神生态学"显然就会滑向"精神现象学";至于其若会成为一门全新宗教精神的"信仰现象学",可能对贝特森而言就会成为一块"天使不敢涉足之地"③。

---

① 〔英〕格雷戈里·贝特森:《心灵与自然:应然的合一》,钱旭鸯译,第 246 页。
② 〔英〕格雷戈里·贝特森:《心灵与自然:应然的合一》,钱旭鸯译,第 245 页。
③ 这是贝特森计划所写之书的书名(*Where Angels Fear to Tread*),但该书出版时已简化为《天使的畏惧》(*Angels Fear*),参见〔英〕格雷戈里·贝特森《心灵与自然:应然的合一》,钱旭鸯译,第 246 页。

第三章 "新时代"运动的发展趋势
及其特色

前述四位理论代表的共同特点，是企图建构"新时代"的一种"新思想"体系，而不一定是某种"新信仰"体系。但他们在很大程度上却又都表现出对古老神秘主义直观把握和模糊界说的浓厚兴趣及倾慕之心。他们在理论上对东方神秘主义表示关注，从西方还原论回首而遥望东方整体论，并加上了系统论、全息论、控制论、生态论等作为补充；在实践上则对传统占星术、灵智学以及现代心理学和精神治疗术亦加以仿效，而且重视印度瑜伽、中国气功及人体特异功能的探究。不过，他们的论述涉及面太广，在许多研究领域及专业中也暴露出其生疏与外行等弱点，给人一种捉襟见肘之感。因此，不少西方思想家认为"新时代"理论家的理论乃是依附于某一固定学科而成立的，并未形成关涉"新时代"理论的独特内容及体系。持此观点者迄今仍对"新时代"运动抱观望或怀疑态度，并告诫人们不要被之领入认知理解的误区。因此，在西方舆论界这一思潮没有逃脱被边缘化的命运归宿。而且，西方主流宗教如基督教等对之亦持否定、挤压之态，所以其在西方宗教"市场"也基本上没有立足之地，甚至很多人并没有将之当作"宗教"来看待，不承认其乃"宗教思潮"，而最多将之推入"新兴宗教思潮"或"类宗教"（准宗教）、新兴膜拜或灵修团体一类。不过，在"新时代"运动的探索中，至少有两点值得我们注意：一是这些学者都提及整体论或整体思维，希望可以克服以往西方思想及其思维方式的片面性或单一性，从而能有一种综合的、统摄一切的认知，这显然已经打破了根深蒂固、积重难返的"西方中心论"，在西方认识论领域新开了一片天地。但他们并没能全面展开这一思路，故仍给人留下语焉不详的印象，而且这一观点也受到西方舆论的强烈抵制和排拒。二是他们都非常关注东方思想尤其是东方神秘主义传统，涉及印度宗教文化和中国古代宗教思想，其中亦有人认为或相信"新时代"可能是"东方时代"，其"阴柔"会取代西方的"阳刚"，而且在对人的重新认识上也论及颇有争议的人体特异功能问题。这种出自西方学者的兴趣，也应该引起我们的高度重视，以能科学地、客观地重新反思东方宗教思想传统及其独特实践，认清人类世界的主流仍然是一个"宗教"的世界。在进行东西方思想文化比较研究时，我们应该积极考虑到与之关联的整体性、开放性思路，从而使对宇宙、对生命，以及对精神等现象之科学的探索可以打破禁区、畅通无阻。至于其宗教性的问题则可以见仁见智、保留分歧，因为毕竟什么是宗教、什么是信仰，迄今仍然是众说纷纭、众口难调，在当下并没有非常清晰的区分和界定。

自 20 世纪 70 年代以来，"新时代"运动在西方各国迅速发展，与之相随的便是形形色色、各种各样的宗教复兴或灵性复兴活动。在北美，各种"新时代"运动团体和社区组织如雨后春笋般兴起，仅据 1983 年的统计，在美国和加拿大就已有一万多个与之相关的团体组织、2500 多种关于"新时代"运动的出版物问世。在欧洲，除了意大利、西班牙少数几个保持天主教传统的国家，"新时代"运动的影响也迅速蔓延。20 世纪 80 年代初，德国开始出版关于这一运动的书籍，弗格森的代表作于 1982 年被德译出版后，马上成为德国的畅销书。在其影响下，德国不久就有 30 多个相关组织宣告成立，并有 12 种杂志问世。卡普拉在出版其《物理学之"道"》时，本来期望能发行 5 万册，而他在伦敦的朋友告诉他如果能售出 1 万册就是巨大的成功了，但没想到此书在全世界的销售已超过了上百万册，还被译成了 12 种以上的语言文字。[①] 随着"新时代"运动书籍文献的出版越来越多，欧洲各大书店也都设置了名为"奥秘学"的专柜来销售这类著述。据传西方社会民众中有 65% 的人知道"新时代"之说，而参加其精神培训、修炼、治疗的人也越来越多。甚至在东欧，波兰等国亦开始受到"新时代"运动的影响。其全球蔓延之势，可能也间接地影响到中国，如 20 世纪末中国社会一度出现的气功热、对各种精神修炼（如瑜伽、太极、坐禅等）的参与，以及对人体特异功能的关注等，是否与之有所关联，也值得我们研究、反思。至少我们已经知道，"新时代"运动上述四位代表人物的著作都有一些被译为中文在中国出版发行，其生态学、生命哲学、心理

① 参见〔美〕弗里乔夫·卡普拉《物理学之"道"》，朱润生译，第 311 页。

学及精神治疗等理论研讨和修行实践也不断在中国出现，他们中有些人甚至来过中国并对一些中国修行团体或其研修班进行过专业"指导"，被认为是相关领域的"大师"。因此，积极面对并认真研讨"新时代"运动，是我们当前理论发展之时代使命和现实责任。"新时代"运动思潮对未来发展的敏感、对时代变迁的敏锐，也给我们带来了对世界走向、宗教转型的一些新的审视。对当代"新时代"运动的发展及其思想特色加以分析研究，有助于我们反思过去、洞观未来。

第一节 "新时代"运动预示当代世界发展
已进入"时代"交接之转型

在"新时代"运动主要代表的言述中都体现出共同的感觉、透露出相似的信息，即他们都相信并断言充满动荡和不稳定的"现代"已经结束，一个"新时代"即将来临。在他们看来，至少当前世界是处于"后现代"时期，一种转型换代的、告别过去的"新世界观"及"新认识论"已经开始。这与西方目前兴起的"后现代"思潮乃有机呼应，它代表着对工业化社会、机械化科技、还原论思维的一种清算和反思，以及对现代文明进程所带来的自然损害与生态破坏的不满和抗议。

这种"时代"转换的一个最基本的特点，就是对"物质世界"的看法发生了巨大变化。过去西方还原论追求的是"有"的世界，"有"乃物质、实体，哪怕它微化为原子、粒子，仍乃物质实体之"子"。在这种世界观指导下，西方科技还原论所追求的就是对之精确溯源，找到原端，并可以对之加以清晰说明；但没想到在宏观和微观世界的追求中科学溯源却都陷入无穷，科学家困于永无止境的拓展和追溯而无法摆脱，但其现实效果甚微，很难给社会公众一个明晰的交代，既说不清宏观宇宙之"宇宙网"的范围及构成，也讲不明微观世界的物质本原及基点，从而动摇了人们对自然科学探究宇宙自然"绝对可靠"的信念。在经过对物质世界几百年的实验论证后，现在的研究却碰到了测不准、说不明的结果，这既使相关领域的科学家尴尬，也让社会民众陷入困惑。

在精神领域，这种对物质存在的不确定认识也在不断扩大。以前的哲学等思维科学曾有着对物质与精神看似清楚的划分，但这种认识也行将结束。而宗教与哲学本来在这一认知上曾获共识，并在很长时期中将之视为其理论存在的坚实根基。但现在连其宗教在这种"有"的固定思维模式中也是有着"上穷碧落下黄泉，两处茫茫皆不见"的失落感觉及莫名惆怅，因为传统西方主流宗教一直努力地上在苍穹寻天主，下于肉身觅灵魂，而如今却都感知了一种"虚无缥缈"的恐慌。这种宗教的安身立命之处，就是相信还有一个"上主"会拯救人类。实际上，本体论意义的"上帝存在吗""灵魂存在吗"之问，就已经困惑了人类上千年、愁煞了无数思考者。而现在这种思考范畴、思维模式本身似乎都已经无法立足，难以为继。对物质世界的新认识，势必带来对精神领域的新思考。"至上"与"终极"等宗教哲学之问，重新回到对物质世界的本质之问。

当前，现代整体论在更多地思考"无"的存在，"无"乃时空、场域，不仅"无"自己为存在形式，还为物质之"有"的存在提供时空模式。这种看不见、摸不着、抓不住的"无"则为物质对立面的"暗物质""反物质"。不过，在"有""无"之间的关系中，"无"却大于"有"，涵括"所有"，即"无中生有""从无到有"，而且"有归于无"，万物生于"无"，亦归于"无"。显然，"有""无"之际亦有关系。而这种关系虽非实体，其本身却就是信息，所谓"零"也是一种信息，故此在存在之脉络关系中有其意义。对此，"新时代"运动的代表之一贝特森曾主题鲜明地表达说："这一系列陈述的最后一项才是我们的主要兴趣所在，即存在于沟通、组织、思维、学习和进化等领域中的命题：没有信息，则'无不能生有'。"① 与追求精准的西方还原论相对应，东方思想的整体论则要求模糊把握，其思维重点不是还原论所追求之分割的精细，而是注重整体中各部分的有机关联、相互"纠缠"，意在掌握整体之联系。

显然，在这里"关系""联系"才是更为重要的；虽然是在非精确认知的状态下，却仍可在其相互关联、协调作用上取得相对的认知成果，并由此来解决具体而实际的问题。这一世界观的转变就是从对本体、物质之实有的认知转向对关系、结构之虚无的认知。在这种"新世界观"和"新认识论"中，传统认识中唯物与唯心的对立、科学与神学的冲突似乎已经减轻或不复存在。人们不再强求物质之实在性与实体性，而是思考关系之

① 〔英〕格雷戈里·贝特森：《心灵与自然：应然的合一》，钱旭鸯译，第54页。

相似性与差异性。当代科学发现使古老神话成为真实，所谓"千里眼""顺风耳"，以及信息的"无所不在"、"无所不知"和"无所不能"已不再是"超自然力量"的"神迹奇事"。而其实验手段所实行的主体与客体之互动或呼应，则使物质与精神可以互变和转换。这里，物质可以是意念化的，根据主体的不同要求来相应呈现；而意识、精神则可以物化为信息，以仪器实验的方式得以捕捉，其结果这种信息既可被储存，亦可被恢复、修复而还原。今后利用高科技的物质手段，相关仪器不仅可以知道人的大脑是什么，甚至还可能知道人的大脑想什么，故此强调物质与精神之截然区分已经没有意义。"物"与"灵"的问题行将进入一个新时代完全另样的思考。

第二节 "新时代"运动表现出的"灵性"回归

如上所述，"新时代"运动比较典型地表现为一种神秘主义、唯灵主义的复兴。这似乎为一种精神"返祖"现象，或回到了人类认知的"灵性"原端。显然，其对东方神秘主义的赞誉和推崇，归根结底不是寻求其理性智慧，而是对其神秘智慧的憧憬与渴求。与此同时，基于西方神秘主义传统的神智学、人智学也有较快的发展。在这种意义上，人们亦将之称为"新诺斯派"或"新神秘主义"。

既然现代科技已表明其认识客观真实世界时有着"测不准"的困惑，那么科学话语的精准性就打了大大的折扣，于是人们开始重新注意和倾听古已有之的模糊、神秘话语，从中悟道开窍。这里对宗教话语的蕴涵和寓意亦有一种全新的认识和解读，开启了认识论层面的深入对话。此外，远古人类体验的多维性，孩提童真认知能力及其视野扩展的可塑性，其智能天赋的开拓和体认，在"新时代"运动的代表看来已不再只是一种"迷信"的话语或"特异"的功能，而乃人之"灵性"本真的原初之态。人的身体与自然的关联，仍有许多奥秘没有被揭示，人与生俱有的许多潜能尚未被开发就因各种原因包括不合适的教育等而被掩埋或遮蔽，这一切都促使"新时代"运动的思想家们重新思考人的本质及其在自然中的站位等问题，并以其倡导的修行、治疗来试图重新唤醒人原初本有的这些潜能，达到人"超凡脱俗"的回归本原。传统宗教在理解"生命"的意义时主要侧重于将生命与永恒相关联，认为"死亡"不过是生命从有限到无限、从此岸到彼岸、从今生到来世的"过渡"，以生命的"轮回"、与另一个世界的因果关联来体现一种生命关爱及"临终"关怀。"新时代"运动则把人的"精神""灵性"与"心智""心灵""心性"的此生意义密切结合，其心理治疗、生命疗护所强调的是潜能、特异、自愈性质，从而使人的得救、解脱不再仅仅是推向彼岸、来世，所祈求的更多是今生的治愈、自愈和解救，由此也让"灵性"更贴近真实的"人性"。

人类征服自然取得很多成效之后，突然发现人对自己是如此陌生和无知，既说不清其来源，也弄不明其去向，还看不到其潜能。因此，"认识你自己"就成为"新时代"人们"自知"的探寻。但这种"自问"则更多是生态、生命、精神意蕴的，对以往"社会人"的强调似乎有所减弱，并出现忽视其社会而回到人本身的偏离。"人"对自我来说乃贴得最紧密的，却又永远是得不到透彻理解之谜。"新时代"运动思想家借鉴现代深蕴心理学的成果进一步往前拓展，并更多地到实践中去检验、印证。其结果是，心理层面对人的解读更加丰富，大家感兴趣的不再是躯体之人，而乃精神之人。于是，这一运动的践行者遂从普通心理学，经深蕴心理学而达到超心理学的探究，从而也就在此与传统"通灵学"相遇，处于现代神秘主义之境，结果与社会心理学正渐行渐远。

所以说，"新时代"运动的参与者乃游移在哲学、科学与神学、宗教之间，在极力拉动科学与宗教的对话，甚至相信它们会殊途同归。这种发展给人的印象是，其看似更懂科学，却与宗教走得更近，但其漂流的姿态乃多种多样，个性鲜明。这种究问人类之"祖"的努力自然也就刺激了人们对文化发展及其比较的热情，带动了对不同文化的思考和研讨，使现代文化之旅鲜活起来。当然，"新时代"运动对"人"的认知在总括生物之人、社会之人、生态之人的基础上，则更注重灵性之人或精神之人，因而显得与宗教对人的理解靠得更近。

第三节 "新时代"运动有着明显的折中主义趋势

在其新思维、新范畴的驱动下，"新时代"运动尝试克服以往认识上的片面性而追求一种认知世界的综合判断或折中主义,其对趋同现象的强调就是要打破宏观与微观之隔,找到其相互关联及彼此类似之处,以便能够实现外在宏观宇宙的统一和内在自我世界的和谐。为此,"新时代"运动思想家花费了很大精力来找寻这种宏观与微观、自然与生物、物质结构与宗教象征等的相似,企图寻觅出其中的关系及关联,如人们发现在高倍显微镜下呈现的脑细胞结构就与美国航空航天局拍摄的宇宙景象竟然有着高度的相似性,卡普拉也在其《物理学之"道"》等著作中进行了相关比较,其中第三篇专门就论及"相似性",包括印度教湿婆之舞与粒子运动的宇宙之舞[1],中国阴阳图的转动对称性与夸克对称性[2],易经八卦的六爻排列图形与最初由海森堡提出的"S矩阵"[3],凡此种种都有着惊人的相似性。这种相似性之比还扩大到宏观宇宙星系轨迹与微观世界基本粒子轨迹,或与生命世界血脉经络体系之比等。这一趋势也使"新时代"运动的思想家们对中医关于人之身体的整体共存及其经络联系产生浓厚兴趣,并对这种中医思维持有一定程度的肯定之态。

在以往科学认知及社会政治领域上,"调和""折中"多为负面及消极意义,但在"新时代"运动的整体观视域下,这种折中或调和却是必要的、积极的。破除非此即彼的观念,也是对西方思维"二元分殊"传统的扬弃,这对于思想、文化的开放,对外来思想的吸纳等都打开了新的空间。当然,这也在一定程度上动摇了西方思想唯我独尊的观念及政治传统,被西方文化保守主义和宗教"护教论"抵制。从总体效果来看,"新时代"运动以这种全新的视域来发声,但只是一种比较微弱的声音。尽管如此,其思想家的标新立异仍然给西方舆论界带来了一定震撼,以往那种自我陶醉的乐观氛围被根本动摇。

这样,"新时代"运动为当代人提供了一种整体审视的结构和视域,所重视的则是其整体与局部,以及不同系统之间的关联,其基本精神则是倡导"互渗""互补""交融""协同""整合""系统"等原则,在此"关系"比"存在"重要;其理论并以一种同时性来把不同地域、不同文

---

① 〔美〕弗里乔夫·卡普拉:《物理学之"道"》,朱润生译,图15系列,第209~232页。
② 〔美〕弗里乔夫·卡普拉:《物理学之"道"》,朱润生译,图16系列,第233~246页。
③ 〔美〕弗里乔夫·卡普拉:《物理学之"道"》,朱润生译,图17系列,第247~272页。

化的时空观念统摄为一体，以一种包容性来把综合了东西方智慧的阴阳系统论作为其理论框架。这种"无问西东"也就有着"超越东西方"之效。

第四节 "新时代"运动"中观"层面的
社会关注及参与

"新时代"运动不仅关注"宏观"宇宙与"微观"世界，在其"中观"范围则也有着一定程度的社会关怀，因而该运动的主要推动者在其社会实践中都积极推崇绿色和平、生态平衡观念，将之视为人与自然世界的正常关系和协调状况。"新时代"运动的思想家虽然多处于某种政治边缘化的状况，在西方政治舞台上几乎没有什么被人关注的发言权，他们却仍有明显的现实关切，并且会利用一切机会来积极发声，公然表明其政治态度及社会关切，对西方现实政治提出批评。例如，其主要代表在国际政治层面都表示反对核武器及其核扩散，主张社会和谐及世界和平，倡导东西方对话交流，同情社会中的弱势群体，抗议种种社会不公及种族歧视，推崇一种平安共处的理念，并且也积极参加各种和平运动。但这一切都与实质上西方现实政治禀赋的"阳刚"霸性背道而驰、格格不入。

人的生存需要有良好的自然生态和社会生态，但他们在看到现代社会的危机和工业化生产给自然带来的破坏之后，对现有人类生存状态感到悲观和担忧，深感毁坏自然也就会葬送人类的未来，因而坚决反对人类对自然的无限占有和滥用，不相信"人定胜天"，而希望人类能够返璞归真，"道法自然"，重建自然原初本有的和谐秩序。这样，他们对西方近代以来的工业发展及其社会舆论有所反思和反省，认为这种社会现状及人与自然的关系不可能持久，其危险离人类已经越来越近。因此，有必要基于社会层面向人们敲响警钟，防止形势的恶化及失控。不过，他们并不强调社会制度的革新或改变，而主要是转向人之内在本质的改变及改善，注重人自身的变化及升华，故其在精神生态领域有更多的思考和探讨，倾向于把精力从社会关怀转至心灵关怀，致力于人之精神关系的协调和改进。所以，"新时代"运动的社会参与基本上是雷声大，雨点小，在西方社会并没有形成比较大的影响，对推动社会改变的作用更是微乎其微。迄今西方社会资本主义传统的惯性发展仍没有停止，并不希望其社会结构及社会关系发生根本转变，只允许某种无伤大雅、不会伤筋动骨的改良，对社会变革及政治革命则保持着高度警惕及严加防范。而也正是在社会层面，西方主流思潮对"新时代"运动的崛起仅持一种逆流涌现之感，对其社会作用亦不屑一顾。尽管"新时代"运动对社会改变有许多憧憬，但基本上成为空想和幻觉，也没有任何具有实效性的社会行动，故其在西方的社会占位及其社会变革意义仅昙花一现而已。

第五节 "新时代"运动反映出神秘主义 传统的"复魅"

"新时代"运动在其发展过程中与西方传统主流宗教渐行渐远，却重新运用起古代占星术、星象学等具有神秘色彩的理论学说，并且更多地侧重于东方精神，试图从东方的天人感应、阴阳和合、宇宙一元观来解释人与宇宙的关系。这样，他们感觉自己乃真正"发现"了东方，对其古老方术、神秘技巧也都有一种特别的好奇和兴奋。在基督教文化长期排拒东方精神传统之后，"新时代"运动似乎在走出西方中世纪、走出其启蒙发展的近代，在回溯反观其原初精神传统时有意无意地走向东方、接近东方。这在新一轮的东西对话上，有其独特的文化价值。

除了这种回溯，"新时代"运动在其前瞻上同样关注到东方。其对"后现代"时期的解释，也采信了各种东方元素，如"宝瓶宫"时代取代"双鱼宫"时代、阴取代阳、水取代火、东方取代西方等理论，显然就是东方色彩远大于西方意蕴。其说法虽然没有脱离传统星占学的窠臼，却也让人感受其重新解释的神奇魅力和匠心独妙。故此，对其持否定态度的观点认为这种选项乃是一种思想"复旧"、文化"倒退"，从而引发了现代西方的新神秘主义思潮。而对之持肯定态度的观点则指出这是对人类文明之源的重新梳理和解读，在拂去历史的尘封之后或许能有新的发现和认知。这也直接触及东方社会对自己古代巫觋文化的重新审视及反思。人类从古代神识巫术中走过来，在"告别过去"时是否就必须对过去全盘否定，也的确值得人们深思。

其实，在某种意义上，人类远古的文化更接近自然，更体现为"天人合一"，于此也有其历史的真实性，而这种"原始天性"如今则几近泯灭、极为罕见。"天性"与"教育"之间形成的张力和冲突，迄今仍争论不休，让人思绪起伏、感慨万千。例如，当现代中国有人觉得有必要重新发掘和解读《周易》的深意时，则亦有人干脆直言《周易》不过就是一本古代人占卜之书而已，除了反映一种"原始迷信"并无任何神秘或神奇意蕴值得挖掘，从而与西方的《易经》热形成一种奇特的对照。在这些现代"进化人"的眼中，远古就是其渐行渐远、不值一提的"原始"而已。但"新时代"运动对古代中国精神要素的这些探究，也应该拨动我们的心弦，激发起种种思想震动和认知思索，使我们在这种看似"原始""迷信"的形式中窥见、发掘出原初之人独特的思维方式，以及这种方式之外观所掩盖的独特智慧。尤其在其社会政治及精神意义上，我们应该深刻体悟古代"国之大事在祀与戎"（《左传·成公十三年》）之论。

当前中西方文化发展在"认识自己"上似乎都陷入了一种迷茫，认不清源头，找不到前进方向；目前中西方文化交往、社会关联的一些做法颇有本来的"初心"已忘、持守的原则已丢之态，世界的危机在加剧，各族之间的冲突又再起，人们却纠缠在局部小利之中对之仍毫无察觉，对现代弊病的处理亦不得要领、不起作用。若比较而言，西方的宗教传统可以追溯到游牧时期，而东方的信仰定位则奠基于农耕时代。这样，西方信仰精神多有流动性、外扩性，而东方信仰传统则更多推崇静守、稳固。因此，重新冷静地评价中西方古代智慧，换一种方式或境界来重新体悟东方神秘主义，实行东西双方有机互补已势在必行、刻不容缓。所以，"新时代"运动对东方古代智慧的好感及青睐实际上对我们也是一种重要提醒。

第六节 "新时代"运动激活了秘术修行实践

在其理论与实践的推动中，"新时代"运动亦与对人体的神秘理解及个我的秘术修行实践相关。一方面，它从观念上对传统中的道成肉身、轮回转世等说教重加诠释。另一方面，它注意对瑜伽、气功、打坐、禅定、悟道等东方修行方法加以研究和采用，希望以此能够发掘人之内在极为神奇的本有潜能，以求东西方秘术的交流互渗和融会贯通。这种意趣在当代导致了西方灵学的复活、对人体特异功能和自愈能力的觅求，以及东方传统练功与修行方法在西方社会的流传。此外，心理辅导、精神治疗则在传统的躯体修炼上明显增加了灵性元素,更多注重精神层面的提升和心理潜能的发掘。所以,这种动静结合的修行训练倒是颇受基层民众的欢迎,各种形式的精神培训班、修行活动营或工作坊在"新时代"运动出现之后在西方社会也如雨后春笋般地涌现。

对于人体潜能、人体科学、生命奥秘及特异功能,东西方舆论界都有很大分歧,人们甚至凭借并非成熟的自然科学阶段成果来否定、压制这一方面的研究或设想,结果使人无法真正深入地研究人体,离"认识你自己"渐行渐远。人之多维性,尤其是人的意识、精神之奥秘,并没有得以透彻了解,其探究之径却时时被人之社会外界非常武断地阻塞、妨碍。人们在否定宗教的"神迹奇事"之同时,亦实际停止了对人体奥秘的大胆探索,其自然天性之奇迹则被视为荒唐骗术或无稽之谈。但"新时代"运动注意到了人体及其精神的不可思议之处,并对之加以特别强调,故被视为欢迎东方神秘主义之回归。当西方现代社会在精神、思辨、科学等方面否定东方之际,"新时代"运动则以这种"逆行"来为东方智慧正名、呐喊,故而在一定程度上形成与西方社会主流思潮之间的张力和对抗。从认识论上来看,事物正因为人们对之尚不了解才可能成为奥秘,故而对之不可简单否定,而需加深了解,一旦实现对其透彻了解,过去的奥秘也就成为新的知识。显而易见,"新时代"运动对人体奥秘及秘术修行乃持有一种开放态度。

但也必须意识到,这种具有神秘色彩的精神训练、潜能发掘等实践活动乃鱼龙混杂,其中也不乏骗术、迷信等,给信者造成伤害。而有些理论及实践亦明显暴露出其荒唐之处及欺骗之术,故也遭到社会舆论的批判及唾弃。如果说打压开放是一种保守,那么纵容骗术则是一种错谬,会失信、失责于现实社会及其民众。因此,如何科学把握好其分寸,积极探索却不被错谬所惑,是对现代人之眼光、智慧的考验。"新时代"运动在这种探究中走出了一步,其造成的后果众说不一,仍需客观、科学地审视和评估。

第七节 "新时代"运动拉响了告别 "基督教时代"的警报

"新时代"运动在其种种表述中,都公开号召甚至力求与西方文化传统和基督宗教信仰分道扬镳,从而带来对西方思想文化及信仰传统的巨大挑战。这种反传统文化运动孕育出各种精神的颓废与自然的清新复杂交织的新文化运动，西方社会对之褒贬不一、争议颇多。而其反基督教信仰倾向则给传统教会带来危险和警告，使主流教会对之高度警惕和明显排拒。"新时代"运动称"行将过去"的"鱼的时代"为"基督教时代"，认为其"两千年"的历史行将画上句号，留下的时间最多也就仅剩百余年了，从而表明其与基督教传统决裂的态度。但正是这一意向迅疾就遭遇到西方主流社会及其意识形态的强烈反对和抵制，其对东方的倾向和偏爱也受到西方社会舆论的尖锐批评，在西方亦导致捍卫西方基督教文明之风的盛行，从而对这一运动形成了有效的抵制和遏制。正因为这种西方文化舆论的反弹，在过去的约半个世纪中，西方社会明显强化了其"基督教"信仰及西方文化意识，并更多选择结束文明"对话"而准备文明"冲突"之路，因而对外的排拒、限制和打压有增无减且愈演愈烈。这种选择及舆论使"新时代"运动在当代西方社会没能得到更大的发展，反而给人一种戛然而止的感觉。

不过，也应该看到，"新时代"运动兴起的同时，在其时代氛围中又滋生发展出各种新兴宗教，其中不少甚至冠以"新时代运动宗教"之名，这对西方社会基督教的"唯我独尊"显然也是公开的挑战。但这种意义上的宗教复兴却使传统基督教会更加忧虑和担心，增强了其防范他者、奋起"护教"的意识。西方宗教正统派认为，新兴宗教运动会带来西方社会传统宗教的退化，引起人们宗教信仰观念和实践上的混乱与茫然。实际上，当代西方基督教的衰弱及其信徒的巨减也是不争的事实。所以，它们不承认这些包括由基督教嬗变而来的新兴宗教为其传统延续意义上的正常教派，而称其为一种"新异教"现象，并采取了对之封杀而不是包容的态度。若冷静分析则不难看出，其实这种"新异教"现象一度乃当今世界的普遍现象，也曾以各种名号在当代中国浮现，并导致了极为负面和复杂的后果。所以说，"新时代"运动所预示的"鱼的时代"之结束和"水的时代"之开启，对基督教世界而言所敲响的不是丧钟就是警钟，已使之惶惶不安。

第八节　简单结语

从以上概述来看，"新时代"运动的内涵并不十分明确，其"宗教性"也并非特别典型；它作为一种在西方社会大起大落的思想灵性运动，并未形成确切的意义概念和价值定位。正是这种内涵的不清，才使人感到它有着极广的外延，表现出思想文化意义上的"折中"或"综合"。许多新兴宗教也都将自己的组织形式及思想内容冠以"新时代"运动之名，以便扩大影响和作用，而其性质与传统宗教相比则已出现极为明显的嬗变。为此，曾有人将"新时代"运动所引入的时代称为新兴宗教辈出的时代，认为其特点就是各种宗教形态、各种灵性运动、各种神秘思潮的涌现流行，并对传统宗教观念、组织及实践形成巨大冲击，有着严峻挑战。但"新时代"运动并不专指某一具体的新宗教，也不是某一明确的"膜拜团体"，而是代表着当代精神走向的一股新思潮、新动向，更多地体现出某种新的世界观或意识形态的性质，而其社会形态则处于一种"类宗教"或"准宗教"之状。

当然，在"新时代"运动的各种表述中，其对"宗教性"或"精神灵性"的回归是显而易见的，而且还特别突出体现了对古代宗教意向及东方宗教意蕴的肯定和欣赏，其中即包括对中国古代智慧的关注和探究。西方对中国的有机整体观、阴阳二元变化交织观、外在"大我"与内在"小我"的呼应观，以及"天人之际"全息感应的宇宙观等有着长久的观察和探究，形成对中国文化所论之"道"的模糊认识。而"新时代"运动则对这一东方之"道"特别是中华之"道"的关注及研究拓展了其深度和广度，达到了对其"万物有机、整体蕴道"的高度认同。而且，这种认知不再是仅仅作为补充西方智慧的次要元素，而被视为一种"范式的改变""时代的转型"之根本性革命。这种变革性的认识带来了西方思想文化界的"地震"，其强烈反响也使西方主流舆论界格外注重并加强了其应对举措，并为其重新认识中国、看待并对待中国埋下了深深的伏笔。

在此，"新时代"运动所关心的并非传统宗教的组织模式或社会建构，而是其精神意趣和神秘直观，是其整体把握的能力及个人灵性的本领。其时代特色就在于对传统宗教信仰的模式及范畴进行深刻的反思，所追求的乃一种反传统的"非宗教"之全新宗教模式，更多体现出没有"教派"的宗教、非建构性宗教表达，显露出对一种不落窠臼的"新宗教性"的渴求，故而需要一种"非宗教"的"宗教性解释"。特别是在宗教信仰的核心观念即"神明"的理解上，"新时代"所追求的不再是"高居人上"的"天际之神"，而乃回到宇宙本原、回归人之心灵深处，希望有一种对超然绝对存在之悟，达到人之内在心灵的自主自治，感觉到自我发展潜能的存在；这样还可以使内在化的"神性"给人带来"大道至简"、"大道化成"及"道法自然"的心理认知和精神体验；而以往"形而上"的神明理解则更多地转向对宇宙本质之"宇宙意志"、"绝对根源"、"绝对存在"、"绝对的空虚"、"原型领域"、"绝对意识"和"绝对经验"的认识、把握，体悟的是"宗教之外的神性"。这种从"仰望""仰视"而回首心灵、窥探深蕴心理之转变，使宗教追寻从"宇宙的奥秘"到"心理的奥秘"得以一以贯之，共构一体。在这种意义上，"新时代"运动几乎可以等同于某种宣传性概念。不过，这一运动的普遍存在和迅猛发展却是人们有目共睹的铁一般事实。它不但席卷西方，而且影响东方，其观念和实践近几年甚至在中国也时有所闻、偶有所见，如对宇宙之谜与宗教神秘话语之比对，对"超心理学"（灵学）及其相关联的"人体科学"之臆解或滥用，以及各种灵修培训或潜能发掘的活动等。而其主要代表的作品均相继被译成中文在中国内地和港澳台地区出版发行。但这种翻译出版及其介绍解释只是从某一种研究领域来切入，却缺乏对"新时代"运动的整体关联，甚至对其核心意蕴基本漠视，而没有将之作为"新时代"运动的明显提示来让人知晓。

对于"新时代"运动的价值定性可能尚为时过早，而且其在当代西方也似乎仅是一种昙花一现或日渐式微的"准文化现象"，并没有得到西方社会主流的认可和推崇。但是，"新时代"运动明确关注宗教、哲学所关心的终极、永恒、意义和自由等基本问题。其"终极"关切针对"在"之认识，论及宇宙、本体、整体、物质本质等议题；其"永恒"之问则提出了"时间"是什么的思考，与"在"之空间形成呼应；其"意义"之探追究"真理""价值"之论，对宇宙意义、存在意义、生命意义等都力求有"意义"之说明和解读；而其"自由"之论则触及人与其生存环境的关系问题，因此使人处于自由与不自由之间，其自由观或是追求随心所欲、无拘无束的自由，但其现实之不可能而导致其"神性"绝对自由之投影，这种自由成为人之自由的彼岸，可望而不可即；或是主动选择的自由，在诸种不自由中争取一意孤行、追求所爱的选择性自由；或是一种"放下""放弃"的自由，不加而减、不立而弃，"退一步海阔天空"，把一切交给"神明"或命运，从而自得潇洒，随遇而安，在悲苦存在中游刃有余，达到解脱及超脱。这些问题意识也并没有彻底脱离传统宗教及哲学之问。

　　尽管"新时代"运动给人一种"不成气候"之感，而其提出的问题、引发的联想，以及在西方世界所引起的关注和警醒，则是我们必须加以重视和思考的。所以，我们应该加强对这种全球性精神现象的观察与研究，由此亦可体悟宗教理解的发展及变化。但事实上，我国学术界对于这样一场波及全世界的精神灵性运动，似乎不太注意，并没有清晰的察觉和明确的关注，也缺乏相应的思想及学术敏感，所以几乎错过了对之应有的及时观察和认真研究。因此，当我们处于新时期东西方博弈的关键时刻、世界文化处于转型关口，而中国在出面积极推动共建"人类命运共同体"的理念之际，我们从一种整体思维的视角来从全球范围的发展来系统、全息般地审视这一"新时代"运动，抓住其思想文化发展之"新"，应该是当前中国学术界、思想界所必尽的义务。

第二编
西方当代女权神学思潮

　　女权神学（Feminist Theology，亦译为"女权主义神学""女性主义神学"，简称"女权神学"）思潮是 20 世纪下半叶在世界范围兴起的基督教神学思想运动，最初起源于北美和欧洲，自 20 世纪 60 年代开始在美国基督教神学领域有其学术表达，由此形成广泛而深入的影响，在当前仍有一定程度的延续。对此，《女权神学的剑桥指南》在其序言中指出："在 20 世纪下半叶涌现出的充满活力与激情的神学形式中，女权神学以极为突出的方式来亮相登场，这就是妇女发出了神学之音，并使信仰的智慧植根于她们的人生之中。"① 显而易见，女权神学属于当代神学中意义独特的思想运动，这种与众不同的神学一方面是当代基督教思想内部的新发展及新突破；另一方面也与整个世界女权主义运动及宗教女权主义的发展相呼应，故而有其复杂的时代社会背景和思想理论背景。

　　从其社会背景来看，女权神学思潮与 20 世纪以来西方经济、政治、文化的巨变和社会的转型直接相关。在西方社会工业化、信息化的发展进程中，妇女的生活出现重大转变，尤其是西方中产阶级女性的生活方式、社会地位等都有了明显的变化。以美国为例，19 世纪下半叶，美国黑人妇女在外就业者约占 50%，白人妇女则仅占到 15%，而到了 20 世纪下半叶，美国妇女为了生计而出外工作者则已达其总数的 78%之多。此外，20 世纪美国社会的家庭结构、两性关系亦出现了多元变化。一方面，随着现代科学的发展，尤其是避孕药的发明和控制生育技术的提高，不少妇女得以从传统家庭养育后代、操持家务等负担中解脱出来，更多地参加社会活动或成为职业女性，减少或不再受家庭束缚之影响，其自我意识和社会独立性得以凸显；另一方面，社会压力的增大和生存危机的出现，也给妇女的生活带来了新的困境和伤害。20 世纪美国社会的离婚率提高了50%，同性恋和单亲家庭的比重也大大提高，而妇女受到的暴力侵害既有社会的，亦有家庭的。对此，女权神学家丽塔·纳卡施玛·布罗克（Rita Nakashima Brock）曾指出："在美国，自杀是青少年的第二大死因；有五分之一的孩子是在贫穷中长大，三分之一的成年妇女会遭受强奸，四分之一的女孩和八分之一的男孩在 18 岁左右会受到性骚扰，每 39 秒钟就有一

---

① Susan Frank Parsons ed. , *The Cambridge Companion to Feminist Theology*, Cambridge University Press, 2002, p. xiii.

个妇女在自己的家中遭到毒打。"① 不少人为之感叹说，家庭已成为美国社会中妇女所处的最为危险的地方之一。此外，基督徒妇女在社会上感受的压力，往往在教会中也得不到缓解；基督教会传统观念带来的性别歧视和男女不平等现象，使妇女在宗教生活和灵性经历中亦不得不承受另一种本不应有的压力。从这一意义而言，女权神学乃当代社会革命的一种曲折表述，即女权主义运动在当代基督教神学中的反映。它表达了妇女对其社会、经济、政治和心理压迫的不满及反抗，也是教会内部妇女争取平等权利和思想解放的直接结果。

从理论背景来看，女权神学思潮受到当代西方学术发展及其相关思想体系的影响，它作为一种理论思潮首先是在西方学术圈中涌现出来的，并可追溯到近代欧洲启蒙运动所形成的哲学观念和政治理想，故此有其深厚的学术底蕴和西方基督教文化特色，而其最为典型的特色即与西方女权主义的发展直接关联。这种女权主义是当代西方妇女有组织的社会及思想运动，旨在实现在社会、政治、经济和文化诸领域中的男女平等。一些女权主义者认为，妇女在这些领域遭歧视、受压迫，仅仅是因为其性别，而这又直接源自社会的男权结构及与之相关的男性中心主义或男权主义意识形态。思想保守及其社会影响形成了一整套歧视女性的理论说教，而这些陈腐观念在当今社会转型期间首当其冲，必须摈弃。

女权主义涉及的问题较广，包括妇女人权、妇女与经济、妇女与政治、妇女与权力及决策、妇女与政府或非政府组织、妇女的教育与培训、妇女与社会福利、妇女与新闻媒体及信息交流、妇女与武装冲突、妇女与环境保护、妇女与健康卫生、妇女与家庭、妇女与单亲家庭、少女母亲及其孩子、同性恋、性侵犯和性骚扰，特别是妇女在社会及家庭中遭受的暴力伤害、性别歧视，以及社会贫穷的女性化等方面。对这些问题的关注因为全球化的发展而使西方舆论"无问西东"，形成一种世界性的讨论。1995 年 9 月 4 日至 15 日，第四届世界妇女大会在北京召开，并发表了"北京宣言"，从而使西方将其关注扩大到中国，与中国亦有相应的对话及交流。世界妇女大会召开之后，其关注的焦点则更加突出性别平等、妇女

---

① Rita Nakashima Brock, *Journeys By Heart: A Christology of Erotic Power*, New York: Crossroad, 1988, p. 3.

的和平与发展等问题。时任联合国秘书长科菲·安南（Kofi Annan）在论及北京世界妇女大会时曾特别指出：在北京，各国政府表明的义务反映了这一共同理解，即妇女的平等必须成为任何试图解决世界上社会、经济和政治问题之努力的中心构成；为此，过去妇女们曾努力奋斗以使性别平等问题能够被纳入国际事务的日程，而现在性别平等问题则已经是构成这一议事日程的基本因素之一。此后，联合国大会又于 2000 年 6 月 5 日至 9 日在纽约召开了题为"2000 年妇女：为了 21 世纪的性别平等、和平与发展"的特别会议。所以说，西方女权神学思潮是在这种女权主义大潮中所形成的一朵被特别关注的醒目浪花。

从女权主义的思想倾向和理论特色来看，这一运动大体可以涵盖激进的女权主义（Radical Feminism，包括激进的自由论女权主义和激进的文化女权主义）、文化女权主义（Cultural Feminism）、自由派女权主义（Liberal Feminism）、马克思主义女权主义（Marxist Feminism）、社会主义女权主义（Socialist Feminism）、后基督教女权主义（Post-Christian Feminism）、后现代女权主义（Postmodern Feminism）、心理分析的女权主义（Psychoanalytic Feminism）、存在主义的女权主义（Existential Feminism），以及生态女权主义（Eco-feminism）等思潮。简而论之，激进的女权主义主张根本改变以男权主义为基本结构的社会，认为可以采用一切可能的手段来推翻这一男权制度，而不是仅仅满足于走立法道路。女权神学家玛丽·达莉（Mary Daly）被视为这一激进女权主义的典型代表。其中激进的自由论女权主义者乃侧重于对性别及其功能的控制，她们认为女性及其生殖限制了妇女参与社会的能力，因此应对这些性别功能加以有效控制。她们主张可以利用一切人工的方法来控制生殖，坚决支持人工流产、避孕和其他节育手段。而激进的文化女权主义者则主张通过肯定并促进其女性特征的完善来改变妇女的生存处境，即认为女性本来就优于男性，女性的生殖能力正是女性争取自身权力的重要资源。她们认为男性对女性的歧视和压迫实际上反映出男性的嫉妒心理和其想要控制这种生育能力的企图。文化女权主义乃以卡罗·吉利根（Carol Gilligan）等人为代表，她们认为男女之间有着根本的生理区别，女性应该为之自豪并庆贺这些区别，因为它们凸显出女性的善良和温和。在其看来，如果由女性来管理世界，则再不会有战争和暴力。与男性所突出的独立、竞争、等级和统治特性相区别，女性则更体现出相互依存、合作、关联、团契、分享、信任及和平等特点。但文化女权主义并不主张激进而直接的社会改革，而是希望靠个人的内在改变来影响社会。它标榜一种分离的、独立的女性文化，却不感兴趣去直接卷入社会政治运动。自由派女权主义以贝蒂·弗里丹（Betty Friedan）等人为代表，希望通过立法来实现男女平等、保障妇女的公民权利。她们相信男女乃由上帝平等所造，故而应在社会、政治、经济等领域给妇女同等的机会，让妇女有着公平的权利。自由派女权主义主要以立法提案来推动在教育、福利、健康卫生、社会就业等方面保障妇女权益的改革，而对种族、阶级、意识形态等问题兴趣不大。社会主义女权主义则强调社会阶级结构与妇女受压迫状况的直接关联，因此它直接向资本主义及其男权统治之意识形态提出挑战。这种思潮认为，尽管妇女本身有着阶级、种族、民族、宗教之不同，但其遭受压迫、剥削的共同原因乃是其女性性别。与文化女权主义关注个人所不同，社会主义女权主义则将其关心的焦点置于社会团体及社会关系，主张社会的改革和进步。其代表人物有艾莉森·雅格尔（Alison Jaggar）等。生态女权主义之表述由弗朗西丝娃·德·奥波妮（Françoise d'Eaubonne）首创，其理论代表有范达纳·希娃（Vandana Shiva）等人。这一思潮的特点是将女权问题与生态问题相结合，认为男权统治不仅给妇女带来伤害，也给生态带来毁坏。与之相对应，生态女权主义认为女性对大地之母有着独特的感觉和体认，"地球母亲"或"自然母亲"乃与女性亲切关联。因此，女性对自然生态有着深刻的洞见和特殊的情感，在自然保护中亦能发挥更为中心、更加重要的作用。这些女权主义的理论认知及其思想特色，都对女权神学不同思潮的兴起和发展产生过不同程度的影响。

除了西方女权主义运动的各种理论影响，女权神学在教会外还受到西方社会批判理论、生态保护主义、哲学解释学和后现代主义思潮的影响；在教会内则与圣经评断学、社会福音理论、政治神学和解放神学等都有着直接关联。因此，女权神学本身乃一种政治神学，其所构建的即一种社会解放尤其是妇女解放理论，立意于对性别歧视、种族歧视、阶级压迫和社会不公的坚决反抗。但作为神学思潮，女权神学并无一种整体性理论构建，而乃一种多元思潮。它基于妇女的社会生活体验，表达的是妇女的关注、呼吁和希望。但这种体验、关注是多种多样的，由此构成的女权神学认知亦各有不同、各有侧重。

从当代西方基督教会发展来看，普世教会运动的兴起和世界基督教联合会（WCC）的创立亦为女权神学思潮的产生及其相关机构的建立提供了温床或相应条件。早在 1955 年，世界基督教联合会就成立了其"教会与社会"机构中的男女合作部，关注妇女对教会事务的参与和妇女授任圣职等问题。1967 年，非洲妇女基督徒布里格莉亚·巴姆（Brigalia Bam）来该部任职，由此使妇女发展和妇女人权问题在教会中成为全球普遍关心的议题。1974 年，世界基督教联合会在德国西柏林组织召开"20 世纪 70 年代的性别歧视"国际会议，来自 50 多个国家的 170 多位妇女代表参会，从而使妇女问题成为世界基督教联合会所重视的核心议题之一。在同一年，世界基督教联合会下属机构教会与社会妇女组织开始实施"妇女与农村发展计划"，涉及妇女的教育、技术培训和领导作用等方面。此后从 1974 年至 1988 年，该机构在全球范围实施了 230 多个项目，在农村等社会基层将其发展与妇女地位及能力的提高结合起来，产生了广泛的影响和积极的效果。1988 年，世界基督教联合会曾召开会议对这些项目加以评估，约有 15 位妇女代表谈了她们的收获、对此的评价，以及与之相关的圣经和神学反思，从而肯定了其妇女发展工作与神学研究的积极关联。1975 年至 1985 年，联合国实施妇女十年计划，并于 1985 年在肯尼亚首都内罗毕召开世界妇女大会。受其影响，一位非洲循道宗主教在世界基督教联合会中央委员会上也建议开展教会妇女十年活动，由此推动世界基督教联合会宣布 1988—1998 年为教会与妇女团结普世运动十年，并要求各地教会促进妇女充分参加教会及其社团生活，支持妇女对正义、和平、创世完整活动提供见解并投身其中，鼓励妇女从事神学建设、分享宗教灵修。进入 21 世纪以来，世界基督教联合会又宣布 2001—2010 年为克服暴力活动十年。这些举措对女权神学的发展有着实质性的帮助。此外，世界基督教联合会还于 1978—1981 年开展了世界范围的"教会男女社团"研究，并于 1981 年在英国谢菲尔德召开学术会议。这一研究集中在男女平等、女性性别与身份、圣经作用、教会结构、社会包容性作为社团建设所面临的挑战等问题，其中不少命题此后也成为女权神学的中心议题。

总体而言，女权神学思潮是跨文化的、全球性蔓延的多元神学思潮，有着广泛社会关联及影响。这种普遍性使之很难将西方女权神学与亚非拉美的女权神学加以严格区分，二者之间有着千丝万缕的联系。在全球化氛围中，世界各地的关联前所未有的密切，不少亚非拉美的女权神学家曾在欧美国家受过神学教育及相关训练，其中相当多的女性获得其神学学位并留在欧美从事神学教育，从而有着相似的神学背景和神学话语，与西方本土的女权神学家形成深入对话和积极回应。不过，亚非拉美国家的社会背景毕竟与西方不同，因此其神学家深受其本地文化的影响，所关心的神学话题也往往会与其故国的社会问题相结合，所以其神学处境有着明显的不同，其宗教话语及神学叙述与西方神学界仍然存有差异，各有其特别关注和侧重。这样，对西方神学的探究需要一种全球关注的整体视域，却仍需捕捉并显示其个性及特色。此外，当代西方女权神学同样也是普世神学思潮，在天主教和基督新教中都有其主要体现及理论代表，故而需要察觉或辨认出其关联与区别。而女权神学因在反叛现代西方社会中崛起，故也被视为一种"后现代"的思潮。

第四章　西方女权神学思潮的兴起
及其问题意识

当代女权神学率先在欧美国家兴起，其思想受到 20 世纪下半叶以来全球性妇女解放运动的影响。女权神学有着明显的现实关切和社会倾向，其出发点是让人们正视在社会结构及人类文化中歧视女性、排斥妇女、将妇女置于从属地位这一历史与现状。女权神学曾明确指出，妇女的这种不平等处境和遭受歧视的状况在家庭和教会中也不例外，在现实中妇女很难找到能被公平对待的安身立命之处。因此，女权神学对社会和教会也有着双重批评，从而给西方社会和教会均带来巨大震动。女权神学旨在从神学理念上倡导妇女的翻身、解放，使之能够发挥主体意识和首创精神，从而能在各个方面、各个领域促进妇女的自由、福利、平等和对社会及教会事务的积极参与。

第一节　西方女权神学思潮兴起的社会及教会背景

西方女权神学思潮的兴起有着颇为复杂的社会、教会及其神学思想背景。西方社会在 20 世纪 60 年代进入第二次世界大战结束之后重起动荡的年代，自由主义和马克思主义的意识形态及社会批判在一定程度上被融入现代文化思潮之中。特别是在教会领域，20 世纪 60 年代的发展给女权思想带来了契机和动因，妇女可以接受神学教育，而且在社会及教会中都获得了更大的生存及权利空间，可以在宗教大学及神学院担任教职，甚至可以在教会中担任牧职，独立主持宗教礼仪，因此也就有着更多的发言权。对于教会中男权统治的传统及其把持的话语权，以及社会及教会歧视妇女的现状，女权神学运动自 20 世纪 60 年代兴起，就一直在理论及实践上努力争取打破传统僵局，为女性自立获得更多的主动，积极主张允许妇女担任教牧工作、得以授任神职，以便能够参与教会领导，在教会中发挥重要作用。随着基督教新教各派中妇女可以担任牧职，甚至可以升任主教，其"女权"遂被逐渐获得。

当然，女性在教会中的逐渐自由和解放并非现代社会中的凭空创造，其实教会中妇女的解放在作为近代开端的欧洲宗教改革运动中就已经始见端倪，由此诞生的基督新教允许神职人员结婚、修女还俗，给基督教会内吹入一股新风。在新教近代发展中，妇女担任圣职人员的突破也较早出现，从而给女性在教会中的地位带来极大改变，妇女在教会事务及圣礼活动中发挥的作用也越来越大。

新教贵格会早在 17 世纪就已经允许女性担任牧职。自 19 世纪末期开始，基督新教的一些教会也逐渐将神学教育及教会牧职向妇女开放，这一变化在公理宗发生在 1853 年，在循道公会、神体一位论派和普救派等则发生在 19 世纪 70—80 年代。而在 20 世纪下半叶，这种发展趋势得以进一步扩大。在 1955—1975 年，不少基督新教的主流教会也将其牧职向女性开放，妇女授任牧职在卫理公会的主流教会和北长老会中始于 1956 年，在路德宗始于 1965 年，而美国圣公会则始于 1974 年。

比较而言，被视为基督教新教中比较保守的圣公会虽然给妇女按立圣职实行得较晚，而自 20 世纪下半叶以来也取得突破，尤其是在 20 世纪末和进入 21 世纪以来已经有了明显进展。如前所述，比较激进的美国圣公会自由派早在 20 世纪 70 年代就开始争取妇女可以获得圣职。1970 年，美国圣公会女性在其全国大会上发言，并投票通过了取消圣公会原来教规中女执事必须独身的规定，允许女执事可以结婚一次，但她们要求女性可以担任牧师、主教的提议还是没有获得通过；此后她们在 1971 年再次提出这一要求，但在 1973 年其全国大会上仍然没有得到通过。而她们并不甘心这一挫折，遂说服美国圣公会已经退休的三名主教丹尼尔·科里根（Daniel Corrigan）、罗伯特·L. 德威特（Robert L. DeWitt）、爱德华·R. 韦尔斯（Edward R. Welles）于 1974 年 7 月 29 日在费城将梅里尔·比特纳（Merrill Bittner）、阿拉·博扎特-坎贝尔（Alla Bozarth-Campbell）、艾莉森·奇克（Alison Cheek）、埃米莉·休伊特（Emily Hewitt）、卡特·海沃德（Carter Heyward）、苏珊娜·希亚特（Suzanne Hiatt）、玛丽·穆尔菲尔德（Marie Moorefield）、珍妮特·皮卡德（Jeannette Piccard）、贝蒂·希斯（Betty Schiess）、卡特里娜·斯旺森（Katrina Swanson）和南希·威蒂基（Nancy Wittig）这 11 名女性封立为圣公会牧师，时称"费城 11 人"（Philadelphia Eleven）。为此，美国圣公会众议院副主席查尔斯·V. 威利（Charles V. Willie）曾发表题为《所有信徒的牧师》布道讲话，对之表示支持，并特别强调如同黑人在 1955 年蒙哥马利的公交车上拒绝让出座位，女性也要拒绝接受被教会边缘化的压迫。

此后，女牧师简·霍姆斯·迪克松（Jane Holmes Dixon）于 1992 年升任美国圣公会华盛顿主教区副主教；而女牧师玛丽·阿德莉亚·罗莎蒙德·麦克劳（Mary Adelia Rosamond Mcleod）于 1993 年也升任美国圣公会弗蒙特主教区主教。甚至让整个世界圣公会都感到惊讶的是，美国圣公会因在 2003 年 11 月 2 日任命同性恋者卡农·V. 吉恩·罗宾逊（Canon V. Gene Robinson）为新罕布什尔州教区主教而于 2004 年遭到世界圣公会领袖、时任坎特伯雷大主教的罗恩·威廉姆斯（Rowan Williams）的指责，在其发布的《温莎报告》上被要求为此而道歉之后，却又于 2006 年 6 月 19 日任命女性圣职人员凯瑟琳·杰弗茨·斯科瑞（Katharine Jefferts Schori）为美国圣公会大主教。这一系列激进做法终于导致美国圣公会内部的保守派于 2009 年 6 月发表声明，以颁布《北美安立甘会章程》的方式与自由派分裂。但美国圣公会的自由派并没有收手，而是于 2020 年 2 月 18 日又任命女同性恋者邦尼·A. 佩里（Bonnie A. Perry）为密执根教区主教。在这一阶段，澳大利亚圣公会也于 2008 年 6 月按立了其第一位女主教凯·戈兹沃西（Kay Goldsworthy）。在这种女权主义的冲击下，一直以来比较保守的英国圣公会在妇女任圣职上终于也出现了突破，其在 1987 年时就有了第一位女执事，并于 1992 年 11 月正式决定可以给妇女授任圣职，并于 1994 年祝圣了利比·莱恩（Libby Lane）等人为第一批英国圣公会的女牧师。这一突破遭到了英国圣公会内部保守派的抗议和抵制，当时就有 400 多圣职人员宣布退出圣公会，转为天主教神职人员。

而这种抗议和抵制并没有挡住英国圣公会内部女权主义发展的步伐。2014 年 5 月，其 44 个教区中有 42 个教区投票同意有女主教，从而使莱恩非常顺利地于 2015 年 1 月 26 日当选为英国圣公会的首位女主教，即约克郡斯托克波特教区主教。而坎特伯雷大主教贾斯廷·韦尔比（Justin Welby）亦对之表示赞赏。2019 年 7 月，英国圣公会又有了首位黑人女主教，即多佛教区的罗斯·哈德森-威尔金（Rose Hudson-Wilkin）主教。

在这种女权主义思潮发展的冲击下，历史上在妇女问题上一贯保守的天主教最近也出现了松动。尽管在 2018 年的天主教世界主教大会上仍然有上千人签名坚持女性没有投票权，教宗方济各仍然在 2021 年 2 月任命修女纳撒莉·贝夸特（Nathali Becquart）为世界主教会议秘书长马里奥·格里奇（Mario Grech）的副手，故而成为第一位在世界主教会议上拥有投票权的女性。格里奇为此也表示，整个教会都需要反思女性在天主教会中的地位和作用。而天主教和东正教内部在妇女担任神职问题上仍然没有让步的势力则受到女权神学的猛烈抨击。

第二节　西方女权神学思潮兴起的思想理论背景

在神学理论领域上，女权神学的理论则主要是从女权主义意义上对《圣经》及教会教义重新加以诠释。它特别关注在其宗教文献、礼仪和实践中对妇女的积极理解和对妇女作用的肯定强调，以便能够从神学理论和信仰传统上突出妇女在其宗教团体、宗教实践中的平等、互助地位。此外，对妇女问题的注重在西方基督教会中亦形成了宗教中的妇女研究和神学中的女权诠释，而女权神学本身与对女权神学的研究也往往交织在一起，形成难以明确区分的主客体交融局面，如在荷兰成立的欧洲妇女神学研究协会（European Society of Women in Theological Research），以及在英伦三岛建立的英国和爱尔兰女权神学学院（Britain and Ireland School of Feminist Theology），也都已成为"学院派"女权主义神学的代表。

从西方思想史的发展来看[①]，女权主义思想在欧洲中世纪时期天主教修女们的相关论述中始有萌芽，如德国修女希尔德佳·冯·宾根（Hildegard von Bingen，1098-1179）和英国修女诺威奇的儒利安（Julian of Norwich，1342-1420），她们发现妇女完全可以接受神学教育，并可以撰写神学论著，甚至认为妇女也可以担任教职和神职。希尔德佳著有《要知道的路》（Scivias I-III，约 1141-1151）、《功劳生命之书》（Liber vitae meritorum，约 1158-1163）和《神性工程之书》（Liber divinorum operum，约 1163-1173）等，儒利安则著有《神爱的十六个启示》（The Sixteen Revelations of Divine Love，约

---

① 以下相关论述参考并引述了 Susan Frank Parsons ed.，*The Cambridge Companion to Feminist Theology*，Cambridge University Press，2002，pp. 3-18，特此说明。

1393）。她们的著述中有着积极的女性象征，并将之与上帝的智慧形象相关联，强调在人的灵魂得救中女性有着平等的灵性地位。这一观念在欧洲文艺复兴时期亦有所发展，如意大利裔法国女人文主义者克里斯蒂娜·德·皮赞（Christine de Pizan，约 1365–1432）在写于 1390—1429 年的《女性城市之书》（*The Book of the City of Ladies*）中论及女性本性之善恶，认为妇女有着整全的人性，也有能力保持其善德，从而对神职人员及流行诗人厌恶女性的讽刺和指责加以坚决驳斥。

在宗教改革及启蒙运动时期，对女性表示同情的思想亦有萌芽，但未得到相应展开。如德国就有同情女性的男性人文主义神学家阿格里帕·冯·内特斯海姆（Agrippa von Nettesheim）① 在 1529 年写有 "论女性的高贵与优杰"（On the Nobility and Preeminence of the Female Sex）一文，强调女性同样有着道德优越感，并指出妇女的依附地位并非来自上帝的意志或女性自身的自然劣势，而乃男性凌辱女性的 "霸道" 所致。不过，由于宗教改革及启蒙运动时期的人们主要关注点乃是对中世纪的批判，故对女性权益问题没有特别思考和呼吁。

英国在 17 世纪曾一度出现支持女权主义的讨论，其舆论来自普通民众比较激进的启示录基督教意向，以及社会精英的人文主义思想。在强调内在光照的贵格运动（the Quaker movement）时期，有着女权神学思想倾向的思想家玛格丽特·费尔（Margaret Fell）曾于 1666 年撰写了 "妇女的祈祷按照圣经乃合情合理"（Women's Preaching Justified according to the Scriptures）一文，肯定女性的牧职作用，并认为其对教会救赎功能的形成乃至关重要。此外，英国圣公会的女人文主义者玛丽·阿斯特尔（Mary Astell）在 1694 年也推出了题为《对女性的认真建议》（*A Serious Proposal to the Ladies*）一书，指出女性受教育的平等乃是其灵魂在此生与来世获得平等之前提。这种要求女性公平权益的呼吁被视为 "第一次女权神学运动"。由于当时女性在教会及社会中被排挤的状况并未得到根本改善，因此这还算不上严格意义的运动，而且其实际上也被边缘化了，并没有形成其所期望的社会影响。

---

① 阿格里帕（1486–1535）对经院哲学颇为反感，为《论科学与艺术的不确定及空虚性》（*De Incertitudine et Vanitate Scientiarum et Artium*，1530）、《论隐秘的哲学》（*De Occulta Philosophia*，1531）等书的作者。

　　18 世纪下半叶和 19 世纪出现的社会革命，包括曾席卷西方社会的自由主义和社会主义思潮主要关注的仍然是社会不公和贵族及资本主义统治的问题，在性别歧视和女性权益上并没有特别的注意和任何实质性突破。不过，这种社会革命也给西方社会的女性提供了新的工具来积极对待性别关系上的不平等问题，提出改革举措。在法国、英国和美国等地，一批具有女权意识的社会批评家如奥林皮·德·古奇（Olympe de Gouge）、玛丽·沃斯通克拉夫特（Mary Wollstonecraft）、艾比盖尔·亚当斯（Abigail Adams）、弗朗西丝·赖特（Frances Wright）等人就曾运用自由主义或社会主义的思想原则来推动社会组织的改革，希望在一个新的社会中能够允许妇女获得平等权利。

　　而到了 19 世纪的中叶，性别平等则已经成为有组织的社会运动，公开呼吁给予女性财产权、高等教育权、公民权和政治权等男性所享有的权利。特别是在美国，这种女权诉求则与废奴运动有机地结合起来。正是在这种背景下，出现了最早尝试改变基督教神学传统中男权统治的努力，比较系统的女权神学理论始见端倪，并且针对基督教神学中女性歧视的范式而提出了公开挑战。其中在美国等地的这种女权主义神学之典型代表包括萨拉·格里姆克（Sarah Grimke）、卢克丽霞·莫特（Lucretia Mott）、伊丽莎白·卡迪·斯坦通（Elizabeth Cady Stanton）等人，由此而形成真正意义上的女权主义运动及女权神学发展。1839 年，格里姆克发表《论性别平等及妇女状况的书信》（Letters on the Equality of the Sexes and the Condition of Women），起到一石激起千层浪的作用。1849 年，莫特推出《女性话语》（*Discourse on Woman*）一书，更是引起西方妇女界的强烈反响。1895 年，斯坦通则组织编辑了《女性的圣经》（*The Woman's Bible*），其出版发行受到女性的普遍欢迎，但也引起巨大争议。在基督教信仰上，格里姆克和莫特来自贵格会传统，其教会早在 17 世纪就已经允许女性主持祈祷和担任牧职，她们基于上帝形象具有性别平等的解释而展开其神学批判，指责男权统治对上帝创世意向的歪曲及性别歧视乃是反对妇女和反对上帝之罪。而斯坦通的批评则更加激进，她认为性别歧视的神学不只是某种误读，其本身就是性别歧视的产物，而《圣经》中已经有性别歧视的因素，故此需要一种"女性的圣经"，从中可以展望女权主义的神学及其伦理层面的解放。

　　如果说 19 世纪 40 年代至 20 世纪 20 年代的上述发展可以被称为西方

女权主义思想的"第一次浪潮",那么其"第二次浪潮"则以西蒙娜·德·伯伏娃(Simone de Beauvoir)1949 年出版的《第二性》(*The Second Sex*)一书为标志。在"第一次浪潮"的冲击下,妇女获得了部分权益,如得以接受高等教育、有财产分配权,以及在美国、英国等地的投票权等。但性别歧视的局面并没有得到根本解决,如女性就业机会少、男女同工却不同酬等。而基督教会内部出现的社会福音运动、新正统思潮等反而强化了教会中的男权统治。因此,女权主义的"第二次浪潮"就显得很有必要了,而这也导致了女权神学在 20 世纪下半叶的真正形成,随之则出现了对女权主义神学比较系统且深入的阐述。

20 世纪 60 年代,"女权神学"(Feminist Theology)这一表述在美国从事犹太教和基督教神学研究的学术领域中最先得以应用,随后的 70 年代则开始形成女权神学理论风起云涌之势。其外在因素是当时在美国涌现的民权运动和反战思潮,这激起了对美国社会种族主义、阶级压迫、性别歧视的尖锐批评,其中首先是自由派的白人女性开始要求在教育、民事、政府等机构有着与男性平等的权利,也有一些妇女走向极端的女权主义,要求其社会从根本上扭转当时存在的男女处境,并形成以女权为主的社会统治,但来自非洲、亚洲及拉丁美洲的女性并不在其基本考虑之内。其内在因素则是基督教会自身的处境亦发生了变化。自 20 世纪 70 年代以来,越来越多的女性进入了神学院学习,获得了神学博士学位,并在神学院任教,其中一些女性亦成为著名的神学教授。这样,女权主义神学的发展遂水到渠成,并成为基督教神学体系及其神学教育的重要构成。

在西方女权神学的发展中,其主要代表人物中有相当一部分是女性天主教徒,这在美国女权神学中尤为典型。究其原因,一是女权神学兴盛之际恰逢天主教第二次梵蒂冈大公会议的召开,这次会议给天主教会带来了一股清新之风,更是触发了天主教女性寻求改革的强烈渴望,因而使其能积极参与,并在教会建制革新比较困难的处境中会更多侧重于理论层面的思考。在这种教会自身的革新尝试中,比较进步的天主教修女一马当先,但她们主要是将对教会的女权主义批评应用到其宗教社团的更新之中,以便能如第二次梵蒂冈大公会议所号召的那样"跟上时代"。二是 20 世纪 60 年代也是基督教普世教会运动获得突破发展的时期,第二次梵蒂冈大公会议因而比较支持基督教会各派之间的积极沟通与对话,这使不少天主教女性得以进入新教背景的大学及神学院深造，获得具有批判性审视的神学教育，故而可在女权神学的推进上有更多作为。特别是在美国，一批具有自由主义思想倾向的新教背景之大学如哈佛大学、耶鲁大学、普林斯顿大学、芝加哥大学和纽约协和神学院等都吸纳了大量来自天主教信仰传统的女生就读，其受到的女权神学思想之影响也就不言而喻了。此外，美国的一些天主教大学如圣母大学、福德姆大学，以及相关耶稣会大学和神学院亦曾一度对女性持相对开明的态度，这也促进了天主教女性对神学中女性自我意识的开放和吸纳。三是美国天主教有其相对的独立性，梵蒂冈及天主教教宗很难真正对之加以有效驾驭和实际掌控，美国天主教内的这种自由气氛，显然可使其女权主义的神学思想得到更加充分的发挥。

综合而论，这一女权主义神学思潮的特点是强调妇女的"经验"之不同，认为神学研究及其话语应该关注妇女的独特经验。但随着研究的深入，人们逐渐发现"妇女经验"本身的不同和其现象之多元很难抽象而谈，因为这种"经验"既有妇女个体的经验，亦有其群体经验，二者关联却不同，如美国妇女本身就有种族、阶级等区别，其黑人妇女与白人妇女的社会生活就会有全然不同的"经验"，而社会底层妇女的生活经验与社会中上层妇女的生活经验更是有着天壤之别。由此可见，西方女权神学从一开始就有其多元性和复杂性，代表着当代社会中处境迥异之妇女的不同声音。

第三节　西方女权神学的主要代表人物

西方女权神学的代表性并非仅仅局限于西方，因为许多第三世界的女性也在西方接受了神学教育，其中相当一部分人留在西方大学、神学院任教，或在西方社会从事各种工作，故其神学理论留有深深的西方神学烙印。不过，西方女权神学的凸显则在于其强烈的西方问题意识及西方神学色彩，而在第三世界的女权神学所发展出的思想理论则有其地域特色，乃是典型的第三世界社会关注及其问题的神学解答。笔者曾经在《当代亚非拉美神学》① 一书中专门论及第三世界的女权神学，故而本研究则集中在

---

① 参见卓新平《当代亚非拉美神学》，第五章"当代亚非拉美女权主义神学"，上海三联书店，2007，第 557~600 页。

对西方女权神学家的分析阐述。

在北美，女权神学发展较快，较为活跃的女权神学家颇多，包括玛丽·达莉、罗斯玛丽·雷德福·鲁塞尔（Rosemary Radford Ruether）、伊丽莎白·舒士拿·费约伦萨（Elisabeth Schüssler Fiorenza）、萨利·麦克法格（Sallie McFague）、菲利斯·特里布（Phyllis Trible）、伊莎贝尔·卡特·赫瓦德（Isabel Carter Heyward）、玛丽·韩特（Mary Hunt）、苏珊·布鲁克斯·蒂苏思维特（Susan Brooks Thistlethwaite）、丽塔·纳卡施玛·布罗克、凯瑟琳·克勒尔（Catherine Keller）、丽贝卡·肖普（Rebecca Chopp）等人。此外，属于北美边缘群体女权神学的代表人物还包括德洛里斯·S. 威廉斯（Delores S. Williams）、杰奎琳·格兰特（Jacquelyn Grant）、卡蒂·坎农（Katie Canon）、艾达·玛丽亚·伊萨西-迪阿茨（Ada Maria Isasi-Diaz）、内奥米·P. F. 骚特哈德（Naomi P. F. Southard）等人。达莉、鲁塞尔和费约伦萨早在 20 世纪 60 年代晚期以来就全力推动女权神学的发展，她们遂成为美国第一代思想阐发比较系统的女权神学家。此后她们的从者如流，蔚然可观。

在欧洲，女权神学家和女权神学研究者则包括以荷兰为主的欧陆女权神学家凯瑟琳娜·哈尔克斯（Catharina Halkes）、埃尔斯·麦克贝格（Els Maeckelberghe）、朱莉·霍布金斯（Julie Hopkins），德国女权神学家伊丽莎白·莫尔特曼-温德尔（Elisabeth Moltmann-Wendel）、伊丽莎白·格斯曼（Elisabeth Gössmann）、卢伊斯·绍特罗夫（Luise Schottroff）、苏珊·海涅（Susanne Heine）、多萝西·瑟勒（Dorothee Sölle），英国女权神学家莫尼卡·福隆（Monica Furlong）、玛丽·格雷（Mary Grey）、格雷斯·詹茨恩（Grace Jantzen）、苏珊·多维尔（Susan Dowell）、琳达·赫尔康布（Linda Hurcombe）、萨拉·迈特兰德（Sarah Maitland）、珍妮特·莫雷（Janet Morley）、拉维尼娅·拜恩（Lavinia Byrne）、玛丽娜·沃内尔（Marina Warner）、苏珊·哈斯金斯（Susan Haskins）、乌苏拉·金（Ursula King）、安·罗德斯（Ann Loades）、珍妮特·马丁·索斯凯斯（Janet Martin Soskice）、尼古拉·斯莉（Nicola Slee），法国女权神学家朱莉娅·克里斯特瓦（Julia Kristeva）、艾琳·卢塞尔（Aline Rousselle）、艾梅·乔治·玛尔蒂莫（Aimé George Martimort）、伊丽莎白·伯尔-西格尔（Elisabeth Behr-Sigel），以及北欧女权神学家卡里·伊丽莎白·勃瑞森（Kari Elisabeth Børresen）等人。

第五章　北美女权神学思潮的主要代表

第一节　达莉

一　生平与著述

玛丽·达莉（亦译戴莉、戴利）于 1928 年 10 月 16 日出生在美国纽约的一个有着天主教信仰传统的爱尔兰裔家庭，从小在天主教学校就读，在 20 世纪 50 年代开始接受高等教育，最早就读于圣罗斯学院，1950 年获得英语专业的学士学位，然后于 1952 年在美国天主教大学获得英语硕士学位，她本想在读博期间专门研习天主教神哲学，但天主教大学当时并不允许女性读神学博士，这一兴趣遭到冷遇，她随之进入印第安纳州的圣玛丽学院读宗教哲学专业，并担任该校英语讲师，于 1954 年获得哲学博士学位，毕业后她于 1954—1959 年在枢机库欣学院作神学和哲学教师工作。由于美国天主教神学院不接收女生，她于 1959 年远赴欧洲，在瑞士弗里堡大学专攻天主教神学和天主教哲学，并于 1963 年获得神学博士学位，1965 年获得哲学博士学位。对这段经历她曾回忆说："我的热情就在于学习哲学和神学，而对于一个在天主教封闭环境下成长的人来说，神学就意味着'天主教'神学。在美国却没有任何地方可允许女性在这一领域为获得'最高学位'即神学中'具有权威性的'博士学位而学习。既然我想争取其'最高学位'，所以就只好申请去弗里堡学习，在那儿神学系属于国家所掌控，因而就不可能合法地排拒女性。"① 在留学欧洲期间，她深受欧洲女权运动创始人、存在主义哲学家萨特的伴侣西蒙·波伏娃（Simone de

---

① Mary Daly, *The Church and the Second Sex*, Boston: Beacon Press, 1968, p. 8.

Beauvoir，1908-1986）① 的女权主义哲学影响，由此逐渐形成其女权思想的特色。而在弗里堡上学之际她也在梵蒂冈第二次大公会议期间访问过罗马，这也激励其积极推动天主教会的改革，并把妇女权利问题作为其切入点。

1966 年达莉返回美国后担任耶稣会所办波士顿学院的助理教授；本来波士顿学院因为她的著作《教会与第二性别》在 1968 年出版后引发争议而曾试图解雇她，但当时学生们为她请愿并有 2500 多个学生在请愿书上签名，故而不得不继续雇用她，她随之在此任教达三十多年之久。1969 年，达莉获得该校终身副教授一职，但学院因其著作在基督教界的争议而先后在 1974 年及 1989 年两次拒绝了她晋升教授的申请，直至 1999 年她因为拒绝男生上她开设的"女性专属"女权伦理学一课而被起诉，学院故此终结其终身教职，当官司进入 2001 年时双方声明庭外解决，自此达莉亦正式终止了其在波士顿学院的教职生涯。她于 2010 年 1 月 3 日去世。

达莉的代表著作有《思辨神学问题》（*The Problem of Speculative Theology*，1965）、《雅克·马利坦哲学中关于上帝的自然认知》（*Natural Knowledge of God in the Philosophy of Jacques Maritan*，1966）、《教会与第二性别》（*The Church and the Second Sex*，1968）、《天父之外：朝向一种妇女解放的哲学》（*Beyond God the Father：Toward a Philosophy of Women's Liberation*，1973）、《强奸文化，与埃米莉·卡尔佩珀的电影剧本》（*Rape Culture，a Screenplay with Emily Culpeper*，1975）、《女性生态学：激进女权主义的元伦理学》（*Gyn/Ecology：The Metaethics of Radical Feminism*，1978）、《纯欲：初级女权哲学》（*Pure Lust：Elemental Feminist Philosophy*，1984）、《与简·卡普淆合编之新韦氏国际英语词典》（*Websters' First New Intergalactic Wickedary of the English Language Conjured in Cahoots with Jane Caputi*，1987）、《在外历程：令人迷醉之旅及我作为激进女权主义哲学家的旅行日志回忆》（*Outercourse：The Be-Dazzling Voyage Containing Recollections from My Logbook of a Radical Feminist Philosopher*，1992）、《本质要素：实现原初之未来：激进女权主义者的基本宣言》（*Quintessence：Realizing the Archiac Future：A Radical Elemental Feminist Manifesto*，1998）、《惊人的恩典：回想犯大罪的勇气》（*Amazing Grace：Re-calling the Courage to Sin Big*，2006）等。

---

① 其代表著作为《第二性》（*The Second Sex*，1949），被视为女权运动的"圣经"。

二　基本女权神学思想

达莉属于比较激进的女权神学家及哲学家，其对男权主义的文化及父权制的宗教都表示出坚决反对的态度，而其神学构思也明确表达了她对这两种传统的反叛，其代表作《教会与第二性别》就公开向天主教的妇女观提出挑战，认为任何制度性及组织化的宗教其实都是父权传统的衍生物，因此必须对之加以根本性变革。这种叛逆性更是在其公开宣布自己是女同性恋者身份时得以彻底显露，她早在 20 世纪 70 年代初就已自称为"激进的同性恋女权主义者"。由于其天主教信仰背景，达莉对男权主义的基督教有着激烈的批评，她认为教会的内在传统本身就是父权结构的，具有扼杀女性的巨大破坏性。她说："将举止傲慢、衣着华丽的'教会王子'与有着卑微、自贬之样和着装朴实无华的极少数女性做对比乃令人震惊。观看蒙着面纱的修女拖着缓慢的脚步到祭台栏杆边从一个神父的手中领取圣餐，就有着如同观察在某些怪诞的野餐上一群卑微的蚂蚁那样的感觉。"[①] 而这种野餐就好像在给蚂蚁施毒一般。其场景折射出女性在教会中颠倒而反常的处境，男性对女性的剥削和奴役已经耗尽了女性的生命及灵性，给其身心都带来了毁损和伤害。她从历史、哲学和政治等视角对这种歧视并伤害女性身体、心灵和精神的教会传承展开批判，希望能够实现一个男女平等的教会。在其矫枉过正的努力中她甚至还提出了"女性独有""女性中心主义"等偏激主张，她在大学教学中试图营造一种纯女性及女性中心主义的氛围，并在其课堂中及公开演讲中拒绝男性的参加，这在当时曾造成了极大的教学风波，也引来了学校及教会的强烈抗议。达莉喜用辛辣的比喻和讽刺，在反对男权主义上毫不留情，而其文字之犀利且表达之幽默也给人留下了深刻印象。

达莉认为将男性与天主相关联乃基督教会的内在本质，这直接导致了教会中男性优越于女性，并会以其宗教方式来推行其嫌弃女性的实践。为此，达莉曾以一句著名格言来对之概括："如果天主为男性，那么男性就是天主。"[②] 事实上，男性在教会中亦对女性拥有统治权力；由于天主被理

---

① Mary Daly, *The Church and the Second Sex*, p. 10.

② Mary Daly, *Beyond God the Father: Toward a Philosophy of Women's Liberation*, Boston: Beacon Press, 1973, p. 19.

解为男性，男人遂享有教会的领导权和神学的解释权，女性则不被允许成为教会神学家，甚至被剥夺掉了教育男孩的权利。达莉声称基督教的基本信息乃集中在一个男性天主身上，而这种男权主义正是教会中一切邪恶之源，它与妇女在教会中遭受到的歧视和压迫直接关联。达莉希望教会能够成为一个男女平等、体现"热爱生命之天性"的空间，为了捍卫女性的尊严，她亦反对那种从男性变女性的"异性癖"，对男性任何企图侵害女性权益的举止和行为都严加防范与反对。

达莉的女权主义思想在当代基督教神学发展中具有开拓性的里程碑意义。她是以女权主义反对教会男性权力的始发者，其思想理论标志着基督教思想史上一种全新意识的诞生，这就是女性的自我意识、自我认知和自我肯定。她认为教会的革新就在于从根本上改造男权主义所造成的腐败、朽坏之教会结构，要以女权主义的清风来使教会焕然一新，再现青春。对女性意义及价值的发现可以带来女性的解放，也是对神圣启示的新理解及新解释。过去女性在父权教会形式的社会中处于边缘地带，但如今则需要女性理直气壮地走入教会的中心，发挥其重要作用。对于教会的重建而言，女权的肯定和确立不是对教会的破坏，而是意义深远的创新。在达莉看来，其实在教会的原初结构中就有着女权主义的元素，只是被父权教会史的发展遮蔽，而现在仅需把这一思潮有效地发挥出来。父权教会史就是一部对女性系统谋杀和在社会各领域对之羞辱欺凌的历史，在父权制的神话与传说中亦充满了对女性的贬损和诋毁，亵渎女性的尊严。对此，达莉展开了系统性的哲学批判，揭露基督教的理论和实践记载中有着根深蒂固的厌女症迹象，指出基督教从其开始就不断地欺负和压迫女性，甚至其对圣母的崇拜都只是建基于信奉一个男性天主的作为，以及为了成就一位男性的救世主而已，而这一圣母自身却是被动的、无性生育的，并违背常规地跪拜在其儿子面前。显而易见，基督教的虔敬并不是朝向女性的，女性在此只能是陪衬、点缀，以完善男性的功绩；她们的存在及性别已被男性绑架，甚至她们中的历史典范也是为了说明男性的伟大。对此，达莉还以阿维拉的特内撒（Teresa of Avila）等历史上的虔诚女性为例来加以充分说明。

此外，达莉还指出基督教并非歧视女性的唯一宗教。纵观世界文明及宗教的历史，达莉发现许多宗教都充满了父权意义的神话、伦理、教养和美学，女性几乎都是被动或负面的角色。基督教的不同，只是在于其用人类堕落的神话来将原罪与女性绑在一块，甚至指责原罪之由也是起自女性。而圣母的形象则是人世女性不可企及的，对其尊崇亦属例外。她指责印度文化及宗教中的女性殉夫自焚或陪葬是"对婚姻的终极耗用"，她亦批评中国传统文化中强迫妇女裹脚缠足是对女性的残忍无情，而禁止妇女参加祭祖仪式则是对女性的明显歧视和轻蔑，她进而谴责了非洲文化传统中对女性生殖器的割礼之野蛮和残酷。

　　而在现代社会中，这种对女性的歧视及排拒也没有消减，无论在社会政治领域，还是在宗教信仰领域，对女性的排斥和鄙视几乎是全方位的。达莉梳理了在人类社会发展中出现的种族主义、狭隘民族主义、国家主义、军事主义、帝国主义、自然破坏等潮流中女性的处境，指出在社会动乱中对女性的凌辱、强奸、杀戮都特别典型，令人发指。女性在自然灾害和社会动荡中受到的伤害乃首当其冲，而其忍受和担当却被根本忽视。这种不公平在本质上仍然是父权意识及其传统在作祟，而其罪行却被掩饰或转嫁。传统宗教在其中所起的作用则是推波助澜、助纣为虐，并没有为女性主持公道、伸张正义，反而是造出并传播掩盖这一非人道之真相的幻觉及想象。父权主义的牺牲品通过各种神话而被神秘化，妇女自己也深受其欺骗，从而可能会相信或跟着说起这些父权主义有关女性及其世界的谎言。所谓关乎天父的神话或许也会提及妇女的解放及成功，让其舔到一点权利和收益的甜头，从而使女性相信社会的公平，至少在这种粉饰太平的氛围中只想有点改良而不必革命。所以，达莉认为教会已经远离真理本身，其体制及传统对女性的歧视和对人性的贬低使之无法拯救人类。其核心教义是说天主是男性，因而神明势必为男性所专属，世人在今生今世只有经历受苦受难才能获得彼岸来世的真正幸福，故此女性的受苦受难也就理所当然了。这种教诲使女性得以安贫乐道，随遇而安，认可自己的卑微地位而与世无争，却不可能给女性带来真正的解脱和希望。所以，与教会宣扬的"教会之外无拯救"（extra ecclesiam nulla salus）截然相反，达莉断言"教会之内无拯救"（intra ecclesia non salus est）。在教会保守、封闭的压抑下，女性只会走向其身心的疲惫和精神的窒息。

　　受基督教存在主义的影响，达莉强调妇女必须要有"存在的勇气"，要通过对父权体制的抗拒而发现女性自我的"新存在"，即摆脱父权信仰的约束而回归其原本应有的真实存在，这就是妇女本身要成为天主的"道成肉身"。她认为："妇女通过创造性的行动而实现可发挥我们人类潜能的觉醒，则可被设想为拥有能够带来天主显现的潜能，这就是道成肉身之天主的第二次显现，以实现其原初启示中潜在的应许，即男性和女性都是根据天主的形象而被创造出来的。"① 只有通过这一 "信仰的跳跃"，妇女才能重新发现人类的潜能，获取其原初的权力，宣示其女性的尊严，并开始以女性为中心的新存在。所以说，这种 "新存在" 就是妇女在其自身中发现了创造性的、能动的力量，朗现了她们曾被父权神话所遮蔽的真实人性。因此，达莉坚持妇女的解放也应该是全方位的，包括社会的、政治的、学术的、身体的、情感的，以及精神的解放。而这种纠偏则应该带来女性中心的理念，使教会中的男女关系推倒重来；新的社会结构及教会结构应有新的选择，女性就理应成为其主流和核心。这就是女性应该有的存在及身份，而这一时代潮流亦势不可挡。她号召妇女要勇敢地站起来，敢于发声，无所畏惧地宣示其本有的人性尊严，拥有正名的权利，使其人生充满意义。她为此也坚决否定那种认为意义的构成乃亚当的使命之神话，否定《圣经旧约·创世纪》中关于人吃知善恶树之果实乃犯罪之说；既然是女性始祖夏娃先吃了知识之树的果子，并由此使人得以心明眼亮有智慧，那么这就根本不可被视为犯罪。达莉宣称妇女解放的新存在就是要诅咒神父们把原罪归咎于女性之说，就要嘲笑这种荒唐之举；只有妇女们超越 "天父" 的意识，才可能找到人生的真实意义，获得拯救和整全真在。在 "天主" 之言中，必然有妇女的存在性参与。"天主" 乃不及物之言，具有其超越性，而一旦其道成肉身，那么其具有创造性且充满意义的力量则必然会在妇女争取解放的斗争中展现出来，这也是天主道成肉身的题内之意。她认为不可物化性地理解道成肉身，而更应该将之视为一种能动性、创造性。天主对女性的召唤不是让其遭受病魔痛苦、期盼解脱，而是赋予其力量，使之拥有创造、思考和欢庆的能力。于此，女性不是悲观主义的奴隶，而可编织其理想之梦，追求飞旋上升，这一过程就是冲破父权体制的束缚，打破男性社会及教会的垄断，实现自己的解放。

不过，面对真实社会的严酷现状，不少人认为达莉的思想只是一种 "科幻" 神学而已，离可能实现相距太远。而其对《圣经》内容的指责、

---

① Mary Daly, *Beyond God the Father: Toward a Philosophy of Women's Liberation*, p. 73.

对现有教会结构的批评等，也被视为离经叛道、不可理喻。这样，达莉的激进态度使其被视为"激进女权主义"的代表，但其对基督教会的激烈批评亦使不少人认为她不再属于基督教的神学家，而她本人则公开宣称自己乃"后基督徒"（post-Christian）女权主义者，表明其与传统基督教会的分道扬镳。

第二节　鲁塞尔

一　生平与著述

罗斯玛丽·雷德福·鲁塞尔（通常中文译为鲁塞尔，亦有萝特等中译名）于 1936 年 11 月 2 日出生在美国明尼苏达州圣保罗，母亲为虔诚的天主教徒，父亲是美国圣公会信徒，童年在乔治城度过，其父在她 12 岁时去世，此后她随母亲移居加尼福尼亚州。可以说，她是在一种比较开明的天主教家庭氛围中成长的，在其母亲影响下对普世教会运动及女权思想都有特别的关注，从小亦受到人道主义、自由思想的熏染。1954 年，鲁塞尔进入斯科利普斯学院，其初衷是学习艺术，但很快就转向古典学，专攻哲学和历史学；在此期间她曾深受该学院新教徒教授罗伯特·帕默尔（Robert Palmer）批评基督教的观点影响，因为帕默尔热衷于希腊罗马古典文化精神的传播，这使鲁塞尔记住了帕默尔"首先是神明，其次是舞蹈，最后是故事"的名言，并开始迈出突破其基督教传统羁绊的重要一步。此间她结识了后为其丈夫的赫曼·鲁塞尔（Herman Ruether），亦受到其政治学理论观点的影响。鲁塞尔在此期间曾对宗教中的"神显"问题有着特别兴趣，为此还专门撰写过研究新旧约时期之间犹太教启示文学的论文。1958 年，她在该学院获得哲学和史学学士学位，随后进入克莱蒙特神学院研习古代史，在 1960 年获得史学硕士学位后继续在此攻读教父学和古典文学博士学位，开始关注马丁·路德（Martin Luther）和卡尔·巴特（Karl Barth）的神学思想，并曾专门研究过奥古斯丁（Augustine）等教父思想，于 1965 年以研究纳西盎的格列高利（Gregory of Nazianzus，约 329–390）的论文获得哲学博士学位，而其关于古典世界及宗教历史的探究遂成为其理解基督教的知识背景。也正是从 20 世纪 60 年代开始，鲁塞尔的兴趣从纯学术研究转向对社会问题的关注，尤其是对民权运动的直接卷入。她博士毕业后先是在密西西比有过短暂工作经历，目睹了美国社会种族主义的现状，对美国黑人社团的正义斗争深表同情。1966—1976 年，鲁塞尔在华盛顿特区霍华德大学宗教学院任教，在这一非洲裔神学院的教学生活中直接经历了美国社会的种族歧视现象，也接触到黑人解放神学的发展情况，由此对种族主义、社会不公、阶级压迫、性别歧视、殖民主义、战争威胁、生态危机等社会问题展开全面而深入的研究。她积极参加和平运动，并奋笔疾书指责时弊，还因为参加示威游行而经常被抓入监狱，这样也使她成为美国著名女权神学家。不过，与达莉不同，鲁塞尔从没有想过要脱离教会，而是在梵蒂冈第二次大公会议之后保持了与天主教思想家和社会活动家的密切联系。然而她也没有停止对教会的批评，特别是不认同天主教会的性别观及生育观。1976 年之后，鲁塞尔曾任教于伊利诺斯州伊文斯顿的加里特福音神学院；2000 年以来，她主要在加州伯克利联合神学研究院的太平洋宗教学院任教；她于 2022 年 5 月 21 日去世。

鲁塞尔的学术兴趣极为广博，其研究包括历史批判意义上的认知社会学、古典学、教父学、早期犹太教、反闪族主义等，其问题意识涉及种族、性别、社会、人权、生态等方面，而其神学重点则在基督论、方法论、神明性别表达、生态女权主义等，因此她著述颇丰，主要著作包括《教会的自我反对：末世社团历史存在条件探究》（*The Church Against Itself*：*An Inquiry into the Conditions of Historical Existence for the Eschatological Community*，1967）、《纳西盎的格列高利，演说家和哲学家》（*Gregory of Nazianzus*，*Rhetor and Philosopher*，1969）、《激进王国；西方的弥赛亚希望体验》（*The Radical Kingdom*；*the Western Experience of Messianic Hope*，1970）、《激进社会运动与激进教会传统》（*Radical Social Movement and the Radical Church Tradition*，1971）、《解放神学：人类希望与基督教历史及美国强权相遇》（*Liberation Theology*：*Human Hope Confronts Christian History and American Power*，1972）、《信仰与弑兄：反闪族主义的神学根源》（*Faith and Fratricide*：*the Theological Roots of Anti-Semitism*，1974）、《新女性，新地球：性别歧视意识与人类的解放》（*New Woman*，*New Earth*：*Sexist Ideologies and Human Liberation*，1975）、《从大男子主义到相互关系：论性别歧视和男女解放文集》（与尤金·C. 比昂奇合著，*From Machismo to Mutuality*：*Essays on Sexism and Woman-Man*

Liberation，1976）、《玛利亚，教会中的女性形象》（*Mary，the Feminine Face of the Church*，1977）、《灵性妇女：犹太教与基督教传统中的女性领导》（与埃莉诺·麦克劳克林合著，*Women of Spirit：Female Leadership in the Jewish and Christian Traditions*，1979）、《改变世界：基督论与文化批判》（*To Change the World：Christology and Cultural Criticism*，1981）、《争论问题：论做一个基督徒》（*Disputed Questions：On Being a Christian*，1982）、《性别歧视与言述上帝：朝向一种女权神学》（*Sexism and God-Talk：Toward a Feminist Theology*，1983）①、《妇女教会：女权主义礼仪社团的神学及实践》（*Women-Church：Theology and Practice of Feminist Liturgical Communities*，1985）、《当代罗马天主教：危机与挑战》（*Contemporary Roman Catholicism：Crises and Challenges*，1987）、《约拿的愤怒：以色列－巴勒斯坦冲突中宗教民族主义的危机》（*The Wrath of Jonah：the Crisis of Religious Nationalism in the Israeli-Palestinian Conflict*，1989）、《一个民主的天主教会：罗马天主教的重建》（与比昂奇合著，*A Democratic Catholic Church：the Reconstruction of Roman Catholicism*，1992）、《盖娅与上帝：一种救治地球的生态女权神学》（*Gaia & God：an Ecofeminist Theology of Earth Healing*，1992）、《上帝与各民族》（与道格拉斯·约翰·霍尔合著，*God and the Nations*，1995）、《妇女与救赎：一种神学历史》（*Women and Redemption：A Theological History*，1998）、《基督教女权主义救赎导引》（*Introducing Redemption in Christian Feminism*，1998）、《基督教与现代家庭的形成》（*Christianity and the Making of the Modern Family*，2000）、《宗教女权主义与地球的未来：基督教—佛教对话》（*Religious Feminism and the Future of the Planet：a Christian-Buddhist Conversation*，2001）、《异象中的妇女：三个中世纪的神秘主义者》（*Visionary Women：Three Medieval Mystics*，2002）、《女神与神圣的女性：一种西方宗教史》（*Goddesses and the Divine Feminine：a Western Religious History*，2005）、《整合生态女权主义、全球化和世界宗教》（*Integrating Ecofeminism，Globalization，and World Religions*，2005）等，编有《宗教与性别歧视：犹太教和基督教传统中的女性形象》（*Religion and Sexism：Images of Women in the Jewish and Christian Traditions*，1974）、《妇女与美国宗教》（与罗斯玛丽·斯金纳·凯勒合编 *Women and*

---

① 中译本：萝特：《性别主义与言说上帝》，杨克勤、梁淑贞译，香港道风书社，2004 年。

Religion in America，1981）、《妇女指南：女权神学读本》（*Womanguides*：*Readings toward a Feminist Theology*，1985）、《超越占领：美国犹太人、基督徒和巴勒斯坦人呼唤和平之声》（与马克·H. 埃利斯合编，*Beyond Occupation*：*American Jewish*，*Christian*，*and Palestinian Voices for Peace*，1990）、《信仰与起义：巴勒斯坦基督徒之声》（与奈姆·阿蒂克、马克·H. 埃利斯合编，*Faith and the Intifada*：*Palestinian Christian Voices*，1992）、《我们自己的声音：四个世纪美国妇女宗教著述》（与罗斯玛丽·斯金纳·凯勒合编，*In Our Own Voices*：*Four Centuries of American Women's Religious Writing*，1995）、《妇女救治地球：第三世界妇女论生态、女权主义和宗教》（*Women Healing Earth*：*Third World Women on Ecology*，*Feminism and Religion*，1996）等。

二 基本女权神学思想

鲁塞尔在其女权主义的神学论述中采取了比较辩证的方法，即在神学的传统经验与现代意识之张力中寻求一种平衡，她批评西方二元论的思维方式造成了今日的病态后果，扩展为社会的阶层等级系统，并导致了实际生活中的不公平之状。当下社会中的种族歧视、性别歧视、同性恋歧视、阶级压迫、军事霸权等都是源自这种二元思维方式。而辩证思维则可突破这种二元论的藩篱，更好地思考个人与群体的关系，审视社会的建构及其内在张力。她强调基督教的先知原则和女权主义的批判原则，以一种冲破传统束缚的批判性审视来重新探究传统神学教义中的上帝论、基督论、宇宙论、创世论、人类论、原罪论和末世论等。

在鲁塞尔看来，基督教系统神学需要一种以女权主义为参考的重建。回溯历史，早期希伯来宗教和基督教一神论对古代女神观念其实有着颇为积极的评价，这表达了其信仰原初所具有的一种对女性的尊重。"古老神话视神和女神为一个合一的精神和灵的模型"，但是在后来的发展中，男权主义逐渐抬头，"男性一神主义把现实分裂为二元，即是超然的灵（思想、自我）和内在、依赖性的身体本性"[①]，从而形成了犹太教和基督教之中的男性一神主义的畸形发展，其中也流露出性别隐喻的二元论思维特性。鲁塞尔指出："犹太—基督教文化的男性一神主义被看作是理所当然

_____

① 〔美〕萝特：《性别主义与言说上帝》，杨克勤、梁淑贞译，香港道风书社，2004，第67页。

的，以致它使用单单一个性别去描绘神的独特之处一直没有被认识到。但这样的形象显示了一个从所有以前人类意识里的强烈抽离。"在此，"男性一神主义藉其宗教系统来强化父权统治的社会等级制度；它与男神和女神组合的神性形象截然不同。神是按父权统治阶级塑造的，且直接称呼这男性阶层，宣认他们为他的'儿子'。他们是他的代表，是与他所立之约的伙伴。作为妻子的妇女成为依附的仆人阶层。妻子、孩子和仆人，代表着为父权阶层所管治和拥有的一群。她们附属于男性，就如男性附属于神。一个具象征性的等级制度就被建立起来了：神—男性—女性。女性不再站在与神直接关系的地位；她们是透过男性与神联系"①。这里，鲁塞尔对男性一神主义在犹太—基督教文化中的来源及其在宗教文献中的表现亦有具体分析。她指出："这个男性一神主义的社会起源很有可能是来自游牧民族的社会。而在这些文化里缺乏女性在园艺方面的角色，较倾向于把神形象化为'天空之父'（Sky-Father）。游牧民族的宗教是以排他主义、具侵略性为特征，并与拥有土地的农业人民及他们的宗教具敌对的关系。"② 在《圣经》文献的表述中，"这种等级制度可在旧约的父权律法的架构里见到，当中只有家庭的男性成员被直接称呼。……这种等级'秩序'在新约中以一种宇宙定律形式出现"。③

　　鲁塞尔认为这种犹太—基督教文化的宗教传统明显偏向了男性一神主义，而其展开的人学解释却将妇女视为"罪恶的独特承受者"，归为人类原罪之肇端，从此使妇女低人一等，抬不起头来。所以，信仰的返本溯源、重加解释势在必行。不过在这一点上，她并没有达莉那种彻底否定基督教传统的偏激，而是希望能够在其信仰传统基础上有建设性的改造，做出一种对女性持公平之态的合理解释。在现实存在中，她认为女权主义神学必须面对种族主义、反闪族主义、核威慑、生态环境遭受破坏等问题，因而其思想理论有着社会学、生态学、民族学和政治学诸意趣。因此，她还提出过一种"妇女教会"的说法，以从教会论意义上探求当代教会构建之转型的可能性。她指出，妇女教会是"出埃及的教会"，"作为妇女教

---

　　① 〔美〕萝特：《性别主义与言说上帝》，杨克勤、梁淑贞译，第 66~67 页。
　　② 〔美〕萝特：《性别主义与言说上帝》，杨克勤、梁淑贞译，第 66 页。
　　③ 〔美〕萝特：《性别主义与言说上帝》，杨克勤、梁淑贞译，第 67 页。

会，我们主张基督的真正宣道、教会的真正宣道，此即我们的母—父之上帝的真正日程；上帝来临是要恢复而不是摧毁我们的人性，是要赎回被俘者，并重新宣称大地为我们的应许之地。我们不在流放之中，而教会却与我们一道在出埃及的行程之中。上帝的舍金纳（神圣显现——译者注）、神圣智慧、上帝的母亲面容已从男性统治的至高宝座上消失，而与我们一道进入了出埃及的行程中"。① 这一主张在女权主义神学思潮发展中曾形成了所谓"妇女教会"运动，即由女性基督徒自发地组成其小型团体，举行礼仪活动，并讨论妇女所关心的各种问题，包括妇女授任神职问题等。鲁塞尔认为，妇女教会在其结构上应体现出互助互惠精神，其社会行为和宗教象征的决定均应基于平等、公正的原则。实际上，妇女教会不但会关注正义、和平、生态、社团、礼仪等问题，而且它作为女性灵修试验也会为女权神学的发展提供重要的灵性资源。

鲁塞尔的思想涉及许多方面，其论述也很广，但一般会被视为生态女权神学的主要代表。这里涉及几个层面的综合，一是对生态学发展的关注和运用，本来关涉自然环境之生物科学在此与社会关切有机联系，其视域将地球生命网络状况与人类社会的干预放在同一个平面来审视；二是对生态女权主义的参与，即从其社会政治运动实践上升到理论层面的思考，由此触及女性的自然地位、人类对自然的辖制、社会的性别歧视、种族与性别的关联、物种至上主义的肆虐、社会与自然的失衡等问题；三是女权神学的宗教、哲学、神学与灵性思想发展及其理论体系的构建，以及女权神学对社会问题、生态问题的观点及提出解决这些问题的办法和途径。鲁塞尔认为人类乃地球生物结构的有机构成，而人类社会也是这一地球生存体系不可或缺甚至极为重要的部分。在地球的演化尤其是生物的演进中，人类其实乃后来者，本来只是地球生物中与众平等的一成员，但因为人类思维、灵性的形成而与其他生物拉开了距离，脱颖而出成为地球生物圈中与众不同的一员，并开始以地球的主人身份高于其他任何生物，由此将自然视为非人类、非灵性的存在，任意对之支配、开发、利用、掠夺、破坏。但这种与自然的对立也造成了人类的孤立，生物在逐渐减少，资源出现枯

① Rosemary Radford Ruether, *Women-Church: Theology and Practice of Feminist Liturgical Communities*, San Francisco: Harper & Row, 1985, p. 72.

竭，人类存在的环境也越来越恶化。因此，她从妇女权益及大地母亲等视角来观察、审视自然，从人类诞生之地、其生存根本所依等方面出发对生态问题加以思考，并发出其批判社会、拯救地球与人类的声音。在她看来，正是因为人们滥用地球资源、对之加以破坏性开发而导致了生态危机，而这一危机反过来又影响人类能否可持续发展，甚至直接威胁到人类本身的生存。由此，生态问题遂与社会问题有机关联，生态女权神学亦与社会女权神学结合起来。鲁塞尔说："漂浮的毒质、恶臭、地下的噪音已开始引伸至富有的郊区，这意味着一种生活方式开始走向完结。这是对社会体系提出质疑。但与此同时，我们发现提出关于新关系的问题的可能性：更简单、更和谐、更公义、更美丽的生命模式。妇女、身体和自然不再是肉体、罪恶和死亡的表征，而是神圣、神光的象征，神的智慧作为真理住在我们中间，使我们团结在一起。"[1] 这种由生态意义向社会意义转向的女性解放，在她看来是现代发展的表现；尽管在基督教传统中可能会发现某些蛛丝马迹，其全面呈现则是现代性的产物。而且，鲁塞尔也意识到这一发展绝非教会自身的孤立作为，而是与现代社会的各种思潮有机关联。"只是藉着现代基督教发展中将教会所继承的弥赛亚式的象征同对自由主义和社会主义的世俗诠释等同之后，基督救赎具有社会层面的论点才在教会中始现。"[2] 但由此也导致甚至激化了教会内部关于"属灵"还是"属世"的博弈，保守的基督徒认为人类的救赎只是一件纯然"属灵"的事情，女性的解放也只能是一种"属灵"的解放。而上述"属世"的理解则势必"致使社会经济的释放成为救赎的主要意义"，这样也就使女权本身被赋予了社会、经济、政治等意义。在对女权神学的阐述和推动中，鲁塞尔显然持有一种更为开阔的视野，也表示出一种比较、对话的姿态。

第三节　费约伦萨

一　生平与著述

伊丽莎白·舒士拿·费约伦萨（亦有费奥伦查、菲尔伦查等中译名）

---

① 〔美〕萝特：《性别主义与言说上帝》，杨克勤、梁淑贞译，第281~282页。
② 〔美〕萝特：《性别主义与言说上帝》，杨克勤、梁淑贞译，第234页。

1938 年 4 月 17 日生于罗马尼亚巴纳特地区塞纳德镇一个讲德语的天主教徒家庭，在 1944 年的战乱中随父母逃至德国南部，后在法兰克福落户，在当地开始接受学校教育，于 1958 年在维尔茨堡大学获得教会教牧学学士学位，随后于 1963 年在该校获得神学硕士学位。费约伦萨从 1964 年至 1970 年在明斯特大学深造，于 1970 年获得该校神学博士学位，其间她于 1967 年与美国留学生弗朗西斯·舒士拿·费约伦萨（Francis Schüssler Fiorenza）结婚。1970 年，他们夫妇俩获得美国天主教圣母大学教职，遂定居美国。1971 年，费约伦萨参加美国宗教科学院和圣经文学研究会会议，担任宗教研究女性小组第一任联合主席，开始进入女权神学研究领域，并成为天主教圣经协会会员。1972 年，她在俄亥俄州"女性从事神学研究"会议上结识犹太教女权思想家朱迪思·普拉斯考（Judith Plaskow），从此二人在女权思想研究上长期合作。1974—1975 年，费约伦萨在纽约协和神学院访问讲学，并于 1974 年创办纽约地区女权主义宗教学者组织，提出"批判性女权神学"的构想。1984 年，她到马萨诸塞州剑桥市圣公会神学院担任新约教授，1987 年当选为圣经文学协会第一位女主席，随后自 1988 年在美国哈佛大学神学院担任克里斯特·斯登达尔（Krister Stendahl）神学讲座首任教授，她的丈夫亦成为该校罗马天主教研究的教授。此前费约伦萨还参与创办了《女权主义宗教研究学刊》（*Journal of Feminist Studies in Religion*）并担任主编，曾于 1984—2002 年担任天主教著名期刊《公会议》（*Concilium*）女权主义神学栏目负责人，并担任《天主教圣经季刊》（*Catholic Biblical Quarterly*）副主编。她于 1984 年获得首届"女性圣职大会"年度服务奖，1987 年获美国天主教年度大奖，1989 年获得"长岛女性圣职大会圣女特雷莎奖"，1995 年获圣经考古学家奖，以及瑞典乌普萨拉大学神学院荣誉博士头衔，2001 年获圣经文学研究会杰出导师奖，当选美国艺术与科学院院士，2011 年获得新学者大奖，2012 年获美国宗教科学院宗教公众理解马丁·马尔提奖（Martin E. Marty Award）。费约伦萨还先后获得美国圣约瑟大学、丹尼森大学、南卫理公会大学帕金斯神学院，以及瑞典乌普萨拉大学、德国奥古斯塔那神学院和维尔茨堡大学等高校的荣誉博士学位。

费约伦萨作为女权神学家，在其学术领域本身既是圣经学者，又是教会史学家，故而涉猎甚广。她曾专门研究《圣经新约·启示录》和基督教早期的平等运动，其理论视域还包括圣经权威、教会论、基督论、神学教育等方面。其学术著作包括《被遗忘的伙伴：女性在教会中神职使命合作的基础、事实和可能性》（*Der vergessene Partner：Grundlagen, Tatsachen und Möglichkeiten der beruflichen Mitarbeit der Frau in der Heilssorge der Kirche*，1964）、《服侍天主的神职：〈启示录〉中主权与牧职之主旨探究》（*Priester für Gott：Studien zum Herrschafts-und Priestermotiv in der Apokalypse*，1972）、《启示录》（*The Apocalypse*，1976）、《启示录之邀：耶路撒冷版圣经〈启示录〉全文及其评注》（*Invitation to the Book of Revelation：A Commentary on the Apocalypse with Complete Text from the Jerusalem Bible*，1981）、《大斋节声明 II：教会年课程解释之助》（与厄本・T. 霍姆斯合著，*Lent. Proclamation II：Aids for Interpreting the Lessons of the Church Year*，1981）、《忆念她：一种基督教根源的女权主义神学重构》（*In Memory of Her：A Feminist Theological Reconstruction of Christian Origins*，1983）①、《面包不是石头：女权主义圣经解释的挑战》（*Bread Not Stone：The Challenge of Feminist Biblical Interpretation*，1984）、《〈启示录〉：正义与审判》（*The Book of Revelation：Justice and Judgment*，1985）、《启示：一个公正世界的愿景》（*Revelation：Vision of a Just World*，1991）、《但是她说：圣经解释的女权主义实践》（*But She Said：Feminist Practices of Biblical Interpretation*，1992，在此书中她推出了"尊主制"（Kyriarchy）的构想及解释）、《平等的门徒关系：一种批判性女权主义的解放教会论》（*Discipleship of Equals：A Critical Feminist Ekklesialogy of Liberation*，1993）、《耶稣：米利暗的孩子，索菲亚的先知，女权主义基督论的批评性议题》（*Jesus：Miriam's Child, Sophia's Prophet, Critical Issues in Feminist Christology*，1994）、《命名的权力：女权解放神学会议论文选读》（*The Power of Naming：A Concilium Reader in Feminist*

---

① 这是她最主要的代表作，书中重点讨论了圣保罗的思想，以"保罗书信"为基础，并涉及《使徒行传》的相关内容；她在此书中对保罗的学说重加解读，反驳了以往人们认为基督教嫌忌妇女的思想源自保罗的说法，主张对保罗与女性的关系应该加以更深刻的发掘和界说；其中译本为：伊丽莎白・舒士拿・费奥伦查著，宋旭红译《记念她：基督教起源的女性主义神学重构》，香港道风书社，2016 年。宋旭红指出书名译为《记念她》乃基于和合本修订版《圣经新约・马可福音》14 章 9 节"普天之下，无论在甚么地方传这福音，都要述说这女人所做的，来记念她"。参见〔美〕伊丽莎白・舒士拿・费奥伦查《记念她：基督教起源的女性主义神学重构》，宋旭红译，中译本导言，xxxv，香港道风书社，2016。通常所用和合本这一节经文为"普天之下，无论在什么地方传这福音，也要述说这女人所作的以为纪念"。

Liberation Theology，1996）、《耶稣与诠释的政治》（*Jesus and the Politics of Interpretation*，1997）、《分享她的话：处境中的女权主义圣经诠释》（*Sharing Her Word：Feminist Biblical Interpretation in Context*，1998）,《修辞与伦理：圣经研究的政治》（*Rhetoric and Ethic：The Politics of Biblical Studies*，1999）,《智慧之路：女权主义圣经诠释导论》（*Wisdom Ways：Introducing Feminist Biblical Interpretation*，2001）、《改变我们父辈信仰的第九章：改变美国宗教的妇女》（由安·布劳德编，*The Ninth Chapter of Transforming the Faiths of our Fathers：Women Who Changed American Religion*，2004）、《道之力量：圣经与帝国修辞》（*The Power of the Word：Scripture and the Rhetoric of Empire*，2007）、《诠释的舞蹈》（*The Dance of Interpretation*，2007）、《视界之改观：女权主义神学探析》（*The Transforming Vision：Explorations in Feminist Theology*，2011）、《转化的视野：女权主义解释研究》（*Changing Horizons：Explorations in Feminist Interpretation*，2013）等，主编有《探索经典：一种女权主义的介绍》（与谢利·马修斯合编，*Searching the Scriptures：A Feminist Introduction*，1994）、《20世纪女权主义圣经研究：学术与运动》（*Feminist Biblical Studies in the Twentieth Century：Scholarship and Movement*，2014）等。

二　基本女权神学思想

费约伦萨在1984年签署了《天主教关于多元主义和堕胎问题声明》，成为签署此声明的97个神学家及宗教人士中的一员，这也是她作为女权神学家的公开亮相。通过对早期教会性质及神学本质和标准的探讨，费约伦萨认为神学并没有某种保持不变的原型，而是反映基督徒实践的鲜活观念，故而必须时时更新，基于其实践体验来不断加以调整或修正。基督徒运动的中心即称为教会，而从一开始，基督徒就尝试将教会建设成为一个平等的门徒关系之社团，其中并无男女尊卑之等级区别。这在《圣经》中早就明确表示出来了："你们受洗归入基督的，都是披戴基督了。并不分犹太人、希腊人、自主的、为奴的、或男或女，因为你们在基督耶稣里都成为一了。"[1] 她在这里对保罗的神学思想有着一种新的解读，强调早期基

---

[1]　《圣经新约·加拉太书》3章27~28节。

督教的发展就是"作为上帝的'儿女们'的先知运动"，这一新的圣殿之
成员"被智慧和圣灵充满"，"他们是新的创造，是上帝崭新的造物"；而
其联系纽带则是其"共同体聚餐会"，"基督徒们聚集在一起，擘饼并赞美
上帝。他们传达《圣经》中上帝的应许，向主基督献上新的赞美诗。正如
神后伊西斯赐予'男女平等'那样，基督——神圣智慧也现身于这充满死亡
与疏离的旧世界，目的是要塑造一个新的族群，即'上帝的儿女们'"。[①]
当然，费约伦萨并不认为这就是保罗神学的原创，而只承认此乃基督教
思想的本意。在她看来，基督徒通过洗礼而进入"圣灵的力量场域"，
"他们成为了'新的创造'，成为被圣灵充满的、被洁净、圣化、称义的
人。他们人人平等，因为他们共同分享圣灵，那上帝的力量；他们都被
称为受拣选的、神圣的，因为他们全部为上帝所用，无人例外：犹太人、
外邦人、女人、男人、奴隶、贫苦的自由民、富人、显贵阶层，或是在
社会上'什么也不是'的草根贱民。上帝之家在家庭教会中得到具体的
体现，它构成了上帝的新家，在那里，所有人无一例外地都是'弟兄姐
妹'。《加拉太书》三章 28 节就出自这一神学背景和传教环境。它不是
保罗神学的'巅峰方案'，也不是保罗所取得的一项神学突破，也不是
一段偶然单独出现的，在篇幅上远远不及其附属段落的保罗神学陈述。
《加拉太书》三章 28 节是一段关键性的神学陈述，但它不是属于保罗神
学的，而是表达了具有深远历史影响力的基督教传教运动在神学上的自
我理解"[②]。从这一表述中，费约伦萨找到了她所理解且也曾期望的基督
教会最早就有的男女平等之神学原则，此即"在基督里合一"的平等
精神。

在基督教最初形成时期，甚至在基督教之前的相关宗教中，其男女的
区别及差异在费约伦萨的理解中本来是比较模糊的。她指出在那时的伪经

---

① 〔美〕伊丽莎白·舒士拿·费奥伦查：《记念她：基督教起源的女性主义神学重构》，宋
　旭红译，第 320~321 页。
② 〔美〕伊丽莎白·舒士拿·费奥伦查：《记念她：基督教起源的女性主义神学重构》，宋
　旭红译，第 321~322 页。

文献中曾多有"男女同一"①或"男女一体"②等说法，据传诺斯替主义支持雌雄同体之说，古代的"宗教、社会、种族和性别的特征不像我们今天区分得这样清楚"③，"除了密特拉教（Mithraism），其他东方宗教在入教问题上男女一视同仁，不分家庭、阶级或社会地位之别。在厄琉西斯（Eleusis），女性、奴隶，甚至是妓女和说希腊语的外国人，都可以入教"④。而这种性别差异的出现，则是社会、文化的产物，从而导致这种人际关系复杂发展。费约伦萨说："在今天，尽管大多数人不会认为种族或阶级的差异是天生的、生理性的，文化的、社会的、性别的差异或性属角色仍然被看作是拜自然所赐。然而，女性主义研究已经以丰富的文献证明，最显而易见的性别差异或性属角色都是些文化—社会特性。我们一出生就被社会化，成为某种性别角色。每一种文化都会给人类的性交、生育和哺乳的生理本能赋予不同的象征性意义，从而产生出不同的社会角色。"费约伦萨于是明确指出："性别二元以及严格的性属角色界定都是父权制文化的产物，因为后者维系着掌控与统治——即男人对女人的剥削奴役——的社会结构并使之合法化。"⑤而基督教的出现则是要打破这种社会、种族及文化的偏见，实现一种更为公平、更加合理的社会、文化及宗教关系。保罗在此则反映出这种社会改变及其发展趋势，并在其书信等著述中反映出来。

这种转变的关键形态以基督教的"洗礼"形式体现出来，"它不仅具有构成基督徒社群'象征性宇宙'的力量，而且也决定了教会中的社会关

① 〔美〕伊丽莎白·舒士拿·费奥伦查：《记念她：基督教起源的女性主义神学重构》，宋旭红译，第333页。《多马福音》[*Gospel of Thomas*] log. 22："当你们做到合二为一、表里如一、高下一致，当你们做到男女同一、男性既非男亦非女……"

② 〔美〕伊丽莎白·舒士拿·费奥伦查：《记念她：基督教起源的女性主义神学重构》，宋旭红译，第333~334页。《革利免二书》（*Second Epistle of Clement*）："有人问主，他的国何时来临，主回答说，'当二合为一、表里一致，当男女一体，而既非男，亦非女时'。"

③ 〔美〕伊丽莎白·舒士拿·费奥伦查：《记念她：基督教起源的女性主义神学重构》，宋旭红译，第334页。

④ 〔美〕伊丽莎白·舒士拿·费奥伦查：《记念她：基督教起源的女性主义神学重构》，宋旭红译，第335页。

⑤ 〔美〕伊丽莎白·舒士拿·费奥伦查：《记念她：基督教起源的女性主义神学重构》，宋旭红译，第334~335页。

系与结构"。① 洗礼就形成了基督教与其诞生之处的犹太教所持守的割礼之分道扬镳，也导致了二者之根本区分。这里，费约伦萨对保罗显然有着比较谨慎的肯定和称颂。"保罗追求外邦人基督徒与犹太基督徒之间平等地位的斗争给外邦人和犹太人中的女性基督徒都带来了重要影响。如果成为基督徒的首要仪式不再是割礼，而是洗礼，那么，女性就成为了上帝选民的完全的成员，拥有和男性一样的权利和义务。由此，不仅是她们在上帝面前的位置，连她们在教会—社会中的身份与职能都产生了一种根本性的变化。"② 恰巧就是在这一处境中，保罗书信尤其是《加拉太书》公开表达了这种全新的观念及其明确的态度，"《加拉太书》三章 28 节不仅主张取消宗教与文化的区隔，消除制度性奴役所带来的统治与剥削，也要求清除建立于性别差异基础之上的统治"，"因此最好是被理解为一种基督徒集体的自我定义，而不是某个受洗个人的申明。它宣称在基督徒团体里，所有宗教的、种族的、阶级的、国籍的、性别的区分都毫无意义。所有受洗者都是平等的，他们在基督里合为一体"。③ 但令人遗憾的是，保罗所坚持的这种男女平等观念在其自身及其后继者那儿却出现了嬗变。费约伦萨对之描述说，本来，"从保罗那里我们也得知，在基督徒社群里，女人是先知和受灵恩者"，④ 然而保罗并没有主张或维护这种女性的独特权力及自由，费约伦萨评价说，"保罗对基督教传教运动中女性领导地位的影响是双面的。一方面，他确认全体基督徒的平等与自由。他鼓励女性远离婚姻束缚，从而为女性打开了一种全新的独立生活方式。另一方面，他要求女性在婚姻中和在崇拜集会中的行为都要服从基督徒的使命，不仅限制她们作为'灵恩者'的能力，也限制了她们作为'女人'的能力……后世的后保罗和伪保罗神学传统会着意描绘这些限制，以便改变女人和男人、奴隶和自由人在基督中的平等地位，使之成为一种家庭式的服从关系，这种关系

① 〔美〕伊丽莎白·舒士拿·费奥伦查：《记念她：基督教起源的女性主义神学重构》，宋旭红译，第 330 页。
② 〔美〕伊丽莎白·舒士拿·费奥伦查：《记念她：基督教起源的女性主义神学重构》，宋旭红译，第 331 页。
③ 〔美〕伊丽莎白·舒士拿·费奥伦查：《记念她：基督教起源的女性主义神学重构》，宋旭红译，第 335 页。
④ 〔美〕伊丽莎白·舒士拿·费奥伦查：《记念她：基督教起源的女性主义神学重构》，宋旭红译，第 344 页。

一方面将女性从基督徒崇拜及教会的领导地位上剔除了出去，另一方面使得她们的传教事工从此仅限于为女性服务"。① 保罗之后发生的嬗变遂使女性的独立性及自由权利都丧失殆尽，女性从此只有依附男性才能找到其自我意识及存在感。"根据许多诺斯替主义文本和教父学的著作，一个女人成为门徒就意味着她变成了'男性'，'像男人一样'，她的生育能力被否定了，因为男性原则代表着天堂的、天使的、神圣的领域，而女性原则象征着人类的软弱与罪恶。教父和诺斯替主义的著作只是在女人'男性化'的意义上，或者在女人抛弃她自己的性别本性的意义上，表达了男女平等的观念。"②

为此，费约伦萨不同意所谓"妇女教会"之说，而理想的教会之态本来就是平等的教会。她认为平等门徒之教会乃与妇女教会有别，因为"妇女教会"可能会给人一种排他、分离之感。达莉曾在其《教会与第二性别》《女性生态学：激进女权主义的元伦理学》等著作中提出建立一个"反教会的姐妹会"，并将之神化为反抗男权的"女性生命中心"，而费约伦萨则认为这种偏激之见不可采纳，因为这既排拒了教会之外的女性，又会造成教会本身新的不平等。在她看来，教会既是此在，又是将在，它表达了一种对全新未来的渴望。这种理想教会应该是民主的社团，有着男女平等，表现其自主决定。费约伦萨的神学立场主要体现为一种实用主义的批判理论，她将民众的受难和愿望纳入其基督教解放实践的视域之中。在她看来，神学原本不是关于本体论或认识论范畴的争辩，而乃关注信徒日常生活的实践和谈话；这种神学即处境化的神学，它贴近现实生活，其表达观念、形象和象征不应该是对现实生活的歪曲或破坏。在这一意义上，她指出女权神学实际上是要重视《圣经》和传统基督教思想中本有的被压迫者之特征，展示在基督教历史和神学中妇女的活动及其起过的领导作用。

针对父权制的男性统治之说，费约伦萨认为社会对女性的压迫是全方位的，涉及历史上的皇权、行业中的老板、家庭里的父亲及丈夫等，而宗

---

① 〔美〕伊丽莎白·舒士拿·费奥伦查：《记念她：基督教起源的女性主义神学重构》，宋旭红译，第 370 页。

② 〔美〕伊丽莎白·舒士拿·费奥伦查：《记念她：基督教起源的女性主义神学重构》，宋旭红译，第 342~343 页。

教内的男权统治亦不例外，为此她自创了一个"尊主制"（kyriarchy）① 词语来取代"父权制"（patriarchy）。"'kyriarchy'是费奥伦查教授在其著作《但是她说》（*But She Said*，1992）中推出的一个独创性概念，用以代替女性主义学术的核心概念'父权制'（patriarchy），以突破后者纯粹从性别角度来观察和界定社会压迫体系的局限性，从而揭示出性别压迫与种族、阶级、经济、政治等压迫体制交互共生的社会现实。"该词由希腊词"主人、主宰者"（kyrios）和"领导、统治或掌控"（archo）合并构成，"因此其核心意义乃是'由主人掌控'"。② 这种对女性的全面压迫在现代社会也没有减少而是不断加剧。因此，"面对全球日益增长的对妇女的暴力和不断扩大的对所谓三分之二世界的新资本主义剥削，以及一种'控制信息'之爆炸，女权主义理论不可能就止于后现代的'主题语言'及其持续的稳定破坏、全球扩散和区域化的分解之论。它必须发展出一种能够对生产之文化—宗教、经济和政治领域的相互关联加以解释的理论话语和分析框架"。③ 费约伦萨强调，在一个歧视女性的社会及其宗教处境中，女性不能够依然保持沉默，而必须发出自己寻求解放的声音。正是基于这种思考，费约伦萨的理论被视为"作为批判性的解放神学"的女权主义神学。

作为圣经研究的学者，费约伦萨提出了女性主义圣经研究的相关批评，她指出，"圣经—历史诠释和对圣经时代女性历史的女性主义重构，要讨论这两者的关系，我们犹如闯入了一片知识与情感的地雷区"，而"要从女性主义神学角度提出这一集历史、理论与神学问题于一身的复杂课题，研究者就会将自己置于双重的智力危险之中"。④ 在此，女性作为一个群体分享共同经验，女权主义者也都致力于妇女解放的斗争；但女性作为个体则有着感知和诠释其被压迫经验的不同，其对妇女解放的价值及目标的理解也各异，因此需要相互关联和达成共识。而在基督教文化传统中，这种关联及共识则可回溯到对《圣经》的考究和审视。费约伦萨说：

① 此为宋旭红的中译，参见下注。
② 〔美〕伊丽莎白·舒士拿·费奥伦查：《记念她：基督教起源的女性主义神学重构》，宋旭红译，中译本导言，第 xxxvi～xxxvii 页。
③ Elisabeth Schüssler Fiorenza, *Jesus*: *Miriam's Child*, *Sophia's Prophet*, *Critical Issues in Feminist Christology*, New York: Continuum, 1994, p. 13.
④ 〔美〕伊丽莎白·舒士拿·费奥伦查：《记念她：基督教起源的女性主义神学重构》，宋旭红译，第 63 页。

"从妇女运动出现直至今天,《圣经》在反对女性解放的言论中一直扮演着重要的角色。"为此,女权主义神学诠释学曾概括出两个批判性的观点:"(一)《圣经》不是一本'中立'的书,而是反对女性解放的政治武器。(二)这是因为,《圣经》被打上了男性的烙印,而这些男人既没有看见过上帝,也从未跟上帝说过话。"① 不过,如果过于强调"圣经语言是男性语言,《圣经》的文化处境和视角是父权主义",那么就会"将《圣经》更加特殊化、相对化了"。所以,比较冷静的看法就是应该意识到"神圣启示是由具有历史局限性和文化处境化的人类语言写成的",由此可见,"《圣经》常常包含着各种相互矛盾的声音,因此不是所有的圣经表述都具有同等的真理性和权威性"②。这里,费约伦萨强调《圣经》文本内容必须要与人的生存处境展开互动,所以说,在人的现实生存中,这种《圣经》诠释其实就是一种政治行为。既然男人并没有见过上帝,也没有与上帝说过话,那么作为基督教信仰依据的《圣经》就不应该只是由男性来诠释的,《圣经》不能仅由"男人制造",女性也可以积极参与,有权利对《圣经》加以维护女性权益的合理解释。于是,费约伦萨基本上理解了此前女权主义神学家力主创立《女性的圣经》之意义所在,并认为应该"采取科学注释的形式去研究《圣经》中有关女性的段落"③,加强"女性主义圣经诠释的政治条件和诠释学意涵"④。

这里,费约伦萨对创立《女性的圣经》之举措有着比较客观冷静的分析,她指出:"《女性的圣经》的女性主义历史诠释学确立了《圣经》文本及其阐释的男性中心主义品格,但是它没有集中关注女性参与父权制圣经历史、社会和宗教生活的历史,也没有释放出圣经传统的解放冲动。"⑤为此,她更为认可"《圣经》中的女性"之表达,这样就可以对《圣经》

---

① 〔美〕伊丽莎白·舒士拿·费奥伦查:《记念她:基督教起源的女性主义神学重构》,宋旭红译,第 69 页。

② 〔美〕伊丽莎白·舒士拿·费奥伦查:《记念她:基督教起源的女性主义神学重构》,宋旭红译,第 79 页。

③ 〔美〕伊丽莎白·舒士拿·费奥伦查:《记念她:基督教起源的女性主义神学重构》,宋旭红译,第 78 页。

④ 〔美〕伊丽莎白·舒士拿·费奥伦查:《记念她:基督教起源的女性主义神学重构》,宋旭红译,第 69 页。

⑤ 〔美〕伊丽莎白·舒士拿·费奥伦查:《记念她:基督教起源的女性主义神学重构》,宋旭红译,第 98 页。

有着更加客观、全面的审视，获得对其本应具有的整体把握。不过，费约伦萨也承认《女性的圣经》所具有的积极意义，认为“《女性的圣经》一书对《圣经》的诠释仍然为女性主义圣经诠释学确定了重要参数，它决定了我们在‘《圣经》中的女性’这个问题上所能做的释经学—历史学研究可以达到何种深度”，她指出：“《女性的圣经》一书不仅引发了女性主义对《圣经》权威性的辩护，还展示出在西方社会，圣经诠释乃是一项女性主义者不应忽视的历史政治任务”。①

对女性在历史传统及其宗教传承中的客观而积极的评价，体现在费约伦萨关于“记念她：作为平等门徒史的女性历史”之描述中，此即她所言“《圣经》中的女性”。首先，费约伦萨展示了《圣经》所记载的在公元70年之前存在的一批杰出的女性犹太教徒，指出：“《圣经》中有关女性的故事表明，女性在日常生活中并不被看作孩子或奴隶。《圣经》中出现的女性，比如路得（Ruth）、以斯帖（Esther）、哈拿（Hannah），或者《马加比二书》（*Maccabees* 2）提到的那位有七个儿子的母亲，她们都有着典型的女性角色与行为，但既不幼小，也不蠢笨。”② 而“未被接受为拉比正典的《犹滴传》（*Judith*）”同样描述了“犹滴对饮食诫命一丝不苟的监督（10：5）使她打败了敌人，赢得了胜利。她的得胜和她的信仰模仿了摩西从埃及人的压迫中解放以色列、雅亿杀死西西拉（士 4：21），以及大卫割掉歌利亚头颅（撒上 17：51）的故事”③，这些女英雄的形象在《圣经》的描述记载中一点都不比男性逊色。所以，费约伦萨认为，“《犹滴传》传达出了耶稣传道时代的风气，男女门徒平等原则也是在这风气中产生的。”④ 其次，费约伦萨指出在圣经新约时期耶稣对有缺陷甚至有罪过的男女同样一视同仁。“在耶稣的社群里，上帝国度的力量在穷人、罪人、税吏、妓女——也就是所有那些不属于‘神圣者’的，在正义者的

---

① 〔美〕伊丽莎白·舒士拿·费奥伦查：《记念她：基督教起源的女性主义神学重构》，宋旭红译，第 98、99 页。

② 〔美〕伊丽莎白·舒士拿·费奥伦查：《记念她：基督教起源的女性主义神学重构》，宋旭红译，第 198 页。

③ 〔美〕伊丽莎白·舒士拿·费奥伦查：《记念她：基督教起源的女性主义神学重构》，宋旭红译，第 209 页。

④ 〔美〕伊丽莎白·舒士拿·费奥伦查：《记念她：基督教起源的女性主义神学重构》，宋旭红译，第 213 页。

眼里多少都有缺陷的人——当中得以实现。"① 在此她列举了捐献了自己所有积蓄之"小钱"的穷寡妇、抹大拉的马丽亚、"患了十二年血漏"的妇人、睚鲁的女儿、驼背的女人、为耶稣洗脚的女人等，并且强调"历史上的耶稣和巴勒斯坦地区的耶稣运动是与税吏、罪人和妓女联系在一起的"。② 耶稣对此甚至还说了一句颇有挑衅性的话"我实在告诉你们：税吏和娼妓倒比你们先进上帝的国"。③ 这种平等观念是很接地气的，而其关于妇女的解放也是最为彻底的。最后，费约伦萨从抽象、升华的意义上论及"最早的耶稣传统在作为神圣智慧（Sophia）的女性形象中发现了良善的上帝"④，从而推出一种"索菲亚基督论"（Sophia Christology）。在这种耶稣的索菲亚理解中，"耶稣变成了耶稣——神圣智慧，她通过其行为证实自身为义"，而"上帝的神圣存在是寄寓于神圣智慧（Sophia）这一女性形象之中的"。⑤ 在这一层面的理解上，就彻底颠覆了父权意义的上帝形象，而女性的地位及其解放也就达到了最高境界。所以，费约伦萨说："智慧神学对一神论的'辩护'并没有恐惧女神的特征。相反，它积极尝试用其自身文化的语言来言说上帝，将其文化中的'女神崇拜'，特别是伊西斯（Isis）崇拜的因素并入犹太一神信仰。所以它的神学是'神话的投影'，即为了表达以色列上帝的良善，它运用了女神语言的要素。……他们称那位女神之名，乃是因为他们知道伊西斯是唯一，也是万有"；"神圣智慧是用女神的语言和形象加以表现的以色列的上帝。神圣智慧被称为姐妹、妻子、母亲、爱人和导师。她是领路人，是以色列的传道者，是创世之主。……采用女神的语言来言说以色列的独一上帝，其仁慈的良善就是神圣智慧"。⑥ 显然，在智慧神学的视域内是不存在对女性的歧视或贬低的。

---

① 〔美〕伊丽莎白·舒士拿·费奥伦查：《记念她：基督教起源的女性主义神学重构》，宋旭红译，第216~217页。

② 〔美〕伊丽莎白·舒士拿·费奥伦查：《记念她：基督教起源的女性主义神学重构》，宋旭红译，第225页。

③ 《马太福音》21章31节。

④ 〔美〕伊丽莎白·舒士拿·费奥伦查：《记念她：基督教起源的女性主义神学重构》，宋旭红译，第232页。

⑤ 〔美〕伊丽莎白·舒士拿·费奥伦查：《记念她：基督教起源的女性主义神学重构》，宋旭红译，第233页。

⑥ 〔美〕伊丽莎白·舒士拿·费奥伦查：《记念她：基督教起源的女性主义神学重构》，宋旭红译，第233~234页。

而在她看来，"最早的基督教神学就是智慧学（sophialogy）"①。

基于对《圣经》的重新发掘和解释，费约伦萨发展出一种女权主义的圣经诠释学，以能抗衡或根本克服圣经传统中根深蒂固的父权主义诠释学。在以往父权主义诠释的框架中，女性经常被排除在社会交往的象征性、公众性及社会性之外，女性往往就是被贬值、被边缘化的对象，其作用好像也就是社会及宗教的牺牲品而已。而按照女权主义的诠释和解读，《圣经》则可以作为反对奴役女性、捍卫女性权益的武器，从而有效支持妇女争取自由、获得平等，在公民权、话语权、神学教育权和授任神职权等方面得以公平对待的正义斗争。当然，她把这种尝试也视为一种冒险，即要把父权制或"尊主制"的圣经解释推倒重来，通过结合女权思想之立意而指望在《圣经》文献中能够找到支持女性自由之奋斗的凭据和资源。她承认这种"经文辨识"具有主观色彩，会受到不同立场或利益的影响。所以，她盼望能够找到一个有着女性共识的独特共同体及其共在的场所，使这种女权主义的经文阅读能够出现并能够坚持下去。虽然她并不愿意建立一种与男性完全隔绝的"妇女教会"，但这种独特的共同体却又会成为实际上的"女性教会"（ekklesia of women），这一教会是以多元性、批判性反思和体现出争取解放之使命为标志的场所，故而需要社会绝对平等的支持，也只有通过改变现存社会和宗教制度的女权主义斗争才能真正实现。显然，费约伦萨所希望的这种愿景仍然只能是一种很难实现的梦境。

第四节　麦克法格

一　生平与著述

萨利·麦克法格（亦有麦菲等中译名）于 1933 年 5 月 25 日出生在美国马萨诸塞州的昆西，1955 年在史密斯学院获英国文学学士学位，1959 年在耶鲁神学院获神学学士学位，同年与尤金·特塞勒（Eugene TeSelle）结

---

① 〔美〕伊丽莎白·舒士拿·费奥伦查：《记念她：基督教起源的女性主义神学重构》，宋旭红译，第 235 页。

婚，1960 年在耶鲁大学获文科硕士学位，1964 年在该校获哲学博士学位，这一时期曾深受巴特的辩证神学的影响，此后又受到理查德·尼布尔（H. Richard Niebuhr）的神学思想及社会观念之影响，对自由主义有关经验的意义、其相对性态度、象征想象的蕴涵，以及情感的作用持认可之态。麦克法格于 1970 年获得梵德比尔特大学神学助理教授之位，1975 年被任命为梵德比尔特大学神学院院长。其间她于 1977 年在史密斯学院又获文学博士学位。1979 年，她辞去神学院院长一职，后于 1989 年出任梵德比尔特大学的罗德斯（E. Rhodes）和利昂娜·B. 卡彭特（Leona B. Carpenter）神学讲座教授，在 2000 年退职后获得了梵德比尔特大学名誉教授尊称，晚年也曾到加拿大温哥华神学院讲课。麦克法格于 2019 年 11 月 15 日去世。

麦克法格一生以多个名称发表著述，她在 1977 年之前曾以特塞勒或麦克法格—特塞勒之名出版著作，之后则基本上只用麦克法格为其著作的署名。麦克法格的研究兴趣跨越文学和神学这两大领域，涉及的问题有种族、家庭、社团、乌托邦社会等方面，并特别关心女权主义的神学批评、生态学、核灾难毁灭人类的威胁等社会焦点。其主要著作包括《文学与基督教生活》（*Literature and the Christian Life*，1966）、《用寓言说话：隐喻和神学研究》（*Speaking in Parables：A Study in Metaphor and Theology*，1975）、《隐喻神学：宗教语言中的上帝模式》（*Metaphorical Theology：Models of God in Religious Language*，1982）、《上帝模式：生态和核时代的神学》（*Models of God：Theology for an Ecological，Nuclear Age*，1987）、《上帝的身体：一种生态神学》（*The Body of God：An Ecological Theology*，1993）、《监督者，自然基督徒：我们应该怎样热爱自然》（*Super，Natural Christians：How We Should Love Nature*，1997）、《生命的充盈：面向危险中的星球而重新思考神学与经济》（*Life Abundant：Rethinking Theology and Economy for a Planet in Peril*，2000）、《在他者的陪伴下：一种对话基督论》（与戴维·哈德利·詹森合著，*In the Company of Others：A Dialogical Christology*，2001）、《用寓言说话》（*Speaking in Parables*，2002）、《基督教神学精华》（与斯坦利·J. 格伦茨、约翰·B. Jr. 科布、塞雷·琼斯、罗伯特·W. 詹森、修斯·奥利芬特·奥尔德、埃伦·T. 查里、保罗·F. 尼特、理查德·J. 穆乌和诺埃尔·利奥·厄金斯合著，*Essentials of Christian*

Theology，2003）等，其主编的著作则包括《家庭，社团与乌托邦社会》（*The Family*，*Communes and Utopian Society*，1972）、《种族特性的重新发现》（*The Rediscovery of Ethnicity*，1974）等。此外，其在 1990 年发表的专文"将上帝作为母亲、爱人和朋友之伦理"等亦广有影响，这种女权思想解读成为其神学理论体系中的重要内容。

二　基本女权神学思想

麦克法格应该属于美国第一代女权神学家，但其早期的女权神学著述不多，而主要关注文学及语言问题，所发展出的理论特色亦主要以"隐喻神学"为标识，故此在女权神学的定位上要逊于前述三位女权神学的代表。麦克法格在其神学建构上深受当时新正统派神学理论的影响。她作为女权神学家比较侧重于理论层面的探究，讲究神学语言的认识论问题，并将这种研究方法与女权问题和生态问题的探究及解答有机结合。她在宗教哲学、宗教语言、神学方法、诠释学、圣经解释、文本批判、伦理学等领域都有深入的探究。与此同时，她对比较重大的现实问题也很关注，如社会公义、妇女处境、生态现状、核武器及核泄漏危险等。这些都是她思考女权神学的舆论氛围及社会处境。当然，她主要还是从宗教语言和生态关注的角度来阐述其女权神学思想，故而在其体系中也特别论及人与自然的关系问题。

（一）隐喻神学

麦克法格女权神学的出发点是其"隐喻神学"，这亦成为其独特的神学标志和理论品牌。她强调宗教语言在其表述上的"间接性"，其特点是用"寓言""隐喻"来说话。人们对"上帝""天国"的叙说乃是通过象征、隐喻、形象、模式等方法来完成，而福音书所描写的耶稣生活本身也是关涉上帝生活的寓言。实际上，具有统治性影响的"上帝""天国"等隐喻在基督教等信仰传统中已成为固定性话语"模式"，它们在其神学体系中体现出特别的"系统性、综合性和解释性能力"，有着内在的逻辑关联。所以说，隐喻神学的基本要旨就是建构相关"模式"（model，亦称"模型"），这种模式就可以形成上帝与世人、天国与尘世、彼岸与此岸、超然与现实之间的关联。所谓模式在隐喻神学中其实就是用人格化的词汇来言述上帝，这样建立起上帝与世人、上帝与自然之间的联系。不过，这些具有统治地位的模式同样也存在排斥其他意义的危险，因为绝对化的"象征"往往会被视为偶像。在此，麦克法格看到了这种"模式"的双重危险：占统治地位的模式若不被其他模式修改或证实则会固定化为偶像，而这种模式若不包含其接受者的亲身体验则起不到交流作用。麦克法格指出，此即女权神学抱怨"上帝"形象充满男性本质的原因之所在："女权神学家坚持上帝的多种模式乃是必要的，其中也应包括女性模式，以便既能避免偶像崇拜，又可在我们关于上帝的语言中包括所有人的经验。"① 神圣形象乃与启示对象相关联，二者之间应有一种双向互动。为此，她不同意在《圣经》中所描述的神圣形象乃是启示所确定而绝对不变的形象之说，而认为其认知标准在于这一形象与其谈话对象之经验的相关性。以此为基准，她反对把上帝绝对作为"圣父"的基督教传统，认为其观念的非完善性就在于这一模式忽视了与妇女的适当对话，排斥了一种女性理解，因而仍需要其他模式的补充。

在麦克法格看来，隐喻神学至少会起到如下一些作用，其一，它可以服务于倾听上帝之言，帮助人们理解上帝的真道，神学就是要在圣言的倾听上发挥作用。其二，它有助于体悟耶稣寓言的价值，解读圣经文学中寓言体裁的意义；也就是说，上帝以耶稣基督的形象存在于人世，意味着神圣与世俗、天上与人间的二元分殊在耶稣基督之人格意义上已被克服，这样，人间生活这一原来看似意义含糊、颇成问题的历史真实却是真正具有意义的领域。其三，它提醒神学自身需不断革新，以避免陷入偶像崇拜或无视变化的错误之中；上帝话语是常新之言，不可固定在某一强势有效的形象上，这一固化及对之过高估价就会造成偶像崇拜；而在宗教经验上排斥异己、不顾其存在处境的变化则会导致对真实的无视、麻木、无动于衷。在此，麦克法格特别指出，因循守旧、故步自封仍占据统治地位的主流神学就对非白人、非中产阶级男性的神学思想有着排拒和打压。其四，它注重语言的价值和意义，用维特根斯坦（Wittgenstein）等哲学家的话来说，"人类世界在根本上乃是语言的世界"；语言不会穷尽人类之真实，故

---

① Sallie McFague, *Metaphorical Theology*: *Models of God in Religious Language*, Philadelphia: Fortress Press, 1982, p. 10.

可促使神学语言不断更新；通过语言的隐喻运动，使人类认知及其表达的此乃彼同时既被肯定又遭否定，处于变动不定之中。麦克法格据此而强调女权主义有资格对文化及基督教神学展开批判。所以说，隐喻的认知是不可缩减之法的认知，其所获理解及知识乃独有的、不可替代的。麦克法格认为，隐喻乃极为强大的。在神人之间的沟通中，隐喻乃发挥着关键作用。[1]

于是，麦克法格建议以"朋友"之隐喻来作为理解上帝之模式，以挖掘出神人之间的"友谊"蕴涵，而其根据则是出自《圣经》中亚伯拉罕"得称为上帝的朋友"[2] 之说。在她看来，将"朋友"视为理解"上帝"之隐喻乃是得自《圣经》之真传，如《约翰福音》15 章 13 节中耶稣所言为朋友而献身（"人为朋友舍命，人的爱心没有比这个大的。"），《马太福音》11 章 19 节所描述的耶稣作为"人子"乃"税吏和罪人的朋友"等。《圣经》中充满了耶稣乃上帝与世人保持"友谊"之寓言，这种"友谊"关系还可以见之于"失散的羊羔""浪子回头""好撒玛利亚人"等表述。麦克法格进而指出，这种对"他者"、对陌生人的"友谊"表达了一种无条件的关爱，它既是对个人，也关涉民族、国家及其文化。她强调，此乃现代社会所不可或缺的模式，因为在人口增加而生存空间变小、生态恶化而生命受到威胁的这一地球上，人们如果不成为朋友、不强调友谊，则已经无法共同生存下去了。人类要么共在，要么毁灭。所以，用"朋友"作为上帝的隐喻，反映出女权神学"共同人格"之理想，它强调人与人之间的关系不是竞争，而是互助互惠；不是男尊女卑的二元关系或等级统治，而是男女之间的平等、共在。这种理解可以克服传统观念上宗教之人自我否定的形象，尤其是消除对妇女贬损性的自我评估，摒弃对其被动性、消极性、没有责任性的描述。

麦克法格采用"朋友"之喻，旨在表达人的理想人格应该是在社团中的相互关联和自我创新，她认为这种上帝理解中"友谊"之主题实际上已在耶稣生与死的见证上得到加强，它揭示出上帝乃在人类之中并与之一起

---

[1]　Wesley J. Wildman, *The Theology of Sallie McFague*, http：//people. bu. edu/wwildmann/WeirdWildWeb/courses/mwt/dictionary/mwt_... 18/03/04。

[2]　《新约·雅各书》2 章 23 节。

受难，而教会的存在就是邀请人们加入与上帝一道为他人受难的社团。由此可见，这一主题显然是女权神学与女权灵修学的有机结合，它想突出妇女在人类中促进友谊和相互依赖之作用。当然，上帝作为"朋友"的隐喻在逻辑上和理解上显然都有其局限性。而在麦克法格看来，正如所有其他隐喻都具有局限性一样，这就是要求人们用更多的隐喻来描述、理解那奥妙无比、深不可测的神人关系。上帝理解不是逻辑理解，神学亦非精确科学，隐喻之论故而有其深奥、神秘的意义。不过麦克法格也承认，仅仅以一种模式来理解上帝还远远不够，其中甚至会存有贬低上帝之危险，因此她主张理解神圣的开放性，提倡以多种模式来间接认知上帝。在这种意义上，隐喻神学也就是一种起着中介作用的间性神学。

（二）生态神学

在生态关注上，麦克法格则主要从女权神学的视角来谈论地球、人类、上帝之关系，从"大地女神""大地母亲"等女性体认上提出女权神学在解决生态危机诸问题上的可能贡献。她认为神学的合适性就在于其与人类存在之有机联系，这需要一种整体论意义上的审视，即注意到人与自然的关联，认清在这一精致的自然之网上一切受造物的生命都紧紧绑在了一起。既然承认这种整体共在的关系，那么也就该重新评价女性的地位及价值。过去对女性太有负面的、贬低性的成见，女性的物质性、肉体性、性别等虽属于自然，却被看作无价值的、不干净的、有缺陷的自然构成。对此故需重新评价，必须对女性作为珍藏的宝物那样发掘其价值，看到其在宇宙自然中的存在是有利于一切造物的福祉的。在此，麦克法格提供了一种对自然领域的回归，指出女性的价值是内在于自然本身的，故而应该道法自然，决不可以人的独尊及权力集中来滥用进而破坏上帝的美好创世。所以，女权神学设法想走的也是与自然和谐之路，从而达至与生态神学的有机结合。

在麦克法格的神学建构上，她认为神学本身的使命就是要服务于倾听和见证上帝的话语，若无此功能，神学则失去存在的理由和价值。而且，神学并非抽象之论，它上接文本传承，下连社会存在，道成肉身的教义本身就揭示出基督教与世俗社会密切而有机的关联。耶稣以"上帝之子"的身份来到人间，不可能超越或超脱人间的困苦，上帝的终极关怀体现为耶稣的现实关怀，这种关怀乃男女平等的、反对社会种族及性别歧视的。所以，《圣经》中所描述的耶稣是被社会上层排拒的、与穷人共处的、受苦受难的、被钉十字架的"人子"，这种历史性、人间生活的模糊性、身份的不确定性却恰恰具有最真实的意义。正因为耶稣在人间的临在，西方思想中的"二元分殊"得以克服，至高与底层的界限得以消解，神圣与世俗得以关联。为了突出上帝与世界的关联，麦克法格提出了"上帝是世界的身体"之命题，以取代上帝乃"统治世界的超越之王"的传统观念，由此重新凸显创世神学与生态神学的内在关联，并使之具有一种圣礼意义上的升华。显然，这里论及耶稣之肉身，就体现出麦克法格所意蕴的"身体模式"，即通过耶稣的身体这一模式体现上帝的神圣降临，同样也就把世间的被压迫者，以及如女性这种被边缘化的群体纳入上帝的关爱及拯救之中。而这种身体力行的临在也能启迪人们以关爱、敬畏的态度对待社会的他者，对待我们共有的自然。耶稣在人世的榜样作用使人们意识到耶稣基督本身就是上帝的寓言，其隐喻给世人展示的即上帝作为"可爱的朋友"之模式，这使神人接近而不会疏远，也使基督教昭示其信仰真理的系统神学在形式及内容上都基于且充满宗教经验的语言表达。基于上述解释，人们则可理解为什么《圣经》尤其是《新约》中会充满寓言，并能形成鲜活生动的故事之链。这些寓言就是当时的思想精神，是其智慧之显现，而其启迪则可穿越时空，影响今世。所以，麦克法格认为《圣经》的寓言、其隐喻神学的奥妙由此而得以揭示，可完美地向世人呈现。

在"三位一体"神学的架构中，麦克法格既然谈到了上帝与耶稣，且要超脱"圣父"与"圣子"之传统理解，那么也就势必会论及"圣灵"。上帝是"世界的身体"，耶稣乃人之"肉身"成圣，圣灵则被她解释为可以激活世界（身体）的"呼吸"（breath）和"生命"（life）。因此，圣灵在麦克法格隐喻神学的解释中就成为极为重要且主要的隐喻，即上帝在世界之内发挥作用的代理。这里，麦克法格在对圣灵之模式的表达选择中放弃了"自我"（self）、"心智"（mind）或"意志"（will）等术语，选用了"精神"（spirit），这既与圣灵的原意比较接近，又可超越任何局限于人类之理解，因为人有"自我"、"心智"或"意志"等主体感觉，而"精神"则可超出人类理解之限、有着更为扩展的蕴涵，这样就可以超出人类中心主义的界限而进入宇宙中心主义的范围。① 很明显，这一表述加深了上帝与世界的关联，"它强调了上帝与世界的联结，不是作为心智对宇宙的命令、掌控和指导，而是作为其生命及活力之源的呼吸"。② 而且，"精神"在麦克法格的理解中也是中性的，不会含有性别歧视之意。这样，"上帝"、"耶稣"和"圣灵"都不再以父、子或母、女等性别界定来表达，其通用表述均回到了中性之"它"（It）。

这种神学既然有着如此强烈的现实关切，麦克法格故而特别强调神学必须不断更新，保持与社会发展的关联性，并防止因为僵化而沦为偶像崇拜。基督信仰一旦脱离这种关切及关联，就可能自我封闭、唯我独尊，结果就可能过高评估自己，沦为自爱自傲和偶像崇拜。而教会历史上父权思想的泛滥，其实就有这一方面的毛病。所以，麦克法格主张对教会传统及其神学语言应保持透彻的认知和批判的精神，她还指出基督教神学语言中占据统治地位的模式往往会倾向于排斥非白人的、非中产阶级的，以及非男性的人群，难以替这些弱势群体代言，因此出现偏颇也就在所难免。受语义分析学派的影响，麦克法格也认为人类世界的存在方式在本质上就是其语言世界的存在，这种语言的强大及其社会作用遂使神学语言必须不断更新，它应深化、充实人类现实存在，而不是虚化它、耗尽它，使之成为空壳、沦为空虚。于此，隐喻则是人们的一种认知方式，由此确定或否定存在之彼此。在她看来，隐喻的强大就在于一切语言按其特性归根结底都是隐喻，隐喻乃是其不可简约的认知方式，科学与宗教语言如此，抽象或具体语言依然。隐喻可以比较和对照，发现并关注相似或不同，体悟其处境并表达其洞见。麦克法格亦借助于隐喻来展开其女权主义的文化批评，表达其神学观点。

由此可知，女权神学与隐喻神学的这种关联，在麦克法格的理解及其视域中就充分体现出其现实关切性。隐喻神学虽有其表达上术语的晦涩、歧义或模棱两可，却是麦克法格所看重的间性（between，intermediary）神学或关系神学。这种"隐喻""间性"尚不是神学所追求的真理本原，却

---

① 参见 Susan Frank Parsons ed., *The Cambridge Companion to Feminist Theology*, Cambridge University Press, 2002, p.184。

② Sallie McFague, *Models of God*: *Theology for an Ecological*, *Nuclear Age*, London: SCM Press, 1987, p.145.

可能对之接近，对人们起着引导作用，其中充满革新、改进、发展的空间。基督教的系统神学要想真正起到效用，则必须借助于这种隐喻神学、间性神学的中间及推介作用，因此最好的系统神学也就会充分意识到这种语言隐喻的价值及功效。由此而论，隐喻神学既是圣经解经学，也是语义哲学意蕴上的神学诠释学。在这种理解的基础上，人们则可欣然接受隐喻神学所论及的故事、诗歌、传记和自述等模式；它们以非常活泼、灵动的方式提供着想象、反思、洞见、传承及信仰。而在其动态发展中，麦克法格进而认为有必要不断产生与现实关联的新寓言、新隐喻。在其《上帝模式》等著作中，麦克法格就基于"上帝作为世界的身体"之模式进而又提出了上帝作为"母亲""爱人""朋友"等体现女性特色的隐喻及类比。所以，这种隐喻的来源也极为丰富，包括圣经传承、基督教思想发展、世界文学艺术等各种人类的想象及创见。

以上帝作为"朋友"之模式，在麦克法格这里则是针对教会传统中将上帝作为"父亲"之范式，并以其女权神学的立场将这种理解上帝的模式扩展到将上帝作为"母亲"和"爱人"的模式，从而彰显这一模式的现实意义及当下价值。在她的解释中，上帝作为"父权"等级的模式已经过时，这种模式只能给人偶像崇拜的印象，既逃避现实，又漠视弱势群体，且与现代社会格格不入。而新的模式则给人以家庭的亲情、社会的责任、彼此的关爱和对弱者的援助，并以此而体现出基督教信仰的意义及其神学构建的价值。上帝作为"母亲"代表着对世界的创造，与人类有内在性和关联性，这种隐喻故而是卓有成效、积极开明的，有其现实性、针对性和实用性，并使人的相互关系达到一个更高的等级、更理想的境界。

麦克法格比较陶醉于其上帝模式的构设，认为其隐喻神学有很大的现实拓展空间，故而宣称其乃当今社会中比较合适、应该推崇的系统神学体系。为此，她试图对相关神学及哲学理论加以综合以为己所用。她的神学思想有着明显的现实关切，但在当代社会的危机中，人们面对社会不义、生态破坏、热核威胁的严酷现实，则似乎难有麦克法格那样的乐观或轻松。因此，西方社会及神学舆论界对之评价不一，虽有肯定和欣赏，却也质疑声和批评声不绝，有些人认为她过于理想或太抱幻想，不可能靠其隐喻或模式来消除人类的恐惧和仇恨，很难迎来女性的彻底解放，故而充其量也不过就是对未来的呼唤、憧憬而已。

第五节　北美其他女权神学思想家

除了上述四位北美女权神学的主要代表，北美还有一些女权神学家也比较活跃，有着众多的著述出版和实践活动，她们有各自不同的理论侧重，在相关领域也都形成了较广的社会影响。现简述如下。

菲利斯·特里布（亦有崔菲莉、卓宝等中文译名）曾为美国哥伦比亚大学和纽约协和神学院教授，她从圣经神学和解释学的角度探讨了圣经文献中与上帝相关的女性形象，审视了基督教传统中对被压迫、剥削之妇女的叙述，提出了上帝的"女性形象"或"上帝形象"之性别理解的开放性、包容性的问题，其主要著作包括《上帝与性修辞学》（*God and the Rhetoric of Sexuality*，1978）、《恐怖之文献：圣经叙述的文学女权主义读本》（*Texts of Terror：Literary-Feminist Readings of Biblical Narratives*，1984）等。

伊莎贝尔·卡特·赫瓦德（亦有海沃德、海沃、卡蒂希活等中译名）是任教于美国麻省坎布里奇圣公会神学院的同性恋女权神学家，著有《上帝的救赎：相互关系之神学》（*The Redemption of God：A Theology of Mutual Relation*，1982）、《触摸我们的力量：性爱作为上帝之爱和权力》（*Touching Our Strength：The Erotic as Power and the Love of God*，1989）、《永远为教士》（*A Priester Forever*，1999）和《保持你的勇气：一位激进基督徒女权主义者的发声》（*Keep Your Courage：A Radical Christian Feminist Speaks*，2010）等，她以对作为"存在本身""绝对另一体"的男性抽象之上帝观念提出批评，寻求一种与地球、与人类相关的上帝形象。由于其同性恋身份，其理论表现出比较偏激的倾向，也引起了更多的社会关注和批评。

玛丽·韩特（亦有玛丽·亨特等中译名）为天主教女权主义神学家，曾任乔治敦大学副教授，为美国神学、伦理学和礼仪学妇女联盟创始人之一，在社会活动及教会事务中都比较活跃。她的代表著作是《极强的敏感性：一种关涉友谊的女权神学》（*Fierce Tenderness：A Feminist Theology of Friendship*，1991）。韩特尤其对女性同性恋问题有着特别的关注，并依此而在其女权神学中创设了一些新的神学象征和隐喻。

苏珊·布鲁克斯·蒂苏斯维特是芝加哥神学院教授，著有《性别、种族和上帝：黑人与白人中的基督教女权主义》（*Sex，Race，and God：Christian*

Feminism in Black and White，1989）和《伊甸园之梦：一个网线世界中的美国宗教和政治》（*Dreaming of Eden: American Religion and Politics in a Wired World*，2010），她指责男权主义的上帝形象对妇女的伤害，并将性别歧视与种族歧视的问题结合起来观察，对之加以女权神学的深入剖析。

丽塔·纳卡施玛·布罗克曾任布里特神学院教授和哈佛大学研究员，是首位获得神学博士学位的亚裔美国女性，但她更关注美国的女权及妇女解放问题，故自称为亚裔美国女权主义神学家，著有《心灵之旅：性爱之力的基督论》（*Journeys by Heart: A Christology of Erotic Power*，1988），对美国社会状况和妇女的地位及遭遇有着生动的描述。

凯瑟琳·克勒尔是德鲁大学神学院及宗教研究院教授，为该院建构性神学科布讲座教授（the George T. Cobb Professor of Constructive Theology），其代表作包括《来自破碎之网：分离、性别歧视与自我》（*From a Broken Web: Separation, Sexism, and Self*，1986）、《现在及那时之启示录：一个女权主义者对世界终结之探究》（*Apocalypse Now and Then: A Feminist Approach to the End of the World*，1996）、《深蕴之面目：一种生成神学》（*The Face of the Deep: A Theology of Becoming*，2003）和《不可能之云：否定神学与星际纠缠》（*Cloud of the Impossible: Negative Theology and Planetary Entanglement*，2014）等，她通过搜寻古希腊、希伯来和基督教文化中的原初神话而试图找出有关女性自我的新形象，并将世俗人类学的理论与方法运用到女权神学之中。

丽贝卡·肖普（亦有查普等中译名）则不仅是女权神学的重要理论家，还对北美女权神学发展有过深入、系统的研究，她于 1974 年毕业于堪萨斯的卫斯理大学，为联合卫理公会牧师，曾在亚特兰大艾默瑞大学任教务长，在坎德勒神学院担任神学教授和系主任，2001 年任耶鲁大学神学系主任，并曾担任斯沃斯莫尔学院院长和美国宗教科学院院长，其重要著作包括《受难的实践：解放神学和政治神学之解释》（*The Praxis of Suffering: An Interpretation of Liberation and Political Theologies*，1986）、《讲话的权力：女权主义、语言和上帝》（*The Power to Speak: Feminism, Language and God*，1989）和《拯救工作：女权主义的神学教育实践》（*Saving Work: Feminist Practices of Theological Education*，1995）等，并与希拉·格里夫·达瓦尼（Sheila Greeve Davaney）合编有《女权神学的视域：身份认同、传统与标准》（*Horizons in*

Feminist Theology：*Identity*，*Tradition*，*and Norms*，1997）等。她对近现代的自由派思想家尤其是天主教和新教神学家展开了一种"后现代主义"的理论批判，并指责第一代女权主义神学家过于倾向于女性经验的泛化，而其语言及其泛论并没能直指种族偏见和性别歧视问题，从而形成对近代启蒙运动所倡导的自由、平等、博爱和人的尊严之绝妙讽刺。她进而批评西方资本主义的偏见使之无视其他民族文化的逻辑、理性和价值，这在女性问题上则进而加剧和恶化。在女权问题上，她还积极呼吁要尊重女性的话语，还给妇女"讲话的权力"。

其他值得一提的女权主义神学家还包括玛格丽特·法利（Margaret Farley）、玛丽·乔·韦弗（Mary Jo Weaver）、伊丽莎白·约翰逊（Elizabeth Johnson）、苏珊·罗斯（Susan Ross）和凯瑟琳·M.拉库格纳（Catherine M. LaCugna）等人，其中法利在耶鲁神学院任教，强调女权主义的伦理学，著有《女权意识与圣经解释》（*Feminist Consciousness and the Interpretation of Scripture*）《关系的新模式：一种道德革命的开端》（*New Patterns of Relationship*：*Beginnings of a Moral Revolution*）等论文；韦弗在印第安纳大学教授历史，其代表著作为《干旱土地的喷泉》（*Springs of Water in a Dry Land*，1993）和《新型天主教妇女》（*New Catholic Women*，1995）；约翰逊在福德姆大学任教，代表作有《她是谁：女权神学话语中的上帝奥秘》（*She Who Is*：*The Mystery of God in Feminist Theological Discourse*，1993）；罗斯则在耶稣会在芝加哥办的罗耀拉大学任教，著有《过度之爱：一种女权主义的圣礼神学》（*Extravagant Affections*：*A Feminist Sacramental Theology*，1998）；而拉库格纳则主编有《使神学自由：女权主义视域中的神学精华》（*Freeing Theology*：*The Essentials of Theology in Feminist Perspective*，1993）等著作。

总之，北美尤其是美国女权主义神学家的关注焦点是美国现代社会，其问题意识集中在美国社会的政治、经济、宗教、种族、性别、生态、国际关系等方面。从捍卫、恢复妇女的权益出发，这些女权神学家对上述问题的评价基本上比较负面，因而提出了尖锐批评，剑指资本主义、殖民主义、阶级压迫、种族歧视、性别偏见、教会父权等问题。不过，离开对其社会的深层分析，她们的社会批判、宗教批判都显得比较肤浅，而且也很难解决根本问题。尽管如此，北美的女权神学仍然是其当代社会真实状况的复杂折射，从一个重要侧面有助于我们对其社会的透彻了解。

第六节　美国女权神学的跨文化发展

在全球化氛围中，曾经在这一进程中起主导作用的美国自然会受到世界多种文化因素的影响，其当代女权主义神学思想亦不可能摆脱这种多元文化的浸润。实际上，女权神学得以发源的欧美社会已经是多种民族涌入、多种文化汇聚的多元社会，因而其思想发展乃是一种在跨文化处境中的发展。西方在 19 世纪的殖民主义扩张中与亚非拉美诸国形成了复杂关联，使不少黑人等有色人种被作为奴隶贩运到美国等西方国家；而自 20 世纪下半叶以来相关民族摆脱殖民、独立解放的直接后果，则是原来这些被殖民国家的民众开始主动地大量向西方社会移民，美国更是在应对这种移民浪潮中首当其冲。原来"奴隶"的后裔和新移民及其后代现在成为反对西方种族歧视的主角，其中也促成了女权主义思想的积极发展。以女权神学较为活跃的美国为例，其女权主义的神学表达就不仅仅是现在作为其社会主体的中产阶级、白人妇女的生活经历及其灵性体验之倾诉，也是移居当地的其他人种、民族之妇女的呐喊、呼吁和心声表露。大体而言，美国女权主义神学的跨文化发展主要表现在如下三个方面：一为在美国黑人妇女中兴起的"妇女主义神学"；二为在美国西班牙语族妇女中产生的"西班牙语族妇女神学"；三为在美国亚裔妇女中形成的女权神学。这些发展与其主流文化中的女权神学思潮有着一些共同特点，它们都是通过基督宗教社团中妇女的声音来谈论上帝、神学和教会。在此，其"女权"表示妇女应该有在社会和教会公开言述的权利，妇女的喜怒哀乐与其社会和教会存在有着密切的关联。为了了解妇女的现实处境和发展可能，不少女权主义神学家主张对社会政治领域、宗教信仰领域和语言文化领域中性别的作用及其特征进行深度考察和理论调研。另外，这些女权主义神学均强调社会解放的政治意义，认为其本身就是在当前社会转型时期对基督宗教作为解放实践的一种重新解释。而与主流文化中的女权神学所不同的，则是这些思潮乃代表着"边缘群体"在跨文化相遇与冲突中强烈的"边缘体验"，它们在女权神学中亦体现为"少数派"的声音，旨在提醒人们不要忽视或忘掉这些少数群体之妇女们更为艰辛的生活经历和更为顽强的生存挣扎。

一　美国黑人"妇女主义神学"思潮

"妇女主义神学"（Womanist Theology）是 20 世纪下半叶在美国黑人妇女中兴起的一种神学思潮。它与黑人神学和女权神学直接相关，既是二者的结合，却又与二者相区分，实际上乃女权神学在美国黑人教会社区内的典型表现。与白人妇女相比，美国黑人妇女更是处于美国社会的边缘地带，她们遭受着种族、性别和阶级这三重压迫，生存处境极为恶劣。在美国黑人社团中，黑人妇女既受到西方文化的强大影响，又深深体会到其传统非洲文化的顽强存在。这种文化交织和生存的边缘化状况，使黑人妇女寻找主体自我、渴求灵性独立的努力显得更为艰难，也更加引人关注。

"妇女主义"（Womanism）一词源自艾丽斯·沃克（Alice Walker）1984 年出版的妇女主义者文集《找寻我们母亲的乐园》（*In Search of Our Mother's Gardens*），她曾以此词来为其神学研究的课题定名。沃克 1944 年 2 月 9 日生于美国南方佐治亚州，为以前美国黑奴和印第安人的后裔，1961 年就读于亚特兰大的斯帕尔曼大学，开始投入民权运动，曾追随美国黑人领袖马丁·路德·金（Martin Luther King）参加 1963 年黑人大游行，1972 年在威尔斯利大学任教，主讲"妇女文学"，并担任《女士》杂志的编辑，1983 年曾访问中国。她被视为 20 世纪 70 年代以来美国文坛最著名的黑人女作家之一，其小说《紫色》（*The Color Purple*，1982）获得普利策奖，她是获此殊荣的第一个女性黑人，此后她还获得美国全国图书奖、全国书评家奖等。她的作品有力推动了女性意识的觉醒，也使她本人成为美国女权主义运动的重要代表。她用"妇女主义"来界定黑人女权主义者或有色人种的女权主义者，其特点是明确承认自己的黑人历史、宗教及文化根源，表示已经发现自己与白人妇女的文化、社会和神学理念截然不同，同时却宣称自己会以一种认真、执着和爱心来投身于使包括男人女人的人类整体得以生存下去的事业。本来，沃克只是在一般意义上运用了"妇女主义"这一在美国黑人社团中较为流行的术语，但随着其文集的出版和影响的扩大，这一表述遂成为确认妇女主义神学之核心概念的一个基本来源。

"妇女主义神学"的主要代表人物则是德洛里斯·S. 威廉斯，其代表著作是《旷野中的姐妹：妇女主义上帝谈话之挑战》（*Sisters in the Wilderness：The Challenge of Womanist God-Talk*，1993），她试图将黑人女性受难的问题作为妇女主义神学的基本资源，因此对其特别关注。其他妇女主义神学家则包括杰奎琳·格兰特、卡蒂·坎农、埃米莉·汤斯（Emilie Townes）、琳达·托马斯（Linda Thomas）、马西娅·里格斯（Marcia Riggs）、谢里尔·吉尔克斯（Cheryl Gilkes）、肖恩·科普兰（Shawn Copeland）、卡伦·贝克-弗莱彻（Karen Baker-Fletcher）、杰米·费尔普斯（Jamie Phelps）等人，其中格兰特著有《白人妇女的基督与黑人妇女的耶稣：女权主义的基督论和妇女主义的回应》（*White Women's Christ and Black Women's Jesus*：*Feminist Christology and Womanist Response*，1989），坎农著有《黑人妇女主义伦理学》（*Black Womanist Ethics*，1988），汤斯著有《我心灵之忧虑：妇女主义的罪恶和受难观》（*A Troubling in My Soul*：*Womanist Perspectives on Evil and Suffering*，1993）等。

在威廉斯的《旷野中的姐妹：妇女主义上帝谈话之挑战》一书中，她选用了《圣经》中夏甲的故事来讨论黑人妇女的独特处境，并由此展开其妇女主义的上帝之谈。夏甲是亚伯拉罕妻子撒莱的使女，传为埃及人。撒莱因不能生育而将夏甲给自己的丈夫为妾，夏甲怀孕后遭撒莱虐待而出逃，因遇到上帝使者相劝才返回；她后来给亚伯拉罕生了一个儿子，取名为以实玛利。撒莱经上帝改名为撒拉，并得应许后来也为亚伯拉罕生下儿子以撒。以撒断奶之际，夏甲与儿子以实玛利则被撒拉赶走，夏甲母子在危难之时得天使相助，其后裔后来发展为一个大族。威廉斯叙述这一故事的目的，就是想说明夏甲的遭遇乃代表着美国黑人妇女在美国社会求生存的经历，而夏甲在旷野中的孤立无援也正是黑人妇女在美国社会中的生动写照，故事颇有象征意义。在她看来，黑人妇女恰如夏甲那样为贫穷所迫，经受着剥削、暴力和种族歧视，因而只能从上帝那儿得到安慰、救助，获取生存的勇气。这里，威廉斯借用夏甲的故事来象征黑人妇女在一个充满敌意的社会中所具有的反抗、信仰和力量，认为这一案例即黑人运用《圣经》而可以获得的一种能够生存下来的生活状态。旷野中的夏甲在此正是象征着被压迫妇女所拥有的反抗、冒险、独立、忍耐、坚毅、绝处逢生、与神接近等能力。在其神学构建中，威廉斯指出神学乃是谈论上帝的学问，但这种谈论不是抽象的、死板的，而应该通过被压迫黑人妇女过去与现今的生活来谈论，并从中体悟到，正是上帝才使被压迫者从无路可走之中找出一条生路，得以绝处逢生。

这一神学理论从基督教信仰角度来反映美国黑人妇女对北美社会中性别歧视、种族歧视和阶级歧视的抵制和抗议。其理论家试图以一种不同于传统神学语言及范畴的思想范式来表达对压迫妇女之现象的批评，提出如何争取妇女解放的建议。按其圣经、神学、历史、经济、文化等背景，这种颇为独特的妇女主义神学尤其想从美国黑人妇女的经历、行为、观点、斗争和宗教信仰中找出理论资源，以反映她们的特殊经验和信仰传统，勾勒出争取解放的行动轨迹。而且，作为黑人妇女的神学，它对美国黑人社团及其占有统治地位的父权文化中所表现出的各种歧视、侮辱、虐待及伤害黑人妇女的现象，乃有着特别的揭露和批判。

总体而论，美国妇女主义神学显然是根据美国经济制度和社会状况存在的严重问题而提出了经济、政治、神学诸层面的尖锐批评。它既同意黑人神学所表达的对白人种族主义的批判和对黑人团结的吁求，也肯定女权神学所表达的对性别歧视的批判和对妇女团结的吁求，其突破点则在于它在女权神学中补入了批判种族主义的内容，在黑人神学中增添了批判性别歧视的因素，形成二者的有机结合和共同的现实关切。此外，它还强调在其理论中应该有阶级分析的维度，由此以对种族主义、性别歧视和阶级差别的三维分析来奠定其神学的理论基础。作为少数群体的心声，妇女主义神学亦表现出对话、合作的意愿，将自己视为一种开放性和对话性神学。其神学表述的特点是主题鲜明并富有诗意想象，注重在讲故事时的情感宣泄，以跌宕起伏的社会现实处境描述来吸引人们的关注，但其理论本身则缺乏逻辑分析之条理及结构上的系统性。在教会的构建和发展上，妇女主义神学强调在个人主义泛滥的社会中团体建设的重要性和必要性，主张在这种实实在在的人类经验中谈论上帝的显现，鼓励黑人妇女团结黑人男子，在与之共求种族解放之际亦争取妇女解放，以摆脱在种族和性别上对黑人妇女的双重压迫，改善其社会地位和阶级存在。受神学解释学和叙述神学的影响，妇女主义神学希望在当代神学叙说中能够充分反映其呼声，表达其见解，以便也能积极参加目前神学语言的重构及其体系的重建。

二　美国"西班牙语族妇女神学"思潮

生活在美国的西班牙语族群体指讲西班牙语，来自墨西哥、古巴等中美和南美国家的移民及其后裔，亦称拉美裔移民社群。如同生活在美国的黑人妇女，美国西班牙语族妇女亦深感种族、性别和阶级这三重歧视和压迫。她们通过女权神学来表达抗议，寻求一种自我解放和自我认同。她们与黑人妇女一样感到自己在一个以白人统治、压迫为主的社会中乃属边缘群体，而受美国境内西班牙语族神学和拉美解放神学的影响，她们也发展出表达自己情感、思想、愿望的妇女神学。

受美国黑人妇女用"妇女主义"来表达其神学思想的影响，美国西班牙语族妇女也创造了表达其思想、代表其身份的专有名词，她们称自己为"mujerista"，称其神学则为"mujerista theology"，故此而有"西班牙语族群妇女神学"之说，并认为这会代表 21 世纪的神学发展趋向。这一表述出现在 20 世纪 80 年代末期，最初见于罗莎·玛尔塔·扎拉特·马希亚斯（Rosa Marta Zarate Macias）创作的《西班牙语族女性之歌》（*Canto de Mujer*），"mujer"在西班牙语中即指"女子""女性"之意。马希亚斯创作这一歌曲的动机是响应一些西班牙语族妇女寻求自我认同的要求，以这一歌曲为之表达自我、鼓舞斗志。从此，"mujer"被美国西班牙语族妇女用来表明自己的身份，而其神学则被用来为之表达信仰解释，并在其解放斗争中发挥出理论指导的作用。"mujer"这一概念在最初使用时主要具有宗教意蕴，后来则扩大到美国西班牙语族民众的文学、历史等领域，成为其流行的表述之一。

美国西班牙语族妇女神学的主要代表为伊萨西-迪阿茨，她原籍古巴，后移居美国，并任教于新泽西州德鲁大学神学院，成为活跃在女权神学领域中的一名学者。1987 年，她与约兰达·塔朗戈（Yolanda Tarango）一道出版首部探究美国西班牙语族妇女神学的专著《美国西班牙语族妇女：教会中的先知声音》（*Hispanic Women：Prophetic Voice in the Church*），由此拉开这一神学发展的序幕。"mujer"这一术语问世后，她于 1989 年在《基督教世纪》（*The Christian Century*，May 24—31）上撰文《Mujeristas：我们自己的名称》，对之大力宣传和推广。她应邀参加《女权主义的宗教研究》杂志组织的女权神学讨论"我们是谁，我们起什么作用"，专门阐述了美国西班牙语族妇女的解放神学及其使命。1993 年，她出版专著《在斗争之中：对美国西班牙语族妇女神学之阐述》（*En la Lucha：Elaborating a Mujerista Theology*），1996 年她又出版了《美国西班牙语族妇女神学》（*Mujerista Theology*）一书。其问题意识及理论侧重与美国主流的女权神学思潮明显不同，主要是针对拉美国家在美国移民中的妇女处境及权益问题。除了以萨西-迪阿茨的系统研究，在这一领域探究中比较知名者还包括玛丽亚·皮拉·阿基诺（Maria Pilar Aquino），她原籍墨西哥，来美国后在圣地亚哥任教，但她自称拉丁女权主义者或拉美裔女权主义者，而不愿用西班牙语族妇女神学家之名，其著作《我们为生存而呐喊》（Our Cry for Life，1993）亦颇有影响。她还发表过"拉美裔女权解放神学概观"等论文。其他美国西班牙语族妇女神学家还包括格洛里亚·伊内斯·洛娅（Gloria Ines Loya），以及阿伦·菲格罗阿·德克（Allan Figueroa Deck）等人，洛娅发表过《美国西班牙语族妇女：西班牙语族社团中的激情与牧职》等论文，德克于 1992 年出版其编著《美国西班牙语族妇女神学》（Mujerista Theology），1994 年与杰伊·P. 多兰（Jay P. Dolan）合编出版《美国西班牙裔的天主教文化：问题及关注》（Hispanic Catholic Culture in the U.S.：Issues and Concerns），对这一领域的发展进行了系统阐述。

美国讲西班牙语的中美及拉美裔民众显然生活在一种跨文化的氛围之中。拉美基督宗教既有天主教在拉美本土化所导致的强大影响和对拉美现代文化的本质构建，又受基督新教灵恩运动的普遍浸染，而拉美土著民族的本土文化亦有顽强存在的各种表现。以这样多种文化为背景的拉美裔移民进入美国，自然会强烈地感受不同文化之间的碰撞和互渗。对此，以萨西-迪阿茨曾说自己在美国的生活就如同在"流放"中一般，有着一种"客居"和"被边缘化"的深刻体会。正是在这种处境中，美国西班牙语族的妇女神学家更是感到负有表达其心声、寻求社会和灵性解放的使命。一方面，她们感到自己作为少数群体和边缘群体无法影响其生活的美国社会，这一社会所标榜的所谓"普世"价值及"全民"福利似乎在实际上主要倾向于来自欧洲的白人移民，而少数族裔信守的价值和理念却不会成为该社会的标准，其生存故而也未能构成美国社会中的有机共存之元素，貌似的整体其实有着明显的局部缺陷或破碎。为此，西班牙语族的人们在社会、政治层面要为获得平等权利而斗争，以使自己能够被吸纳为这一社会的完全成员，大家应该平等共在，这对于少数族裔的妇女尤为重要。另一方面，她们觉得自己在文化、传统上又不能失去自我本真，因而有必要保持、维护自己民族及其文化的独特性，在美国这一多元文化的熔炉中保住特色。而美国西班牙语族妇女的现实生存及其神学努力就正体现在二者的强大张力之中。

为了在信仰上和文化传统上保住自我本真，获得一种身份认同，美国西班牙语族妇女神学最终在"Mujeristas"这一表述上达成共识。伊萨西-迪阿茨指出："在找寻我们自己的名称时，我们转向我们的音乐，此即我们文化之魂的本质部分。在我们的歌曲中，无论是爱情歌曲还是抗议歌曲，我们都被简单地称为 Mujer。因此，我们之中那些优先选择 Mujeres 者即为 Mujeristas。"① 在她看来，这一表述乃指美国西班牙语族妇女反对压迫的斗争及其理论阐述之努力，其意义应该保持开放性，即保持一种鲜活的流动性。不过，在现实应用中，伊萨西-迪阿茨对之亦有如下界定："美国西班牙语族妇女（Mujeristas）神学包括伦理学和神学，是一种解放实践，即以解放为其目标的反思行动。作为一种解放实践，美国西班牙语族妇女（Mujeristas）神学首先乃一种过程，它使美国西班牙语族妇女能够坚持发展一种强烈的道德意识，阐明我们是谁、我们想什么，以及我们做什么之价值及其重要性。其次，作为一种解放实践，美国西班牙语族妇女（Mujeristas）神学寻求对主流神学产生影响，因为它们支撑着教会之规范，而在很大程度上也支撑着社会之规范。"② 她认为这一与众不同的神学有三大任务。其一，它使美国西班牙语族妇女弄清许多对日常生活产生巨大影响的社会压迫之结构，从而使之认清其目标乃根本改变这些结构，而不是参与其中并由之获益。这种社会结构之罪影响到人们发现在现实生活中的上帝启示，使之无法察觉上帝就在当今社区之中与人共在，因而必须与这种结构之罪做斗争。其二，它帮助人们选择未来，此即末世论对每个基督徒生活的意义。通过对未来的窥视，人们可从目前的受压迫处境中看到希望，使人生获得一种全新境界。其三，它提醒人们关注自己内心的转变，若无每个人的内在变化，社会结构不可能发生根本改变。因此，这一神学强调个人的灵修、悔罪和皈依，以促成个人的新生。

美国西班牙语族妇女神学是以这些妇女群体的人生经验为资源，因此它乃一种群体神学，表达了其群体意识，尤其是突出了这些妇女反对性别歧视、种族歧视和阶级压迫之旨趣。它在基督宗教思想资源上乃基于中世

---

① 引自 Ursula King ed., *Feminist Theology from the Third World：A Reader*, London：SPCK, and Maryknoll, NY：Orbis Books, 1994, p. 98。

② Ursula King ed., *Feminist Theology from the Third World：A Reader*, p. 100.

纪早期经院哲学家坎特伯雷的安瑟伦（Anselm of Canterbury，1033–1109）"信仰以求理解"的进路，由此展开其社会理解和教会理解，并将之作为其神学立意和争取解放之斗争的核心。在社会政治层面，这一神学则是对欧美女权神学和拉美解放神学的一种独特结合。所以可以说，它虽是产生在美国本土的一种神学思潮，却有着复杂的跨文化意义，而且与第三世界神学思潮亦有着许多吻合与共鸣。

概括美国西班牙语族妇女神学之特征，以萨西-迪阿茨认为它应该包括如下五个方面的特点①：第一，它是美国西班牙语族妇女的神学，民族特点鲜明；第二，它产生于女权主义、拉美文化和解放斗争交汇之际，时代特点突出；第三，它乃一种群体神学，反映出美国西班牙语族妇女群体的信仰声音和灵性之旅，群体意识强烈；第四，美国西班牙语族妇女群体指目前生活在美国，但其文化、民族和历史根源乃在拉美以及古巴、墨西哥、波多黎各等地的妇女，比较态势凸显；第五，美国西班牙语族妇女在文化上和信仰上并非孤立的，她们既与美国西班牙语族男性群体相关联，又为世界整个妇女群体中的一个有机组成部分，合作姿态积极。在美国移民群体中，拉美裔的比重较大，故此他们的神学活动及其文化关联也比较独特，故而有力推动了美国女权主义神学的发展演变。

三　美国亚裔妇女神学及宗教思潮

与美国黑人的"妇女主义"神学和美国西班牙语族妇女的"Mujeristas"神学不同，美国亚裔妇女神学是一种比较模糊、内涵不清的表述，因为美国亚裔妇女既不是来自同一种族，也没有享有同一种语言，更不会信仰同一种宗教。不过，生活在美国的亚裔妇女与黑人妇女和西班牙语族妇女一样，也都切身感受到相同的边缘化和遭歧视的命运。因此，在美国当代神学思潮中，也有着亚裔妇女的参与，她们甚至打破基督教的藩篱而促成了跨宗教的神学思想发展。亚裔女性神学家虽然声音较弱，却也代表着当代女权神学跨文化发展的一个独特方面。近年来，这一方面的研究在逐渐展开，其较早的相关研究报道主要有郭佩兰（Kwok Pui-Lan）的《在非圣经世界中发现圣经》（*Discovering the Bible in the Non-biblical World*，1995），郑

---

① 以下参见 Ursula King ed.，*Feminist Theology from the Third World：A Reader*，p. 102。

玄境（Chung Hyun Khung）的《为重新成为太阳而奋斗：介绍亚洲妇女神学》（*The Struggle to be the Sun Again*：*Introducing Asian Women's Theology*，1990），骚特哈德的论文《恢复及重新发现的形象：美国亚裔妇女的灵性资源》，布罗克的论文《有裂隙的完整：对美国亚裔妇女神学的反思》，以及布罗克与多人合编的《异样选择：亚洲及北美亚裔妇女的宗教与神学》（*Off the Menu*：*Asian and Asian North American Women's Religion and Theology*，2009）等。

美国亚裔妇女在美国社会亦深感男权文化和男权教会结构对其身心的双重压抑，被边缘化而带来的孤独感、孤立感和遭遇种族、性别及阶级压迫的苦难感觉交织在一起，故形成了她们的叹息和倾诉。而亚裔妇女神学表述则正是其种族范围内基督徒所选择的解脱和得救之途。但在其信仰资源中，除了基督宗教及其文化传统的影响，源自其先祖的亚洲文化及宗教信仰也发挥着重大作用。不少亚裔妇女的家庭留下了其传统文化的深深印痕，特别是亚洲各大宗教如印度教、佛教、儒教、道教、犹太教、祆教，以及各种民间宗教和原始宗教，对相关人群乃有着潜移默化的熏染。而她们在美国所受的中等或高等教育，则为之打开了另一扇文化窗户，由此构成她们心理、学识及修养上多种文化的交织。从救赎意义上，她们往往借用这些信仰资源中的女性形象来对比、印证其基督信仰的受难与拯救。作为对男权信仰传统的反抗，她们接受了鲁塞尔的观点，认为基督论的核心乃揭示耶稣是被压迫人民的解救者，而这就是救主的真实意义之所在，而"耶稣的男性并无终极意义"。[①] 对照耶稣对世人的怜悯和救赎，来自中国、日本、韩国、新加坡和越南等国的亚裔妇女往往以佛教中大慈大悲的观音菩萨来比较，而观音的女神形象显然使她们增加了对救赎的女性理解。在她们看来，对基督宗教之神性和救赎的理解，不应该只是一种男性的理解，而更需要一种女性理解作为重要补充。观音形象以及相应的女神观念，则使这种补充有了亚洲本土的灵性资源。这些女性形象及其观念不仅可以丰富基督宗教的信仰，还可以提高教会中妇女的地位，增强其妇女信徒的信心。

---

① 参见 Rosemary Radford Ruether，*Sexism and God-Talk*：*Toward a Feminist Theology*，London：SCM，1983，p. 137。

美国亚裔妇女神学还涉及亚洲原始宗教萨满教中的"萨满"的灵性功能和意义，亚洲文化中女性在家庭、社会伦理中的作用等问题。此外，美国的犹太教女权主义神学家朱迪思·普拉斯可夫（Judith Plaskow）在 1990年出版了专著《重新站立在西奈》（*Standing Again at Sinai*），开始了其女权主义视角的审视。而在美国皈依佛门的女性也感到颇有必要对佛教教义及宗教礼仪等实践加以女权主义的分析评价。例如，丽塔·格罗斯（Rita Gross）亦于 1993 年出版了《在父权制之后的佛教》（*Buddhism after Patriarchy*）一书，旨在从女权主义思维方式出发来重新认识佛教。但总体来看，亚裔女权主义神学及宗教思想的表达仍然是一些零散而不成体系的见解和观点，并无系统的界说和创建新的理论体系之敏锐。故此，若与美国黑人妇女的"妇女主义"神学和西班牙语族妇女的"Mujeristas"神学相比较，则可说美国亚裔妇女神学尚在初创阶段，尚未达到其渴求的真正成熟。

第六章　欧洲女权神学思潮的主要代表

　　欧洲当代神学界亦活跃着一大群主张女权主义的神学家，她们面对现代欧洲的发展处境及社会问题，关注教会的现状及其时代关联，因而在女权神学理论领域有着众多著述，提出了各种构想，探索着女性基督徒的当代使命与责任。可以说，这些欧洲女权神学家在促进欧洲女权运动发展、拓宽基督宗教神学领域上有其独特贡献。她们主要活跃在欧洲学术界和文化界，不少人都在相关大学或神学院任教。其在阐述女权主义的神学理念时，亦对这一神学本身的发展和特色展开了专门研究，由此使女权神学的问题意识及其理论学说得以相应梳理和推广。

　　不过，就女权神学家对西方社会和基督教会的影响而言，北美的一些女权神学家要显得更为突出一些，其关注更贴近教会现状和社会现实；这与美国的世界地位及其国际影响明显有关，而其国内社会矛盾也显得更为尖锐，也就使得北美女权神学的问题意识更为鲜明，其面对现实解决现实问题的紧迫感也更为突出。而欧洲的女权神学家则更侧重于其学理性或历史性追溯，故此在女权主义的神学理论研究上有其特色。

　　大体而言，欧洲女权神学家在实践层面关注社会发展及妇女的现实处境，与包括革命神学、解放神学的政治神学有着密切关联。而在信仰层面，她们则注意重新发现和解读教会历史及其信仰传统，尤其对上帝、基督、圣母、夏娃、耶稣的女性门徒及历史上的妇女精英代表等进行了全新的梳理和女权意义的解说。在重新认识女性的本质和灵性意义之前提下，欧洲女权神学也鼓励妇女对教会事务应该有着更为积极地参与，并要以积极担任圣职等方式来发挥其可能的领导作用。

　　此外，女权神学以"大地之母"等独特的女性理解来关注生态问题，倡导一种推动上帝、人类、自然之间平衡与和谐的理论神学体系。而其更为年轻的新生代女权神学家则关注女权神学与女性、文学、美学、诗歌等微妙关联，特别是对女性诗人及其诗歌情有独钟，会从女性主义的视角对之加以研究及阐发。不可忽视的是，这种方兴未艾的女权神学不仅是侧重现状的实践神学，也可能是构建体系的理论神学。总之，女权神学有着自己独立的神学构建，并开始形成了一套自成体系、有现实关照的神学理论体系。其关注的焦点和思想的共识，使人们在众多纷繁复杂、各自不同的女权神学思潮中仍可找出其作为"女权主义"之特色的相似处或共同点。

第一节　欧洲女权神学代表人物及其主要著述

一　欧洲女权神学代表的分布

由于欧洲各国的开放性及其人员的流动性，女权神学家也活跃在欧洲各国，其学术足迹甚至遍及北美各地，故而很难准确地说明其国别归属及其理论阐发最初获得突破之地。实际上，她们所受的教育、从事的职业，以及著作的出版等都具有跨国度性。综合而论，欧洲女权神学在德国、英国及爱尔兰、荷兰、法国和北欧相关国家比较活跃。

德国女权神学家以伊丽莎白·格斯曼、伊丽莎白·莫尔特曼—温德尔、卢伊斯·绍特罗夫、苏珊·海涅和多萝西·瑟勒等人为代表。她们对20世纪两次世界大战有着深刻的印象及反思，故其论述多触及社会政治议题。

英国及爱尔兰女权神学家以乌苏拉·金、玛丽·格雷、安·罗德斯、伊莱恩·斯托基（Elaine Storkey）、莫尼卡·福隆、苏珊·多维尔、琳达·赫尔康布、萨拉·迈特兰德、珍妮特·莫雷、拉维尼娅·拜恩、玛丽娜·沃内尔、苏珊·哈斯金斯、珍妮特·马丁·索斯凯斯、格雷斯·詹茨恩、尼古拉·斯莉、伊莱恩·格雷厄姆（Elaine Graham）、克里斯廷·特里维特（Christine Trevett）、利莎·伊舍伍德（Lisa Isherwood）、达芙妮·汉普森（Daphne Hampson）等人为代表。其人物众多，著述甚丰，女权神学研究所涉及的面亦相对较广。

荷兰女权神学家以凯瑟琳娜·哈尔克斯、埃尔斯·麦克贝格、朱莉·霍布金斯等人为代表。她们与周边世界有着广泛的联系，比较注重学术探究，因此女权神学的学院发展在荷兰亦最早，形成深厚的教育、学科基础。

法国女权神学家以朱莉娅·克里斯特瓦、艾琳·卢塞尔、艾梅·乔治·玛尔蒂莫、伊丽莎白·伯尔-西格尔等人为代表。此外，北欧女权学家则以卡里·伊丽莎白·勃瑞森等人为代表。她们在女权神学的发展上也都具有非常重要的发言权。

二　欧洲女权神学的发展变迁

早在 20 世纪 60 年代，女权神学在欧洲开始涌现。[①] 格斯曼在其 1964 年的教授资格论文中就曾专门写了论述"男人与女人"的重要章节，此后她又潜心研究欧洲中世纪与文艺复兴时期的女性作家；但她因为无法在德国大学取得教席而不得不长期在日本任教。此外，勃瑞森也早在 1968 年就从女权主义的视域来审视、探究奥古斯丁、托马斯·阿奎那的著述；她当时用法文所撰写的著作自 1981 年以来亦被译为英文出版，包括《依属与平等：奥古斯丁和托马斯·阿奎那对妇女本性与作用的论述》（*Subordination and Equivalence：The Nature and Role of Women in Augustine and Thomas Aquinas*，1995）等。而瑟勒则基于马克思主义的解放学说来开启其神学思考，并以妇女的解放为重心，她在美国纽约协和神学院任教期间开始形成女权思想，并在 20 世纪 80 年代成为知名的女权神学代表，她的鲜明立场与其德国经历密切有关，对纳粹的施虐、充满血腥的大屠杀之耳闻目睹，使她坚持一种反暴力、反战争的政治态度，并为社会的弱势群体尤其是女性声张正义、主持公道，其代表著作包括《弱者的力量：朝向一种基督教的女权身份》（*The Strength of the Weak：Toward a Christian Feminist Identity*，1984）等。这种发展使女权神学在欧洲不只是一种政治运动的理论，而且也成为有人专门研究的学问。

1983 年，女权神学家哈尔克斯（1920-2011）在荷兰内伊梅根大学成为首位女权神学讲座教授。她不仅从教育层面培养荷兰知识女性，在学术研究上也开辟了对女权神学人类学以及生态女权主义的研究，其代表作包

---

① 这一部分的相关内容参考了 Susan Frank Parsons ed.，*The Cambridge Companion to Feminist Theology*，Cambridge University Press，2002，pp. 12-13，特此说明。

括《新创世：基督教女权主义与地球的更新》（*New Creation：Christian Feminism and the Renewal of the Earth*，1991），相关论文包括《论欧洲女权神学史》等。

英国的女权神学在 20 世纪 80 年代中期开始脱颖而出，并迅速形成广远影响。英国学者格雷曾接替哈尔克斯而成为荷兰内伊梅根大学女权神学讲座教授，而乌苏拉·金则先后任教于兰开斯特大学和布里斯托尔大学，她后来也成为英国女权神学的领军人物之一。此外，格雷厄姆在曼彻斯特大学任教，詹茨恩先后在伦敦国王学院和曼彻斯特大学任教，特里维特在威尔士大学任教，伊舍伍德在普利茅斯的圣马可和圣约翰学院任教，索斯凯斯则在剑桥大学任教；这些女权神学的精英都在英国相关大学有其教席，这就非常有利于女权神学的发展及其教学和研究的展开。在苏格兰，汉普森任教于圣安德鲁斯大学，她后来成为后基督教神学的发言人，认为基督教并非尽善尽美，而需要女权主义的修正和补充。

爱尔兰与英国接壤，其典型不同在于爱尔兰有着浓厚的天主教信仰氛围，故其神学发展亦有明显的天主教色彩。其主要女权神学家包括玛丽·康德伦（Mary Condren）、凯瑟琳·扎庞恩（Katherine Zappone）和安·玛丽·吉利根（Ann Marie Gilligan）等人。英国和爱尔兰的女权神学家们形成了广有影响的女权神学学派，并创办了《女权神学》（*Feminist Theology*）杂志，建立了"神学中的女性"网站，有力促进了女权神学理论的发展及其社会舆论的造势。1985 年，欧洲妇女神学研究协会成立，并形成每两年召开一次会议的惯例。

在欧洲女权神学发展中，天主教女性占有较大比重，如勃瑞森、哈尔克斯、格雷、乌苏拉·金、伊舍伍德、康德伦、扎庞恩和吉利根等都是天主教徒。这些天主教女权神学家并不局限于天主教的范围，而有着普世教会运动的眼光，其中不少人也是在新教大学或神学院内获得神学博士或硕士学位，因此她们可以很融洽地与新教女权神学家们共同构建相关的女权神学流派，推动女权运动发展。不过，她们的社会活动与思想创见在一定程度上也受到梵蒂冈的阻挠，故而很难在天主教会体制内形成公认的女权神学体系，如在意大利、西班牙和爱尔兰，许多女权神学家只能在大学的历史系、哲学系或政治学系等间接地论述女权神学，而在神学系或神学院则基本上没有她们讲授女权神学的机会和可能。

三 欧洲女权神学家的相关著述

在这些女权神学家较有影响的著述中包括莫尔特曼-温德尔的《耶稣身边的女性》（*The Women Around Jesus*，1982）、《流奶与蜜之地》（*A Land Flowing with Milk and Honey*，1986，中译本为刁承俊译《女性主义神学景观：那片流淌着奶和蜜的土地》，三联书店，1995）和与其丈夫于尔根·莫尔特曼（Jürgen Moltmann）的合著《上帝中的人性》（*Humanity in God*，1983）等。此外，麦克贝格著有《绝望地找寻玛利亚：对传统宗教象征的女权主义之重新享有》（*Desperately Seeking Mary. A Feminist Appropriation of a Traditional Religious Symbol*，1991），霍布金斯著有《朝向一种女权主义的基督论：拿撒勒的耶稣、欧洲妇女和基督论危机》（*Towards a Feminist Christology：Jesus of Nazareth，European Women，and the Christological Crisis*，1995），绍特罗夫著有《让被压迫者自由：对新约的女权主义视角之论》（*Let the Oppressed Go Free：Feminist Perspectives on the New Testament*，1993）和《莉迪亚之不耐烦的姐妹们：早期基督教的女权主义社会史》（*Lydia's Impatient Sisters. A Feminist Social History of Early Christianity*，1995），以及与玛丽-特里斯·瓦克尔合编《女权主义的圣经解释：对圣经及相关文献批判性评注手册》（*Feminist Biblical Interpretation：A Compendium of Critical Commentary on the Books of the Bible and Related Literature*，2012），苏珊·海涅著有《母权、女神和上帝的形象》（*Matriarchs，Goddess and Images of God*，1988），瑟勒还著有《政治神学》（*Political Theology*，1974）、《受难》（*Suffering*，1975）和与雪莉·A.克洛伊斯合著的《工作与爱：一种创世神学》（*To Work and to Love：A Theology of Creation*，1984）等，福隆著有《危险的欢乐：教会中的妇女与权力》（*A Dangerous Delight：Women and Power in the Church*，1991）和《女权主义的哲学之探》（*Feminist Approaches to Philosophy*，1991），格雷著有《赎回梦想：女权主义、救赎与基督教传统》（*Redeeming the Dream：Feminism，Redemption and Christian Tradition*，1989）、《愚者的智慧？为今日找寻启示》（*The Wisdom of Fools? Seeking Revelation for Today*，1993）和《介绍女权主义的上帝形象》（*Introducing Feminist Images of God*，2001），詹茨恩著有《诺里奇的朱莉安：神秘主义者与神学家》（*Julian of Norwich：Mystic and Theologian*，1987）、《权力、性别与基督教神秘主义》（*Power，Gender and*

Christian Mysticism，1995）和《成为神圣：一种女权主义宗教哲学》（*Becoming Divine*：*Towards a Feminist Philosophy of Religion*，1996），多维尔著有《他们将合二为一：历史与宗教中的一夫一妻制》（*They Two Shall be One*：*Monogamy in History and Religion*，1990）、与赫尔康布（L. Hurcombe）的合著《遭驱逐的夏娃之女：信仰与女权主义》（*Dispossessed Daughter of Eve*：*Faith and Feminism*，1987），以及与简·威廉斯（Jane Williams）的合著《面包、酒与妇女：英国教会授任牧职之争》（*Bread*，*Wine and Women*：*The Ordination Debate in the Church of England*，1994），迈特兰德著有《新国家地图：妇女与基督教》（*A Map of the New Country*：*Women and Christianity*，1983），莫雷著有《一切已知愿望》（*All Desires Known*，1992），拜恩著有《上帝面前的妇女》（*Women Before God*，1988）、《祭坛上的妇女：论罗马天主教会中妇女之授圣职》（*Women at the Altar*：*the Ordination of Women in the Roman Catholic Church*，1994）和《隐藏的传统：女性灵修作品的再发现》（*The Hidden Tradition*：*Women's Spiritual Writings Rediscovered*，1991），沃内尔著有《仅因她的性别：圣母玛利亚的神话与崇拜》（*Alone of All Her Sex*：*The Myth and the Cult of the Virgin Mary*，1976），哈斯金斯著有《抹大拉的玛利亚：神话与隐喻》（Mary Magdalen：Myth and Metaphor，1993），乌苏拉·金著有《妇女与灵修：抗议和应许之音》（*Women and Spirituality*：*Voices of Protest and Promise*，1989），编著有《第三世界女权神学读本》（*Feminist Theology From the Third World*：*A Reader*，1994）和《宗教与性别》（*Religion and Gender*，1995），罗德斯著有《寻找丢失的钱币：基督教与女权主义之探》（*Searching for Lost Coins*：*Explorations in Christianity and Feminism*，1987）及编著《女权神学读本》（*Feminist Theology*：*A Reader*，1990），索斯凯斯编有《夏娃之后：妇女、神学与基督教传统》（*After Eve*：*Woman*，*Theology and the Christian Tradition*，1990），克里斯特瓦著有《爱之故事》（*Tales of Love*，1983），卢塞尔著有《波尼亚：论古代之人的欲望与身体》（*Porneia*：*On Desire and the Body in Antiquity*，1988），以及勃瑞森编有《上帝的形象与犹太教和基督教传统中的性别模式》（*The Image of God and Gender Models in Judaeo-Christian Tradition*，1991）等。

此外，与女权神学发展及其研究相关的论著还包括玛尔蒂莫所著《女执事：一种历史研究》（*Deaconesses*：*An Historical Study*，1986），伯尔-西格尔著《正教会中的妇女牧职》（*The Ordination of Women in the Orthodox Church*，2000），卡罗尔·J. 亚当斯（Carol J. Adams）著《生态女权主义与神圣者》（*Ecofeminism and the Sacred*，1993）、以及与洛里·格伦（Lori Gruen）合编《生态女权主义：女权主义与其他动物及地球的相交》（*Ecofeminism：Feminist Intersections with Other Animals and the Earth*，2015），勃瑞森与卡里·沃格特（Kari Vogt）编著《基督教与伊斯兰教传统中的妇女研究：古代、中世纪和文艺复兴时期的女性先祖》（*Women's Studies of the Christian and Islamic Tradition：Ancient，Medieval and Renaissance Foremothers*，1993），亨特（M. E. Hunt）和荣格（P. B. Jung）合著《妇女、性、以及宗教》（*Women，Sex，and Religion*，2014），玛丽·T. 马隆（Mary T. Malone）著有《妇女与基督教》（3卷本：*Women and Christianity*，2002—2005），乔安娜·卡尔森·布朗（Joanne Carlson Brown）与卡罗尔·R. 波恩（Carole R. Bohn）合编有《基督教、男性统治及其伤害：一种女权主义的批判》（*Christianity，Patriarchy，and Abuse：A Feminist Critique*，1989），达瓦尼编著《女权主义与过程思想》（*Feminism and Process Thought*，1981），帕梅拉·迪克·杨（Pamela Dickey Young）著有《女权神学/基督教神学：方法之探》（*Feminist Theology/Christian Theology：in Search of Method*，1990），特里萨·艾尔韦斯（Teresa Elwes）编著《妇女的声音：当代女权神学文集》（*Women's Voices：Essays in Contemporary Feminist Theology*，1992），绍特罗夫等合编《女权主义的解释：女性视域中的圣经》（*Feminist Interpretation：the Bible in Women's Perspective*，1998），J. 谢里尔·艾克苏姆（J. Cheryl Exum）著有《被肢解的妇女：对圣经叙述的女权主义改编》（*Fragmented Women：Feminist（Sub）Versions of Biblical Narratives*，1993），伊丽莎白·多德森·格莱（Elizabeth Dodson Gray）编著《妇女经验的神圣维度》（*Sacred Dimensions of Women's Experience*，1988），汉普森著《神学与女权主义》（*Theology and Feminism*，1990）、其编著《吞下鱼骨？女权神学家的基督宗教辩论》（*Swallowing A Fishbone？Feminist Theologians Debate Christianity*，1996）和与鲁塞尔合编《在基督教会中是否有女权主义者的位置？》（*Is There a Place for Feminists in a Christian Church？*1987），琼·霍尔姆（Jean Holm）等合著《宗教中的妇女》（*Women in Religion*，1994），伊舍伍德与多萝西娅·麦克伊文（Dorothea McEwan）合编《女权神学介绍》（*Introducing Feminist Theology，*

1993）和《女权神学概貌》（*An A to Z of Feminist Theology*，1996），吉纳维夫·伊洛德（Genevieve Lloyd）著《理性之人：西方哲学中的"男性"与"女性"》（*The Man of Reason-Male and Female in Western Philosophy*，1984），约翰逊著《她是谁：女权神学交谈中的上帝奥秘》（*She Who Is：The Mystery of God in Feminist Theological Discourse*，1992）和《妇女、地球与创世者精神》（*Women，Earth and Creator Spirit*，1993），阿尔文·F. 金默尔（Alvin F. Kimel）编《言说基督宗教的上帝：圣三位一体与女权主义的挑战》（*Speaking the Christian God：The Holy Trinity and the Challenge of Feminism*，1992），阿萨尔亚·布伦纳（Athalya Brenner）与福金利恩·梵·狄基克-赫姆斯（Fokkelien van Dijk-Hemmes）编《对神学与性之反思》（*Reflections on Theology and Gender*，1994），麦金农（M. MacKinnon）与麦金泰尔（M. McIntyre）编《生态学与女权神学读本》（*Readings in Ecology and Feminist Theology*，1995），赫德维克·迈耶尔-威尔姆斯（Hedwig Meyer-Wilmes）著《边界的造反：理论与实践之间的女权神学》（*Rebellion on the Borders：Feminist Theology Between Theory and Praxis*，1995），玛格丽特·R. 迈尔斯（Margaret R. Miles）著《肉身之知：基督教西方的女性裸体与宗教意蕴》（*Carnal Knowing：Female Nakedness and Religious Meaning in the Christian West*，1989），格加拉·伊冯（Gegara Ivone）和宾格默·玛丽亚·克拉拉（Bingemer Maria Clara）著《马利亚：上帝之母，穷人之母》（*Mary：Mother of God，Mother of the Poor*，1989），弗吉尼亚·雷米·莫伦科特（Virginia Ramey Mollenkott）著《神圣的女性：圣经中上帝作为女性之比喻》（*The Divine Feminine：The Biblical Imagery of God as Female*，1986），朱迪思·普拉斯科夫（Judith Plaskow）著《性，罪与恩典：妇女经验与尼布尔和蒂利希的神学》（*Sex，Sin and Grace：Women's Experience and the Theologies of Reinhold Niebuhr and Paul Tillich*，1980），苏珊·弗兰克·帕森斯（Susan Frank Parsons）著《女权主义与基督教伦理学》（*Feminism and Christian Ethics*，1996）、《女权神学作为后传统的女性神学》（*Feminist Theology as Post-traditional Thealogy*，2002）和《女权神学作为圣经解释学》（*Feminist Theology as Biblical Hermeneutics*，2002），以及编著《剑桥女权神学指南》（*The Cambridge Companion to Feminist Theology*，2002），莱蒂·M. 罗塞尔（Letty M. Russell）著《女权主义视域中的人类解放：一种神学》（*Human Liberation in Feminist*

Perspective：*A theology*，1974）、《自由之家庭：女权神学之权威》（*Household of Freedom*：*Authority in Feminist Theology*，1987）、《循环中的教会：对教会的女权主义解释》（*Church in the Round*：*Feminist Interpretation of the Church*，1993）和编著《对圣经的女权主义解释》（*Feminist Interpretation of the Bible*，1985），以及与 J. 香农·克拉克逊（J. Shannon Clarkson）合编《女权主义神学辞典》（*Dictionary of Feminist Theologies*，1996），安·乌拉诺夫（Ann Ulanov）著《接受妇女，对女性的心理学和神学研究》（*Receiving Woman*，*Studies in the Psychology and Theology of the Feminine*，1981），黛安娜·伍德（Diana Wood）和谢尔斯（W. J. Sheils）编《教会中的妇女》（*Women in the Church*，1990），丹尼斯·L. 卡莫迪（Denise L. Carmody）著《基督教女权神学：一种建设性解释》（*Christian Feminist Theology*：*A Constructive Interpretation*，1995），以及安妮·克利福特（Anne M. Clifford）著《介绍女权神学》（*Introducing Feminist Theology*，2001）等。

四　欧洲女权神学的特色及其共性

欧洲女权神学的发展比北美女权神学要晚，却有其特色，更多反映出对欧洲历史与现状的体认和思考。欧洲女权神学家比较关注其神学理论中的思想文化厚重，因而显示了一种学术、文化探究的路向。在对欧洲历史的反思中，女权神学有一种观点，即认为欧洲宗教中的女神象征可以追溯到旧石器和新石器时代的古老欧洲。这种看法认为，在远古欧洲中其实存在过两种传统，大约在公元前 6500 年至公元前 3500 年之间，古代欧洲文明曾形成过一种与"印欧文明"截然不同的传统，这种传统甚至曾延续到约公元前 1450 年的古希腊克里特岛青铜器时代的弥诺斯文化。而其文化的特点就是凸显女神崇拜，此时人们的整个精神境界是女性特色的，因而具有和平、宁静的气氛，社会处于以母权为中心的状况，政治上主张平等共存，经济上实行农耕文化，艺术得到鼓励和发展。这一切在女权神学看来正是体现出女神信仰的基本因素，形成阴柔、和谐、温馨的古代社会氛围。当然，这种见解也被批评者指出过于显露出女性的幻想和田园诗般的浪漫，这一"黄金时代"是否真实存在故而存疑。但是，与这种具有女神信仰气质的远古欧洲文明相对照，后来风行的印欧文明却具有父权特点，即以父系社会为基础，其表现则是好战、躁动，讲究征服和掠夺，在劳动生产上注重对野生动物的驯化，反映出畜牧业经济的发展。而古代生产对马匹的驯化及社会上人群的流动，则往往是与武力征战行为和社会动荡相伴随的。女权神学在此特别突出的，就是这种印欧文化具有典型的"天神"信仰，从中反映出"父神"（天父）高高在上、掌控一切的统治气质。

在女权神学看来，此后欧洲的历史就远离了"女神"时代那种远古的和谐与安宁，而被战争、动乱等社会不稳定取代。而这种好斗传统在第二次世界大战时期的欧洲达到登峰造极，尤其是以希特勒对犹太人的大屠杀而令人震惊，其骇人听闻的恶行臭名远扬，留下深刻教训。所以，女权神学认为必须结束这一传统，今天欧洲的发展应该进入一个"后传统"的时代。这种"后传统"对于女权神学而言，就是要创立一种与以往神学截然不同的"后传统女性神学"（post-traditional thealogy），从而与传统"神学"（theology）相对立。"女性神学"之 thealogy 这一西文表述来自古希腊文的"女神"（thea），与以往习用的"神"（theo）明显有别，由此表达出其"神学"立意由"神"或"男神"往"女神"的转换和变化，突出"女性"意义。这一思潮最早起源于 19 世纪末的美国，曾在 20 世纪初形成"妇女灵性"或"女权灵性"运动，并以"女神运动"之称而号召回归远古欧洲的女神崇拜。在 20 世纪的社会发展及思想流动中，这些思潮从北美传到北欧等地，有力促进了欧洲女权神学的奠立及发展。欧洲女权神学结合欧洲当代社会的特点及社会关注焦点来展开探究，注意其理论学说的系统梳理和学术研讨，从而形成欧洲地域神学发展的热点和亮点。所以，欧洲女权神学与北美女权神学一脉相承，但在保持其思想共性的同时也发展出反映欧洲社会文化特色的神学内容。[1]

第二节　莫尔特曼-温德尔

一　生平与著述

伊丽莎白·莫尔特曼-温德尔于 1926 年 7 月 25 日出生在德国赫尔那，

---

[1]　参见 Susan Frank Parsons ed., *The Cambridge Companion to Feminist Theology*, Cambridge University Press, 2002, pp. 79-88。

青少年时期在赫尔那和波茨坦度过，"二战"结束后在柏林和哥廷根学习神学，深受老师恩斯特·沃尔夫（Ernst Wolf）、汉斯·约阿希姆·茨旺德（Hans Joachim Zwand）和奥托·韦伯（Otto Weber）的影响，他们乃其心目中的"三大明星"（Dreigestirn）；正是韦伯建议她攻读博士，她后来获得了蒂宾根大学的神学博士学位，此后曾做神学出版的编辑工作。1952年，她与著名神学家于尔根·莫尔特曼（Jürgen Moltmann）结婚，因为协助丈夫的神学研究而没有在教会担任牧职，也没在大学担任教职，成为自由作家；但她仍以各种方式积极支持女权主义运动，鼓励妇女担任牧职，并开始从事女权神学的专门探究。莫尔特曼-温德尔作为德语领域女权神学的最早代表之一，其思想深受美国妇女运动的影响，特别是自 1972 年 8 月以来，她的思想出现巨大转变，开始积极主张神学领域的妇女解放，并到处发表讲演和作学术报告，呼应教会和整个社会关注并尊重女权，强调教会是一个"男与女的群体"共在，并且突出女性所体现的善良、完满和美丽。她从 1979 年开始在巴特波尔新教研究院等机构系统讲授女权神学，于 1981 年出席汉堡教会日大会并发表演说，并在英国的世界教会会议中作"在新团体中成为人"（Becoming human in new community）的报告；但其观点也受到西方社会及教会内的保守派批评。2004 年，她曾随莫尔特曼访问北京并作学术演讲。2016 年 6 月 7 日，她在蒂宾根去世。

　　莫尔特曼-温德尔的主要著作包括《妇女的人权——基督教关于妇女解放的创意》（*Menschenrecht für die Frau—Christliche Initiative zur Frauenbefreiung*，1974）、《成为属己的人：耶稣身边的女性》（*Ein eigener Mensch werden，Frauen um Jesus*，1980；英译本 *The Women Around Jesus*，1982）、《流奶与蜜之地》（*Das Land Wo Milch und Honig Fließt*，英译本 *A Land Flowing with Milk and Honey*，1986，中译本为刁承俊译《女性主义神学景观：那片流淌着奶和蜜的土地》，三联书店，1995）、《当上帝与身体相遇：对身体性的女权主义观点》（*Wenn Gott und Körper sich begegnen，Feministische Perspektiven zur Leiblichkeit*，1987）、《不触地者则不能达天》（*Wer die Erde nicht berührt，kann den Himmel nicht erreichen*，1997）、《我就是我的身体》（*I am My Body*，1994）、《醒来吧，我的女友：神的友谊之回归》（*Wach auf，Meine Freundin，Die Wiederkehr der Gottes-freundschaft*，2000）等，与其丈夫莫尔特曼的合著有《上帝中的人性》（英译本 *Humanity in God*，1983）和《他与她的上帝》

(*God-His and Hers*, 1991)，编著有《青春之物优雅展放》(*Gib die Dinge der Jugend mit Grazie auf*, 2008)，以及《神学中的女性》(*Weiblichkeit in der Theologie*) 和《圣灵之女性：女权主义神学研究》(*Die Weiblichkeit des Heiligen Geistes：Studien zur Feministischen Theologie*) 等，还与人合编有《女权神学辞典》(*Wörterbuch der Feministischen Theologie*, 1991) 等。

二　基本女权思想

莫尔特曼-温德尔的女权神学亦被视为关爱女性的温情神学，表明其意向是对女性意义及其价值的自我发现。在此，主要根据其代表著作《女性主义神学景观》来对她的女权主义神学思想加以分析和勾勒。

（一）对父权制的批判性反思

在莫尔特曼-温德尔看来，根深蒂固的父权制在现代社会受到了冲击，女性意识的觉醒使社会的一体化必须要有女性的平等参与。这一变化是前所未有的，而她认为这种变化之所以可能则在于如下关键原因："1. 我们社会不断增强的民主化"直接导致女性"意识到工作场所和家庭中的权利和可能性"，因此诉求"女性在各个领域内的平等权利"；"2. 医疗技术的发展……首先给女性提供了有权更多地支配自己身体的可能性"；"3. 在我们的文化和社会中不断增强的个体化和多元化"导致了"等级观念的消除"，有助于破除女性等级卑微的传统观念；"4. 全世界范围内的少数派运动"也使女性卷入其中，让女性理直气壮地"要求自主和自我负责"；"5. ……今日之女性运动"开始认真"分析和改革女性的心理、社会、经济和文化的状况"。[①] 这些因素促使人们尤其是女性开始重新思考、评价和批判似乎早已习以为常的父权制社会结构及文化传承，在人类关系的合理发展上掀开了全新的一页。

在此，莫尔特曼-温德尔展开了其对"父权制"的分析并归纳了女权思想家对这一制度之本质及弊端的揭露。在她看来，所谓"父权制"即一种"父亲就是家长"的社会结构，而在精神层面上它则出现了"一个宗教心理学的变种"，其结果是这种精神层面之变化也推动了对人类

---

① 参见〔德〕E. M. 温德尔《女性主义神学景观：那片流淌着奶和蜜的土地》，刁承俊译，三联书店，1995，第 15 页。

社会发展非常不利的嬗变，特别是"在其阿波罗—柏拉图的和犹太—基督教的形式中已经导致现代意识孤立的抽象"，"因为男性发展的这种片面性业已导致以整个人类为代价之意识的膨胀过度"。① 于是，莫尔特曼-温德尔总结了女权运动对社会父权制、宗教父权制和文化父权制这"三大父权制"的剖析。针对社会父权制，凯特·米勒特（Kate Millet）在其《性与统治》（1969）中批判说，"父权制作为制度，是一个社会常数，这个常数贯穿其他所有政治、经济和社会的形式"，从而使父权制的统治"深深地植根于我们的社会结构之中"；其结果使"性与政治"有着异乎寻常之结合，甚至性交都被认为是"建立在最亲密的基础上之性政治的样板"。② 针对宗教父权制，达莉（中译本译为戴利）在其《教会与第二性》（1970）和《超越父神》（1980）等论述中指出，"圣经的和一般喜爱的上帝形象是一种天上的全能父权制……圣父在天国的象征形象是靠父权制具有可信性特征的……如果说上帝在'其'天国是统治'其'子民的主，那么。这个社会是男性居统治地位，这也是理所当然的；这也符合神的计划和宇宙的规划"；③ 因此反对父权制就必然会反对这种为之提供精神支撑的宗教父权制。针对文化父权制，欧内斯特·博尔内曼（Ernest Borneman）则在其《父权制》（1975）中对之展开了"一种广泛的、性科学的、人种学的、历史学的研究"，认为父权制发展与人类私有财产的产生直接相关，"一当男人发现了私有财产之后……他就把女人和儿童看成了自己的'妻子'和自己的'孩子'。人变成了财产。人性开始物化了，对性别的敌视也因此开始了"。④ 莫尔特曼-温德尔对上述分析评价说："迄今为止，这三种父权制分析在其个人的独到见解方面、在其结论方面以及在其材料的充足方面都值得一读。它们彻底突破种种禁忌，重新学会观看并看到女性的

① 〔德〕E.M.温德尔：《女性主义神学景观：那片流淌着奶和蜜的土地》，刁承俊译，第30~31页。
② 〔德〕E.M.温德尔：《女性主义神学景观：那片流淌着奶和蜜的土地》，刁承俊译，第31页。
③ 〔德〕E.M.温德尔：《女性主义神学景观：那片流淌着奶和蜜的土地》，刁承俊译，第32页。
④ 〔德〕E.M.温德尔：《女性主义神学景观：那片流淌着奶和蜜的土地》，刁承俊译，第32~33页。

处境和世世代代的性关系。"① 不过，她进而认为这些论述仍然属于"处于女性觉醒初期的伟大空想"，虽高谈阔论却不现实，毫无实际意义，因此"要结束父权制"则的确"需要迈出艰难的、小小的、痛苦的和解救的步伐"。②

在宗教及神学层面，莫尔特曼-温德尔指出，虽然"父权"要远远晚于"母权"，而"父亲宗教"也"大多是后来出现的"，却有着巨大的破坏性且积重难返，"它们替换或者甚至破坏了早期世界大同的、民主的、'兄弟般的'团体，同迄今父权制占统治地位的社会形式融为一体"。③ 而在基督教神学上，"不仅《保罗书信》，而且整部《圣经》'事实上都不以母权制，而是以父权制这种男、女关系的世俗制度'为先决条件"，④ 由此导致的结果是基督教的教义神学以批判女神崇拜和批判母权制为基础，其体系结构及理论内容都与父权制联系密切，所有领域都是"父亲"的世界："上帝是始祖，这种传统就是始祖亚伯拉罕、以撒和雅各的传统。早期基督教教父就相信这种传统。罗马教皇（papa = 父亲）、东方教会中的教祖和宗教改革的君父统治着教会，一切在基督教中发现的亲如手足、具有神授能力的因素成为这些'父亲们'的牺牲品。"⑤ 显然，整个基督教会史及其神学理论史都是"父权制"的历史，"神学通常始于教父、门徒和兄弟的传统，重复他们的经验和负罪感"，"这种神学反思使女性自身的经验哑默"⑥，从而形成了教会的畸形发展和神学走向的巨大偏差。所以，莫尔特曼-温德尔提醒说："父亲形象的那些糟糕透顶、四分五裂、同时又是千篇一律、毁灭生命的后果出现在神学的边缘……如

---

① 〔德〕E. M. 温德尔：《女性主义神学景观：那片流淌着奶和蜜的土地》，刁承俊译，第33页。
② 〔德〕E. M. 温德尔：《女性主义神学景观：那片流淌着奶和蜜的土地》，刁承俊译，第34页。
③ 〔德〕E. M. 温德尔：《女性主义神学景观：那片流淌着奶和蜜的土地》，刁承俊译，第35页。
④ 〔德〕E. M. 温德尔：《女性主义神学景观：那片流淌着奶和蜜的土地》，刁承俊译，第35~36页。
⑤ 〔德〕E. M. 温德尔：《女性主义神学景观：那片流淌着奶和蜜的土地》，刁承俊译，第35页。
⑥ 〔德〕E. M. 温德尔：《女性主义神学景观：那片流淌着奶和蜜的土地》，刁承俊译，第142页。

今，所有的神学家都应当仔细观察父权制结构那些病态的和使人精疲力竭的后果。"① 这种弊端如果不能得以及时纠正，那么教会及其神学的败落则不可避免。但这种改变不可以仅仅建基于男人的反省和觉悟，而必须要有女性自身的觉醒和积极参与。"对女性来说，这意味着发现自己参与父权制并要脱离父权制，不再将恐惧与软弱投射到男人、教会和社会中去……女人面临一项双重任务：在自身中和自身之外感知并消除分裂与控制。"②

（二）对女神神话及母权制的积极评价

或许，矫枉可容忍过正，莫尔特曼-温德尔在批判父权制时却对女神崇拜和母权制有着积极的评价。在她看来，对女神和母权制的研究"对女性的自我发现和了解女性会做出重要贡献"，因为这种研究可以"重新翻开人类女性史上"那些以往曾被忽略而今天"必须看到的原始资料"，可以"让我们看到在我们的文化中几乎完全被人遗忘的、本身很有价值的独立女性形象"，还可以"使我们意识到自己精神上的母权制"，从而感到一种"重新认识的震惊"。③ 而这种重新认知就是在现代社会的氛围中通过回溯、发掘而找到女性自我的本真及其独有价值。

要想说明男性与女性的关系，认清远古人类社会女权向男权转型而带来的变化及生出的种种弊端和不公，则有必要沿着女性文化的足迹而走回古代女性社会。莫尔特曼-温德尔指出，回顾比父权制更为悠久的母权制或母系氏族文化，记起"被遗忘的女神"，体悟女性作为"文明之母"的价值，以及"母权制神话"的意义，那么女性就有可能找回其值得骄傲的自我。当然，她在此已经意识到，并且承认，这种女性通过女神神话及母权制来帮助他们重新找到自己，实际上也是颇可试试的"一种独特的冒险"。

---

① 〔德〕E. M. 温德尔：《女性主义神学景观：那片流淌着奶和蜜的土地》，刁承俊译，第38页。
② 〔德〕E. M. 温德尔：《女性主义神学景观：那片流淌着奶和蜜的土地》，刁承俊译，第39页。
③ 〔德〕E. M. 温德尔：《女性主义神学景观：那片流淌着奶和蜜的土地》，刁承俊译，第54、55页。

（三） 对女权神学实践性的强调

通过对当代社会基督教批判神学思潮的追踪及分析，尤其是对解放神学模式及美国妇女运动的观察和研究，莫尔特曼-温德尔认为女权主义源自社会实践，因而其绝对理念在实际中就会"从一种原则变成了一种生活原则，从一种世界观变成了一种策略"①。显而易见，争取女权不能仅仅限于某种抽象的空谈，而女权神学也自然就成为一种实践神学，与女性的命运及解放息息相关。这里，"女性主义神学绝非教义学"，"它首先是一个运动"，② 而从世界范围女权运动的发展走向来看，女权神学也势必是一种具有国际性意义的理论体系及实践策略。

在父权制的传统中，女权主义的神学崛起需要冲破基督教神学固有的偏见，因为"按照我们的传统，神学——谈论上帝，首先谈论超验的、'迥然不同的'、君主式的上帝。把上帝视为一个令人不快的女性团体中批判性辩论的对象，在某些基督教会看来，就近乎亵渎上帝"。③ 而女权神学则需要冲出这一窠臼，寻找新的思路，确立新的目标。莫尔特曼-温德尔根据对黑人神学的研究指出女权神学会体现出三个基本特征："1. 神学思考和行动的出发点是社会的压迫经验"；"2. 神学的目的是人的尊严，是人在公正的社会制度中的个体存在"；"3. 神学是实践。神学出现在正义的行动和为了一个新的社会所进行的斗争中"。④ 这些特征遂告别了传统神学所关注的属灵经验、内心得救等话题，说明女权神学的话锋已经转向政治的公义、实践的斗争等现实关切。"因此，对于女性来说，实践的女性主义神学令人神往，因为女性在反思自己的处境，他们意识到自己、在解放她人的行动的同时清楚地认识自己，并作为经历到自身的解放之人在行动。"⑤

---

① 〔德〕E.M. 温德尔：《女性主义神学景观：那片流淌着奶和蜜的土地》，刁承俊译，第65页。
② 〔德〕E.M. 温德尔：《女性主义神学景观：那片流淌着奶和蜜的土地》，刁承俊译，第67页。
③ 〔德〕E.M. 温德尔：《女性主义神学景观：那片流淌着奶和蜜的土地》，刁承俊译，第65页。
④ 〔德〕E.M. 温德尔：《女性主义神学景观：那片流淌着奶和蜜的土地》，刁承俊译，第66页。
⑤ 〔德〕E.M. 温德尔：《女性主义神学景观：那片流淌着奶和蜜的土地》，刁承俊译，第73页。

（四）女权神学的基本要素

既然作为一种具有女性倾向、彰显女性权利的神学，那么就应该有这种神学与以往神学理论截然不同的特色。为此，莫尔特曼－温德尔有着她自己的神学构设，即具有颠覆性的根本改变，由此来创建全新的神学体系，走向神学发展与父权传统分道扬镳之路。这里，她表达出在这种女权神学中最为关注的几个基本要素。

首先，她认为神学的核心观念即其神论应该突出女性特点，这就需要摆脱传统的"父神"观念。她主张以"我们的母亲"来理解上帝，指出许多现代女性如今更多的是从她们"心理上的母权制"来寻找到自己的基本权利，因为她们强烈地感受到"父权"上帝的不公平，宣称这种"上帝的父亲形象"只会适用于传统父权制社会中的人格形成，对女性是压抑的、轻视的、贬损的，故而把女性推到了社会的边缘。而上帝作为"我们的母亲"则对女性起着根本解放的作用，也正是在这种神性理解中，女性则可以"像英雄那样昂首挺胸"。所以，女权神学的真正旨归就是"寻找母亲之神，寻找女性神灵就是寻找真正的母亲"，作为"母亲"之上帝"允许宇宙般的广袤，借用没有限制性的法则给自己的女儿呈示生活的范围"。所以，这种神性观念带来了对女性的彻底解放，使之摆脱依赖而获得根本自由。她强调："寻找作为女性、作为母亲的上帝绝非是寻找受到损害的母亲概念。……一个全面的、代表自然与智慧的母亲不应依赖男人的需要，因此也不应当要求她的孩子们有依赖性，而是要无条件地接受他们和热爱他们。寻找女性的上帝就是寻找超越父权制范围和限制的整体生命。"① 当然，莫尔特曼－温德尔这里对女性上帝的表述并非一种乌托邦式的空论，也在竭力找出可以对之加以印证的根据，哪怕是蛛丝马迹也不放过。除了对上帝作为"我们真正的母亲"之强调，她还肯定"阿本德罗特通过马利亚的天主教神话找到了女神及其英雄的形象"②，指出"在希伯来

---

① 〔德〕E. M. 温德尔：《女性主义神学景观：那片流淌着奶和蜜的土地》，刁承俊译，第91页。

② 〔德〕E. M. 温德尔：《女性主义神学景观：那片流淌着奶和蜜的土地》，刁承俊译，第91~92页。

文中，上帝的慈爱意味着子宫"① 和 "在犹太人的智慧神学中" 对 "索菲娅" 形象（"智慧" 的女性形象）之崇拜②，她甚至还论及犹太教神秘主义中 "上帝女性存在的另一种形式——舍金纳"③ 等表述。

其次，她指出《圣经》本身的表述内容就有偏差和错误，批评 "男性地编辑的《圣经》极端轻视女性，就连所使用的上帝形象也是男性的。上帝是国王、法官、统帅、银行家。他的活动主要反映的是男性的业绩。他在统治、掌权、审判、惩罚、酬谢、支付。他的品质源于实力、君权、万能的男性理念"，因而 "《圣经》与教会中的语言和观念的依据是男性的理念"。④ 这种倾向在《圣经》中非常典型，特别是当其把上帝描绘为男性时却把罪人及罪恶之源指向女性，如《创世记》在描述人的 "原罪" 时就有这样的表达："女人见那棵树的果子好作食物，也悦人的眼目，且是可喜爱的，能使人有智慧，就摘下果子来吃了；又给她丈夫，她丈夫也吃了。" 上帝为此指责她说 "你作的是什么事呢"，并因此而处罚了自此之后的女人。⑤ 莫尔特曼-温德尔引用《圣经》文献的话而揭露这种把罪恶之源归于女人并由此导致人类死罪的偏见："罪恶来自于一个女人，因为她的缘故，我们所有的人都必须死去（《耶稣·西拉 Jesus Sirach》，25：31-32）。"⑥ 此外，莫尔特曼-温德尔还列举了《新约》中否定和贬低女性自主的内容："妇女在会中要闭口不言，像在圣徒的众教会中一样，因为不准她们说话。她们总要驯服，正如律法所说的（《哥林多前书》，14：34）。" "女人要沉静学道，一味的驯服。我不许女人讲道，也不许她管辖男人，只要沉静。因为先造的是亚当，后造的是夏娃；且不是亚当被

---

① 〔德〕E. M. 温德尔：《女性主义神学景观：那片流淌着奶和蜜的土地》，刁承俊译，第93 页。
② 〔德〕E. M. 温德尔：《女性主义神学景观：那片流淌着奶和蜜的土地》，刁承俊译，第95 页。
③ 〔德〕E. M. 温德尔：《女性主义神学景观：那片流淌着奶和蜜的土地》，刁承俊译，第97 页。舍金纳（Shekinah）属犹太教神秘主义的表述，意指 "居住"、"荣耀" 等，其喀巴拉神秘主义亦将之视为上帝的女性成分。
④ 〔德〕E. M. 温德尔：《女性主义神学景观：那片流淌着奶和蜜的土地》，刁承俊译，第88 页。
⑤ 《圣经旧约·创世记》3 章 6 节，13 节，16 节。
⑥ 〔德〕E. M. 温德尔：《女性主义神学景观：那片流淌着奶和蜜的土地》，刁承俊译，第75 页。

引诱，乃是女人被引诱，陷在罪里……（《提摩太前书》，2：11-15）。"①
这种所谓《圣经》的依据就给"女性"的所谓负面"本质"打上了烙印，
其结果，"男人的世界，女人的位置——这条古老的秩序至今仍然是教会
的实践。在教会中，女性的位置确实是教堂的长凳，男人的世界确实是教
会的领导和神学。这种秩序或者无序比教会具有妇女这个多数派更有分
量。女性教会中的这个多数派受到一个少数派团体（男人）的领导（在做
礼拜的人中，至少有 65% 为女性）。在社会中，凡以数量上的先决条件为
出发点的事件，在这里都遭到了更大的歪曲，而且在宗教上正当化了。因
此，女性运动指责教堂是压迫妇女的元凶。……《圣经》，尤其是《保罗
书信》及其使女性居于从属地位的原则是女性压迫的主要工具。"② 所以，
她认为今天教会应用的《圣经》必须由女人来重新审订，并以赞赏性口吻
说："一本经美国女权运动的领袖之一斯坦顿夫人审订的《女性圣经》
（*Frauen-Bibel*）始终与美国女性的觉醒结伴而行。"③

此外，她认为应该更多强调"女圣灵"的意义。她指出，圣灵本来就是
一种女性的表述，只是在其后的嬗变中才成为男性之表达。因此，在对圣灵
的理解上很有必要追本溯源，恢复其本来面貌。"迄今为止，圣灵/女圣灵仍
然同女性和女性传统关系密切。Ruach——圣灵在希伯来语中是阴性，后来
在希腊语中变成中性/普纽玛，最后变成了拉丁语的男性圣灵，成了西方的
圣灵。尽管存在着这种西方的父权制化，但圣灵还是经常被视为女性，譬如
在乌尔沙林（Urschalling）的三位一体画中，三位一体的第三位就是一位女
性。圣灵的象征——鸽子还使人想起女性的起源。"④ 这种视圣灵为女性的迹
象还很多，莫尔特曼-温德尔进而列举了在东正教以及基督教虔信派中的诸
种表现："在东正教教会中还保留着古老的母权制传统。美索不达米亚的西
面（Symeon von Mesopotamien）在由阿诺尔德（Gottfried Arnold）重新出版

---

① 〔德〕E. M. 温德尔：《女性主义神学景观：那片流淌着奶和蜜的土地》，刁承俊译，第
75 页。
② 〔德〕E. M. 温德尔：《女性主义神学景观：那片流淌着奶和蜜的土地》，刁承俊译，第
76 页。
③ 〔德〕E. M. 温德尔：《女性主义神学景观：那片流淌着奶和蜜的土地》，刁承俊译，第
76 页。
④ 〔德〕E. M. 温德尔：《女性主义神学景观：那片流淌着奶和蜜的土地》，刁承俊译，第
97 页。

的《布道》中，把圣灵称作'我们的圣母'。虔信派已经在研究这些想法，齐岑多夫（Zinzendorf）使它们与兄弟会联系起来：他在创建宾夕法尼亚州美国第一个兄弟与姐妹会时曾经谈到'圣灵的母亲职务'"。① 在突出女圣灵之理解的努力中，莫尔特曼-温德尔想表达的基本意蕴就是要在当今世界彰显"女性的内在价值"，展示女性"对宇宙的和平世界的梦想"。②

最后，她希望能够讲好围绕耶稣基督的"女人们的故事"，其《女性主义神学景观》的第三章即以"重新辨认耶稣与女人们的故事"为题。不但上帝与圣灵具有女性形象，而且耶稣基督同样具有女性的特征。这样，莫尔特曼-温德尔就构设出一种有着女性性质的"三位一体"论。她指出，这种女性基督学"试图强调被遗忘的女性方面，譬如神秘主义者的两性同体基督学，它把耶稣基督视为一个新人性的代表，把男性与女性融为一体"。"此外，属灵基督学首先是中世纪约阿希姆（Joachimiten）的基督学。约阿希姆们把耶稣基督视为新时代精神的体现，认为这种精神在第二次启示中或者在个别人身上以女性形式表现出来。"③ 她进而列举了许多关于"基督就是女人""母亲耶稣（Jesus der Mutter）"，以及"将耶稣视为索菲娅"等历史记载，认为"经过这样分析的耶稣会制造一种人类行为的镜象，使耶稣与女人故事的新的方面变得显而易见"。④ 不过她也承认这会有导致走向"女性崇拜"之另一极端的危险。而更重要的是，她认为如果撇开耶稣的"救星"、"拯救者"和"圣子"等身份，那么"从耶稣与女人故事中会产生一种巨大的能动性"。⑤ 这里，莫尔特曼-温德尔不再强调耶稣的女性身份，也并没有列举具有英雄气质或壮举的女性，而是列举了处于最底层、卑微、残疾、有病或有罪的女性。于此，通过这些女性与耶稣的接触和对耶稣的求助，"女人们从他那里

---

① 〔德〕E. M. 温德尔：《女性主义神学景观：那片流淌着奶和蜜的土地》，刁承俊译，第97页。

② 〔德〕E. M. 温德尔：《女性主义神学景观：那片流淌着奶和蜜的土地》，刁承俊译，第111页。

③ 〔德〕E. M. 温德尔：《女性主义神学景观：那片流淌着奶和蜜的土地》，刁承俊译，第118页。

④ 〔德〕E. M. 温德尔：《女性主义神学景观：那片流淌着奶和蜜的土地》，刁承俊译，第119页。

⑤ 〔德〕E. M. 温德尔：《女性主义神学景观：那片流淌着奶和蜜的土地》，刁承俊译，第121页。

得到福祉、健康、生命、酒、人性，她们同时也给予他感觉、使命、终生目标和团契……她们获得生命力，对他寄托着希望、信任，寄托着超越他自身的景象。她们伴随着他的旅程，把他变成他本应如此之人，变成为所有人服务之人，变成能够安慰所有孤独者之孤独者，变成能够给予所有的人以自信心的自信之人，变成虽然走向死亡、却并不孤单之人"。① 所以，她把理解耶稣的成圣与他同女人的上述交往及关系有机结合起来，认为"耶稣在成长，首先是借助女性并同女人一道成长"，"耶稣从与女人们的相遇中重新获得力量"。② 她为此还抱怨说，过去教会并不关注这一方面，尽管"来自新约女人故事的相互关系经验引出很多后果，可是这种经验迄今很少受到重视。"③ 从女权主义的观念出发，她强调女人和耶稣本来就是一种"平行"的关系，虽然她们追随耶稣并服侍他，耶稣同样也是在人群中做仆人、服侍人。"因此，女人们也许在耶稣的生活方式和生活观方面起着一种重要的、影响深远的作用。她们至少使一种气氛成为可能，耶稣的生活观只有在这种氛围中才能贯彻。"④

通过这种解读，莫尔特曼-温德尔将女权主义神学理解为一种"相互关系（mutuality）的神学"，而过去的神学传统却"把上帝想象为独立的、毫无联系的神"，即否定这种关系性而强调其"无联系性"。而在她看来，"《新约全书》及其耶稣故事就是'相互关系'的一个尚未开发的源泉"。⑤ 在父权制的威权之下，这种相互关系早已中断，男性神学所宣扬的只是作为父权之上帝至高而下的单向"君临"，神人之间没有"平行"关系，而这种隔断则使教会内部死气沉沉、没有活力。所以在莫尔特曼-温德尔看来，男性或父权的神学已经陷入绝境，不可救药。与之相反，这种"平行""相互"则是"充满活力的关系"，是教会希望之所

---

① 〔德〕E.M.温德尔：《女性主义神学景观：那片流淌着奶和蜜的土地》，刁承俊译，第122～123页。
② 〔德〕E.M.温德尔：《女性主义神学景观：那片流淌着奶和蜜的土地》，刁承俊译，第123页。
③ 〔德〕E.M.温德尔：《女性主义神学景观：那片流淌着奶和蜜的土地》，刁承俊译，第124页。
④ 〔德〕E.M.温德尔：《女性主义神学景观：那片流淌着奶和蜜的土地》，刁承俊译，第129页。
⑤ 〔德〕E.M.温德尔：《女性主义神学景观：那片流淌着奶和蜜的土地》，刁承俊译，第137页。

在，而在此也就凸显出女权神学的时代意义。她说："迄今尚未看到从《新约全书》耶稣与女人的故事中积极的人性相互关系引导出神学与伦理学的结论。这是很重要的。我从女性角度出发展示的相互关系，不仅仅是感情、见解、日常经验的一种任意交流。这种关系因一种亏空经验得到增强。所谓的亏空经验主要指一种对轻视、空虚、病态、孤独、诽谤视而不见的社会经验。用神学术语，我们把它称作关于'罪'的经验和知识。当女性为相遇敞开内心、能够接受并受到救治，这种空虚通过与耶稣的相遇就得到了克服。相遇是积极的承纳，或者说得更恰切些，是承纳的主动性。从相遇中产生一种新的社会关系。当寻找关系、救治、个性的人获得另一种形态时，便出现了一种新的现实。……相遇唤起的人之力量，重新开辟了一个个性能够得到发展的自由空间。这些活力可以渗透，相互制造着新的生存空间。""我想把基于相互关系的关系称为充满活力的关系。"① 这种关系不再是以往人们所习惯的等级制关系，不再有关系的一方从上至下来颐指气使、发号施令；相反，这是一种民主的、兄弟姊妹的、平等的关系，关系者从中体悟到一种穿透力、亲近感和人格魅力，"这种关系既接受，也赠予，它通过赠予来接受。……归根到底，这是出于孤独、饥饿和对温饱的需要而寻找母亲及其食物的孩子般的经验。……母亲怎样从自己腹中空空、饥肠辘辘的孩子那里得到温暖和威望，所谓的弱者在满足自己需要之时，赋予他人一种自身的力量和他人的尊严，这是来自慷慨赠予的尊严。"② 显而易见，莫尔特曼-温德尔所倡导的女权神学是弱者的神学，是底层平民的神学，甚至是"残疾人的神学（Behindertem-Theologie）"③，而绝非贵族的神学或上等人的神学。为弱者呼吁，特别是为女性呼吁，这就是她的神学之基本要旨。在这种神学中，"相互关系的基本模式是母子关系"，而"这种关系同时也深植于女性经验

---

① 〔德〕E. M. 温德尔：《女性主义神学景观：那片流淌着奶和蜜的土地》，刁承俊译，第144~145 页。
② 〔德〕E. M. 温德尔：《女性主义神学景观：那片流淌着奶和蜜的土地》，刁承俊译，第145~146 页。
③ 〔德〕E. M. 温德尔：《女性主义神学景观：那片流淌着奶和蜜的土地》，刁承俊译，第121 页。

之中"，有着鲜明的女性特色。① 这样，女性就可以理直气壮地充分展示其女性特色及尊严。莫尔特曼–温德尔借用女权主义流行诗歌中的表达而宣称，"我是一个女人"，"我是按上帝的形象被造"，因此"就像世界上所有的人"那样"我有人的价值尊严"，而女人正是以这种尊严活在上帝的生命域内，"我活着，我斗争，我希望"；"我思考，我感受，我行动"：自我意识到并且自信"我善良，我完整，我漂亮"②。她还特别强调女性的"善良"（Gut—sein）、"完整"（Ganzheit）和"漂亮"（Beautiful）。所以，女人不应该仅从消极方面来看待自己，而必须积极地看待自己，自我尊重。她由此坚信，只要基于女性主义的上述立场，那么基督教传统就还可能提供有益的、人性的、有选择性的积极模式。然而，这一任务并没有完成，尽管目前的女权运动使"女性在自己心中、在自己的身体上、在自己的自我意识中已拥有这些形象"，但是"女性以何种方式，在什么时候通过这一途径来改变神学、教会乃至社会，这个问题尚未解决"。③ 由此可见，莫尔特曼–温德尔对女权主义的神学及其带动的教会和社会发展有着清醒的体认，对这种神学努力及其可能获得的实际效果既十分冷静，同时也充满着期待。

第三节　瑟勒

一　生平与著述

多萝西·斯蒂芬斯基·瑟勒（Dorothee Steffensky Sölle）于 1929 年 9 月 30 日出生在德国科隆尼帕尔德，其信仰背景为基督教信义宗，早年曾在科隆大学学习哲学、神学和文学，1954 年在哥廷根大学以关于"神学与诗学"的论文获得哲学博士学位，并在同年与艺术家迪特里希·瑟勒（Dietrich Sölle）结婚，两人有了三个孩子后却于 1964 年离婚。1969 年，

---

① 〔德〕E. M. 温德尔：《女性主义神学景观：那片流淌着奶和蜜的土地》，刁承俊译，第 146 页。

② 〔德〕E. M. 温德尔：《女性主义神学景观：那片流淌着奶和蜜的土地》，刁承俊译，第 148 页。

③ 〔德〕E. M. 温德尔：《女性主义神学景观：那片流淌着奶和蜜的土地》，刁承俊译，第 198 页。

她与还俗的原本笃会神职人员富尔伯特·斯蒂芬斯基（Fulbert Steffensky）结婚，后又有了她的第四个孩子。她曾在亚琛短期教书，不久回到故乡在科隆大学任教，并于 1971 年获得科隆大学的教授资格，但瑟勒在科隆乃至整个德国并没有得到正式的教授席位，因此一生奔波于欧美之间，处于游学之状；她比较热心于社会活动，倾心于神学对政治的关切，从 1968 年至 1972 年与斯蒂芬斯基一道曾在科隆组织了晚间政治祈祷运动，故而使她被视为政治神学家或革命神学家，其社会活动的知名度甚至远高于她的神学理论影响；特别是其德国生存经验使她对纳粹法西斯统治及其惨无人道的大屠杀深恶痛绝，所以她积极投身于反战运动，尤其是反对越南战争，反对冷战和军备竞争，而强调对话与沟通，呼吁世界和平；为此，她被视为"在纠结于奥斯维辛之集体羞耻的德国基督徒中的一个领袖，她是对更好的世界及此时此刻之美好表达出乌托邦渴求的一位诗人，她是一个社会主义者和政治活动家，一位对卡尔·马克思的崇拜者，而且是一个向教义正统及其制度自满发起挑战的解放神学家。她是对资产阶级的基督教幻想破灭的民众提供一种信仰之愿景的神秘论者"。① 她于 1975—1987 年曾在美国纽约协和神学院担任教授，每年约有半年的教学任务，主讲系统神学，因而侧重于女权神学的教授及宣传；1994 年，她获得德国汉堡大学的名誉教授称号，并在汉堡定居。在"9·11"暴恐袭击事件发生一个月之后，她曾发表"世界本能够与此不同"（The World Can Be Different）的公众演说。2003 年 4 月 27 日，瑟勒在与其丈夫斯蒂芬斯基应邀到南德巴特波尔新教科学院召开的会议上做反对美国中东政策的主旨讲演时，因突发心脏病而在格平根去世。

瑟勒的主要著作包括《代表：上帝死后神学的一章》（*Stellvertretung, Ein Kapitel Theologie nach dem "Tode Gottes"*, 1965，英文版：*Christ the Representative: An Essay in Theology After the 'Death of God'*, 1967）、《超越纯然服从：对未来基督教伦理的思考》（*Beyond Mere Obedience: Reflections on a Christian Ethic for the Future*, 1970）、《政治神学》（*Political Theology*, 1971）、《受难，神学之主题》（*Suffering*, 1973）、《做基督徒和社会主义

---

① 参见平诺克（Sarah K. Pinnock）编《多萝西·瑟勒的神学》（*The Theology of Dorothee Soelle*, Trinity Press International, 2003），编者前言。

者需超越其纯然对话》（*Beyond Mere Dialogue on Being Christian and Socialist*，1977）、《仅靠面包之死：有关宗教经验的文献及反思》（*Death by Bread Alone：Texts and Reflections on Religious Experience*，1978）、《选择生活》（*Choosing Life*，1981）、《论战争与爱》（*Of War and Love*，1983）、《军备竞争甚至会导致没有战争的杀戮》（*Arms Race Kills Even Without War*，1983）、《弱者的力量：走向基督教女权主义的自我认同》（*The Strength of the Weak：Toward a Christian Feminist Identity*，1984）、《思考上帝：神学导论》（*Gott denken：Einführung in die Theologie*，英译本 *Thinking About God：an Introduction to Theology*，1990）、《脆弱之窗：一种政治灵修》（*The Window of Vulnerability：A Political Spirituality*，1990）、《十字架之站：拉美朝觐》（*Stations of the Cross：A Latin American Pilgrimage*，1993）、《对怀疑论者的神学：关于上帝的反思》（*The Theology for Skeptics：Reflections on God*，1994）、《逆风而行：一个激进基督徒的自传》（*Against the Wind：Memoir of a Radical Christian*，1999）、《沉默的呼喊：神秘主义与反抗》（*The Silent Cry：Mysticism and Resistance*，2001）、《拿撒勒的耶稣》（*Jesus of Nazareth*，2002）、《死亡的奥秘》（*The Mystery of Death*，2007）等，合著有《工作与爱：一种创世神学》（与雪莉·A. 克洛伊斯合著，*To Work and to Love：A Theology of Creation*，1984）、《不只能说是和阿门：有着奋斗目标的基督徒》（与富尔伯特·斯蒂芬斯基合著，*Not Just Yes and Amen；Christians With a Cause*，1985）、《信仰的希望：对话录》（与 C.F. 拜尔斯·瑙德合著，*Hope for Faith：A Conversation*，1986）、《在地上如同在天国：关于分享的解放灵修》（与马克·巴特科合著，*On Earth as in Heaven：A Liberation Spirituality of Sharing*，1993）、《艺术和文学所展示的圣经中的伟大妇女们》（与赫伯特·哈格、安妮-玛丽·施尼佩-米勒、乔·H. 基希伯格合著，*Great Women of the Bible in Art and Literature*，1994）、《创造性的违抗》（与劳伦斯·W. 登德夫合著，*Creative Disobedience*，1995）、《马利亚：跨越时代的艺术，文化和宗教》（与卡罗琳·埃伯茨豪塞尔、赫伯特·哈格合著，*Mary：Art，Culture，& Religion through the Ages*，1998），以及《革命之坚忍》（*Revolutionary Patience*，2003）等，与施密特（K. Schmidt）共同主编有《基督教与社会主义：从对话到联盟》（*Christentum und Sozialismus，Vom Dialog zum Bündnis*，1974）等。

二 基本神学思想

瑟勒被视为当代西方著名女性解放神学家和女性生态神学家，她的神学探究始于对马克思主义解放观念的兴趣，认为面对世界普遍存在的邪恶及破坏力量，只能以一种打破旧世界的革命来应对，从而实现人的真正解放。这一出发点使她的神学构思具有强烈的现实关切，而立足点也基本上在于神学理论的社会实践意义。她对德国教会向纳粹统治的屈服甚至助纣为虐的行径有着深刻的反省和尖锐的批评，她还谴责教会中的基要派实质上乃为"基督法西斯主义"（Christofascism）。因为奥斯维辛大屠杀，她不再相信那种"在天国荣耀中"的上帝观念，认为不能如此简单化地理解上帝。所以，她强调神学理论不可脱离真实生活实践。但这在其反对派看来过于吹毛求疵，并指责她有精神洁癖。此外，她亦批评了所谓"基督教受虐狂"及"基督教施虐狂"极端倾向，对那种断言上帝全能而成为人之所以受难的原因，而这种受难则是为了更大的目的等论说加以批判，指出上帝其实也与我们一道受难，和我们一样无能为力。正是有与我们同在的这一软弱的上帝，人类更要团结一致来共同反抗压迫，抵制性别歧视，反闪族主义和其他任何形式的威权主义及独裁极权。她的政治神学术语中常出现"越南就是各各地（耶稣受难的刑场）""第三世界就是常在的奥斯维辛""每个神学陈述同时也必须是政治陈述""上帝无手、除非用我们之手""我们在圣餐礼时应该多吃，我们在吃时应该多祈祷"，故此她也被反对派批评为"神学犬儒主义"，① 说她对基督教信仰采取了愤世嫉俗、冷嘲热讽的态度。

在旅美期间，瑟勒因为与美国女权主义者的交谈而深受影响，从而在20世纪80年代成为典型的女权神学家。在她对女权的关注中，亦有着明显的社会政治关联；与此同时，她对教会传统及其神学立论亦持批评态度。在她看来，一种很不利于人类健康、进步的负面、破坏性因素几乎在所有现存思想体系中都有其存在，甚至在本应该克服这种负面因素的基督教神学中也同样存在；持有这种破坏性力量的人有恃无恐，而没有这一权力的人们却保持沉默，显得无动于衷、麻木淡然。而传统神学也陷入这种

---

① 参见相关维基百科词条（Wikipedia article "Dorothee Sölle" on 08 Mar 2020）。

失态的境遇，无能为力、无所作为。本来，神学的诉求是信奉一种超然的神性，认为至高之神会公平地审视世界、统治人寰；这种神性公义会遏制自我中心主义的膨胀，恢复平等、公正的社会秩序。但现实情况并非如此，与人们的需求相距甚远。在此，她把妇女的解放与整个人类的解放相关联；而作为女权神学家，她则相信神学的真理也是牢固地植于人世历史之中，故而不能将之视为某种不食人间烟火的超然独在，而有必要使之成为有着社会关注及其道德关切的现实存在，以能给人类带来有效且积极的改变。由此而论，她深感无论是人际社会还是妇女群体，都需要一种历史性的解放。当然，作为女权神学家，她对于社会走向及妇女命运也都有宗教精神的深思。恰恰在这一方面，瑟勒的理论有着明显的神秘主义色彩。可以说，解放理念、女权思想和神秘主义乃是瑟勒神学体系中的三大要素。

瑟勒指出，基督的福音给人带来希望，其呼召不是抽象的，而有其历史蕴含，其信仰力量则使人们克服世界的不义、铲除邪恶的力量成为可能。此外，耶稣在世界的形象不是拥有强权的君临，而是以弱者的形象出现：耶稣是一个穷苦姑娘的非法之子，是一个没有土地的劳动者，是生活在微不足道的贫民之中彻头彻尾的穷人。这样，耶稣就站在了弱者和"非人"一边，并且是为了对之拯救和解放而降临。而妇女解放的当务之急，就是要从观念及现实中改变在各种世俗及宗教中风行已久的把妇女视为"非人"的状态，使女性的社会地位出现根本变化。事实上，这种状态给女性带来的不公已经很久，它使女性成为真实生活中的牺牲品，社会对女性的排拒让妇女处于社会的最底层，在不断被边缘化的过程中使妇女陷入自我毁灭之绝境。而各种歧视女性的理论，则增强了社会对女性压制的气势，把这种根本就不合理的现象解释为一种理所当然，故而对女性的"非人"地位心安理得，对其明显的不公视而不见。所以，瑟勒认为女权神学的使命就是要替妇女主持公道，从基督教信仰及其神学理论传承上找回一种公平正直的理论构架及其系统论说。女权神学首先就要对女性在社会建设中的各种参与形式加以客观而公正的描述，找回在社会中被丢失、被遗忘的女性形象。其次，女权神学必须揭露社会对女权的压迫，展示在社会的各种复杂情形中女性无权无势的处境给女性所造成的影响及伤害。瑟勒表示，这种"非人"的状况必须得到根本的改变，再也不能无视妇女受到种种限制、人微言轻、遭人鄙视之状，而必须让妇女得到彻底解放。女性的自立和强大要在行动、言论上得以充分体现，女性必须代表并维护自己的权益，这种自强要使当权者感到敬畏和害怕。此外，女权神学还要充分显示出理论特色，这就是要全面且系统地说明女性被隶属之痛苦回忆、其作为被压迫者而具有的勇气和洞见，以及她们对自由的渴求、对其社会现状的抗争、对歧视女性之行政结构的挑战和为妇女解放奠立一个新基点的努力等。所以说，女权神学的发展就是开掘这一被压迫者的井水，使之成为推动解放运动之涌泉。在瑟勒看来，在迄今仍然被强权征服的世界中，女权神学的主张就像充满悖论的希望之兆。①

在女权神学与政治神学的关联上，瑟勒指明女权的获取要靠妇女的"觉醒与复活"。如果一直处于沉睡之中，则不可能获得自由和解放。对之，瑟勒解释说："觉醒指告别睡梦、复活指脱离死亡。觉醒是一种从政治睡梦中的醒悟，即指从人被剥夺生命本质因素和受外界支配之死亡状态中的觉醒。"她认为"觉醒与复活"的神秘形象可以普罗米修斯为代表，并可将之与基督相关联。"马克思把普罗米修斯称为其日历上最高贵的圣者，他想到了其反抗之举，即把火从众神那儿偷来献给人类。我们已经习惯于把普罗米修斯想象为基督的对立面，但若按照古代神话流传的那样细思其命运，则更会看到两者是多么相近，并能发现其传说中他们在结构上的类似性。"② 普罗米修斯和基督都是为了解救人类，为了人的自由和福祉而牺牲自我，甘愿受到"非人"的惩罚。这说明要获得人的解放和复活是需要付出痛苦、受难和牺牲的。复活乃"火浴"中的新生，象征着一种脱胎换骨的转变。对此，瑟勒强调普罗米修斯和基督对人的救度是一种"代表"而不是"代替"，故仍然需要人的自我努力和自我参与，必须自我负起责任来才行。所以，尽管有自天而降的救度，人的自我努力仍不可或缺。同理，妇女的解放需要这种女性的自我觉醒，需要其觉悟到自我的重要参与。

不过，瑟勒鼓吹这套女权神学的逻辑，同样面临着与基督教传统神学

---

① 此处参见 Susan Frank Parsons ed., *The Cambridge Companion to Feminist Theology*, Cambridge University Press, 2002, pp. 119-120。

② 参见 D. S. Sölle and K. Schmidt eds., *Christentum und Sozialismus*, *Vom Dialog zum Bündnis*, Stuttgart: Kohlhammer, 1974, pp. 49-52。

体系的决裂。一方面，她对父权制的社会政治结构表示了反感，有马上要去之而后快的渴求；但这无疑也会触动教会的权力和根本利益，故不可能使她保持与教会的和谐关系，她也不会认同教会自身就能洁身自好、不应受到触犯。所以，女权神学对传统教会及其教义思想而言不仅是逆反的，更是具有叛逆性的，这种女权革命会有使女性意识与教会体制及其传承格格不入的危险。对于这种颠覆性的意义，女权神学本身仍缺少根本性认识和足够的准备。另一方面，女权神学在反叛这种父权传统时，很难构建完全独立的话语体系。因此，女权神学要"因信称义"，不能违背其信仰，故而仍在使用传统教会语言及其神学表达。但这种表述的男性意志等男性色彩是颇为明显的，很难加以根本消减。如"圣父""圣子""教父""神父"等术语乃是典型的男性表达，甚至上帝的"超越性"或"超然性"也是一种"权力"的向上投影，难以消除其"父权"痕迹。这样一来，作为具有叛逆性的女权神学仍然不得不采用其需要淘汰或扬弃的话语，似乎也是一种语言及思想的悖论。在此，女权神学仍面对着或因女权而背弃神学，或因神学而削弱女权的两难选择。

第四节　乌苏拉·金

一　生平与著述

乌苏拉·金于 1938 年 9 月 22 日出生于德国，其家庭背景为天主教信仰。她于 1958 年在科隆伊尔姆嘎迪斯人文学院获得毕业证书，在波恩大学开始接受高等教育，从此游学于德国、法国、英国、印度等地，特别是在哲学、神学、比较宗教学、社会学、古人类学等领域有着广泛涉猎；她在巴黎索邦学院学过哲学，后在巴黎天主教学院获得神学学士学位，在印度德里大学获得哲学硕士学位，后又在英国伦敦大学国王学院获得哲学博士学位。1963 年，她与安托尼·道格拉斯·金（Anthony Douglas King）结婚。

乌苏拉·金最初的学术兴趣在古代教父学，后转向系统神学，并曾专门研究灵修学、宗教多元主义和宗教之间的对话等问题，这使她对法国耶稣会神父、来华传教士及古生物学家和地质学家德日进（Marie-Joseph

Pierre Teilhard de Chardin，音译名习称戴亚尔·德·夏尔丹）产生了浓厚兴趣，由其博士论文推出的专著即《朝向一种新的神秘主义：戴亚尔·德·夏尔丹与东方宗教》。但她最重要的关注点则是在女权神学，这既关涉其自我身份认同，也触及与他者的关系，所以她还是在这一领域中推出了其最多的研究成果，为国际范围的女权神学发展做出了重要贡献。完成学业后她曾在科洛玛教育学院、利兹大学和伦敦大学任教，并去印度做学术访问。她自1989年以来任英国布里斯托尔大学神学和宗教研究系教授，随之在该校创建了宗教与性别比较研究中心并在1996年至2002年担任其主任，从1989年至1997年她还是该大学神学和宗教研究系系主任。除了在本大学任教，她还访问各地，担任许多大学的客座教授，开展学术讲座、顾问及咨询工作，并在许多学术组织工作上充分显示才干。她曾于1996年获得过英国爱丁堡大学神学荣誉博士头衔；自1998年至2001年，她作为客座教授在挪威奥斯陆大学讲授女权神学，于2000年获得该校神学荣誉博士头衔，于2002年获得美国俄亥俄戴顿大学文科荣誉博士头衔；她还于1999年秋季学期在美国辛辛那提的沙勿略大学担任普世神学及宗教间对话查尔斯·布吕格曼讲座（the Charles Brueggeman Chair）教授；她在英国牛津大学担任过班普顿教席主讲人，在剑桥大学做过兼职研究员，在路易斯维尔大学任客座教授等；她还经常出席广播电视座谈，并多次来华开展学术访问，与中国科学院古脊椎动物与古人类研究所和中国社会科学院世界宗教研究所等研究机构有过学术交流。此外，她担任过伦敦大学亚非学院（SOAS）性别与宗教研究教授级研究员，1991年至1994年担任英国宗教研究学会主席，1993年至1995年担任欧洲妇女神学研究协会主席，并长期担任英国戴亚尔·德·夏尔丹协会主席。2002年乌苏拉·金退休后仍作为英国布里斯托尔大学高级研究院资深研究员和大学荣修教授继续从事学术研究与交流，并在2008年至2015年担任罗汉普顿大学西奈的凯瑟琳学院院长。

乌苏拉·金的主要著作包括《朝向一种新的神秘主义：戴亚尔·德·夏尔丹与东方宗教》（*Towards a New Mysticism：Teilhard de Chardin and Eastern Religions*，1981）、《一个地球的精神：对戴亚尔·德·夏尔丹及全球灵性之反思》（*The Spirit of One Earth：Reflections on Teilhard de Chardin and Global Spirituality*，1989）、《妇女与灵性：抗议和应许之音》（*Women and Spirituality*：*Voices of Protest and Promise*，1989）、《火之精神：戴亚尔·德·夏尔丹的生平及愿景》（*Spirit of Fire*：*The Life and Vision of Pierre Teilhard de Chardin*，1996）、《万物中的基督：戴亚尔·德·夏尔丹的灵性之探》（*Christ in All Things*：*Exploring Spirituality with Teilhard de Chardin*，1997）、《基督教神秘主义者，基督教传统的灵性之心》（*Christian Mystics. The Spiritual Heart of the Christian Tradition*，1998）、《基督教神秘主义者，其生平与跨越时代的遗产》（*Christian Mystics. Their Lives and Legacies throughout the Ages*，2001）和《戴亚尔·德·夏尔丹与东方宗教：在一个进化世界中的灵性及神秘主义》（*Teilhard de Chardin and Eastern Religions*：*Spirituality and Mysticism in an Evolutionary World*，2011）等；其编著的著作包括《过去与现在：世界宗教中的妇女》（*Women in the World's Religions*：*Past and Present*，1987）、《宗教研究的转折点》（*Turning Points in Religious Studies*，1990）、《第三世界女权神学读本》（*Feminist Theology From the Third World*：*A Reader*，1994）、《宗教与性别》（*Religion and Gender*，1995）、《后现代时期的信仰与实践》（*Faith and Praxis in a Postmodern Age*，1998）、《新千年的灵性与社会》（*Spirituality and Society in the New Millennium*，2001）等；与人合编的著作则有《欧洲宗教：当代视域》（与肖恩·吉尔、加文·德科斯塔合编，*Religion in Europe*：*Contemporary Perspective*，1994）、《性别，宗教与多样性：跨文化视域》（与蒂纳·贝蒂合编，*Gender*，*Religion and Diversity*：*Cross-Cultural Perspectives*，2004）等。在关于宗教与性别问题的系列研究著作中，她与美国佛教学者丽塔·格罗斯（Rita Gross）有过密切合作，也得到了劳特利奇（Routledge）出版社的大力支持。

二　主要神学思想

乌苏拉·金作为天主教学者，首先是积极在教会内部为妇女权益而发声，她认为"天主教妇女需要在教会权威机构里有其职位"。[①] 在理论与实践层面，她认为"女权神学"（feminist theology）与"女性从事神学"（women doing theology）仍有着细微差别，前者的特点在于其理论的系统

---

① 参见 *Public Launch of Catholic Scholars' Declaration*，http：//www. churchauthority. org. /faq/launch-london. asp. *www. churchauthority. org*. Wijingaards Institue for Catholic Research. 2013。

化，已经有了自己独立的问题意识和研究方法，这来自女性在历史及现实中所积累的不同经验，而神学则会将这些经验加以提炼，使之得到系统梳理；而后者则主要体现在实践层面，标志着女性神学探究之开端。至于女性的宗教是否与男性宗教有所不同，女性的宗教性有哪些特点，女性在基督教传统或任何其他宗教中应该处于什么地位等，这都是女权神学必须要研究的。乌苏拉·金指出，目前基本上所有宗教都具有父权制的框架及特色，男性在宗教中占据着压倒性的统治地位；从历史传承来看，宗教的经典基本上是男性所写就，宗教的法律是男性所制定，神学也基本上由男性发展至今。但这样一来宗教就处于一种失衡状态，若要全面地表达宗教则需要相应的平衡，故也就需要女性与男性的共同参与；只有女性的充分参与，才可能使宗教得以完满的呈现。此外，她还把女权主义称为"宗教对话中失去的维度"，认为妇女要加强其社会地位及公众知名度；如果有更多的妇女在宗教对话中脱颖而出、展示其风采，则有可能促使宗教中压制女性的父权结构发生改变，形成相关和谐或平衡，因此基督教女权神学本身虽有其多样性及广延性，却不会与宗教多元主义的挑战发生根本冲突。[1]

乌苏拉·金早在 20 世纪 60 年代就开始参与妇女运动，并注意到教会中的女权问题；此后她将性别问题视为自己研究的重点和中心，认为只有讲清楚女权问题，才可能更好地来重新理解宗教和解释宗教。在其编著的《宗教与性别》中，她收集了来自欧洲、北美、南非和澳大利亚等地的女权神学家所发表的论文，关注女权主义思潮及相关运动的焦点问题及理论探究，以及在其认识论和诠释学上的全新发展。涉及的问题包括神圣性、上帝与性别之关联，新的女神灵性思潮等，并在经验搜集总结及其方法论上有新的拓展。其女权神学的旨归就是形成对以妇女解放、女权自由为目的的基督教新理解，以及教会传统的新解读。在她看来，一个歧视女性的宗教是不完备的，而妇女处于边缘化地位的教会也并不是耶稣所希望在人间建立的团契，没有男女平衡的教会很难呈现其神圣性，也不可能完成人

---

[1] 参见 Ursula King, "Feminism: the Missing Dimension in the Dialogue of Religions", John May ed., *Pluralism and the Religions: The Theological and Political Dimensions*, London: Cassell, 1998, pp. 40-45。

类得到救赎的使命。因此，今天的基督教需要重建，而世界上的所有宗教也都必须理顺其性别关系问题。

此外，乌苏拉·金对第三世界的女性权益问题及女权神学的发展有着特别的关注，这可能与她游学印度的经历有关。而戴亚尔·德·夏尔丹（德日进）在亚洲特别是在中国的体验也给她带来了独特启迪。结合第三世界的现实处境，她指出女权神学应该有相应侧重：其一，它首先要对妇女在社会及教会中遭受压迫和歧视的情况加以调研，有田野经验及切身体验；其二，它要以比较的视域对各国的经济、政治、社会和宗教因素进行对照，做出社会学层面的分析；其三，它作为神学也必须参考或基于《圣经》的表述和解释，同时以一种开放的眼界来收集、吸纳相关神话、民谣、传说、民俗及本土宗教等资源，使自身体系得以补充、完善；在此基础上，女权神学则可进行关于妇女神学主题的讨论，厘清其结构和层级，突出其内涵和核心，由此则可建立起女权神学自己的上帝论、基督论、圣母论、圣灵论、灵性论等理论体系和思想框架。①

受戴亚尔·德·夏尔丹（德日进）的思想影响，乌苏拉·金也意识到女权的恢复及教会的重建乃是一个复杂或许亦比较漫长的过程，因此，女权神学家就如同在旅程中的行者，必须有走完这一进程的耐心和毅力。对于社会及教会在其进化过程中的成长、转型及变化，则需要有新的神学和灵性反思；为此，女权神学不能自我封闭，而必须具有与外界对话的姿态和诚意。社会参与及文化对话可以保持神学思想的活力，使之不断得到新的刺激和触动而处于其活跃、兴奋之状。所以，在乌苏拉·金的话语体系中会反复出现有关"灵性"（spirituality）的表述及强调，对当代社会人们的灵性理解及灵修参与有其解读和阐发。可以说，女权神学及女权运动所需要的就是这种灵性奋兴，不但是对基督教会，而且对我们整个人类生存的世界之未来，都要用精神和心灵来充满激情地去关注、关心和关爱。很显然，这种女权神学的期望也有着乌托邦的空想性质，其中充盈着女性的浪漫和激情，却对现实社会的复杂性和其问题的严重性缺乏足够的重视，人类社会结构及其宗教建构的父权制影响积重难返，并非仅靠女权主义的

① 参见 Ursula King ed., *Feminist Theology From the Third World: A Reader*, London: SPCK, 1994, p. 19。

激情和呐喊就能根本解决问题的。事实上，女权主义思潮仍然是一种弱者的呼唤，社会的倾听及反应并不强烈，而各宗教之间的女权主义者也缺乏对话和共识，结果是一盘散沙、各行其是，形不成合力及凝聚，更不用说整个社会的团结和共识了。可以说，尽管女权神学家们在努力求索，然而其"路漫漫"却是摆脱不了的严峻现实。

第五节　格雷

一　生平与著述

玛丽·塞西莉亚·格雷（Mary Cecilia Grey）于 1941 年 6 月 16 日出生在英国达勒姆的霍顿勒-斯普林，其家庭的宗教传统为天主教信仰。格雷从牛津大学获得文学学士和硕士学位，在比利时鲁汶天主教大学完成教义问答教牧学学士学位、宗教学硕士学位、神学学士学位和哲学博士学位。她被视为当代著名的英国天主教生态女权主义的解放神学家，曾主编《生态神学》（Ecotheology）达十年之久，2004 年为特威克南圣玛丽大学客座教授及研究员，曾在兰佩特尔威尔士大学担任教牧神学教授，1992 年在拉森特联盟的南安普顿大学教授当代神学，在荷兰内伊梅根天主教大学教授女权主义和基督论。她是索尔兹伯里萨鲁姆学院的名誉研究员，从 1989 年至 1991 年担任欧洲妇女神学研究学会的主席，其研究集中在女性解放神学和灵修学，亦重视生态女权神学、生态神学及灵性问题、印度解放神学研究，关注基督教-犹太教与巴勒斯坦人的和解，女权主义视域的系统神学，社会正义与神学关系研究，强调人与地球的和解、人类各种族之间的和解。特别是近年来她还特别关注以色列与巴勒斯坦的和解问题，担任了圣地托拉斯活石委员会主席，旨在推动宗教圣地的正义与和平进程。她还担任英国萨贝利人神学之友社团主席、鲍尔弗项目董事，以便能在解决以色列与巴勒斯坦之间的冲突问题上发挥英国特有的历史作用。她还参与了许多非营利组织的活动，合作创建了印度之井项目，以帮助解决印度拉贾斯坦地区的用水问题；她是英国的印度达利特（Dalit，即"贱民"）团结网络创始人，也是英国瑟斯克圣十字室神学与健康中心的负责人。

格雷的主要著作包括其博士学位论文《基督教女权主义的救赎灵性作为相互性的关系》（*Christian Feminist Spirituality of Redemption as Mutuality-in-Relation*，1987）、《寻找神圣：圣礼与教区复兴》（*In Search of the Sacred：The Sacraments and Parish Renewal*，1983）、《摆脱梦幻：女权主义，救赎与基督教传统》（*Redeeming the Dream：Feminism，Redemption and Christian Tradition*，1989）、《愚者的智慧？为今天寻找启示》（*The Wisdom of Fools？：Seeking Revelation for Today*，1993）、《预言与神秘主义：后现代教会之心》（*Prophecy and Mysticism：The Heart of the Postmodern Church*，1997）、《超越黑夜：教会前进之途？》（*Beyond the Dark Night：a Way Forward for the Church？*，1997）、《对希望的大胆追求——21 世纪的先知之梦》（*The Outrageous Pursuit of Hope-Prophetic Dreams for the 21st Century*，2000）、《介绍女权主义的上帝形象》（*Introducing Feminist Images of God*，2001）、《神圣渴望：生态精神与全球文化》（*Sacred Longings：the Ecological Spirit and Global Culture*，2004）、《往返卢旺达：解放的灵性与和解》（*To Rwanda and Back：Liberation Spirituality and Reconciliation*，2007）、《神圣渴望：生态女权神学与全球化》（*Sacred Longings：Ecofeminist Theology and Globalisation*，2010）、《尊严的呼喊：宗教，暴力与印度贱民妇女的斗争》（*A Cry for Dignity：Religion，Violence and the Struggle of Dalit Women in India*，2010）、《和平的降临》（*The Advent of Peace*，2010）、《和平的复活：复活节的福音之旅及其彼岸》（*The Resurrection of Peace：A Gospel Journey to Easter and Beyond*，2012）、《和平的精神：中东的五旬节及其痛苦》（*The Spirit of Peace：Pentecost and Affliction in the Middle East*，2015）；合著包括《从障碍到共同体：福音对一个分裂社会的挑战》（与理查德·齐普费尔合著，*From Barriers to Community：the Challenge of the Gospel for a Divided Society*，1991）、《寻梦：犹太教—基督教对话》（与丹·科恩-舍伯克合著，*Pursuing the Dreams：A Jewish-Christian Conversation*，2005）和《巴勒斯坦与以色列之争》（与丹·科恩-舍伯克合著，*Debating Palestine and Israel*，2014）等。

二　基本神学思想

格雷的研究领域较广，涉及女权解放神学、生态女权神学、生态神学、灵修学、印度解放神学、印度"贱民"神学、犹太教-基督教对话、女权视域的系统神学、社会公义与神学的关系等方面。在女性问题上，她指出被压迫及被边缘化的妇女因其对这种社会和性别不公的抵制与反抗而有着自己独有的认知，因而其精神表述不是传统意义上的"逻各斯"而乃性格鲜明的"索菲亚"。[①] 这种没有歧义的智慧说明了神圣与世界的亲密关联，是深藏于被压迫者之中的珍宝，格雷认为对之值得发掘，依此则可找到改变现状的途径，为弥合历史的裂缝提供有益启迪。而女性在这一使命中则可深入其资源之库，为人类的历史救度找寻全新且有效的选择，在克服世界邪恶、实现善的治理中提供具有操作性、行之有效的方法及举措。这样，格雷阐述了对基督教神圣智慧的一种与众不同的洞观，以此彰显女性在精神层面的价值与作用。

对于女权神学讨论较多的"妇女教会"问题，格雷也有自己的独特见解。在她看来，在妇女生存在社会及教会的边缘地带、不被建构性的教会体制所关注的处境下，妇女教会现在已经发展成为妇女寻求可靠、公正的教会共同体的全球运动，而这种"妇女教会既不是一个新的教会，也不是从体制内教会的出走"，"它既尝试在其多年从教会结构中被边缘化之后要清楚地表明，妇女就是教会；也尝试在当前结构中面对许多男女都不能在信仰中获得养分这一现实时，去恢复可靠的、包容的、建基于公正的信仰共同体"。[②] 其目的并非另立门户，而乃建构具有对话特点的新形式，以便形成新的、更理想的男女关系和更加包容性别差异的灵修新模式。格雷非常强调这种关系性、关联性，以及妇女共同体性质的存在，以能彰显女性的精神气质，让人们认识到女性在社会及教会中所能发挥的重要作用。这种"团体共存的意义感"（sensus communis）在女权主义运动及其神学表述中颇为典型，格雷在其专著《摆脱梦幻：女权主义，救赎与基督教传统》中重点讨论了相关问题。她指出这种共在、共存的关系体现在我们与自我、与他者、以及与自然世界的关系中，这种相互关系的复杂交织使我们的共存需要一些道德准则及其决定，所谓"救赎"实质上就可理解为

---

① 参见格雷著《愚者的智慧？为今天寻找启示》（*The Wisdom of Fools*？：*Seeking Revelation for Today*，London：SPCK，1993），在此以"索菲亚"之说而讨论了女性智慧问题。

② Mary Grey："Feminist Theology：a Critical Theology of Liberation"，in Christopher Rowland ed.，*The Cambridge Companion to Liberation Theology*，Cambridge University Press，1999，pp. 100–101.

"正确的关系"，它由神圣之在所创立，现在仍得以持守，将在未来得以完善。所以，她相信一切事物按照上帝的意愿乃存在于和谐的关系之中，而持有信仰的女性则理应服从这一创世目的，在任何形势下都要寻求整全的人生。而建立正确的关系则是一项复杂精细的任务，为此人们必须既能够热爱自我的整全人生，又愿意去服务于他者的需求；既必须参与自然之整体，又不得不依赖于其资源的利用。但在这种关系中女性个我的独立与尊严仍需得到保留，不能因为关爱他者而形成对他者的完全依靠、牺牲自我的尊严。显然，在找寻或理顺这些关系时，女性会陷入许多困境或窘境，故而只能靠对上帝的信仰来解困释惑、摸索前行，实现合适、积极的联结；所以，只有在信仰中才能摆脱梦想，建立可靠而又可行的正确关系。①

格雷在其理论体系中亦谈到了自己对神学的理解。她认为神学具有超然和内在这两个基本维度，其超然层面主要关涉对上帝的理解，及有关"上帝"之教义的阐发，在此意义上神学可被简化为"上帝之谈"（God-talk），这种对"神明"的解说可以说乃不可为而为之；其内在层面则是关涉人的信仰经验，其作用在于给人生赋予价值及意义，使人甚至在令人绝望的处境中仍然能够生存下去。至于对上帝的直接经验，则可联想到基督徒在祈祷时习惯所言"我们天上的父"，上帝作为"天父"在基督教信仰中根深蒂固，不可动摇。"我们天上的父"这一祈祷将基督徒团结起来，形成其灵性追求的最核心部分，基督教传统中的众多圣徒也是在这一信念下殉教、称义，推动了基督教的千年传承。不过，格雷作为女性神学家在此提出了一个长期以来没有被人所注意的问题，上帝作为超越、至高、绝对、永恒之神，怎么可以被理解为"父亲"呢？这在她看来有些不可思议，如果上帝作为"父亲"，则会有着与人类的代际关系，也会反映出其具有生物的"性别"问题，而这与上帝的抽象、灵性本都毫不相干；于此，她认为一句"天父"乃有着深刻的内在矛盾，高高在上的"天"与家庭之中的"父"显然距离太远、反差过大；当人们祈祷"我们天上的父"时，却不知形成了根本矛盾的相遇；若无这一祈祷会失去信仰的激情，但

---

①　以上参见 Susan Frank Parsons ed. , *The Cambridge Companion to Feminist Theology*，Cambridge University Press，2002，pp. 213-214。

有了这一祈祷则会质疑信仰的本真。格雷并没有在上帝被称为"父亲"而不是"母亲"上纠结、抱怨，反而以上帝有无"性别"之问挑战了整个基督教最为根本的上帝信仰。实际上，格雷之问反映出基督教上帝信仰中古犹太文明与古希腊文明的博弈、交汇与分殊。两大文明的融会并非珠联璧合、水乳交融，犹太思想重体验，希腊智慧重抽象，故此形成了两大理解及诠释体系，虽然早已经历了二者的融合、会通，却在一些根本问题上仍不时露出分歧的痕迹。

按照《圣经》之说，"从来没有人看见上帝"[①]，《约翰福音》14章8~9节记载了门徒腓力与耶稣的对话，腓力对耶稣说"求主将父显给我们看"，耶稣非常悲哀地回答说："腓力，我与你们同在这样长久，你还不认识我吗？人看见了我，就是看见了父，你怎么说'将父显给我们看'呢？"由此可见，人们看见的上帝仍然是"人"的形象。基于这种"上帝之问"，格雷还系统分析了上帝问题在现代社会遇到的困难甚至危机，提出了在当代世界究竟应该如何信仰上帝的焦点问题。她指出，在上帝理解及其谈论上，现代社会至少出现了如下五种社会思潮及神学发展。

其一，犹太教思潮。犹太人自认为乃"上帝的选民"，具有一种民族的优越感。但面对"二战"时期奥斯维辛大屠杀等民族灭绝的惨案，犹太信徒非常惊恐上帝居然放弃了其选民！这一关键时刻上帝的沉默使人惊呼"上帝在奥斯维辛死了"！这是对以前尼采"上帝死了"的抽象之呼的具体定位，而"二战"后期遭到原子弹轰炸的日本人也会呼叫"上帝死在广岛"。对此，神学表述各种各样，如"上帝的黑暗""大屠杀神学"等。

其二，"上帝死了"思潮。尼采"上帝死了——我们杀死了他"的呼声曾导致了一种"无神论的信仰"，在20世纪60年代"上帝之死神学"曾在欧美流行一时，著名神学家约翰·麦奎利（John Macquarrie）的"对话有神论"、理查德·斯温伯恩（Richard Swinburne）的"有神论之协调一致"都未能缓解这一危机。

其三，"上帝在哪儿"之问。在欧美有"上帝之死"运动，英国圣公

---

① 《圣经新约·约翰福音》1章18节。此外《约翰一书》4章12节也有"从来没有人见过上帝"之说。

会主教约翰·罗宾逊（John Robinson）发表的《对神老实》① 一书引起人们惊呼"上帝不再存在——伍威奇主教告诉了大家上帝的终结"，神学家不再谈论上帝，迪特里希·朋霍费尔（Dietrich Bonhoeffer）提出一种"非宗教的基督教"，宣称"我们必须恰如没有上帝那样生活"；保罗·蒂利希（Paul Tillich）则用"终极关切"来替代"上帝"的表述，表示"谁知道深刻谁就知道上帝"。而西方之外的人们也对上帝产生茫然，两次世界大战及随后的冷战使人不得安宁，他们在战争炮火及生活绝境中无望地感慨"上帝在哪儿"，放弃了对上帝的找寻。人的现实关切促使性别神学或化身神学的产生，人们不再过分强调上帝的超然而集中在上帝的内在，所以其提问即如前之言"上帝怎么会是与我们一样具有性别的存在""上帝如果是纯然精神，能与性、爱有关吗？"这不仅让人回想起人格神论，更会有泛神论之嫌。这种现实处境进而引发了"受难上帝"之思，其问题即"如果上帝与我们同在，那么上帝会与我们一起受难吗？"这使人联想到莫尔特曼关于"被钉十字架的上帝""受难的上帝"等说法。这样，上帝的内在性则使"基督神学""圣灵神学"有了更快的发展。

其四，"上帝是过程"。此即阿尔弗雷德·诺尔司·怀特海（Alfred North Whitehead）和查尔斯·哈特肖恩（Charles Hartshorne）的过程哲学及过程神学的发展，这种过程有神论的中心思想即上帝与世界的关联及互动。但其理解中的上帝也是"受难的上帝"，因为上帝在过程中与每一个造物都有着整体共在，这就远远超出人类的范围而引向一种生态神学。由此而论，上帝存在于过程的每一瞬间，为万物的生长提供出无数新的可能性，个我则有着是否回应之自由。其理论构想为生态学、公义诉求甚至女权主义都敞开了大门。但格雷认为这种过程神学的缺陷就是过于乐观，给人一种好像又回到了 19 世纪的进化理论之感觉，因此很难与当下人类所面对的增长之缺失这一具有悲剧色彩的事实相吻合。

其五，政治神学和解放神学的上帝认知。其焦点在于现实之人的遭遇及体验，从而拉近了人神距离。古典有神论所理解的"遥远之上帝"无法对应人的现实需求，持这种思潮的人们宁愿相信上帝已经卷入其社会斗争和现实痛苦之中，绝不是远远地旁观和保持沉默，由此上帝则给人带来渴

---

① John Robinson, *Honest to God*, London：SCM，1963.

望自由的希望。其表达有美国黑人领袖马丁·路德·金"我有一个梦想"的著名演说，有拉美和亚非本土神学的崛起等。这些理论把耶稣基督视为与我们一起受难、一同战斗的兄弟，认为"上帝即追求公义并使之实现的激情"。但格雷的担心是政治神学及解放神学虽然进入社会生活、卷入政治斗争，却可能失去基督教神学那原有的超越、神圣之维度。对此，格雷基于女性地位的神学探究仍在继续。①

---

① 以上内容参见格雷在南美题为"探究当代的上帝教义，以天父上帝为特别参考"的演讲（Mary Grey：Exploring a Contemporary Doctrine of God with Special Reference to God the Father），引自 http：//users. carib-link. net/ ~ theology/dr_mary_grey. htm 29/02/04。

第七章　对西方女权神学思潮
发展的综合分析

第一节　西方女权神学思潮的基本特征

西方女权神学作为一种"主义"乃属于当代基督宗教的神学思潮，但与传统神学之根本不同之处，则是其表现出一种从"女性"及"女权"视域而来的对基督宗教传统的"解构"和对其神学理论体系及教会建构体系的"重构"。因此，它既是对社会和教会的"批判性"神学，又是对信仰和理论重新认识的"解释性"神学。由于它往往超出了以往神学的标准范围及规范范式，故也被认为是对基督教神学传统的反叛，滑向某种新的宗教思潮。

一　女权神学的基本理解

关于"女权神学"的基本界定，莫尔特曼-温德尔曾经指出："女权神学是由当代妇女运动和女权主义所引起并定型的国际普世教会运动。妇女们以此来反映其在父权制社会及支持这一社会的教会中受到心理、社会和经济压迫的体验，并试图从这种为基督宗教所习惯的非成熟状态中解放出来，以便形成其自治，能够生活在精神、灵魂和肉体的整体统一之中。而与之常相随的则是其反对多种压迫形式的社会使命，包括反对男人以其性别上的压制而取得的成就与统治。"① 这里，女权神学的发展基于两个层面的参照，一是社会变革带来妇女对其社会地位及意义的强烈自我意识；二

---

① 参见 Erwin Fahlbusch ed. , *Taschenlexikon Religion und Theologie*，Göttingen：Vandenhoeck und Ruprecht，1983，Bd. II，s. 96。

是教会现状引起妇女对其宗教历史传统的深刻反思和剖析。这种神学最为典型的特色就是强调倾听、关注"妇女的声音",重新确立妇女在社会和教会中的地位。所谓"女权主义"即对其提出的社会问题及涉及的信仰理论问题加以女权立场的解答和说明,而"女权神学"也即非常具体地对其提出的基督教传承及其神学问题做出女权主义立场的解答和阐发。因此,女权神学表达了对社会和教会的双重批评,希望在社会和教会中都能够充分体现出真正的、积极的、主体性的、负有责任的女性本质。安·贝尔福德·乌拉诺夫(Ann Belford Ulanov)在论及女权神学的意义和影响时曾认为,其中意义最为深远的革命正发生在人们对女性本质的理解之中,她主张对女性展开心理学和神学方面的研究,宣称每个妇女的奋斗都是构成其整体的一个部分,这种自我认同既是对自我本质的肯定,也会建立与她者的关联,因此要帮助妇女接受自我、彰显其个性。① 可以说,女权神学正是这种彰显女性个性的神学理论。

作为一种体现批评精神的政治神学,女权神学强调神学的信仰意义乃反映在其得以生存的社会政治条件之中,认为宗教中的"上帝"形象在历史上亦是按照社会统治阶层的意愿所塑造的。而在一个男人占统治地位的父权制宗法社会中,在其男子中心主义的文化氛围内,上帝自然会被描述为"父神"。因此,社会上男女地位的不平等之状必然会促成宗教中的大男子主义倾向,此即教会男权传统之根源。这种剖析与反思使妇女看清了社会和教会中存在的弊病,不甘心自己在社会及教会中被轻视、受歧视的处境。于是,女权神学从社会批判理论而进入神学构建领域,根据妇女解放运动的实践而重新审视基督宗教中的两性关系,对教会历史上的圣经研究进行女权主义的深化,以便能够重新解释《圣经》与基督教传统中的男女象征和教会教义,重新确定教会男女平等的本质,并由此发展出体现女权主义精神的神学、伦理学和灵修学。在以女权主义理论来解释《圣经》时,女权神学在承认"耶稣"作为男子形象的同时,亦指出上帝"智慧"(索菲亚)的阴性特征,并突出耶稣的女门徒在见证耶稣的宣道与复活上的重要作用。女权神学还特别强调圣母马利亚的重要地位,认为上帝"道

① 参见 A. B. Ulanov, *Receiving Woman*, *Studies in the Psychology and Theology of the Feminine*, Daimon, 1981。

成肉身"有着妇女的重要参与，没有"圣母"则谈不上"圣子"。此外，女权神学在教会实践中也历陈妇女在宗教见证、传道、灵修、教育和慈善事业上的成就，积极争取妇女按立牧师、授任神职的权利。这种理论和实践在很大程度上得到了世界基督教联合会的肯定和支持。正如莫尔特曼－温德尔所言，女权神学运动已被视为普世教会运动的一个重要组成部分。

二 女权神学运动的基本意向

构成女权神学运动主流的乃宗教女权主义、《圣经》评断的女权主义和基督教会女权主义，这三者均为政治层面的女权主义神学。除此之外，女权神学还表现在生态保护、宗教对话、宗教语言和宗教心理等方面。显然，这种发展受到当代基督教神学中生态神学、宗教多元主义、宗教对话理论、神学解释学和宗教心理分析等思想学说及其研究方法的影响。在其神学表述中，女权神学鉴于传统基督教神学体系的强大存在，遂强调其宗教语言的"隐喻""象征"意义，以获得"间接性"认知及相关表述的无限空间，使其神学探究得到一种合理、合法的"开放性"。这在麦克法格的理论学说中有明确的阐述。而在宗教心理分析层面，女权神学遇到的最大挑战即弗洛伊德的心理学理论。为此，乌拉诺夫曾批评弗洛伊德心理学把上帝理解为"父亲"之说乃是以男性心理作为其研究的主要依据，其理论的父权中心倾向显而易见，结果就忽略了宗教领域中女性心理的重要意义。乌拉诺夫因而从另一角度提出了补充和平衡的要求，并以矫正属于弗洛伊德体系的荣格的深蕴心理学来肯定女性的独特意义。在荣格看来，认为男女在心理上和灵性上相同、仅在生理上和文化上存有区别的论点乃是错误的，但认为人应该分为区别鲜明的两大类型，即男人仅有男性心态、女人仅有女性心态之论也是错误的；实际上，在每个人的意识中既有男性特征，也有女性特征，其互相联系的对立面形成人的整体性，因此乃由二者共构其完整人格，缺一不可。荣格的理论被乌拉诺夫用来解释基督教的人类学和关于上帝的教义。就其人类学的基本构思而言，女性乃为人之整体的一半，是其必不可少的部分；所以，男性和女性因素只能相互依存，二者乃相互补充而不是彼此争战，基督教人类学故而不应缺乏女性内容。就其上帝论而言，上帝的本质已充分说明上帝乃超越人之性别区分，对两性都有着包摄涵容。然而在犹太教、基督教的人格神论传统中，人们在心理上仍是习惯于以男性形象来想象上帝，往往将其比作父亲、国王、法官等男性表达，而与之相关的母亲形象则被忽视或被选择性遗忘。乌拉诺夫指出，若从人格意义上来想象上帝，则应力争在我们的想象中达到某种更为理想的平衡，以避免男性中心主义的误导。从这种"平衡"来考虑，她主张慎用"女权神学"之词，以免走向另一个极端。她认为男、女二性在宗教神学理解中不应走向冲突，而应形成互补互惠的关系。

西方女权神学虽然纷繁复杂，按其表现形态却可大体分为激进的革命倾向和温和的改良倾向这两种类型。一般而言，政治层面的女权主义较为激进，对社会压迫、歧视妇女、破坏生态等问题都会持有激烈的批评；而语言和心理分析层面的女权思想则较为温和，它旨在强调一种调和、平衡和综合，而会避免非此即彼的单向选择。但这些理论尚不够构成女权主义的系统神学体系，因而不可把女权神学理解为神学中单独的女性命题或某一专门关涉妇女问题的神学分支。根据女权神学的典型特征，一般都会将之看作对基督教神学传统中承认男子中心和鄙视妇女等偏见的批判性回应，即表现出维护妇女权益的多样性神学思潮。

在研究女权神学的特征时，美国芝加哥大学的女学者安娜·卡尔（Anne Carr）曾将女权神学的任务概括为三大部分，即"抗议与批评"、"对历史的修正"和"神学建设"。[1]

（一）"抗议与批评"

就"抗议与批评"这一部分而言，女权神学乃针对社会与教会这两个层面。在社会层面，对性别歧视的抗议和批评往往与对种族主义、阶级区分、精英主义的批评相结合。女权神学指出妇女在社会中不是一个种姓或少数群体，而乃一个意义独特的群体，就其社会作用来看甚至可以说代表着人类的多数。女权神学旨在追求妇女从其在一切种族、一切阶级中附属、低下的地位上得到解放。按其理解，对妇女的统治实际上乃是最原初的压迫，它导致了历史上其他压迫的出现。因此，女权神学主张，必须反对性别歧视，反对在男女性别关系上的偏见，反对不尊重女性人格的任何现象，如对妇女的压迫、剥削、羞辱、强奸、虐待等伤害。对妇女的压迫

---

[1] 参见 Alister E. McGrath ed., *The Blackwell Encyclopedia of Modern Christian Thought*, Oxford: Blackwell Publishers, 1993, pp. 221-227。

是社会压迫的一个重要方面，而对妇女的解放则正是社会解放的一个重要标志。在教会层面，女权神学同样批评在基督教传统、实践及其文献记载中对妇女的贬低，批评《圣经》和教会传统模式中男子中心主义及其对女性的伤害。例如，《圣经旧约·创世记》（2—3章）"伊甸园"的故事和由之而来对"夏娃"的传统解释，就形成了女人乃罪恶之源、是"祸水"的偏见。男权主义由此将所有女人都描述为有罪的夏娃，把女性人格歪曲为低等和不完善的人格。在教会传统中，人们习惯将犯下"原罪"的夏娃与神圣的童贞女马利亚作鲜明对照，这种从教父学意义上兴起的夏娃—马利亚之象征比较甚至在当代教会文献中亦不时出现，如在天主教《梵二会议文献》中就有相关表述。正是由于妇女被归入"夏娃"一类，其在教会中自然被看作地位低下的"罪人"，故而与"神圣"观念及其相关职能无缘。所以，女权神学对教会批评的一个重要内容，就是抗议这种"夏娃形象"对妇女的贬损，抗议在教会中对妇女领导权利如宣道、教诲、牧养、担任圣职等权利的剥夺。

（二）"对历史的修正"

从"对历史的修正"来看，女权神学对教会的批评势必导致其回溯基督教的历史发展演变，一方面对女性形象的历史正本清源；另一方面则对教会的某些传统认识或说法加以修正、重新诠释。由此而论，女权神学的一项重要任务，就是以其女权观念来梳理基督教的理论和实践历史，按其信仰背景从《圣经》等教会文献中重新审视妇女的活动、作用和影响，对男权主义的教会传统、对《圣经》和传统神学中对妇女的否定看法，以及对教会神职排斥妇女的历史根源等加以揭示、澄清，以便对之给予一种女权主义的新解释，使妇女能够在其信仰体系中和教会体制内彻底站立起来，达到一种灵性意义上的真正解放。反观教会的历史传统，女权神学不得不面对教会理论和实践上对妇女的负面、消极或不利评价。在这种传统中，正如妇女在社会上被视为财产、客体和工具那样，妇女在教会中或是被消极地视为性感、肉欲之象征，故而具有污染性和危险性；或是被浪漫地理想化为在道德上和灵性上要高于男性，但因其天真、单纯、软弱而仍需男性的保护。显然，这类认知不是将妇女与罪恶相关联，就是把妇女与软弱相等同，从而认为妇女无法充分体现上帝的形象或真正仿效基督。基于此种理解，妇女自然会被排斥在教会领导群体之外，不被允许参与教会的讲道、宣教，不能参加教会生活及实践中的重大决策，更没有资格担任圣职。

除了找出《圣经》及早期教会传统对妇女的不利界说而重加解释，女权神学家还对整个教会教义史即神学史加以剖析和反思。勃瑞森在其《依属与平等：奥古斯丁和托马斯·阿奎那对妇女的本性及作用的论述》中对这两位神学大家的妇女观进行了具体分析。在她看来，这种对女性的歧视也反映在古代、中世纪基督教思想家的认知中，它自然会对教会的妇女观产生负面影响。例如，阿奎那曾将妇女描述为私生之人，因而具有派生性和低下性；而阿奎那的理论迄今仍为天主教反对妇女授任神职的重要依据。而女权神学家在分析现代著名新教神学家卡尔·巴特的思想时，亦发现了其潜在的男女不平等观念。尽管巴特坚持男女应该平等，但在其鸿篇巨制《教会教义学》（*Die Kirchliche Dogmatik*）（Ⅲ/1；Ⅲ/4）有关妇女的描写中，也仍将女人与男人的关系比作"B"对"A"的关系，由此暗示出女性的派生性、次要性，女人的本质作用乃是对男人的辅助、协作、配合。在女权神学家伊丽莎白·A. 克拉克（Elisabeth A. Clark）和赫尔伯特·理查德森（Herbert Richardson）合编的《妇女与宗教：基督教思想的女权主义资源》（*Women and Religion*：*A Feminist Sourcebook of Christian Thought*，1977），以及鲁塞尔与埃莉诺·麦克劳林（Eleanor Mclaughlin）合编的《灵性妇女：犹太教与基督教传统中女性的领导权》（*Women of Spirit*：*Female Leadership in the Jewish and Christian Traditions*，1979）等著作中，基督教历史上这种对妇女从生活和思想上的系统歪曲被揭露和批评。女权神学家指出，这种不平等的对比在基督教的传统神学中极易发现，如上帝与人类、基督与教会、富国与穷国、白人与有色人种、人类与自然等，男女的不平等故而也顺理成章地被保持下来。而且，上帝作为"天父"的形象、"上帝为统治者"的观念也被扩展到人类关系之中，由此为男性在人间优于女性、统治女性提供了神学观念上的合理性。这些均被女权神学家视为对基督教福音的歪曲，而令其震惊的则是这种歪曲在基督教神学的历史及现代表述中竟然会比比皆是！

从教会历史上，人们不难看到其父权传统和男子中心主义带来了教会中的性别偏见，它对妇女的健康成长产生了危害，使妇女成为宗教中的牺牲品或附属物。为此，女权神学呼吁在解除对妇女的社会压迫之同时也必须解除教会中对妇女的精神压迫。另外，女权神学也对教会历史上妇女曾起过的领导作用和积极意义加以充分发掘。在其看来，女性在基督教历史上就曾表现出宗教上的自我超越，在灵性上和神学上亦产生过强大影响。女权神学家在基督教文献中尤其在《圣经》中发现了许多体现女性重要意义的信仰资源，并进而对其中一些不合适的传统表述加以修正或重新诠释。这种历史意识使女权神学家获得了一种重新发现历史的喜悦，她们深感历史并不仅仅是"男人的历史"，也必须包括"女人的历史"；若无这一重要构成，人类历史将是很不完全的。事实上，这种"女人的历史"在《圣经》中、在教会史上本来就有着鲜活的存在。例如，曾经专门研究《圣经》和早期教会历史的女权神学家费约伦萨就曾指出，耶稣的宣教运动在其开端即以色列内部的宗教改革，其宣讲的内容包括上帝统治的观念、对古代女神般语言表述的运用、相关神话资源和对男女门徒之平等性的强调。在最早的基督教社团中，妇女曾作为先知和使徒而发挥过领导作用。甚至在男权统治的中世纪，亦有妇女作为学者和宗教团体的领袖而出现，留下了引入注目的史迹。在宗教改革和西方近代发展上，妇女也曾作为社会活动家和改革组织者参与了这一历史进程。此外，女权神学家在研究《圣经》人物抹大拉的马利亚等耶稣的女门徒时，也指出妇女在见证基督的信仰尤其是基督的复活上所起的重要作用、产生的历史意义。而在对中世纪神秘主义的研究中，特别是对宗教象征的探讨中，女权神学家也更多关注"耶稣作为母亲""上帝的母性""上帝智慧"之"索菲亚"女性表述等神学象征。她们甚至认为上帝、基督、圣灵、"三位一体"、恩典、拯救等基督教象征乃充满生命活力、有着无限蕴涵，可以从女权主义的视角来改进和充实其理解。从这种"历史之修正"中，女权神学家强调基督教传统中不分男女区别的表述，以及涵盖女性意义的基督论灵性理解。在反观历史中，女权神学家看到了一股体现女性领导和女性象征的重要潜流，从而与传统教会史和神学史上男子中心主义的主流形成鲜明对照。其对历史的"修正"，就是要求在《圣经》、神学、伦理、基督教历史和生活的研究中充分考虑妇女的积极存在和重要经验，以克服以往关注男性、忽视女性之教会传统的不足。

（三）"神学建设"

女权主义的"神学建设"是现代基督教神学体系重新构建的一个重要组成部分。但如前所述，女权神学所表达的主要仍是"问题意识"，它试图对这些问题做出女权主义之答，因而构成了一种"问题神学"，有相关侧重和针对性，却并未达到某种体态完备之系统神学的建构，给人一种批评有余、创建不足的印象。在现代社会中，妇女积极参与教会教牧活动和争取获得圣职的进展，这对女权神学的积极构建有着明显的促进作用。不言而喻，女权神学的"建设"是一项更为艰巨的任务，它需要对基督教的各种神学命题做出"女权主义"的解答或诠释，体现出其"女性"或"女权"的主线。这种立意自然会与基督教的神学主流形成张力，给人逆水行舟之感，故有其特殊存在和成功的相对性。迄今基督教神学主流对女权神学表达了一种宽容的姿态，但是否真正吸纳、包容，使之有机融入，却仍然存有疑问。

大体而言，女权神学的建设重点是形成一种女权意义的神学解释学，其内容则集中在对上帝、基督、圣灵、教会、圣母、神人关系、罪恶、末世、救赎和恩典等观念的理解和诠释上。此外，这种"建设"不仅在神学认知上会发展出一种女权主义的神学，而且在其宗教灵性的修养上亦会发展出一种女权主义的灵修学，在其社会伦理上构建出一种女权主义的伦理学，并会在其宗教实践中促进那种特别关注妇女的礼仪、诗歌、象征和社会团契之构建。当然，这种"神学建设"仍在进行之中，对其形态目前也只能是一种素描式的表述，虽有其浓墨重彩之笔，却没有细节及整体布局，由此展示的也只能是女权神学发展的概貌、草图。

第二节 西方女权神学思潮的理论构建

欧美女权神学代表着当代女权主义神学发展的主流，其理论构建因而对人们了解女权神学具有典型意义。当然，女权神学探究视域比较开阔，其涉及的命题也较多，这里仅对其主要命题如上帝论、基督论、罪恶论、教会论、圣母论等加以描述和分析。

一 上帝论

女权神学认为，基督教传统上对男性上帝"父神"的理解并不符合基督教神学中上帝论的本真含义。上帝作为绝对超越者当然乃超越一切性别、超越任何物质。而世人对上帝的一种"人格神"性认知则仅是对其绝对真在之间接认识的一种方式，但这种方式并非唯一的，亦非排他的。在基督教传统中，人们往往用"男性"表述来称呼上帝，而反对用女性之"她"来指称。在女权神学家看来，如果能用男性表述来称呼上帝，那么用女性表述也未尝不可，二者本来就是平等的，由此还可以打破仅用男性称谓这种语言表述所隐含的偶像崇拜意义。因此，用"男性"来表述上帝只是一种后来形成的习惯，绝非上帝的真正本质。其实早在基督教的信仰传统中就有对神明的女性表达，只不过后来被人们忽视、遗忘了而已。比如，从基督教的信仰历史来看，《圣经·旧约》就曾运用"母亲"之形象比喻来描述上帝的仁慈和怜悯，从而与上帝作为国王、法官、族长之"父亲"描述形成了平衡。在《诗篇》和先知文献中，亦曾用女性形象来表述上帝，以说明上帝与其选民之间的关系。女权神学家在此曾引用《以赛亚书》49 章 15 节"上帝看顾子民如母亲看顾婴孩"的内容来说明对上帝之女性比喻："妇人焉能忘记她吃奶的婴孩，不怜恤她所生的儿子？即或有忘记的，我却不忘记你。"

在比较古代以色列人与上帝的关系时，女权神学家麦克法格就认为上帝对于古代以色列人恰如母亲对其孩子一般："孕育并产生了这一民族，给他们哺乳、喂食，像母亲一般安慰他们，为他们提供衣服以遮盖其裸体。"① 不过，女权神学认为，对上帝论的最好表述不应该是传统意义上的"类比"理解，即把人的观念与上帝本质相类比，强调其相似性；相反，上帝论应该是一种隐喻神学，即应突出其象征比喻的意义。在此，女权神学所关注的是神人关系；为了使神人关系得以贴近，有人建议用"父母"（father and mother）或"双亲"（parents）来表达上帝。但多数女权神学家认为，应该避免用"父母"来表述上帝，因为这种孩子气的表述反映了人类的幼稚和缺乏自立能力；"父母"的形象所表达的观念乃居高临下之怜悯、接受、指导和纪律，其反映的神人关系必然是人的依赖、弱小和不成熟。这种理解模式已不合时宜，当代人类所需要的表述更应该包括成熟、

---

① Sallie McFague, *Models of God*: *Theology for an Ecological*, *Nuclear Age*, Philadelphia: Fortress Press, 1987, p. 169.

合作、对等、责任和互助互惠等内涵。为此，麦克法格曾试图用"朋友"来作为理解上帝之模式，以"友谊"来表达神人关系。但这种表述显然也有局限，很难获得信者的共识或共鸣。在古代传统中，将上帝理解为"智慧"或"圣灵"亦是一种女性表述方式，因为在希伯来语言中"灵"与"智"在语法上乃为阴性表达。不过，女权神学认为，任何宗教语言在表述上帝时都有其局限，并不能完全等同于上帝的本质，而只是暴露出世人在认知上帝上言不达意之窘境。实际上，在基督教传统中尚无表述"上帝"的理想名称，一些当代神学家建议用"超越者""绝对者""无限者"等中性名词来表述上帝，但这种"纯然另一体"的表述使不少具有宗教情感之人觉得隔膜、产生距离。作为权宜之计，在英语世界的女权神学家建议在表达"上帝"时不要仅仅用阳性名词"God"，而应该采用涵括双性的"God/ess"来表述。本来，在《圣经》中曾用了许多不同的表述来作为上帝的称谓，其所用神名既有人性的，亦有宇宙性和超越性的蕴涵。因此，不少女权神学家主张在上帝论的理解上应返璞归真，以优胜于一种表述的多种隐喻和模式来表达"上帝"、理解其乃唯一真神。

二　基督论

基督论是女权神学在构建其神学理论体系时所遇到的最大一个难题，因为人们已习惯于论及耶稣基督的"上帝之子"甚至上帝的"独生子"之说。一般而言，传统上人们所理解的基督论经常会被视为教会用来反对妇女、强调男性权威的主要教义，因为耶稣的男性地位在历史上是毋庸置疑的。而且，耶稣称上帝为"Abba"，福音书将之表述为耶稣称上帝为"父"，由此固定了上帝的"父神"形象。在"三位一体"神论中，也形成了"圣父""圣子""圣灵"之经典表述。这里，耶稣以"圣子"身份揭示了上帝的男性特征，或至少说明只有男性形象方可用以喻指上帝。基于这一传统，妇女不可能为"基督的形象"，因而在教会中也只能处于从属的地位。根据《圣经新约·以弗所书》5章23节"丈夫是妻子的头，如同基督是教会的头"之说，传统教会曾将妇女排斥在授任圣职之外，而教会管理方式也如《圣经新约·提摩太前书》3章1—7节描述的那样为父权制的管家方式。由于耶稣的男性形象，男性被视为人类的标准类型，即男性要比女性更接近人之理想形态，这是由传统经文理解而引申出的另一种反女权的因素。但女权神学认为，耶稣的男性形象本来只是其特征中的一个偶然部分，就如同耶稣所拥有的犹太人背景、所使用的当地语言和其道成肉身来到人世之家所具有的木匠身份一样。但在后来的发展演变中，对其男性形象的突出已使耶稣的男性似乎成为一种本体必要了，而不再是其历史现实中的一个偶然维度。这种理解及现实处境在基督教生活及思想中对妇女的否定性影响乃不言而喻的。

女权神学在重构基督论时必须面对这一现实，故而只能是主要强调基督的救世事功既包括男性，也包括女性，立足于男女平等。按照《圣经新约·加拉太书》3 章 27、28 节的说法，"你们受洗归入基督的，都是披戴基督了。并不分犹太人、希腊人、自主的、为奴的，或男或女，因为你们在基督耶稣里，都成为一了"，因此，女权神学在这里所理解的基督论，正是要肯定妇女与男人一样在创世、救赎和教会地位中有着完全的平等。这种基督论的重构即重新发掘耶稣宣道、受难和复活的重要意蕴，看到其带来的拯救和所宣布的正义与和平当然乃包括那些被边缘化的群体，其中势必已包括妇女，甚至那些犯了罪的妇女。在这种解读中，那么耶稣的"Abba"就不应该是"父权"的上帝，而是怜悯人的上帝，是创造了男女平等共在之社团的上帝。从耶稣宣道的历史及意义上而言，妇女乃属于耶稣宣道时最早的见证者和追随者；在耶稣受难之际，亦有女信徒在场，而最早见证耶稣复活的也是女信徒。有些女权神学家甚至认为，耶稣之死本身就象征着那种古老的"男权"之死，而复活的耶稣已是超越性别之限的神性基督。此后，上帝的圣灵降临在男女信徒身上，其间并无区别或差异。在这种传统中，早期基督教会的施洗亦是男女平等的，并没有显出性别之区分。

不同于传统教会所强调的"三位一体"之框架的"圣子"基督论，女权神学则突出其"智慧基督论"，并将之作为基督论重构的基本成分。在此，耶稣的第一特征乃"索菲亚"（sophia），即"智慧"，而并非原来父权结构中的"圣子"。从其词源上来发掘，"智慧"在希伯来《圣经》中本为阴性名词，表示上帝之女性人格化，由此喻指上帝对世界的创造和更新。在《圣经新约·哥林多前书》1 章 24 节中，保罗称耶稣基督"总为上帝的能力，上帝的智慧"；而《圣经新约》其他部分亦有对耶稣之"智慧"的描述，这些都为女权神学构建其"智慧基督论"提供了《圣经》

基础。实际上，"智慧基督论"在女权神学中的作用，就是试图解构传统基督论中男性形象的"父—子"结构，从而喻指耶稣基督的意义及其神性乃一种非男子中心主义的思想和观念模式。在女权神学的这种"索菲亚—耶稣"或耶稣作为"上帝的智慧"等理解中，"智慧基督论"已经成为其关涉妇女解放的基督论，即把耶稣看作妇女的解放者，认为耶稣以其"智慧"形象而使妇女摆脱了从属地位，得以用其完全人格来参与上帝对人世的管理。

三 罪恶论

关于"罪"的观念，在基督教神学中其实与"人性论"密切相关，人们在《圣经》文献记载中很容易联想到人类始祖的堕落，即亚当、夏娃偷吃禁果而犯下的"原罪"。这本来不是讲人之后天的"恶"，而是指其先天性的、与生俱来的"罪"。对此，女权神学却有其不同的解读。女权神学指出，基督教在其传统上乃强调罪是骄傲、傲慢、人的野心、过高自我评价等，而这一切乃是来自男性统治的经验，对女性的经验却并不合适。按照以往的习惯说法，由于《圣经旧约·创世记》中有最初第一个女人夏娃在伊甸园受蛇引诱而让人类始祖亚当吃了禁果、犯下原罪之叙说，女性往往被指责为把罪带到这个世界之肇端，也被指责为不断引诱男人犯罪之始因。大多数女权神学家都拒绝接受这种"原罪观"对妇女的指责，反对将男性犯罪归咎于女人之责。相反，她们认为社会特别是统治这一社会的男人对女性负有罪责，其对妇女的虐待、伤害本身就是一种犯罪。

当然，有些女权神学家承认妇女本身也有"罪"，但这种"罪"乃因女性人生经验的不同而与男人之"罪"迥异。1960 年，女权主义者瓦莱里·赛文（Valerie Saiving）发表了题为《人类状况：一种女权主义观点》（*The Human Situation：A Feminie View*）的文章，她基于西方白人妇女的经验而指出，把罪理解为骄傲、权力意志和自我炫耀并没有反映出妇女的经验，她认为"女性之罪"恰恰是上述指责之反面，也就是说，妇女的"罪"乃是缺乏自我评估、缺乏自信心、自我否定和失去自我；而在与他人的关系上，妇女的"罪"则是为他人而失去自我及自我价值的那种自我牺牲，则是那种不把自己当回事的人生态度。而这些自我牺牲、自我否定之"罪"在传统中都曾被视为妇女的"美德"！所以，女权神学家认为本来就没有"人类普遍之罪",而男人之"罪"并不能与女人之"罪"完全等同。与男人不同,女人之"罪"则更多地表现为缺乏骄傲和自信、自我评价过低、没有雄心壮志和缺乏必要的自我关注。因此,女权神学运动就是要鼓励妇女去发展这些特性,以便能够克服其性格中的懦弱、浅薄、平庸和缺乏自律及责任心。这些性格弱点在现实生活中已经成为妇女之传统模式的自我理解及其性格原型。

女权神学的上述倡导曾被批评为怂恿妇女去接受男性的罪恶风格,有着自我放纵和渴慕权力之嫌。但女权神学反驳说,这种批评乃是来自男性中心主义的神学或伦理理解,这对于多数女性而言并不适当,女性本来就不该如此懦弱和退让。按照女权神学的观点,妇女必须站立起来把握自己的人生,成为真正负有责任的自我;诚然,基督教之爱的理想乃以自我牺牲为中心,但真正的自我奉献和牺牲则必须以拥有健康、自由的自我为前提,由此方可在被人奴役、成为牺牲品与真诚为他人服务、自我献身之间加以本质区分。以男性为主体的传统神学主要将"罪"理解为自我骄傲和对上帝的反叛,而忽视了那些无权者、弱者对"罪"的理解。女权神学认为,"罪"对女性而言就是没有发展出一种妇女的自我意识和自我责任感。

在进一步的研究中,女权神学亦注意到"罪"与人的"异化"之关联。1980年,女权神学家朱迪思·普拉斯科夫(Judith Plaskow)出版了其1975年完成的博士学位论文《性、罪与恩典:妇女经验与尼布尔和蒂利希的神学》(*Sex*, *Sin and Grace*: *Women's Experience and the Theologies of Reinhold Niebuhr and Paul Tillich*),其中重点探讨了蒂利希关于"罪"与"异化"之观点。她结合西方白人中产阶级妇女的经验,承认在这些妇女的生活中显然存在自我异化的可能性。在基督教的视域中,"罪"指人与上帝的分离,是人神关系的破裂;而人的"异化"亦指人与自我、人与他者、人与上帝的分离。从这种"异化"观上,女权神学也找到了在对"罪"的认知上某些与主流神学相关联的共识。在此,"罪"亦被理解为打破了与上帝、与他者、与自然,以及与自我生活本身的关系,结果就陷入一种分离、分裂、异化之中。而其表现形式既可为骄傲,亦可为软弱,二者的相同之处就是都失去了对个人和社会的责任及义务。由此而论,有"罪"之人需要神圣拯救,这种救赎则正是补救由此被破坏的关系,恢复人与上帝的关联、与他人的互助互惠之共存关系。

四 教会论

"教会"被基督徒理解为"信者的社团",这种社团作为信仰团契当然包括男女平等之共在。女权神学所希望的教会不是一种男权统治的教会,不是男尊女卑、只有男性圣职人员的教阶体制,而是《圣经》福音书所描述的最原初的信仰社团,其中男女信徒享有平等权利,共同为基督教信仰作见证。因此,女权神学的教会论乃代表着一种返璞归真、回归原初。按其理解,在这种原初教会中,其核心乃耶稣基督,每个人都直接与救主相关,而无须依赖他人的权威。教会的圣职在此只是一种为社团的服务,并无与权力、控制相关的那种礼仪及等级作用。

女权神学指出,在早期基督教社团中,妇女曾发挥过重要作用。耶稣的生、死和复活,都有着妇女信徒的直接甚至是第一见证。于此,妇女在早期教会宣称上帝的国即将降临,以及上帝之国的重要价值和意义上都起过领导或带领作用。早期门徒致力于宣讲上帝之国的此在,而不是去构建一种教会等级组织。在早期教会中,妇女与男人有着同样的使命,都是基督启示在其信仰社团中的接受者、宣传者和追随者。

但在教会历史发展上,教会结构由最初围绕耶稣基督的圆型形式改变为一种金字塔形式,其位居金字塔顶部的信徒以基督之名发号施令,规定人们信仰和行为的标准。从此,教会形成等级,而由于位于其顶部者均为男性,妇女在教会中的地位下降,成为隶属者并失去发言权。在女权神学看来,这种历史上的嬗变已使教会成为一种男权统治的等级社会,而与《圣经新约》传统时期中的信者社团相去甚远。在这种有着等级差别的教会组织中,男性统治者以基督代言者的身份面世,剥夺了妇女授任圣职的权利,彻底将女性排斥在教会领导权之外。其结果是,妇女既在社会又在教会中受到压迫,被挤到边缘地带。所以,女权神学之教会论的重建,就是要改变教会中男女不平等、女性受压迫、遭歧视和排挤之状况。

不过,要想回返原初的纯朴、男女平等之教会模式,对许多女权神学家来说只是一个美好的理想。现实中的教会结构早已呈现多元之态,不可能再用某一模式来界定。在女权运动的影响下,基督教新教的许多教派和英国圣公会系统已向妇女授任圣职敞开了大门,教会领导事务有妇女的参与也在许多地方得以实现。但在基督教的最大群体天主教中,妇女授任神职问题仍不被考虑，其教会领导权之门也依然向妇女紧闭。在这种教会体制的张力中，鲁塞尔等女权神学家曾提出一种独立的"妇女教会"之说，以便与男权主义的教会分道扬镳。但"妇女教会"给人一种偏激、分离之感，因而在女权神学的教会论中并不占主流。最新的发展似乎在教会决策方面给女性开了一丝门缝，让人们好像看到了希望之光。所以，在现有教会中改善妇女的地位、保护妇女的权益，力争妇女更多地参与教会的领导和牧职，遂成为女权神学及其教会论当下的主要立意之所在。

五 圣母论

圣母马利亚作为耶稣之母，在许多教会传统中乃是神学及虔修的核心话题之一。但由此引起的马利亚究竟是"神之母"还是"人之母"等疑问，形成了教会内部的重大分歧及争议，亦让人究问这一学说的内在逻辑如何体现。在女权神学兴起之后，"圣母"这一主题重新凸显，不少人希望在圣母形象上找到信仰女性的优杰和高雅，创立一种能够适合于信仰女性的精神范式。

《圣经新约》福音书中关于马利亚"童贞女"的身份，以及"童女怀孕生子"成为圣母等记载，在 20 世纪下半叶曾引起神学上和人学上的广泛讨论。1978 年，北美天主教与新教路德宗合作，出版了由布朗（R. E. Brown）、唐芙里德（K. P. Donfried）、菲策迈耶（J. A. Fitzmyer）和鲁曼（J. Reumann）联合编著的《新约中的马利亚》[①] 一书，专门就基督教会对马利亚的理解展开探讨。这种对马利亚的探究，分有信仰和历史这两条进路。在前者的理解中，"童女怀孕"被视为信仰中的"奥迹"，以象征救主的降生乃超凡脱俗；而在后者的分析梳理中，则从《圣经新约》的历史记载中知道马利亚已经许配了约瑟，故其"童女怀孕"并不意指她此后会仍保"童贞"而独身，这就给人们所言的"圣母"身份提出了疑问。其实，在古代传统中，"童女怀孕"也是一种祝福丰产的象征，而基督教与之相关的"纯洁受孕"之说主要是旨在表明其不受"原罪"的污染，从而与"夏娃"所代表的世俗女性形成区别，使"马利亚"有了神圣的光环。因此，对圣母的理解还是更多侧重于其信仰象征的意义，以避免人们在现实

---

① *Mary in the New Testament*，London：Geoffrey Chapman，1978.

理解中"母亲"与"童女"观念之间的矛盾及张力。

对女权神学而言，圣母的象征意义将有助于妇女在教会中提高地位。圣母作为女性，既可被视为第一个获救之人，又可被尊为教会之母。此外，圣母代表着耶稣受难、失去爱子而感到的切肤之痛，给人一种伟大的母爱和动人的悲剧之感染力。圣母又是耶稣复活、升天的见证，是上帝内在于人类的一种独特表述。在女权神学看来，顺着这一思路所理解的圣母论，有可能为人们洞观、体悟上帝向人类两性的开放和包容提供线索，从而拥有女性也可以与上帝之奥秘相关联的希望。

总之，女权神学在许多神学基本命题上都表达了代表其女权主义观点的主要见解，但这些见解又因阶级、种族、国别之妇女社会生活体验的不同而形成种种差异，很难达成普遍共识。其探讨的乃是一些焦点问题，反映出女性世界的独有关切，但其神学的系统化仍遥遥无期。当然，女权神学在欧美社会所表现的多元发展之貌已形成扩散，其跨地域、跨文化性的特色在欧美本土已充分体现，并且影响到世界范围的女权神学思潮的发展。

第三节　西方生态女权主义神学思潮

"生态女权主义"（Ecofeminism）是法国女作家弗朗西丝娃·德·奥波妮（Françoise d'Eaubonne）在其 1974 年出版的《女权主义或毁灭》（*Le Feminisme ou la mort*）中造出的术语。她以此来表达一种受妇女被压迫意识所驱动的生态保护运动，谴责男权统治下地球生态所遭到的破坏，倡导建立一种多元的、男女平等的生态文化。此外，在卡罗林·麦茜特（Carolyn Merchant）所著《自然的死亡：妇女、生态学与科学革命》（*The Death of Nature*：*Women*，*Ecology*，*and Scientific Revolution*，1979）中也表达了类似的思想。其特点是对人类中心论（anthropocentrism）和男性中心论（androcentrism）都表示反对。在这种"生态女权主义"观念中，人类、社会、地球、自然得以有机关联，性别、种族、阶级等问题也得以综合讨论。

"生态女权主义"最初本为一种哲学表述，后被女权神学家所运用并发挥，由此就形成了生态女权主义神学思潮，其代表著作包括前述女权神学家达莉的《女性生态学：激进女权主义的元伦理学》（1978），鲁塞尔的

《盖娅与上帝：一种救治地球的生态女权神学》（1992）和《妇女救治地球：第三世界妇女论生态、女权主义和宗教》（1996），麦克法格的《上帝模式：生态和核时代的神学》（1987）和《上帝的身体：一种生态神学》（1993），亚当斯等编著《生态女权主义：女权主义与其他动物及地球的相交》（2015），约翰逊的《妇女、地球与创世者精神》（1993），以及麦金农与麦金泰尔合编的《生态学与女权神学读本》（1995）等。

早在 1972 年，达莉就开始以一种批评性的审视将生态危机、社会统治与基督教教义相关联。她对基督教的传统伦理提出异议，认为这种对"异教徒""野蛮人"的转宗方式实际上表现出一种征服、占领的欲望。在她看来，人与人之间应是一种盟约关系，并应扩展为一种善待地球其他物种即善待自然的"宇宙盟约"。她指出，保护环境、维系生态，需要一种文化性质的转变，即从那种"掠夺"式文化改为新的"相互依存"的文化。人类对自然的关系应该是自然"与"我们共在的关系，而不能看作自然"为"我们存在的关系。德·奥波妮的著作出版后，达莉非常欣赏她的观点，随之即对她的著述加以翻译，对其洞见加以诠释。另一位著名女权神学家鲁塞尔也于 1972 年展开其基督教生态女权主义立场的神学批评。在其从"女性的、躯体的及生态的视域"所构建的解放神学中，她宣称有些基本的二元区分乃植根于古典基督教的那种启示录、柏拉图式的宗教遗产，如精神从身体的异化、主体自我从客体世界的异化、个体从社会群体的异化、精神对自然的统治或排拒等。这种异化加剧了二元分化的危机，会使人类走向毁灭之途。虽然这些二元分离的观念有利于男权主义的宗教，会起到维系基督教父权体制的作用，却达不到宇宙与人类的和谐；因此，用后现代的思维方式来看，这种观念体制必须被解构，人们的观念世界需要以一种保持人与自然之协调的方式来重构。麦克法格也曾提出应该解构那些对地球有着压迫和危害意义的模式和隐喻。她指出，既然基督教传统曾构筑了不少二元分殊而颇成问题的形象，那么作为一种当务之急的矫正，其神学家就应该义不容辞地分析"宇宙作为上帝的身躯"这一古老却表现出一种有机共构的隐喻。其实，这本来是西方的传统认知，曾扎根于其文化及精神传统之中，只是在 17 世纪才被一种机械论的二元模式所取代。现在需要重申的就是要显明，神圣躯体之说本身就已经强调了基督教传统曾设法回避的说法：物体来自上帝，因而也是善的。破坏自然即为破坏这一物体之恶，是对无所不包的整全上帝之挑战。①

生态女权主义神学主张以一种宇宙整体观来取代传统的二元模式，认为自然、人类、上帝乃整体共在，人与自然的关系乃是平等的共存关系，正如人与人之间的关系一样。因此，它反对人对自然的垄断和掠夺，也反对男人对女人的统治和压迫。它倡导人对自然、男人对女人的一种有机的、平等的相互关系。在其视域中，政治、经济、科技、文化、宗教等均与生态问题和妇女问题有着直接的联结，生态和妇女问题若解决不好，人类则不可能有其所希望的"可持续发展"。为此，必须改变现存的社会、政治、经济的统治形式。生态女权主义神学认为，妇女和自然几乎有着相同的命运和不幸的遭遇，二者均在现代男权社会之破坏性技术发展的压迫下受苦受难。战争、军事扩张、资本主义、工业化、基因和克隆等再生工程技术、人工智能的滥用等，都给妇女和自然带来了灾难性后果。而宗教中（尤其包括基督教）男权主义的神话及其语言则掌控了社会的话语权，因而也强化了这种恶性循环，进一步带来了对人类肉体、精神及灵性的污染，加深了对妇女、对其"异族"，以及对自然大地的殖民化、奴役化的程度。这里，生态女权主义神学将自然生态的恶化与人类贫穷的女性化相关联，认为在工业和军事活动带来的环境污染中，妇女乃首当其冲的受害者。妇女在这种男权社会中被剥夺了政策和行动的决定权和发言权，却最先、最直接尝到了这些政策及行动所带来的恶果，最悲惨、最无助地卷入其厄运。所以，对现行男权主义政策及政治的抗议，既是一种生态主义的抗议，也是一种女权主义的抗议。

为了寻求宗教灵性上的支持，生态女权主义神学对传统中的"女神"形象情有独钟，并往往将"自然大地"与"女神"相关联，如鲁塞尔就曾在其著述中将大地女神"盖娅"与上帝相对照，以倡导其"救治地球的生态女权神学"。在古希腊宗教神话中，"盖娅"是大地之神，习称"大地之母"或"地母神"；她从原始混沌中涌现，又由她而生出天、洼地、海洋等，并与天和苍天神结合而生出诸神，故有"万物之源""万神之母"的蕴意。对这种天地关联的认知，在古代埃及的宗教神话中也曾有"大地之

---

① 以上内容参见 L. Isherwood & Dorothea McEwan eds., *An A to Z of Feminist Theology*, Sheffield Academic Press, 1996, p. 46。

神""盖布"（Geb）之说。根据这一神话，天地本为一体，大地之神盖布与苍天女神努特紧紧地抱在一起，只是后来空气神舒（Shu）把他们分开才形成了宇宙。在古希腊神话中，大地之神的女性特点则更为明显，而对大地母亲之神圣崇拜在许多民族文化中都得以体现，似乎成为一种人类的共识。唐纳德·休斯（J. Donald Hughes）曾在其诗歌《"盖娅"：我们星球的古老图景》（Gaia：Ancient View of Our Planet）中如此描述："我歌颂盖娅，万物之母，最古老的神灵。她是世界创生的稳固基础，哺育了所有地球生灵。如此多的生灵在璀璨的大地上迁移，在海洋中游弋，从天际飞过，受到她丰饶的滋养。夫人，我们子孙后代的繁衍和收获都源于你的恩赐，你拥有生杀予夺的力量。"① 由此可见，"'盖娅'的概念和生命的概念是完全联系在一起的"。②

　　在西方社会，人们常把当下的生态时代称为"盖娅时代"，因此，一些女权神学家曾发起一场以"盖娅"为标识的"女神运动"，以表达其灵性上的女权精神之追求。在其看来，"女神"这一表述也是与犹太教、基督教中传统"上帝"观念之女性对等者。于是，"女神"实际上是女权神学中一系列概念的简短表述，其涵盖女权运动的思想资源、本土信仰和古代宗教的神圣观念、犹太教和基督教的原初认知，以及在生活真实中的灵性体验等。对妇女而言，"女神"即指女性特征的神圣化，旨在世界的重构中使这种女性的神圣得以体现。此外，生态女权主义神学将"女神"与"大地之母"相联系，亦要表示上帝的内在性和与人世的有机关联。大地给万物提供生生不息的土壤和其他资源，孕育着生命和希望，这正体现出上帝的神圣内在。而在男权统治的二元论中，上帝乃超然的、高高在上的、不可企及的，与大地及人类保持着无限距离。生态女权主义神学主张去掉这种男性观念的超越性"天神"之理解，以"女神"的隐喻作为替代来说明神圣的内在性和对整体之统摄；上帝作为"大地之躯"可化育万物，使世界永葆其勃勃生机，而这正好就体现出自然万物纷繁多样之统一的神圣奥秘。

---

① 〔英〕詹姆斯·拉伍洛克：《盖娅时代　地球传记》，肖显静、范祥东译，商务印书馆，2017，第 231 页。

② 〔英〕詹姆斯·拉伍洛克：《盖娅时代　地球传记》，肖显静、范祥东译，商务印书馆，2017，第 33 页。

　　生态女权主义神学体现出在技术全球化、政治全球化、经济全球化和文化全球化发展中女权神学所追求的一种跨文化对话，它不仅向佛教、印度教、伊斯兰教、犹太教等世界宗教文化中的灵性资源敞开，而且涉及人类社会宗教之外的更为宽广的文化领域。它虽然集中关注生态问题，但其探讨、解决这一问题的思路、方法却是以宗教女权主义为表征，而从其精神之源来看则为基督教女权神学的一种独特表述形式。

　　综上所述，西方女权主义神学属于一种社会运动、政治思潮，在神学上与解放神学、革命神学有着更为密切的联系。它并不意在"女性"温柔、婉约、浪漫、激情之诗意表达，亦不注重美丽、优雅、纯洁之美学姿态或情趣，与人们传统的"女性"理解或想象相距甚远；相反，这一思潮却更多表现为一种抗议、斗争、革命、呼喊、反抗，有着勇猛之豪气和刚强，是针对"男权"而要求得到平等享受其应有的"女权"。因此，这种神学意蕴很难以习惯上的"女性"理解来简单表述，但选用"女权"之争则反而更为合适、更加贴切。故此，这里选用并强调了"女权"主义的神学表达。

第三编
西方后现代主义宗教思潮

在传统宗教观念中，宗教及其神学乃涉及绝对、本质性的问题，多与发展、建构、升华相关。但自 20 世纪 60 年代以来，当代社会涌现出一种"后现代主义"（postmodernism）思潮。这一思潮在哲学、文学等领域非常活跃，而且也波及宗教和神学。但"后现代主义"思想的特点就是一种针对绝对、本质、真理之认知的逆向性发展，所谓解构、消散、破坏等意欲却成为"后现代主义"之典型术语而专门被用来表达西方文化经历现代发展之后所出现的时代特色。这看似与宗教、神学的欲求风马牛不相及，但必须面对且回应，于是就出现了后现代主义宗教、后现代主义神学等表述。在这种意义上，"后现代主义"乃涵括一切，宗教、神学领域也绝不能置身其外。其实，"现代主义"（modernism）、"现代性"（modernity）等术语之运用并不久远，但人类社会刚进入其"现代"发展不久，这类术语及其意义却遭到了"后现代"的解构，出现了根基性动摇。

人们所习用的"现代主义"在西方史学理解中本指 17 世纪欧洲启蒙运动以来直至 20 世纪 60 年代这一时期的思想文化发展，因为启蒙运动使西方真正进入现代意义上的发展，当时曾以"人类已成熟"为典型表述，其特点是社会普遍崇尚理性能力，主张客观思考，相信绝对真理，推崇经验科学方法，强调人之自我的主体意识，并充满对人类进步的信仰。一般认为法国哲学家笛卡尔乃"现代"思想之肇端，他被称为"现代哲学之父"，其思想的标志性表述即"我思故我在"（cogito ergo sum）。他对一切都表示质疑，但其底线是不可怀疑自己在思想，由此从"怀疑之我"走向了"思想之我"，从而找到这一不可怀疑之自我的思想观念来为其整个世界观建基；于是，"思想之我"以其"主体""理性"而成为现代基本认识论的开端。在笛卡尔这里，人的本质即"思想"，"我"就是精神中的观察者。其"理性"原则推动了西方现代的发展，并在自然科学及社会科学等领域发挥着重要作用。从此，形成了以牛顿力学为代表的经典物理学，以康德、黑格尔为代表的经典哲学（因其德国背景而称为德国古典哲学）的发展。其特点是讲究理性、逻辑、规律、运动、发展和进步。这种现代意识给人的乐观感觉是，只要再努力一步，似乎就可以进入充满胜利和幸福的"人间天堂"。但西方的自由资本主义发展没走多远就被垄断资本主义所取代，随之而来的则是帝国主义、军国主义的发展，所谓"自由、进步、平等"及其"天赋人权"等西方现代所形成的基本价值观念被 20 世纪人们所经历的空前残酷的两次世界大战彻底粉碎，人们看不到乐观主义、充满勃勃生机的"现代"，而取而代之的则是人们的幻灭感、文化破碎感、社会解体感、自我的异化和分裂感，即均为绝望感的呈现。正是在这种社会处境及时代氛围中，20世纪60年代早期遂出现了"后现代主义"对"现代主义"的无情批评和根本否定。于是，人们还没有来得及真正体会"现代"是什么，却在用"现代"一词来表示已经过去的时代。西方"现代"（modern）一词源自拉丁文 modo，早在公元5世纪就曾使用，人们以"现代"（moderni）来与"古代"（antiqu）相对应，表示时代的更替。因此，长期以来西方对"现代"（modern）这一表述理解模糊、使用混乱，并将其"近代"与"现代"混为一体，故而曾有人以19世纪、20世纪之交作为"现代"的结束，亦有人强调第一次世界大战的爆发乃是"现代"发展落下帷幕的典型标志。而与"现代"对应的"当代"（contemporary）则成为"后现代"活动的场域。

"现代主义"曾在启蒙、理性、实证，以及批评方法、科学手段之运用上达成共识。但"后现代主义"则不存在任何这类共识及其相应的自信。与西方20世纪初的"危机"意识相关联，人们对世界的看法趋于消极、悲观、失望，而迷茫思想和颓废意识则笼罩着人们的精神情绪。从此，社会的"倒退"之感压倒了以往对"进步"的期盼，强调"后现代"特色的人们反其道而行之，对那些曾被珍视的所谓正统价值观和一度确切自信的理论建构明显表示出怀疑或疏远；在其看来，科学的"确定"已不再存在，取而代之的乃是宣称真理的消解、真实的模糊、未来发展的随意和不确定、断言一切都是某种或然性的存在；与之相关联的则是西方近代几百年来形成的科学论证及文化发展的传统体系的崩塌、破裂和瓦解，不仅理性的确定性出现了根本动摇，而且人的主体意识也在走向衰退、消失和死亡，而人们曾确信并努力追求的永恒真理却突然潜去、隐遁和消失，让人毫无准备、惊慌失措。由此而论，纯否定性的后现代主义以其消极之态来审视一切、批评一切、否定一切。其对现代主义之实存的弊病、缺陷虽然抓得较准，因而对之确有某种"修订""破坏"意义，但这种消极思潮却无"重建""再创"之能力，故乃"破而不立"或"有破无立"，只能打破一个旧世界，却从根本上缺乏建构、建设、发展一个新世界的能力。现代文明曾被视为克服所谓西方社会封建传统弊病而步入"后封建性"发展的全新文明，而后现代主义则指出这一"后封建性"发展同样有其弊病，存有潜在危机，故而有新的"之后"（post）等思考。

西方社会对风起云涌的"后现代主义"思潮极为敏感，各方面乃反应强烈，回应迅速，特别是学术界从政治、经济、思想、文化、科学、技术等层面思考"后现代主义"带来的问题及挑战，为此提出了人类社会发展的各种前景分析和应急理论，其多样性和复杂性都是前所未有的。当然，在与之相关的各种尝试和努力中，宗教思考也不例外，甚至首当其冲。而西方社会的宗教以基督教为主流，所以当代神学对后现代主义的回应就特别积极，其形成的各种后现代神学思潮遂引起了人们的普遍关注和广泛谈论。故此，本编所论及的后现代宗教思潮也主要就涉及相关的后现代神学思潮。①

---

① 本编在拙文《后现代思潮与神学回应》（原载《中国社会科学院研究生院学报》1997 年第 3 期）基础上扩展而成，特此说明。

第八章 "后现代主义"思潮涌现的社会文化背景

第一节 对"后现代主义"的理解

一 "后现代主义"术语的出现及其反映的社会嬗变

"后现代主义"（postmodernism）相关表述还包括"后现代主义者"（postmodernist）、"后现代性"（post modernity 或 postmodernity）以及常用的"后现代"（postmodern）等术语。这种术语最初见于 1934 年费德里科·德·奥尼斯（Federico de Onis）出版的《西班牙暨美洲诗选》中，达德莱·费兹（Dudley Fitts）在 1942 年出版的《当代拉美诗选》中亦用过此词。阿诺德·约瑟夫·汤因比（Arnold Joseph Toynbee）也曾于 1946 年在其《历史研究》中使用该术语来标明当今人类历史时代，称此为"西方第三期（现代主义）之后"的时代，并认为它或许代表着人类历史的最后一个时期。20 世纪有不少思想家使用了"后现代"术语，其基本意蕴指现代之后即超越现代甚至超越西方自启蒙时代以来的思想范畴，也明显表达出对现代主义的不满、反叛，主张选择另一种进路、另一种做法，要把一切推倒重来。

后现代主义之说最早也被视为欧美前卫美术思潮的总称，特别是流行于建筑和艺术史领域的夸张建筑结构元素等，如高层建筑中的"外骨架"风格即被视为"后现代式"。其特点就是反对现代主义所倡导的规范、有序、统一、普遍、逻辑性构思及由此形成的规则、共识，而主张特立独行，强调并张扬个性、个殊性、或然性、独有性，欣赏与众不同、独树一帜，因而不承认有普遍通行的人类经验，不接受基于逻辑实证之方法的认识论，向流行的意识形态、政治制度、社会风范、传统风格、艺术鉴赏提出挑战，表明与过去的"告别"、从现代的"出走"。在建筑上标新立异、随心所欲之表现上比较典型的，包括巴黎蓬皮杜中心和伦敦克洛尔美术馆等，这类风格的建筑均被称为后现代建筑。1968年，艺术史家利奥·斯坦伯格（Leo Steinberg）也曾称安迪·沃霍尔（Andy Warhol）和罗伯特·劳申伯格（Robert Rauschenberg）之拼贴艺术等非传统视觉观的创作为后现代艺术。

此外，后现代主义在艺术、建筑、哲学等思想文化领域都表现出其超越、跨界的意趣，尤其在语言理解及表达上有明显的突破。后现代主义反对传统语言规范所认可的"元叙述"，不认同任何具有普遍性的理论宣称。而20世纪50年代和60年代结构语言学中关涉文本、符号代替原初意义和价值本源的多种理论亦为后现代主义的发展提供了一种知识背景和文化语境。例如，弗迪南·德·索绪尔（Ferdinand de Saussure）和罗曼·雅各布森（Roman Jakobson）等人先后在其结构语言学中提出了语言符号之解释可随心所欲、它乃与其他符号互相依存的理论，从而宣告了语言符号具有固定或绝对意义之可能性的终结，对其原来风行、通用的语言框架及结构加以解构、肢解。在后现代主义的认识中，由符号组合而构成的意义可因其组合之改变而出现意义的变换。这种语言游戏或文本言说之意义，事实上掩盖着在语言体系或语言世界之外真实意义的缺乏。"至此，人类对真理、良善、正义的追求不断被语言所消解，生命的价值和世界的意义消泯于话语的操作之中。"[1]

与此同时，后现代主义亦被人视为信仰一种绝对存在之可能性的终结。于此，后现代主义也基本同意弗里德里希·尼采（Friedrich Nietzsche）有关"上帝"已不可信之论。在相对主义的无际大海中，"上帝死了"。现代主义的"上帝"本乃其形而上的建构，但这种形而上体系本身已被解构，任何有效的支撑都已坍塌。当这种神明观念并不可靠的思想频频出现，人们就会询问，这对宗教神学究竟意味着"终结"呢，还是其一种全新的"开端"。比较强势的现代世俗主义正在将宗教赶出社会公共领域，所谓事实清楚、价值明确的信仰随之亦被边缘化至私人的狭小领域，仅乃

---

[1] 王岳川：《后现代主义文化研究》，北京大学出版社，1992，第2页。

人的内心活动而已。在现实发展中，这种状况已不可避免。当代宗教神学若要对时局达到准确把握，就必然会触及所谓"后现代性"的问题，面对与现代性的关系及必须做出的选择。这里，现代主义的建构似乎已成为保守、落后、过时之举，而解构则被理解为符合时代潮流的正义。后现代宗教理解显示出对源自正统传承的基督教教义的拒绝，所持守的信仰不再是一种保持传统的历史信仰，其涌现更多是相关处境、状况的产物。于是，宗教不可能作为赠礼而获得，这种赠礼因被揭露有其相应的利益权衡、考虑算计而退隐消失，如古代宗教献祭（牺牲）就是一种赠礼的表达形式，迄今其象征形式及意义均产生动摇。所以说，后现代发展在宗教层面已经废除了传统观念上的偶像，为新的信仰方式留出了空间。信仰在后现代的范式中不再是确定性的真理，而是对不可预见的，向未知、未见、未来敞开的，可望而不可得的"将来临者"的期盼。这样，认识问题往往会被道德问题所取代，如基督教所考虑的根本问题不是对抽象、形而上的"上帝"观念之思考，而是寻问"与我们相关的上帝究竟是什么"；不是反思"基督教的真实性"，而是权衡"选择一种基督徒生活方式的最好理由"。

在现代主义的发展演进中，曾形成了各相关领域的基本模式和术语表达，如科学中的物质、元素、能量、动力、相变、结构、要素、反应、信息等，哲学中的归纳、演绎、抽象、推理、逻辑、悖论等，社会中的组织、系统、体系、样本、关系、效度、控制、博弈、发展、状态等，心理中的精神、行为、幻象、意识（潜意识、无意识、超意识）、情结、格式塔、元认知等。但这一套体系及其固定术语正在后现代思潮的冲击下出现动摇、解体的危机。人们已经体会到后现代主义巨大的破坏力，但对其"重建""重构"的可能及能力则仍持怀疑之态。

二　"后现代主义"的理论表述及思想代表

"后现代主义"在 20 世纪下半叶异军突起、横扫一切，打乱了现代主义的进程，甚至有着中止现代主义发展的危险。这种具有怀疑或否定精神，以及反文化或反传统姿态的后现代主义思潮来势迅猛、表现鲜明，不仅已成为建筑、视觉艺术、音乐和语言文学中的热门话题，而且在文化哲学、美学、教育学、社会学、宗教学及神学等领域也引起了广泛讨论和激烈争辩，给人一种到处都是冲突、解体、崩塌、流变的印象。显然，后现代主义作为西方后工业社会出现的一种含混而庞杂的社会思潮，除了反映出当代人在社会观、历史观、价值观和人生观上的巨大裂变，亦揭示了他们在认知视野和方法上的根本变化。

就其社会形态而言，后现代主义反映了西方后工业社会即晚期资本主义社会所具有的一些全新特征，是对这一社会的否定和反叛；而从其精神状态来看，它则由新解释学、接受美学、解构哲学、法兰克福学派和女权主义的兴起而形成其文化氛围，代表着新思想、新理论的涌现。而与之相伴随的，则是作为现代思想及其时髦流派的存在主义、结构主义、分析哲学和现象学等影响的逐渐消退。不过，这种新陈代谢绝非平缓的过渡，而会出现激烈的思想冲突和理论交锋，而且对立双方也不可能泾渭分明，彼此之间仍有复杂关联和演变踪迹可寻。例如，结构主义就可被看成从现代主义到后现代主义之间的过渡现象，而相关理论家也是跨界学者，对现代思潮及后现代发展都有着深刻而广远的影响。在这种转型时期，因而也就出现了一批思想及学术大家，引起当代社会的关注和研究。

在现代主义思想家中较早遭到后现代主义批判的为克洛德·列维-斯特劳斯（Claude Levi-Strauss）和罗兰·巴尔特（Rolande Barthes），列维-斯特劳斯的结构主义人类学研究及巴尔特对神话的文学批评，曾让人们意识到，人类符号体系尽管多种多样、分布广远，仍可用绘图方式来加以标示。这类具有现代特点的图式所展露出的那种具有支配作用的语言规律，能够取代犹太教、基督教思想传统中的那些形而上学常数。它证明人类精神具有创立终极秩序的能力，并可为之提供一种确立秩序的范式。结构主义在认识论上这种肯定人之建立秩序的能力及方式等乐观主义表述，随之却被初露头角的雅克·德里达（Jacques Derrida）、米歇尔·福柯（Michel Foucault）、让-弗朗索瓦·利奥塔（Jean-François Lyotard）、让·鲍德里亚（Jean Baudrillard）以及理查德·罗蒂（Richard Mckay Rorty）等后现代主义和后结构主义思想家所无情破坏和摧毁。他们断言，语言本身及其利用者从根本而言乃变化无常的，符号象征过程所具有的整体折中性已使逻辑规律失效，而创造假象之技巧的出现则令"自然"之表述让位于电脑语言即计算机程序所拥有的模仿和复制。所谓终极秩序及其范式被抽掉根基，其或然性则明显压过了以往曾确信的必然性。这样，现代主义所坚信的确定和明晰不复存在，其哲学精神所持守的整体性观念、生命本体论、永恒真理论和终极价值论均受到根本动摇。后现代主义"通过对语言拆解和对逻辑、理性和秩序的亵渎,使现代文明秩序的权力话语和资本主义永世长存的神话归于失效"。但它因"背叛了现代主义对超越性、永恒性和深度性的追求,而使自己在支离破碎的语义玩弄中,仅得到一连串的暂时性的空洞能指"①。

利奥塔曾在其《后现代状况》② 中以最基本的语言应用学方法及对知识状态变化的观察来揭露现代资本主义的变异及其各种危机状况。他所强调的,即指出作为西方文明维系网络和认知基础的"元话语"(metadiscours,指"具有合法性功能的叙事")出现了嬗变及衰败,其结果导致了知识的"不可通约"和语言流变为"游戏"的"叙事危机",所谓"宏大叙事"将被消解,知识已成为权利的象征,精神生产嬗变为商品生产,文化则堕落为消费文化。现代文化建基于语言的"能指"和知识的"确定",有其定位的专属性;而后现代主义则不再相信确定,认为一切都具有不确定性,其侧重的不再是具有固定性的占位及定位,而是变动不居的"状况",而这种状况没有绝对性,只有处境、关系的相对,所反映的基本上乃个我的存在。这种个殊性的突出遂使后现代思想主张去中心性,不承认"终极真理"的存在,认为一切都是不确定的,没有普遍通用的逻辑、价值或准则,也没有其普遍有效性。既然真理的表达乃通过言述,那么语言就成为最基本的了,所以要回到语言,让"语言说我"。因此,后现代世界其实是从现代的客体之物又回到了主体之人,不过这一时代没有"宏大叙事"(grands recits),而只有"小型叙事"(petit recit),这个世界不再是"英雄""伟人"的"神圣"世界,而只是"凡人"所处的存在状况之世界。利奥塔解释"状况"就是对相关存在起到影响作用的环境,如生活状况、工作状况等,以及人的存在状况(如是否健康)或适应状况(外在环境、条件)、其完成某事所需要的起始动因、基本要求等。这样,后现代状况不再是简单的"是与否"之对比,其所面对的乃"可能性或不可能性",而其回答则会出现"既……又""既非、亦非"等多元可能。

---

① 王岳川:《后现代主义文化研究》,北京大学出版社,1992,第2、15页。
② 法文: *La Condition Postmoderne*,英文: *The Postmodern Condition: A Report on Knowledge*,1979;中译本有〔法〕让-弗朗索瓦·利奥塔著、岛子译《后现代状况——关于知识的报告》,湖南美术出版社,1996。

除了上述对现代理论及思维方式的"解构",后现代思潮强调与现代主义的"建设性"相对立,而"破坏性"则成为"后现代"的典型特征,甚至"后现代"时代以来的科学发明也更多趋向于不少人所认为的这一"破坏性",如核武器、生化武器、南北极开发、人工智能、基因编码、克隆技术、转基因食品、流行病毒等探究。尽管这些科技成果有巨大实用效益,一些人在权衡其双重性时仍会认为,其对人类破坏、毁灭的威胁及危险可能要远远大于人们对之防控或阻止的能力,如核威胁、泄漏事故及来源不明的新冠病毒肆虐等,当代人类目前就生存在对其忧虑及恐慌之中。现代化时代的"高科技"发展之正面印象现在却蒙上了极为负面的阴影,而其发展进程给人带来的更多是失衡感、不确定感及忧虑感。人们对高科技成果及其应用的顾虑重重,也与后现代的认知有着呼应。不过,在发展前景上,人们对突如其来的后现代思想并不乐观,因为对现代主义表示反叛的后现代主义在破坏一个旧世界上已经显示出巨大的威力,但其彻底虚无主义的否定方式则使之似乎基本上没有能力来重建一个新的世界。

在冷静的观察与分析中,人们将这种兴起之初对旧世界及其思想文化体系的破坏和摧毁具有破竹之势的后现代主义视为矫枉过正的激进主义或极端主义,故将之称为"激进的后现代主义",并批评它对于建构一种全新的哲学思想体系和社会文化及世界观持过于谨慎的态度,从而无所作为。而与之对应,人们逐渐发现并进而承认在后现代主义发展的后期已出现了一种"建设性后现代主义",由此可与现代主义有机关联、平稳过渡;它对以往的偏激有所纠正,对人类的发展抱有更为乐观的态度。作为这种"建设性后现代主义"倡导者之一的玻姆曾说:"在整个世界秩序四分五裂的状况下,如果我们想通过一种有意义的方式得到拯救的话,就必须进行一场真正有创造力的全新的运动,一种最终在整个社会和全体个人意识中建立一种新秩序的运动。这种秩序将与现代秩序有天壤之别,就如同现代秩序与中世纪秩序有天壤之别一样。我们不可能退回到前现代秩序中去,我们必须在现代世界彻底自我毁灭和人们无能为力之前建立起一个后现代世界。"① 以上述考虑为契机,西方许多思想家亦试图摆脱"激进的后现代

---

① 引自〔美〕大卫·格里芬编《后现代科学——科学魅力的再现》,马季方译,中央编译出版社,1995,第75页。

主义"彻底否定精神给当代社会和人们心灵上留下的阴影,寻求一种具有新的希望、新的生命力的后现代思想文化发展。对此,利奥塔曾试图纠正人们对"后现代"的误解,宣称"后现代主义"其实也是"现代主义"的一个组成部分,代表着其后期发展。而天主教神学家孔汉思(Hans Küng)也认为,"后现代"表明了一种探索,是用来说明一个"新时代"的"探索概念"。它在 20 世纪 60—70 年代开始萌芽,所蕴含的意义"则是指在 80 年代开始的其本身价值得到承认,但是概念尚不明确的时代的符号"。①

第二节　"后现代主义"的转型及对现代的解构

一　"后现代"对"现代"的解构

后现代主义思潮的涌现,揭示了现代社会文化发展中所潜在的危机。过去社会表面民族国家的"纷争"已变成人际深层次竞争压力的"内卷"(involution)。这说明危机在扩散、在细化,已在形成无孔不入、无所不在的状况。现代主义与人类社会现代化的发展进程相关联,但在这一进程中却出现了从近代凸显人的"主体性"到剥夺人的主体性之嬗变,同时亦以大工业、机械化发展而扼杀了人的感觉丰富性,破坏了生态的自然性,而成为主流认知的遂为整体、中心、同一之思维方式,强调本质、基础、"在场"等形而上学理论体系,主张社会的掌控、垄断。这种现代主义的完美、完好、正确、绝对,后现代主义对之则不以为然、不屑一顾,而且会更多表现为对上述思想及思维模式的批判与解构。蒙受现代进程之负面影响的人们深深感到,以往曾被其所景仰的"现代"理想既不是一个"业已实现的项目",也不再为其"尚未完成的计划"。所谓"现代"作为一种过渡业已陈旧、衰微,故有人疑问"现代化是好东西吗"?甚至有人喊出了"现代死了"的惊人口号。历史发展及其自然规律好像在揭示:发展得越快,就会越接近死亡。"可持续发展"或许是一种慢性、自然的发展,

---

① 孔汉思:《神学:走向"后现代"之路》,引自王岳川、尚水编《后现代主义文化与美学》,北京大学出版社,1992,第 159 页。

而不一定依赖于快速、高效发展。为了划清与"现代"的界限，人们以前缀"后"（post）之表述来标新立异，"后"之界定一时成为时髦的话语或做法，如用"后历史"来表示近代历史发展的结束，用"后启蒙时代"来给作为近现代社会文化发展重要标志之一的"启蒙时代"画上句号，用"后工业化"来揭示走到尽头之"工业化社会"的窘境，甚至在当代政治、军事历史上"冷战"已经结束的情况下，人们对新的发展亦冠以"后冷战"之说。而步入"后冷战"时期之后，世界局势更为复杂，国际关系更加紧张，人们对人类发展的未来也更没有信心，更加迷茫。故此，有人在担心并战战兢兢地问道，"后"时代是否乃人类发展的最后一个时代?!

这种现代文化的危机，在政治理论和文化思想界得到了广泛的讨论。反映所谓"后现代"特色的社会政治学说在由"政治战略"和"军事战略"转向"文化战略"的趋势中，可见一斑。尤值一提的是，在关涉世界文化命运和文明发展的各种议论中，美国学者萨缪尔·亨廷顿（Samuel P. Huntington，1927-2008）基于"后冷战"时期世界政治的发展变化而提出了"文明的冲突"之说，在东、西方世界引起了普遍关注和广泛讨论。在亨廷顿看来，近现代世界发展经历了国王之间的战争，民族、国家之间的战争，以及资本主义与共产主义之间的意识形态冲突，但随着冷战的结束，这一历史似乎已经走到了尽头。因此，他认为"未来世界冲突的根源将不再是意识形态或经济利益的，人们的巨大分歧以及冲突的根本来源将是文化的"，"文明之间的冲突将是现代世界冲突发展中的最新阶段"。他分析了西方文明与伊斯兰教、儒家、印度及其他文明的关系，指出在经济现代化使本土同一性及国民同一性减弱之际，通常以"基要主义"等保守形式出现的宗教则会填补由此留下的缺口。于是，"宗教的复兴提供了一个超越于民族界限的关于身份和认同的基础，并且加强了不同文明之间的融合"。他声称西方的文明乃基于其"犹太教—基督教传统"，从而将西方与其他文明发展相区别，并进而断言："未来世界冲突的焦点将是西方和几个伊斯兰—儒教国家。"①

对于亨廷顿的这种颇具"后现代"意蕴的划分和断言，不少人持有异

---

① Samuel P. Huntington: "Clash of Civilizations?" *Foreign Affair*, Vol. 72, Summer 1993, pp. 22-47.

议。在现代进程中，国际关系中似乎更强调"文明对话""文化交融"，而"后现代"发展却在中止这种"对话"和"交融"，故其给人的疑问是，"后现代"不是发展而乃倒退，不是更加"文明"而乃重返"野蛮"。其实，文明的冲突与交融乃反映出人类历史发展的对立统一，政治上冷战的结束并不一定就必然走向文明的冲突。各文明深层的精神、价值和伦理积淀本已包含着化解这种冲突、促成相互融合的有利因素。这在"后冷战"时代亦不例外。而且，亨廷顿以不同宗教为依据的文明板块划分亦极为勉强。对此，不少宗教学者曾以"亚伯拉罕宗教"传统来看犹太教、基督教和伊斯兰教三者的关系及其信仰和思想文化关联，反驳伊斯兰教与基督教即与西方文化截然对立之说。例如，加拿大新教学者白理明（Ray Whitehead）就曾指出："伊斯兰教似乎并非完全与西方相对立，而乃是其同宗教体系之内的姊妹。'亚伯拉罕的'世界观包括犹太教、基督教和伊斯兰教（我们亦可加上自由派人道主义和马克思主义），它们都有着共同的文化根源，即源自亚、欧、非三洲交界之东地中海世界的希伯来和希腊思想体系。"仅此而言，现代政治、经济等层面的冲突并不以文化传统或文明差异为根基。"尽管亨廷顿预料冲突会在许多不同的文明中发生，但其基本斗争则为西方与其余世界的斗争。"① 显然，这种"后现代"的焦虑主要是西方世界的焦虑，其相关实践不是防止冲突而是主动挑起冲突，但对其冲突的后果却看不透彻，心境不安，害怕"玩火者必自焚"的结局。

二 现代与后现代的转型

在现代与后现代的关系及关联上，人们用得最多的表述之一就是"后现代转型"（the postmodern turns）。凯文·J. 范霍泽（Kevin J. Vanhoozer）在其《神学与后现代性状况：关于（上帝）知识的报告》（Theology and the Condition of Postmodernity：A Report on Knowledge（of God））一文中曾分析了如下三个方面的"转型"②。

其一，"艺术与人文的转型"。

---

① 白理明：《基督教与现代文明的危机》，高师宁等编《基督教文化与现代化》，中国社会科学出版社，1996，第 11、12 页。

② 以下内容参见 Kevin J. Vanhoozer ed., *The Cambridge Companion to Postmodern Theology*, Cambridge University Press, 2003, pp. 6-9。

如前所述，这种"后现代"的转型，其主要意欲就是要"脱离现代性"。一般而言，西方把1850—1950年这一百年视为"现代世纪"，指其突破传统的现代发展。而其最初的表现就以建筑风格之变为标志。现代建筑与传统建筑的不同，就是强调为其结构、功能所服务的形式，突出其工具理性，注重其物理空间的造型，讲究彼此关联性和时空延续性。而后现代风格则反对现代主义这种表达"本质"的普遍形式之理想，认为本来就没有所谓"普遍的视域"，其强调的乃是灵活性、随意性，不为任何一种固定模式所垄断或掌控。因此，后现代艺术反对这百年"现代世纪"之发展。过去，现代艺术的特点是强调"为艺术而艺术"，追求一种"纯粹艺术"，主张艺术独立、自治、自主，艺术家则应该自由地追求纯美学的目的，而不必考虑道德、宗教和政治的因素。但这种讲究艺术作品的纯艺术特点，却导致现代艺术的高度自我意识、自我关照，被自我所过度霸占，结果只能是为少数人服务，如巴勃罗·毕加索（Pablo Picasso）的抽象印象派绘画、托马斯·斯特尔那斯·艾略特（Thomas Stearns Eliot）的诗歌、阿诺尔德·勋伯格（Arnold Schönberg）的系列音乐等。他们的共同特点是要表现艺术的高雅、抽象、纯粹，结果也表现出其唯我独尊、目中无人、随心所欲之扭曲。而后现代艺术的转型就在于宣称要放弃对艺术自我之信，反对其孤芳自赏、孤独自表的姿态，以及各种抽象派、精英派的发展趋势，从而主张回到对历史传统的印证、引用，承认艺术之历史、文化的具体性、处境性，其艺术欣赏故应注意相应的状况，模糊艺术之"高"与"低"的界限。

其二，"文化与社会的转型"。

这种社会组织之现代模式的转型，则包括社会力量、机构形式之变化；现代社会模式的流变涉及社会世俗化、工业化、科层化等发展，其转型的内容亦涵括启蒙运动所带来的理想、理性，个人自由、自治，以及社会的进化、进步。所谓"现代类型"作为文化及社会现象乃是"寻求知识及社会组织非神秘化、非神圣化的世俗运动，以便人类可从其枷锁中得以解放"；以此为旨归的现代社会故而是工具理性在社会领域的全面"凯旋"。而后现代社会则反对具有普遍理性形式的任何观念。在对社会"工作"的理解上，现代性的"工作"有其具体、实在的目的，这就是生产现代生活所必需的物质，包括食物、衣服、房屋、汽车等。但后现代的理解则使"工作"转为艺术，越来越多的生活领域被市场需求的逻辑所同化，与社会生活的真实需求相脱节；于是，经济越来越成为提供娱乐或享乐的手段，社会商务以休闲为目的，这使我们联想到西方近代作为资本主义精神的清教工作伦理与这种享乐主义的"休闲伦理"之间乃有着鲜明的二元分殊。在后工业化—后现代的经济中，商品生产已不再是为了直接提供社会先在的具体物质需求，而是异化为提供由商业广告和市场战略本身所营造、引导的需求。市场从而也就不再是生活方式所能够想象的必要对象了。

其三，"哲学与理论的转型"。

前面已经论及后现代精神所带来的思想观念之转型，指出现代思想的特点就是追求确定性、普遍性，以及在相关领域的精通、精准等。自启蒙运动以来，西方大学以其"现代"精神鼓励人们获得专业知识，成为"大师"（即具有硕士学位的大学毕业生），而且崇尚理性、倡导批判精神，这种意向亦曾风行一时、蔚为大观，如牛顿就展示了理性可以掌握自然世界的力学，提出其自然定律理论，影响到西方近三个世纪的科学发展及其理念；诗人亚历山大·波普（Alexander Pope）曾以此墓志铭来对之纪念："自然与自然的定律，都隐藏在黑暗之中；上帝说'让牛顿来吧！'于是，一切变为光明。"人们那时的共识是，批判理性和科学方法可以用来研究自然世界、人类世界（包括伦理、政治、经济等探究）甚至神圣世界（如近代学术上流行的圣经批判、哲学神学）等。

然而1968年5月巴黎大学出现的群众集会及抗议活动，标志着这一转型的来临。社会矛盾的激化使人们对现代主义的乐观信念产生怀疑和动摇，后现代思潮的哲学家公开对所谓"启蒙项目"表示抗议，这类项目的预定目标是企图通过人类的普遍理性来达到人的普遍解放，即通过现代技术、科学、民主等手段来实现，认为此即理性能力的体现。在现代主义哲学家看来，理性乃绝对的、普遍的，而理性个我则是独立的、自治的，能够超越历史、阶级、文化等处境；他们还相信普遍原理及其秩序乃客观的，但人的偏爱则是主观的、个性化的。而后现代哲学家却彻底否定上述预设，坚决反对以"理性"来为某种中立的、客观的观点命名，根本就不相信可以用此理性来求得真理和正义。当然，利奥塔曾经表白说，后现代主义者并不是无条件地一概反对或排拒理性，而只是否定所谓普世理性的观念，认为理性只能是处境性的、相对性的，依其存在状况而确定。所以，后现代哲学家强调理性乃建基于"叙述"，理性始终都是处于具体的叙述、传统、机构、实践之中的，只有这种处境化的状况才被视为理性的。

现代文化出现的种种矛盾与危机，使西方人们感受到一种立于达摩克利斯剑下的焦虑和不安。如同亨廷顿那样，不少人在观察、分析问题的视野、思路和方法上已与以往之见解迥异。其丧失了现代主义的"大气"，却滋生了"后现代"的"小气"、狭隘、自私和鼠目寸光。不过，也有人认为"后现代"的出现并不是针对现代性而由外带来的破局或解构，"后现代"其实就是"现代性"的内爆或"内卷"，故而乃"最现代"的。所谓"后现代"就是现代性的悖论从其隐形变为外显、从其内蕴变为敞现、从其模糊变为明确。"后现代"也可以说是"现代性"临死时的阵痛，预测着经验、思想、社会组织等新形式的涌现。这种变化一方面给人带来某种新颖之感；另一方面却也使人陷入深深的担忧和焦虑之中。而人们对于现代发展的多层面批评，则使后现代主义思潮迅速蔓延；其带来的社会价值观的失落和传统唯理认知方法的失败，已造成人们思想上的混乱或茫然。一种"新的紊乱"在其社会生活和精神生活的诸层面相继出现，这种失衡与嬗变亦使人们生出种种找寻精神安慰的新渴求。故此，作为西方文化传统和精神价值之重要组成部分的基督教必须对后现代主义理论加以回应，迎接当代思想界这一突如其来的挑战。正是在这一意义上，基督教神学与后现代主义的思想交锋已不可避免，后现代主义的各种理论亦成为当代神学研讨的焦点之一。

第三节　后现代主义的哲学陈述

从思想史的意义上来看，后现代主义理论并非凭空而降，其在西方近代哲学和神学史上都可找到某些思想渊源和发展踪迹。例如，康德曾将其哲学研究由形而上学转向认识论，指出世人不可能认知现实存在的真正本质，因为人的知识经验受人之精神所具有的空间、时间、因果等先验原则（a prioris）所制约。这种先天知识结构虽能更多地揭示其认知主体，却对其反映的认知客体有着不确切感，而对其认知现象之外的自在之物则绝对无知。故此，康德从纯粹理性批判走向了实践理性批判及判断力批判，完成了其从理性把握的"自然神学"客体到"道德神学"之主体的过渡,在失去理性真理的确切认知后只能依赖"头上的星空"和"心中的道德律"。康德思想所表述的这种不确定性和不可知论对近现代思想家积极倡导一种怀疑精神产生了重大影响。例如,索伦·克尔恺郭尔(Soren Kierkegaard)对黑格尔思辨体系和新教理性主义神学的讽刺批判,尼采对整个西方文化的彻底否定和关于"上帝之死"的宣言,都基于这一思想。马丁·海德格尔(Martin Heidegger)亦曾追根究底,对存在本质加以彻底回溯和追问,结果发现其问题本身不过是已经过时的形而上学传统之遗存,需要由"诗意的思想"来取代,即选择一种发现或创立构成实在之"基本语言"的尝试。海德格尔及其先驱的这种后现代主义意向被当代崛起的解构主义哲学所发扬光大,形成了对现代主义形而上学和认识论的彻底反对与否定。在这种氛围中,罗蒂干脆提出了其"后哲学文化"的构想,其理由是近代启蒙运动曾经推翻中世纪及近代初期神学主宰文化的局面,从而建立起后神学的文化,那么后现代的思想家同样可以推翻哲学在文化领域的主导地位,从而迎来后哲学文化发展的时代;如果说现代哲学乃"系统哲学",那后现代哲学则就是与之不同的"启迪哲学"。在他看来,后哲学文化应该是一种多元而平等的文化,哲学不再是诸学科之王,不能对其他学科发号施令、颐指气使,也不再具有充当纯粹理性仲裁法庭的功能。

解构主义哲学的代表德里达运用曾促成雅各布森结构语言学发展的"基本差异性"来作为其哲学的理论原则,反驳西方理性中心论思想关于能为一切确立合理性的某种本源"在场"之断言,否定任何整体性体系的可能性。针对寻求清楚明确之回答这一理性要求,德里达的回应则是以提出本源不在场、客体的踪迹短暂易逝和不可判定性等概念来替代。"德里达以解除'在场'为他理论的思维起点,以符号的同一性的破裂,能指和所指的永难弥合,结合解构中心性颠覆为"差异性'意义链,作为自己理论的展开,这样,德里达企图打破千古以来的形而上学的迷误,拆解神学中心主义的殿堂,将差异性原则作为一切事物的根据打破在场,推翻符号,将一切建立在'踪迹'上……突出差异以及存在的不在场性。……德里达以其彻底的虚无主义立场形成了现代思想的叛逆者,他对无中心性、无体系性、无明确意义性的呼求,使现代思想的原野变成了'荒原',精神、价值、生命、意识、真理、意义,这一切犹如枯萎的落叶,在现代思想的深谷飘荡。"①

现代主义的理性可以追溯到西方思想传统中的"逻各斯"（logos）理解，其原义本来是指"话语"，后则引申为"理念""理性""原则""本原""逻辑""规律""秩序""实在""本质""智慧""道""神性"等义。德里达称此为"逻各斯中心论"或"话语中心论"，并进而提出要对这一"逻各斯文化"加以解构。他打破了以往将哲学视为真实语言、将文学视为虚构语言之区分，认为哲学及其语言同样也是隐喻，故与文学并无本质差别。"实际上，德里达不只是解构了逻各斯文化，而且还要否定一切。其结果，一切存在、真理、精神、宗教在他那儿都成了幽灵的异形。"②

德里达对宗教也有其独到见解。他接着康德的话语说，实际上存有两种宗教类别。一是"单纯崇拜的"（des blossen Cultus）宗教，此即现代流行的宗教，其信仰是为了寻求"神的恩惠"。但德里达对之持否定态度，认为"这种宗教本质上不起作用，它只传授祈祷和欲求。人不会在这种宗教中变得更好"。而另一种宗教则是"道德宗教"，德里达对其评价则相对正面，指出这种宗教"要求善举，并从属于善的举止，且把知识与善举分离开来。它嘱咐人们变得更好，为这个目标进行活动"。与康德的思想相对应，德里达分析前一种宗教为"教条性信仰"，而后一种宗教则为"反思的信仰"，并认为后者"这个概念能够打开我们的讨论空间。因为反思的信仰从根本上讲不取决于任何历史的启示，并且与纯粹实践理性配当。反思的信仰有利于超越知识的善良意志"。③ 但总体而言，德里达对传统宗教理解仍然是持解构之态，他主张跳到宗教之外来审视宗教，不可再"以宗教之名谈论宗教"。其悖论是，如果以反对宗教、否定宗教的态度来谈论宗教，反而可能会回到宗教的原初本真。这就是德里达借他者之口的提问："与宗教决裂，即使是为了瞬间悬搁宗教的归属，这是否就是最真实的信仰或最原始的神圣性古而有之的始源本身？"在后现代社会，人们已对宗教的功效失去信心，故对宗教的审视也应该是一种"后现代"的审视。"无论如何，如果可能，应该以无宗教的，甚至反宗教的方式关注现

① 王岳川：《后现代主义文化研究》，第 13 页。
② 参见卓新平《西哲剪影——爱智集》，中国社会科学出版社，2011，第 213 页。
③ 以上参见〔法〕德里达、〔意〕瓦蒂莫主编《宗教》，杜小真译，商务印书馆，2019，第 14 页。

在宗教可能之所是,关注在这个时刻,在世界和历史中,以宗教之名所说的、所做的和所发生的事情。宗教在其中并不能思考,有时也不能担负或承载宗教之名。"①

此外,后现代思想家福柯基于其社会学研究视域,也以相同原则来对收容所、监狱等社会机构和两性问题等社会现象加以历史勾勒及现状调查,由此证明社会关系总是破坏性的、不完善的。他指出,这些关系的建立和维持都是靠有权者对无权者的压迫和牺牲,其表现出来的权力意志要比尼采所预见的远为可怕,因此他对社会持批判和否定的态度。福柯不承认历史有任何规律可循,认为历史发展也无连续性可言,各个时代的出现乃有其或然性,其存在所显示的也不过是文化断层而已。他宣称,人们所期盼的未来历史之"乌托邦"根本就不可能出现,所呈现的却是一种"异托邦"的在场,其异域之在反映出神话和真实的双重性。此外,利奥塔也宣称,西方文化中维系着犹太教、基督教模式之世俗形式的"元叙事"曾以其单一标准来裁定任何差异,旨在统一所有话语,并使其营造的统治性意识形态得以合法化;但这种"元叙事"现已失效,而沦落为纷繁杂乱的"微小叙事"。它们彼此矛盾、相互竞争,反映出事物本身所具有的非逻辑性、差异性和不可判定性。另外,鲍德里亚则曾以其新启示录幻象来加强海德格尔对技术发展的批评,认为当今时代不仅缺乏一种超越性绝对存在,而且已陷入人为符号体系的无边之网。总之,后现代哲学对其现实处境有着极为负面的印象。

---

① 〔法〕德里达、〔意〕瓦蒂莫主编《宗教》,杜小真译,商务印书馆,2019,第32页。

第九章　后现代神学思潮的发展

第一节　后现代神学思潮的兴起

后现代神学发展在思想沿革上与上述后现代哲学有着异曲同工之处，他们都指责笛卡尔的思想乃现代性疾病之源，都反对无限扩大理性的能量，也反对将宗教信仰视为形而上的建构体系。就其本有意向而言，后现代主义表现出对传统宗教信仰及其神学理论的抨击和否定。然而，其反传统性和对现代性的批判精神在当代基督教神学领域同样也引起了某种共鸣和回应，如天主教神学家孔汉思、新教神学家巴特和保罗·蒂利希（Paul Tillich）等人的神学理论，即反映出某些后现代主义的思维特征和对其挑战的正面答复。巴特在其危机神学中强调上帝乃绝对另一体，与人世毫无相同、相通之处，世人得救只能靠上帝自上而下的恩典，而与个人努力绝不相干。这种观念在一定程度上已与德里达对"差异性"的理解和强调相吻合。巴特由此而宣布了现代主义传统的神学危机，对人的精神僭越也进行了尖锐批评。蒂利希则从当代人的焦虑与绝望中看到了后现代主义所显明的"无意义"境况，他主张正视这种"无意义"，认为人的"存在勇气"就包含着"敢于绝望的勇气"，即把这种破坏性最大的无意义之焦虑归入自我存在的最高勇气之中。蒂利希所理解的"上帝彼岸之上帝"亦与德里达的"踪迹"说不谋而合，即证明一种本源之不在场，却仍可在人们对之隐喻意义上的再现中察觉其"在场"。这样，蒂利希也就从存在主义立场向后现代意识转移。此外，20世纪60年代以来崭露头角的后自由派神学家乔治·林德贝克（George Lindbeck）曾经认识到，后现代主义对语言的注重也可用来反驳现代主义对宗教信仰的诋毁，其重新认可的语言世界使信仰获得了更大的可能。而现代主义尝试用世俗来替代所谓"过时"

的宗教信仰之举，则被理解为现代人因使世俗主义神话获得合法性而造成的错误。今天，神学家则可按其思路，借用"现代死了"之表述来取代 20世纪初曾风靡欧美的尼采名言"上帝死了"。与后现代哲学等思潮的不同，就在于后现代神学通过回顾、反思现代主义对宗教现象的批判，以及后现代主义对现代世界的批判，反而意识到宗教信仰的必要性和宗教神学重建的可能性。这种意向的当代神学既看到了后现代主义批判一切、否定一切的破坏性，亦发现了神学对现代性展开批判这种积极切入及其与后现代主义重构理论相挂钩的可能性。故此，"后现代主义神学"一说在这种对话语境中就找到了相应的位置及其存在价值。此即孔汉思所言"走向'后现代'之路"的神学。

一 后现代神学的类型

在反思笛卡尔理论体系的基础上，后现代神学一方面认识到人类知识图景并非伟岸挺拔的建筑形象，而乃波动流散的网络之状；另一方面则体悟到基督教神学也非形而上的"上帝话语"，而是通过耶稣基督虚己的真实所披露出的关于无限之信息。那种包罗万象、绝对权威的"大全神学"已不复存在。后现代神学发展更多反映出的则是碎片化的神学印象，乃为多流涌动之潮，却也为当代西方宗教思潮发展的主要流向留下了比较清晰的轨迹。范霍泽在其主编的《剑桥后现代神学指南》中对后现代神学纷繁、复杂的走向有过综合性分析，他认为后现代神学的多样性大致可归纳为如下四种类型：一为解构性或消解性神学，其代表包括马克·C. 泰勒（Mark C. Taylor）、卡尔·拉什克（Carl Raschke）和查尔斯·温奎斯特（Charles Winquist）等人；二为建构性或修正性神学，以大卫·格里芬（David Ray Griffin）等人为代表；三为解放神学，其代表包括哈维·考克斯（Harvey Cox）和科内尔·韦斯特（Cornel West）等人；四为保守派或复原派神学，以前教宗约翰-保罗二世（John Paul II）为代表。[①] 而从宗教多元性的挑战来看，后现代神学的区分则也可包括四类：一为建构性神学，以格里芬、大卫·特雷西（David Tracy）为代表；二为否神论的解构神学，以托马斯·J. J. 阿尔泰泽尔（Thomas J. J. Altizer）和泰勒为代表；三为后自由派神学，以林德贝克为代

---

① 参见 Kevin J. Vanhoozer ed., *The Cambridge Companion to Postmodern Theology*, p. 19。

表；四为强调公共社团实践的神学，以古斯塔夫·古铁雷斯（Gustavo Gutiérrez）和詹姆斯·W. 麦克伦登（James W. McClendon）等人为代表，而古铁雷斯的神学通常也被称为拉美解放神学。①

后现代主义在当代基督教思潮中有着极为多元且复杂的回应，而其主流则基本上是对现代性思想话语的反叛、否定和解构。其中对后现代主义否定精神的直接回应主要表现在阿尔泰泽尔、泰勒，以及罗伯特·沙莱曼（Robert Scharlemann）和凯文·哈特（Kevin Hart）等人的神学理论中。阿尔泰泽尔等人的"上帝之死"神学因对基督教启示传统的彻底反思而具有鲜明的后现代色彩。因此，人们习惯上把"上帝之死"神学列入后现代神学的重要构成之中。其理论的重要特点之一，就是赋予基督教传统神学术语各种隐喻性、辩证性意义，尝试一种话语重建，以便能使曾经受到现代文化强烈批评的基督教"道成肉身"、"钉十字架"和"死后复活"等信条获得适应时代潮流的重新诠释，形成适应这一社会巨变的话语体系；这也引起人们对随之而来的"上帝死后"神学走向的种种反思。泰勒则与德里达灵犀相通，他主张建立一种反系统化的神学，并应用德里达的修辞策略而对唯心主义理论僵局加以解构，代以各种意喻多样的解释，由其无序性之丰富来构成神学讨论的"神圣环境"。不过，他认为人类曾有过的"神圣时代"可能一去不复返了。沙莱曼主要受到海德格尔和蒂利希等人存在主义和现象学理论的影响。他针对本体论思维方式而究诘神学反思的本质，并通过蒂利希的相互关联法进而阐述神学思维包括接受和回答之方法，由此让人想到其文本所具有的基本隐喻性，从而使存在论问题失效。这里，隐喻取代存在话语及神圣话语而继续"在场"，其意义的实现则乃文本之想象中的具体性与读者之理解境况所达成的一致，类似解释学所强调的两种不同视域的叠合。哈特曾对德里达在当代哲学和神学思想界中的影响加以评价。他认为，非系统化的神秘传统为当代否定神学提供了新的可能性，它保留着对理性认知的必要估量，同时又可避免坠入形而上学之陷阱。因此，他觉得德里达的解构主义实际上有助于信仰的神圣之途达到一种后现代性意义上的恢复。在后现代语境中，只能是在扑朔迷离、模糊含混的神秘状况中，才可能觅见隐而不现的神圣。

---

① 参见 Kevin J. Vanhoozer ed. , *The Cambridge Companion to Postmodern Theology*, p. 20。

二 后现代神学意趣的演变

激进的、否定性的后现代主义因充满破坏性、缺乏创造性而仅为一个过渡，而它对辞旧迎新这一历史转型过程却起着巨大的催化作用。就其历史作用而言，它意味着西方文化发展已经超越自启蒙运动以来所形成的现代性，标志着曾风行西方社会的现代思想气质或精神状态之解构和失效。但后现代主义将把西方引向何方却不很明朗，由此亦导致当代西方人的种种困惑和迷惘。后现代主义的激进派曾无情地宣告，20 世纪初人们试图在地上创造天国的种种努力已经失败，甚至其存有的这种希望也已彻底破灭。后现代思潮之否定意向所造成的文化景观和社会气氛，使西方人感到这个世纪乃是充满失败、挫折和期望落空的世纪。"20 世纪以重复其来临时已经具有的教训而终结。尽管我们有着很好的意向，然而凭借我们固有的人之能力却不可能把人间变成天国。对许多当代人而言，认识到此点仅能得出一个结论，即根本就没有天国、超越和彼岸之存在。不管是说它存在于我们的上空，还是存在于我们的未来，我们乃为不完善的自我，被囚禁在一个不完善的地球上。"① 这种悲观、失望、消极乃后现代思想的基本底色和基调。

但在当代基督教神学讨论中，后现代主义所带来的失败主义或虚无主义情绪也并非全然消极的。相反，这种悲观绝望的精神氛围已给基督教神学的全新发展及重新成为社会倾听的话语提供了一个极好的机会。当代神学家正从后现代主义带来的经验、教训和给人的启迪中探寻神学的新发展，并对人类宗教和基督教神学的历史与现状加以反思和总结。当代神学思潮在与后现代主义的碰撞中也产生了新的思想火花和创意，从而形成二者之间彼此吸纳、共辟新径的局面。例如，德国新教神学家赫尔曼·蒂姆（Hermann Timm）就曾以《美学年代：论宗教的后现代化》（*Das ästhetische Jahrzehnt. Zur Postmodernisierung der Religion*）（1990）等著作来论述后现代主义对宗教进程的影响，并开始一种基督教美学神学之体系的建构。在后现代主义的刺激和冲击下，基督教当代神学显得更加活跃，其对自然、世界和现实社会的关切亦更为直接。

---

① Stanley J. Grenz, Roger E. Olson: 20*th Century Theology*, Inter Vasity Press, Downers Grove, 1992, p. 314.

就当代新教神学而言，其对后现代主义思潮的积极回应和直接参与，在一定程度上改变了后现代主义的纯批判和否定性质，使之在认识世界的态度上和自身发展的方向上都出现了一些转机，由此萌生出与现代哲学中后现代主义理论迥异的立意，并构成给人带来希望、富有积极意义的后现代主义之思想流派。这种变化体现为后现代主义从其破坏性到建设性、否定性到肯定性，以及悲观性到乐观性的根本过渡，而其得以实现的内在动力之一，即基督教的主动参与和全力支持。例如，具有乐观主义和创新精神的"建设性后现代主义"，就主要由新教神学家所倡导和推行。这种肯定性和积极意义上的后现代主义乃由美国新教过程神学家约翰·B. 科布（John B. Cobb）及其在克莱尔蒙特神学校的同事格里芬等人所首创。科布和格里芬均为克莱尔蒙特神学校的神学及宗教哲学教授，并分别担任"过程研究中心"的主任和执行主任，格里芬还担任了在圣巴巴拉建立的"后现代世界研究中心"的主任。他们从神学立论来积极寻求人与世界、人与人之间关系的重建，以对人与世界、与自然之关系的关注来补充当代哲学中建设性后现代主义之不足。其倡导的建设性后现代主义以结合后现代的有机论和整体论而形成独特的整体有机论体系及方法，旨在否定与摧毁的同时亦达到保留和建设，消除人与世界、人与自然、思维与存在之间的对立及分离。在谈到生态学、科学与宗教的关系时，科布指出："生态运动是一种正在形成的后现代世界观的主要载体……这一运动对于基督教来说是极其重要的。"他认为，后现代生态世界观提倡一种科学和宗教的改良，而且在某些方面还回到了古典宗教的源头，"这种后现代的生态学世界观具有深刻的宗教内涵，并拒斥现代的、牛顿式的上帝。它更类似于神学唯意志论者所反对的神秘主义观点"。在其理解中，世界的整体及各部分均由与神性的关联所构成，"世间的价值越大，神圣的生命便越丰富。"所以，研究和探讨这一个世界的生存价值与意义，亦是"关于神圣的谈论"，它"给一种本来就是的宗教观点更增加了宗教的内容。……它加强了圣经和基督教遗产的延续性"。① 由此观之，当代神学家对"后现代主义"的"建设性"重构或运用，归根结底还是依赖于基督教信仰之指导。他们将

---

① 〔美〕大卫·格里芬编《后现代科学——科学魅力的再现》，马季方译，中央编译出版社，1995，第125~126、141~143页。

其神学立意注入后现代主义的理论框架之中，否定现代发展所导致的世界和自然之"祛魅"，以便能为世界和人类获得神性"拯救"而再现神秘、重建神圣。

　　与新教神学这种"建设性"见解不谋而合的，亦有当代天主教中涌现的"后现代"神学。孔汉思在其理论中即表现了对"后现代"的乐观和积极评价，认为社会发展的范式转换乃必然趋势。在他看来，神学的"后现代"之探，乃展示了神学的"觉醒"。这种神学强调"对现代的内在批判"和"对启蒙的启蒙"，追求的是克服危机、面向未来和步入"新时代"。它以其"探索""开放"等特征而说明其本身"正在寻求方向，正在制定纲领"。[①] 诚然，站在不同立场的人会用"后现代"这一术语来表达截然不同的思想意向。而孔汉思则主张用之表现一种新的探索和创造，"后现代神学"乃是在"新时代"中表现一种"新宗教精神"，使在"现代"被压抑、遭萎缩的信仰因素获得更新，达到升华。在他看来，"后现代"社会中人的精神状况，使宗教的作用得以突出，因为人们此时不仅意识到"存在的危机"，亦感到对"上帝的忘却"使人缺乏面对危机、克服危机所必需的安慰、温情和关切。孔汉思借用法兰克福学派批判理论的著名代表马克斯·霍克海默（M. Max Horkheimer）的信念而表达了宗教在"后现代"的意义："没有'完全的他者'，没有'神学'，没有对上帝的信仰，生活中就没有超越纯粹自我持存的精神"；"没有宗教，在真与伪、爱与恨、助人和唯利是图、道德和非道德之间就不可能有确有依据的区别"；"没有'完全的他者'，对完满的正义的追求就不可能实现"；"没有我们称之为上帝的最终的、原初的、最实在的现实……我们'对安慰的渴求'就依然不能得到满足"。[②] 这里，他强调宗教体现了一种超越的审视和终极的关切，给人以生存勇气和未来期望。孔汉思构筑神学"后现代"之路的一大特点，即提出了一种"普世"信仰和"全球伦理"。在这一基于各种宗教信仰、价值观念和道德体系之全球性互相理解的普世神学或世界伦理上，孔汉思看到了一个颇有希望的"时代转折"。由此，"后现代"的

[①] 孔汉思：《神学：走向"后现代"之路》，王岳川、尚水编《后现代主义文化与美学》，第 157 页。

[②] 孔汉思：《神学：走向"后现代"之路》，王岳川、尚水编《后现代主义文化与美学》，第 165 页。

话语亦增添了"普世性"、"世界性"和"全球性"之说。而孔汉思本人一方面推崇从基督教的普世出发来"开辟世界宗教的神学";另一方面则呼吁一种"全球伦理"的建立。而这两方面在当代世界思想文化发展中均已颇具规模、广有影响。

综上所述,后现代主义的发展本身已说明 20 世纪神学历史对西方当代精神的重构确有影响,并正发挥其潜在作用。这是因为基督教神学正视后现代主义对人世作为的批判及否定,而且它本来就强调人靠自我来创立新的人世秩序之尝试注定要失败,但这绝非意味着信仰及其希望之破灭,基督教相信人不可能创立天国乃预示着上帝降临人世实现"新天新地"的极大可能。所以,当代基督教思想家在面对后现代主义提出的难题时亦充分利用其带来的创意,在现代主义对宗教的批判和后现代主义对一切价值、传统的毁坏这两难境遇中寻找重立价值和真理之途,阐明基督教对既超越又内在之上帝的确信,从而以基督教之"立"来与后现代主义之"破"形成鲜明对照。孔汉思对此曾公开表示:"在今天的社会现实条件下,对圣经和基督教传统的讨论绝对不是无害的智慧沙堡游戏,而是具有高度实际成果的反思。"① 面对"后现代"世界波谲云诡的复杂局面及对基督教信仰带来的破坏及解构,当代基督教思想家并没有退缩,而是以"建构""建设"的思路来应对,从而开辟了一条走出后现代困境的新路。无论其效果如何,都表明基督教在现实存在危机面前选择"有可能生存"的努力。这一基督教后现代神学的发展犹如一面镜子,照出了后现代宗教思潮的多元全景。

第二节　后现代神学的主要流派

西方后现代思潮目前仍在发展之中,因而对其理解比较宽泛,其表现在归类上往往是跨界的,并不单属某一类型。在宗教信仰中,其信仰对象及神明乃其核心,这在基督教信仰中尤为典型,而其神学就直接触及神明理解这一宗教中的核心问题。基督教神学长期以来就围绕着神明的超越性

---

① 孔汉思:《神学:走向"后现代"之路》,王岳川、尚水编《后现代主义文化与美学》,第 165 页。

与临在性来展开，这就如同椭圆形中的两个焦点，缺一不可。对信教的民众而言，这种超越性会带来神圣感及仰望的冲动，而这种临在性则也会带来神秘感及内在的压力。在基督教思想走出中世纪而步入近现代及走出现代性而进入后现代的进程中，其形而上系统发展、理性思维凸显、启蒙运动解放，以及现代之后的解构，都会碰见这两大问题，脱离不了其复杂纠结。所以，神学的进程基本上就是不断将其信仰要素翻译成新的语言、融入新的文化之经历。中世纪的神学理解突出形而上学体系的神明观，上帝在"天上"乃一种超越性的存在，而其临在以"起初"上帝造人开始，以耶稣"道成肉身"而完成，从此教会成为神人的中介。近代理性思潮及启蒙运动结束了上述中世纪形成的共识，而理性则成为神与人更新、更直接的中介。19 世纪以来"现代性"得以高扬，却并没有削弱理性的影响、动摇理性的根基。但自 20 世纪下半叶始，传统模式彻底动摇，新的范式不断涌现，超越性与临在性的关系开始失衡，始于启蒙运动的现代性使命似乎已经终结，人们从根本上放弃了理性的权威。在后现代这一"新时代"，是否还有构建体系的可能，是否还可提出普世适用的规范，神学思维是否还可推行及其希望何在，这一切都在等待着现代宗教思潮的回答。而在当代西方社会及其思想语境中，后现代神学的异军突起，似乎给这种解答带来了希望。在 20 世纪末及 21 世纪初的西方宗教思潮发展中，这种希望的确存在，但其回答或指引的出路则是多种多样的。

一　后自由主义神学

19 世纪和 20 世纪初欧美曾流行自由主义神学，与现代主义的发展有着密切呼应，但第一次世界大战的爆发打破了自由主义神学的乐观幻想，其衰退曾导致欧洲神学在两次世界大战之间向"危机神学"的转变。在自由主义神学沉寂了数十年之后，与之呼应却逆向的后自由主义神学却在后现代时代潮流中应运而生。鉴于后自由主义神学的第一代主要神学家都先后在耶鲁大学任过教，故其神学流派也曾被人称为"耶鲁学派"，包括汉斯·弗赖（Hans W. Frei）和乔治·阿瑟·林德贝克（George Arthur Lindbeck，中文亦译为"林贝克"）等人，但他们两人的思想也有着"新自由主义"（neoliberal）或"后自由主义"（postliberal）之理论区别，而林德贝克的思想被视为更倾向于"新自由主义"的发展趋势。

　　"后自由主义"是当代西方比较典型的后现代思潮之一，其理论特点是试图在个体多元化价值与普遍主义的一元化价值之间形成一种综合，在个人自由与社会自由之间获得统一，但更突出一种个性化的复归。而"后自由主义"这一表述在西方当代神学领域则最早出现在弗赖的博士学位论文中，[①]旨在说明巴特思想从自由主义到后自由主义的发展；他此后还出版了《基督教神学的类型》（*Types of Christian Theology*，1992）等著作来对神学的后自由主义意趣加以进一步说明。但从整体发展来看，后自由主义神学主要以美国路德宗神学家林德贝克为代表，他明确提出当代西方神学应转向一种"后自由神学"，认为要在真理、教义、宗教等基本问题上清理现代派自由主义神学取代以往神学的世俗化思路，意识到后现代神学对现代性展开批判的现实意义，因而成为当代西方后现代神学的重要标志性人物。

　　林德贝克 1923 年 3 月 10 日出生在中国洛阳一个瑞典裔的美国家庭，先后在中国和韩国生活了十七年，随之在美国先后就读于古斯塔夫·阿道尔夫斯学院和耶鲁大学神学院，以研究中世纪哲学家邓斯·司各脱（Duns Scotus）的论文获得博士学位；他于 1951—1962 年在耶鲁大学任助理教授，1964—1993 年为耶鲁大学教授；由于他对天主教思想的系统研究，在20 世纪 60 年代曾应邀以世界信义宗联合会观察员的身份出席天主教第二次梵蒂冈大公会议。林德贝克于 2018 年 1 月 8 日在美国佛罗里达州去世。其后自由神学的代表作为《教义的本质：后自由主义时代的宗教及神学》（*The Nature of Doctrine：Religion and Theology in a Postliberal Age*，1984），其他著作包括《罗马天主教神学的未来：梵二会议—变化的催化剂》（*The Future of Roman Catholic Theology：Vatican II-catalyst for change*，1969）和《后自由主义时代的教会》（*The Church in a Postliberal Age*，2002）等。

　　林德贝克深受马丁·路德关于律法与福音之关系的神学思想影响，但对路德的理论体系则有着明显的超越与扬弃。在哲学理论上，林德贝克则吸纳并发挥了路德维希·维特根斯坦（Ludwig Wittgenstein）后期的语言游

---

① 其没有发表的 1956 年在耶鲁大学的博士学位论文题为《卡尔·巴特思想中关于启示的教义，从 1909 至 1922 年：巴特与自由主义破裂的本质》（"The Doctrine of Revelation in the Thought of Karl Barth，1909 to 1922：The Nature of Barth's Break with Liberalism"），相关论述见第 430~434、513、536 页；参见 Kevin J. Vanhoozer ed.，*The Cambridge Companion to Postmodern Theology*，p. 45。

戏理论。现代神学认知与后现代神学理解上的一个重要问题，就是教义与经验的关系问题。对此，基督教神学探究曾尝试过"认知—命题"、"经验—表现"等路径，而林德贝克在对之加以比较后则另辟蹊径，以"文化—语言"的进路来标新立异。所谓"认知—命题"（cognitive-propositionalist）的宗教观是以客观命题作为宗教教义的基础，其特点是基于知识论而认为可以用命题形式来全面、客观、绝对、肯定地表达关于上帝的真理，相关推论方法则与哲学、科学无异。林德贝克认为这种认知进路是前现代的（premodern）或前自由主义的（preliberal）宗教观，陈旧且过时。所谓"经验—表现"（experiential-expressive）的宗教观则强调宗教的经验性，认为内在宗教经验要先于外在教义表现，从而朝向宗教教义的"非客观化"（deobjectification）发展；这是一种现代性的宗教观，即以现代自由派神学为代表，其特点是虽然倾向于把教会教义视为"命题"性的，却认为真理乃"经验—表现"性的，从而转向一种对宗教真理的非认知理论，并将传统的命题内容相对化，使原来逻辑上具有独立存在意义的解释系统如本体论、形而上学、分析哲学、历史主义、自然主义、社会理论、深蕴心理学等都具有了依赖性，转为一种"经验-表现"的模式。其核心意义则是肯定存有一种普遍且内在于个我主体的宗教经验，而其普遍共有性遂使宗教对话及宗教合一成为可能。但在现代社会，人们更多体验到一种"上帝不在"的经验，尽管马丁·路德的"十架神学"（theologia crucis）提出"上帝的隐藏"之论来对其调整，却与"经验寻求表现"的进路背道而驰。很明显，自由主义的神学理论在其重新解释过程中已经相对化了教义的命题内容，使基督教教义的现代解释陷入困境。[①]

于是，林德贝克在其《教义的本质：后自由主义时代的宗教及神学》著作中提出了"文化—语言"（cultural-linguistic）的进路，"这进路视宗教为一种有如文化或语言的整全（holistic）系统或架构，赋予其中的每一个参与者信仰，并塑造他们的经验以及价值"。[②] 这里，宗教观体现的不是某个主体的独有经验，而是强调在宗教社团群体中每个参与者思想经验的汇

---

① 参见 Kevin J. Vanhoozer ed. , *The Cambridge Companion to Postmodern Theology*，pp. 44-45。

② 参见〔美〕林贝克《教义的本质：后自由主义时代的宗教及神学》，王志成译，香港汉语基督教文化研究所，1997 年江丕盛"中译本导言"，第 xviii 页。

聚，是这一社群的共同信仰，宗教则如维特根斯坦所言的语言游戏使每个个体的主体性与其社群的整体生活方式紧密相连。林德贝克指出："对文化—语言学方法的描述是由当代探究中最高神学关切决定的……在我要做的解释中，宗教被看作是通常体现在神话或叙事中，而且被极大地仪式化的综合性的解释体系，它们制约着人类关于自我与世界的经验和认识。"① 根据林德贝克的解释，"宗教可以被看作是一种决定全部生活和思想的文化/或语言学框架或中介。……像文化或语言一样，它是形成个体主体性的共同现象而主要不是这些主体性的外在表现。它由推论性和非推论性的符号的词语以及一种使这些词语可以有意义地组合的独特的逻辑或语法组成。最后，正如语言（或用维特根斯坦的术语，就是'语言游戏'）和生活形式相联系，正如文化既有认知的一面，又有行为的一面一样，在宗教传统中也是如此。宗教教义、宇宙故事或神话、以及道德指令，都和宗教实行的仪式、宗教唤起的情感或经验、宗教所要求的行为、以及宗教所建立的机构形式，有着密切的关系。在把一种宗教和文化—语言学的系统进行对比时，都牵涉到这些问题"。② 实际上，这种理论是以其重新定义的方式使教义命题的内容相对化，其实质就是以一种后自由主义神学的宗教观而否定了前两种传统意义上的宗教观，于此，其后现代的意蕴遂公开显露出来。

与许多后现代思想家一样，林德贝克不再讨论宗教信仰的真理性问题，其对基督教教义之探也是回到宗教语言本身，而回避其教义的客观性及本体性真理问题，认为在当下人们已无法建立一种客观、本体的真理观了。自由主义神学曾试图通过上述有关宗教真理的"经验—表现"理论来充实和促进宗教的实践内容，但后自由主义神学则通过更为实用的新真理观来实现这一目的。因此，他所讨论的神学根本问题已不再是"基督教信仰是否为真"的客观本体意义，而乃其问题结构中的语言独特性之探，以说明"什么是基督教信仰"或"什么是真正的基督教信仰"。不过，林德贝克并没有想彻底突破自由主义神学的范式，而只是以实用主义来取代表现主义，以持续自由主义对命题主义的背离。但如果宗教信仰已经无法建

---

① 〔美〕林贝克：《教义的本质：后自由主义时代的宗教及神学》，王志成译，第34页。
② 〔美〕林贝克：《教义的本质：后自由主义时代的宗教及神学》，王志成译，第35页。

立客观、本体的真理观，那么这一信仰的动摇也同样无法避免了。所以，自由主义和新自由主义神学都无法从一种比较适当的后自由主义观点来宣称对基督教话语的真理诉求具有正当性。[①]

在林德贝克和弗赖等人的推动下，后自由主义神学的影响不断得以扩大，并形成涵括基督教新教和天主教的普世神学特色。他们以一种新的视域重新思考基督教思想传统及其教义神学的一些老问题，希望能够走出现代自由派神学及福音派神学所陷入的困境。而且，后自由主义神学在突出其对神学语言问题之关注的同时，也加强了比较意义上的跨学科关系及宗教多元主义的研究。

二 后形而上神学

"后形而上神学"（postmetaphysical theology）这一构想源自法国当代天主教思想家让-吕克·马里翁（Jean-Luc Marion，亦译为马礼荣）的理论拓展。马里翁生于 1946 年 7 月 3 日，为法兰西学院院士，巴黎第四大学索邦大学教授，也曾担任美国芝加哥大学宗教学、神学、哲学资深教授，他学术领域涉猎很广，研究范围包括近现代西方哲学、现象学、天主教神学等，于 1992 年获法兰西学院哲学大奖，2008 年当选为法兰西学院院士，同年亦获得德国海德堡大学雅思贝尔斯奖，2012 年获得德国洪堡基金会奖，2014 年被邀请赴英国苏格兰的大学做吉福德讲座，2017 年曾来中国北京、上海等地进行学术访问，在北京大学和中国人民大学等进行演讲及学术讨论，并专门与研究及翻译其著作的六位中国学者展开了深入对话。马里翁也是一位多产作家，著述甚丰，其主要著作包括《偶像与距离》（*The Idol and Distance*，1977）、《笛卡尔的白色神学》（*Sur le théologie blanche de Descartes*，1981）、《可见者的交错》（*La Croisée du Visible*，1991，中译本张建华译，漓江出版社，2015 年）、《无存在的上帝》（*God Without Being*，1991）、《成为事实的捐赠，捐赠现象学文论》（*Etant donné*，*Essai d'une phénoménologie de la donation*，1997）、《还原与给予：胡塞尔、海德格尔与现象学研究》（*Reduction and Givenness. Investigations of Husserl*，*Heidegger*，*and Phenomenology*，1998，中译本方向红译，上海译文出版社，2009 年）、《笛卡尔的问题》（*Cartesian*

---

① 参见 Kevin J. Vanhoozer ed. ，*The Cambridge Companion to Postmodern Theology*，p. 45。

Questions，1999)、《笛卡尔的形而上学棱镜》(*On Descartes' Metaphysical Prism*，1999)、《论过度》(*De Surcroit*，亦译《论多给》，2001)、《性欲现象》(*La Phénoméne érotique*，2004，中译本：马礼荣著，黄作译《情爱现象学》，商务印书馆，2014 年)、《论自我与上帝》(*On the Ego and on God*，2007)、《可见者与被启示者》(*The Visible and the Revealed*，2008)、《赠礼的理由》(*The Reason of the Gift*，2011)、《自我之位，圣奥古斯丁探究》(*In the Self's Place*，*The Approach of Saint Augustine*，2012)、《现象学名人胡塞尔、海德格尔、勒维纳斯、亨利、德里达》(*Figures de phénoménologie Husserl*，*Heidegger*，*Levinas*，*Henry*，*Derrida*，2012)、《给予和解释学，佩里·马尔克特尔神学讲座》(*Givenness & Hermeneutics*，*The Pére Marquettel Lecture in Theology*，2013)、《论笛卡尔的受动性思想》(*Sur la pensée passive de Descartes*，2013)、《笛卡尔的灰色本体论》(*Descartes's Grey Ontology*，2014，亦译《笛卡尔的灰色存在论》)、《给予和启示》(*Givenness and Revelation*，2016) 等。其 2017 年 11 月在华演讲 "笛卡尔：感受之思"、"论现象学的神学效用" 等亦有中文本出版：方向红、黄作主编《笛卡尔与现象学，马里翁访华演讲集》(三联书店，2020 年)。

马里翁的后形而上神学研究亦被称为 "现象学神学"，其发展构成了研究主体理性、存在主义和现象学神学的三部曲。他以对笛卡尔的研究为开端，并重新规定了笛卡尔哲学的性质，为此他曾先后出版了研究笛卡尔的系列著作《笛卡尔的白色神学》、《笛卡尔的问题》、《笛卡尔的形而上学棱镜》、《论笛卡尔的受动性思想》和《笛卡尔的灰色本体论》等。在他看来，笛卡尔侧重于 "自我之思" (cogitatio sui)，强调的是 "感受之人""主体之人"，从而形成了近代西方的意识哲学传统。而现代崛起的存在主义哲学则以 "我在" 取代了笛卡尔所凸显的 "我思"，由此推动了西方现代哲学的转型。海德格尔使存在论在现代哲学中独占鳌头。在存在主义的视域中，没有理性的必然，而只有存在的偶然，如让-保罗·萨特 (Jean-Paul Sartre) 就认为 "偶然性才是最根本的"，人的生存环境决定了人的自由，人在无可选择中只能选择其存在处境，这种自由实际上是将 "自思" (pensée de soi) 调整为 "自为" (tre pour-soi)，所以人的处境生存之关注仍是强调人的主体、人的存在，恰如萨特所言，"存在主义是一种人道主义"，"人是以其出现而促成了一个世界的存在"；萨特于此表达了其存在主义无神论的立场，"我为人下赌，而不指望神"。① 但存在主义的局限亦颇为明显，马里翁就认为海德格尔在《存在与时间》等著述中的阐发并不十分成功，其还原努力的失败就在于海德格尔没有意识到"还原越多，给予越多"；埃德蒙德·胡塞尔（Edmund Husserl）的《逻辑研究》被海德格尔理解为对"被给予性"的关注，但存在主义看到了"有多少表象，就有多少存在"，却没有注意到"有多少还原，就有多少被给予"。于是，马里翁深入德里达、福柯、艾玛纽埃尔·勒维纳斯（Emmanuel Levinas）、米歇尔·亨利（Michel Henri）等人的现象学研究，尝试以现象学的方法来超越存在论的思考，仔细分析"给予"在构成现象视域上的根本意义，从而掀起了"现象学的第三次浪潮"，并且使法国现象学出现了"神学转向"，由此而发展出具有后现代意义的后形而上神学理论体系。以上述法国思想家为代表的后现代主义现象学思潮则彻底解构了理性主义、存在主义的"主体之人"的思考，而更多突出了"无主体的人"（l'homme sans sujet）、"非人"（l'inhumain）及"人的消亡"（la mort de l'homme）。此外，在其后形而上神学中，马里翁还重点研究了奥古斯丁、中世纪哲学和宗教哲学，专门讨论了偶像、启示、上帝与形而上学的关系等问题。

所谓"后形而上神学"，实质上是与传统形而上学神学命题的分道扬镳。马里翁认为基督教的上帝理解突出"天父"、强调"绝对之爱"，这些都是已经过时的说法，故此需要从基督教上帝之自我启示这种观念中获得自由，尤其是要放弃上帝"存在"之说法。这种将上帝视为"至高存在"的观念一直是西方形而上学体系的核心观念，由此亦奠立了其"本体论神学"或"存在论神学"的根本基础；但今天人们必须面对的则是"无存在"的上帝。这里，理性的论证必须让位给神秘的体悟，马里翁于此追溯到 15—16 世纪以伪丢尼修（the "Pseudo-Dionysius"，亦称亚略巴古人丢尼修 Dionysius the Areopagite）为代表的"神秘神学"或"否定神学"。这种神学所理解的"神名"是不可解释的，人们不能说上帝"是什么"，而只能判断上帝"不是什么"，上帝同样超越人们对"存在"的理解，马里翁顺着这一思路而推出了其"超越形而上学"的"无存在的上帝"之论。不过，马里翁在此并非要否认上帝的"实存"（exist），而只是想强调人类所

---

① 以上参见 Jean-Paul Sartre, *L'Existentialisme est un humanisme*, Paris, 1947, pp. 66-78。

能够想象到的任何神圣存在或非存在都无法把握神圣启示所展示的神之无限、博大。因此，上帝的至高之名不可能在形而上学的"存在"指称中得以表达，而只能是以善、爱来加以神学赞美。马里翁指出，上帝给予一切，包括各种存在及存在本身。如果形而上学之上帝必然是以人类思想之理性观念可理解甚至可证明的方式来存在，那么在马里翁看来，基督教信仰中的上帝则是不可理性证明或观念理解的上帝，而只可能在沉思和祈祷所表达的爱之中、在礼仪生活中体会和感受。基于这一信仰，马里翁表示其"无存在"的上帝就是要展示上帝在任何事物上的绝对自由，包括对人类可能且必须要有的基本状况即存在本身之事实的自由。① 形而上学的历史给人一种误导，即按照人的观念维度去理解上帝，这种误导在现代西方主体哲学上达到高峰。马里翁因而对这种形而上学传统持尖锐批评的态度，他指出所有形而上学体系都把上帝理解缩减为某种观念命题，尤其是自笛卡尔以来的近现代西方哲学都习惯以主体性来说明存在，从笛卡尔的"我思"，经黑格尔的"绝对主体"和尼采的"权力意志"而到海德格尔的"此在"，这种"存在论神学"的上帝观念都未能跳出形而上学的历史发展。

在马里翁看来，正是这种形而上学使上帝的"圣像"被异化为"偶像"，本"不可见"者沦为人类主体的"可见者"，所以说，存在论神学中的上帝只能是一种观念性偶像。在人的主体意识中，其对神明的理解实际上只是一种偶像而已，而对上帝本质的界定也是基于人的观念模式，于此人对神圣的关照不过是自我思想的间接且不可见之镜，结果使人对神圣的认知模糊不清、陷入混乱，无法获得真正认知。而在对"圣像"的理解中，所谓神圣的可见性则是超越人的意向及领悟的，也超越了人之意识的局限。正是在此意义上，决不可以从对普通绘画的领悟及理解来解读圣像画。在马里翁的领悟中，信仰上的神明是不受形而上学诸范式的限制的，会超越任何概念、定义、命题、本质及实在的界定。他认为关于上帝存在的证明和无神论实际上乃同一种错误的两端而已，其基本思路并无本质区别，在出发点及方法论上就都已经误入歧途了。

---

① 见 Marion：*God Without Being*，trans. by Thomas A. Carlson，University of Chicago Press，1991，pp. xix - xx。参见 Kevin J. Vanhoozer ed.，*The Cambridge Companion to Postmodern Theology*，pp. 58-59。

现代存在主义同样陷于这种形而上学的藩篱之中。海德格尔曾经以其存在理解来说明神明，企图由此而找到一个可以救度人世的上帝。马里翁认为这不过是玩了一个逻辑游戏而已，与中世纪经院哲学关于上帝存在的本体论证明并无二致。海德格尔把"存在"（Sein）视为每一"实存"（Seiende）的基础，把上帝理解为"自因之因"（self-causing cause），从而也就是一切存在之整体。这样，海德格尔也就把神学与存在论紧紧地绑在了一起，并认为由此而克服了存在与存在者之间的本体论区别。也就是说，代表诸存在的最高存在就是上帝，上帝即一切其他存在的"自因之因"，诸存在的存在作为其基本本则只可能是"自因"（causa sui），这就是形而上学的上帝观念。所以，马里翁把这种上帝观视为逻辑偶像、形而上塑像，以及人们理解一切存在的原则。而这种形而上的上帝也就不再是鲜活的宗教实践的上帝，更不是真正的基督教信仰的上帝。①

马里翁指责说，这种形而上的上帝观按其本质并非反映人之理解的弱点，而乃暴露了人之意志的傲慢；马里翁于此回想起布莱士·帕斯卡尔（Blaise Pascal）所论哲学家和学者的上帝与信仰者的上帝之区别，认为哲学形而上学的上帝与宗教生活中的上帝已经相距甚远；相反，"必定放弃哲学的上帝及作为自因的上帝之无神的思想……或许与神圣上帝离得更近。"② 显然，马里翁的这种后形而上神学也与尼采"上帝死了"的极端思想及后现代思潮之"上帝之死"神学离得更近。

三 解构性神学

"解构性神学"（deconstructive theology）以 1982 年在美国出版的著作《解构与神学》（*Deconstruction and Theology*）为标志，此书由阿尔泰泽尔主编，收录了阿尔泰泽尔、马克·泰勒、拉什克、沙莱曼、马克斯·迈耶尔（Max Meyer）和温奎斯特等人的相关文章；其动因是这些"上帝之死"派神学家、哲学家和宗教学家在研究黑格尔、尼采之"上帝已死"思想和维特根斯坦及海德格尔关于"语言转换"之论述的基础上对德里达著作的深入研究，意识到社会解构思潮的兴起和神学终结的危机，因

---

① 参见 Kevin J. Vanhoozer ed., *The Cambridge Companion to Postmodern Theology*, pp. 60-61。

② 参见 Marion: *God Without Being*, trans. by Thomas A. Carlson, p. 35。

而有感而发。马克·泰勒（1945— ）是"解构性神学"的主要倡导者之一，他 1973 年从哈佛大学博士毕业后任教于威廉斯学院，在 1982 年也出版了其代表性著作《解构神学》（*Deconstructing Theology*），并于 1986 年出版了其主编的著作《处境中的解构》（*Deconstruction in Context*）。他自 2007 年转至哥伦比亚大学任教后在这一领域有更多参与。这样，西方当代的解构性神学在美国应运而生。①

其实，早在 20 世纪 60 年代，美国就出现了强调"上帝之死"的神学思潮，显然具有非常强烈的后现代色彩。这是与欧洲"二战"之后笼罩在神学界的悲观思潮的一种极端性呼应，并加剧了美国神学界的分化。1966 年，阿尔泰泽尔和威廉·汉密尔顿（William Hamilton）主编出版了《激进神学与上帝之死》（*Radical Theology and the Death of God*）一书，引起了西方神学界的轩然大波。阿尔泰泽尔还在同年出版了其标题耸人听闻的著作《基督教无神论的福音》（*The Gospel of Christian Atheism*），对西方当代神学界的乱局起到了推波助澜的作用。

阿尔泰泽尔是"上帝之死"神学的主要代表，他于 1927 年 5 月 28 日出生在美国麻省坎布里奇，先后在马里兰圣约翰学院和芝加哥大学就读，在获得学士学位后于 1951 年以研究奥古斯丁自然与恩典观念的论文获得硕士学位，1955 年在著名宗教学家约阿希姆·瓦赫（Joachim Wach）的指导下以研究卡尔·古斯塔夫·荣格（Carl Gustav Jung）宗教理解的论文获得博士学位。他于 1954—1956 年在印第安纳的瓦巴施学院任助理教授，于 1956—1968 年在埃默里大学任圣经与宗教副教授，于 1968—1996 年在斯托尼布鲁克大学任宗教学教授，随后为其荣休教授。他一生深受黑格尔辩证法、布莱克幻象作品、欧文·巴菲尔德（Owen Barfield）人智学、伊利亚德神圣与世俗研究，以及尼采虚无主义等影响，因而在神学发展上选择了一种标新立异的叛逆之途。他于 2018 年 11 月 28 日去世。其主要著作包括《东方神秘主义与圣经末世论》（*Oriental Mysticism and Biblical Eschatology*，1961）、《米尔恰·伊利亚德与神圣辩证法》（*Mircea Eliade and the Dialectic of the Sacred*，1963）、《激进神学与上帝之死》（与汉密尔顿共同主编，*Radical Theology and the Death of God*，1966）、《基督教无神论的福音》（*The Gospel of*

---

① 参见 Kevin J. Vanhoozer ed., *The Cambridge Companion to Postmodern Theology*，p. 76。

Christian Atheism，1966）、《新启示录：威廉·布莱克的激进基督教幻象》（*The New Apocalypse：The Radical Christian Vision of William Blake*，1967）、《朝向一种新的基督教：上帝之死读本》（主编，*Toward A New Christianity：Readings in the Death of God*，1967）、《堕入地狱》（*The Descent into Hell*，1970）、《上帝的自我体现》（*The Self-Embodiment of God*，1977）、《整体之在：耶稣的语言和今日语言》（*Total Presence：The Language of Jesus and the Language of Today*，1980）、《历史作为启示》（*History as Apocalypse*，1985）、《创世记与启示录：朝向真实基督教的神学之旅》（*Genesis and Apocalypse：A Theological Voyage Toward Authentic Christianity*，1990）、《上帝的创世》（*The Genesis of God*，1993）、《当代耶稣》（*The Contemporary Jesus*，1997）、《基督教无神论的新福音》（*The New Gospel of Christian Atheism*，2002）、《神性与虚无》（*Godhead and the Nothing*，2003）、回忆录《活在上帝之死中：神学回忆》（*Living the Death of God：A Theological Memoir*，2006）、《启示的三位一体》（*The Apocalyptic Trinity*，2012）等。

1966 年 4 月，阿尔泰泽尔在《复活节时代》（*Easter Time*）杂志发表了以"上帝死了吗？"（"Is God Dead?"）为标题的耸人听闻之文章，拉开了这一解构性神学发展的序幕。他认为"上帝之死"是自创世以来就开始了的过程，而在耶稣基督被钉十字架时结束。不久，其思想就获得一些人的共鸣，并形成了以他和加布里埃尔·瓦汉尼（Gabriel Vahanian）、汉密尔顿、保罗·范·布伦（Paul Van Buren）和犹太教拉比理查德·鲁本斯坦（Richard Rubenstein）等人为代表的学术圈子，他们还经常组织各种观念相撞击的思想研讨会。而阿尔泰泽尔本人也与路德宗基要派思想家约翰·沃里克·蒙哥马利（John Warwick Montgomery）和基督教反膜拜运动代表沃尔特·马丁（Walter Martin）等人有着激烈辩论，并受到保守派神学家的各种指责，认为他在神学上和信仰上都走上了标新立异而出格的歧途，希望他能够"迷途知返"。

针对西方思想界理性主义和形而上学的传统，这些激进的解构主义神学家觉得已经很难回到过去了，他们宣称"上帝之死"就是西方思想传统根深蒂固、流传久远的抽象性"绝对精神"之死，并强调"我们必须承认上帝之死是一个历史事件：上帝已经在我们的时代、我们的历史和我们的存在中死去"。① 这种激进的说法表达了其与西方信仰精神传统决裂的决心，旨在解构西方形而上学的神学大厦，大有推倒一切重来的气势。对于基督教信仰的核心观念"上帝"，他们同样毫不留情，表示坚决否认有作为"超越存在"、表现"超人间力量"的上帝存在。阿尔泰泽尔说，我们必须面对且谈论上帝之死，"拒绝谈论上帝之死，就是不敢面对我们所处的时代，就是回避我们历史的残酷现实……如果上帝确实已不存在于我们历史之中，那么我们所需要的并不单纯是以刚毅的精神来接受上帝已死这一事实，而需要用信仰的热情促成上帝之死"。② 这种说法及口吻在基督教传统理解中简直就是离经叛道、不可理喻，却能在西方现代社会尤其是其神学理论界堂而皇之地存在，已经令正统、保守的基督徒感到匪夷所思了。但在西方当代社会尤其是美国的巨变中，这一切又显得非常自然，人们对之慢慢接受，也就不再觉得大惊小怪了。

在对阿尔泰泽尔的评价中，甚至有人称他为近半个世纪以来站在西方文化及神学发展前沿的先驱，认为西方精神传统的重生需要他这样的"批判性伴侣"。阿尔泰泽尔无情地批评了传统基督教神学，认为其上帝论所反映出的"永恒""绝对"之神格实际上是一种"原始神格"，其超然性亦使之对人世而言乃被动的，而现代性思潮所推出的"存在"论上帝理解也没有解决上帝的"不在场"问题，其实"没有人看见过上帝"，其所谓临在或此在亦虚，就在"道成肉身"的上帝被钉十字架之时就已"死去"，其"末世"期盼却给人一种"世界末日"之感。所以人类目前所见证的正是其现代性幻影破灭之后的上帝印象。于是，其传统神学在不断被解构，神学本身却并没有消失，嬗变为一种无神论和虚无主义的神学，形成让人匪夷所思的悖论。"上帝之死"神学对后现代社会之神圣内在性的理解是"上帝死了"，故在一个无神且虚无的社会只能产生一种无神论的神学。但这是否还为基督教的神学，遂引起人们的疑问和恐慌。对"上帝之死"神学的众说纷纭也说明西方后现代思想发展的不确定性，为人们的观察研究亦留下了巨大空间。

---

① Thomas J. J. Altizer and William Hamilton eds., *Radical Theology and the Death of God*, Indianapolis: Bobbs-Merrill Comp., 1966, p. 95.

② 转引自刘小枫主编《20世纪西方宗教哲学文选》下卷，上海三联书店，1991，第1824页。

　　此外，拉什克也早在 20 世纪 70 年代开始将德里达的解构主义思想引入基督教神学之中，并在 1979 年出版了《话语的魔力：语言与神学的终结》（*The Alchemy of the Word*：*Language and the End of Theology*）一书。随着西方后现代思潮对形而上体系的解构，语言本身的重要性得以凸显，"语言即超越"（language as transcendence）等表述浮现出来。而神学关注的重心也转向了语言、叙事等范畴，于是，超越回归内在，语言代替了体系，"在文献之外别无一物"。① 在这种转向语言的进程中，传统教义神学的诉求被彻底解构，而相关表述在向能动的、充满潜力的语言符号解读过程开放，并滑向意义及解释的无限之途；以往思想理论对秩序、体系、定义、清晰的要求被搁置在一边无人问津，但语言的变幻无穷、诗意的想象、创造力的迸发则得以提倡。不仅"上帝之死"是被认可的表述，以此迎来了无拘无束的新解放，而且"基督教无神论""无神学""歧义"等也都成了积极的术语。在这种激进、疯狂的解构中，神圣世界被颠倒，世俗内在之美则得以彰显。所以说，解构性神学的发展轨迹乃与对传统思想、语言的破坏、伤害相伴随。宗教的"彼岸世界""崇高理想"成为康德所理解的不可企及之"物自体"，超越的境界没有了，剩下的只有在俗世的语言狂欢。由此可见，西方后现代的解构神学经历且见证了传统体系的崩塌和信仰境界的堕落，伟岸高拔的整体被打破，四散飞溅的碎片则再难整合。后现代思潮给西方社会及人们的心境带来了天翻地覆的变化，一个时代结束了，未来的世界给人们只有茫然之感、不可知的恐怖。西方的思想理论、信仰精神、人格修养在后现代的狂潮中都遭到破坏；这一切还能重建吗？人们仍在摸索着道路，寻找着方向。

　　"解构性神学"刚一出现就引起了少数西方思想家的关注，对这种发展表示了担忧。如天主教思想家马里翁早在 1977 年以法文发表的神学著作《偶像与距离》（*L'Idole et la distance*，1977）中，就已经论及这种对神学的解构。不过，马里翁的这一著作尽管对之具有里程碑意义，却在英语世界鲜为人知，几乎无人论及。但在 20 世纪 80 年代及 90 年代，随着西方思想界对巴特与德里达的理论关联之研究和对比，人们意识到巴特早期辩证神学对自由主义神学的批判及其否定基调与德里达的解构理论及其"差异"（différance）之论有着异曲同工之处，于是相关讨论就热闹起来，这一时期出版的专题论著包括

---

　　① 参见 Kevin J. Vanhoozer ed.，*The Cambridge Companion to Postmodern Theology*，p.77。

理查德·罗伯茨（Richard Roberts）的《神学在其途中吗？卡尔·巴特论集》（*Theology on its Way? Essays on Karl Barth*，1991）、斯蒂芬·韦布（Stephen Webb）的《重新构设神学：卡尔·巴特的言述》（*Re-figuring Theology：The Rhetoric of Karl Barth*，1991）、沃尔特·洛厄（Walter Lowe）的《神学与差异：理性之伤》（*Theology and Difference：The Wound of Reason*，1993）、格雷厄姆·沃德（Graham Ward）的《巴特、德里达与神学语言》（*Barth，Derrida and the Language of Theology*，1996）和伊索尔德·安德鲁斯（Isolde Andrews）的《解构巴特：卡尔·巴特和雅克·德里达的互补方法研究》（*Deconstructing Barth：A Study of Complementary Methods in Karl Barth and Jacques Derrida*，1996）等。但这些神学家也很难完全接受德里达的解构思想，不愿完全承认曾对西方思想史影响久远之观念如超越、此在与意义等就此而终结，故而认为德里达所要折中或解构的也只是关于内在与超越、此在与缺席、意义与话语的二元理论。此后，在对解构性神学所造成的思想混乱及迷误加以弥补和调整中，托比·福肖（Toby Forshay）等人提出将德里达的解构理论与佛教的"绝对无"之思想加以比较，为此他主编出版了《德里达与否定神学》（*Derrida and Negative Theology*，1992）一书，约翰·卡普托（John D. Caputo）在其著作《雅克·德里达的祈祷与眼泪》（*The Prayers and Tears of Jacques Derrida*，1997）中指出德里达所言之"差异"并非基督论的神学基础，而只是针对"宗教之人"（homo religiosis）所言，而威廉·S. 约翰逊（William S. Johnson）则在其著作《上帝的奥秘：卡尔·巴特与神学的后现代基础》（*The Mystery of God：Karl Barth and the Postmodern Foundations of Theology*，1997）中强调要回到神秘主义，认为上帝的奥秘本身就没有所谓形而上学的基础。① 但总体来看，解构性神学在西方当代宗教界所撕开的这一思想裂缝在短时期内是很难弥合的。

四 重建性神学

"重建性神学"即"重建性后现代神学"（reconstructive postmodern theology），亦称"建构性后现代神学"（constructive postmodern theology），与"过程神学"（process theology）密切关联，是后现代神学思潮中相对积

---

① 参见 Kevin J. Vanhoozer ed.，*The Cambridge Companion to Postmodern Theology*，pp. 82-83。

极、乐观、主动的神学建构，而怀特海的过程哲学（process philosophy）则为之起了重要的奠基作用。怀特海在 1925 年出版的《科学与现代世界》（*Science and the Modern World*）一书中指出，当时物理学及哲学的发展已经超越了一些曾是现代世界之基础的科学观及哲学观，发出了"现代"这一时代是否行将终结的疑问。在他看来，笛卡尔以物质与精神的二元区分思想而标志着"现代"的开始，而威廉·詹姆斯（William James）在 1904 年发表的文章《意识是否存在？》（Does Consciousness Exist?）则向"意识非（构成物理世界的）物质"之传统观念发起了挑战，从而也标志着"一个哲学新阶段"的开始。① 为此怀特海断言"这一双重挑战标明那个已经延续了约 250 年的时期已经结束"，② 但他认为新的时期仍然需要形而上学，并试图通过科学与哲学的互补而在现代科学走向与逆形而上学解构的处境中重建形而上学的现代体系，强调"实际事态"、"永恒客体"、"上帝"及"创造性"这四种形而上学之终极观念具有重要意义。不过，他把对形而上学的空间表述更多地改为时间理解，突出流变、能动、过程的意蕴及其价值，而上帝则体现在宇宙形成、发展之过程中所具有的"本体原则"中，上帝既是宇宙的"原初本质"（primordial nature），也是其"结果本质"（consequent nature），从而构成完美的"过程"（process）。早在 1944 年，怀特海就被视为"后现代自由主义哲学的先驱之一"；而在 1964 年，西方学术界已经公认怀特海的探究乃一种"后现代"的思考及方法。

怀特海的过程思想被查尔斯·哈特肖恩（Charles Hartshorne）与约翰·科布（John B. Cobb）等人所继承和发扬，其中哈特肖恩尝试以一种"超泛神论"（panentheism，亦译"万有在神论"）来扬弃传统有神论，强调上帝既超越又内在；而科布则发展并完善了怀特海的过程神学，并提出了"创造性转变"（creative transformation）的新思想。特别值得一提的则是，科布在克莱尔蒙特神学院的同事格里芬将这种过程神学发展为一种"建设性的后现代主义"。他对现代和后现代加以对比，意识到那些对古典及现代思想加以解构的观念构设，并凸显怀特海哲学中的后现代观念及其重建努力，故而才真正形成了在西方社会后现代氛围中的"建构性神学"

① 参见 Kevin J. Vanhoozer ed. , *The Cambridge Companion to Postmodern Theology*, pp. 92-93。

② Alfred North Whitehead, *Science and the Modern World*, New York: Free Press, 1967, p. 143.

或"重建性神学"。而强调其"重建性",则是以后现代时期的"解构"为其社会前提及理论预设,意味着在"解构"之后的"重建"。

格里芬是"重建性神学"的主要代表,他于 1939 年 8 月 8 日出生在美国华盛顿的威尔伯,在俄勒冈的一个小镇长大,在其教派归属上属于基督门徒会。他在进入西北基督教学院之后对该校教授的保守基要派神学产生反感,后到俄勒冈大学攻读硕士学位,其间参加了蒂利希在加州伯克利联合神学研究院的系列讲座,开始对哲学神学产生兴趣。1970 年,他在克莱尔蒙特大学研究院获得哲学博士学位。在读博期间,他曾研究东方宗教,并涉猎吠檀多学说,后来则转向怀特海的过程哲学,参加科布组织的相关研讨班,从此与过程神学结下不解之缘。他以过程思想来诠释基督论和神正论,并将之运用到对社会及生态问题的解决。格里芬毕业后曾在戴顿大学讲授东方宗教,1973 年返回克莱尔蒙特后与科布一道创立了克莱尔蒙特神学院的过程研究中心。1973 年至 2004 年,格里芬在克莱尔蒙特神学院任教,并与科布共同担任其过程研究中心的主任,1980—1981 年,他曾到剑桥大学和伯克利大学进行研究访学。1983 年,格里芬曾在圣巴巴拉创立后现代世界研究中心,并于 1987—2004 年主编出版了纽约州立大学建构性后现代哲学系列丛书。"9·11"事件后,格里芬对美国政府多有批评,谴责其帝国主义及扩张主义政策带来的恶果,他要求对"9·11"事件展开全面调查,并创建了"9·11 真相学者"组织。格里芬在哲学、神学和宗教领域也是多产作家,其主要著作包括《过程基督论》(A Process Christology,1973)、《过程神学:导引性阐释》(Process Theology:An Introductory Exposition,1976)、《约翰·科布的过程中神学》(John Cobb's Theology in Process,1977)、《过程与实在》(Process and Reality,1979)、《物理学与时间的终极意义:玻姆、普里果金与过程哲学》(Physics and the Ultimate Significance of Time:Bohm,Prigogine and Process Philosophy,1986)、《科学的复魅:后现代建议》(The Reenchantment of Science:Postmodern Proposals,1988)、《灵性与社会:后现代愿景》(Sprituality and Society:Postmodern Visions,1988)、《后现代神学种种》(Varieties of Postmodern Theology,1989)、《后现代世界的上帝与宗教:后现代神学文集》(God and Religion in the Postmodern World:Essays in Postmodern Theology,1989)、《原型过程:怀特海、荣格、希尔曼论自我与神圣》(Archetypal Process:Self and Divine in Whitehead,Jung,and Hillman,

1990）、《神圣联结：后现代灵性，政治经济和艺术》（*Sacred Interconnections*：*Postmodern Spirituality*，*Political Economy and Art*，1990）、《原初真理与后现代神学》（*Primordial Truth and Postmodern Theology*，1990）、《上帝，权力与邪恶：过程神正论》（*God*，*Power*，*and Evil*：*A Process Theodicy*，1991）、《回返邪恶：回应与重新思考》（*Evil Revisited*：*Responses and Reconsiderations*，1991）、《建构性后现代哲学的创立者：皮尔斯，詹姆斯，本格森，怀特海和哈特肖恩》（*Founders of Constructive Postmodern Philosophy*：*Peirce*，*James*，*Bergson*，*Whitehead*，*and Hartshorne*，1993）、《危机星球之后现代政治：政策、过程和总统愿景》（*Postmodern Politics for a Planet in Crisis*：*Policy*，*Process*，*and Presidential Vision*，1993）、《犹太神学与过程思想》（*Jewish Theology and Process Thought*，1996）、《超心理学，哲学与灵修学：一种后现代探究》（*Parapsychology*，*Philosophy*，*and Spirituality*：*A Postmodern Exploration*，1997）、《没有超自然主义的复魅：过程宗教哲学》（*Reenchantment Without Supernaturalism*：*A Process Philosophy of Religion*，2000）、《宗教与科学自然主义：克服冲突》（*Religion and Scientific Naturalism*：*Overcoming the Conflicts*，2000）、《过程神学与基督教福音：对古典自由意志有神论的回应》（与科布等共同主编，*Process Theology and the Christian Good News*：*A Response to Classical Free Will Theism in* "*Searching for an Adequate God*：*A Dialogue between Process and Free Will Theists*"，2000）、《两种伟大真理：科学自然主义与基督教信仰的新综合》（*Two Great Truths*：*A New Synthesis of Scientific Naturalism and Christian Faith*，2004）、《深刻的宗教多元主义》（*Deep Religious Pluralism*，2005）、《怀特海极为不同的后现代哲学：论证其当代关联》（*Whitehead's Radically Different Postmodern Philosophy*：*An Argument for Its Contemporary Relevance*，2007）、《超泛神论与科学自然主义：重新思考邪恶、道德、宗教经验、宗教多元论和宗教学术研究》（*Panentheism and Scientific Naturalism*：*Rethinking Evil*，*Morality*，*Religious Experience*，*Religious Pluralism*，*and the Academic Study of Religion*，2014）和《给美国人的基督教福音：一种系统神学》（*The Christian Gospel for Americans*：*A Systematic Theology*，2019）等。此外，他就"9·11"事件也发表了许多著作。

　　"重建性神学"在格里芬那儿成为关涉社会、政治、经济、生态、精神、信仰的新途径。传统的超自然主义神学把上帝视为可随时打断宇宙正常因果过程的神奇神明，其具有的巨大压力亦随时随处都可能呈现，这在近现代发展中的科学与宗教之张力上得到充分体现。格里芬认为有必要重新审视科学与宗教的关系，并指出怀特海已经在主张一种"后现代科学"。同理，对宗教的认知及理解也需要调适，这对基督教尤为重要。为此，格里芬认为值得对基督教也加以一种后现代的解释。在 1980 年格里芬访英期间，他针对约翰·希克（John Hick）关于"道成肉身上帝的神话"①之说而加以回应，发表了题为"神话，道成肉身和后现代神学之需要"（"Myth, Incarnation, and the Need for a Postmodern Theology"）的讲演，认为后现代视域可以协调现代性与 20 世纪社会发展之间的张力。1987 年，他又在圣巴巴拉组织召开了"走向后现代世界"国际学术研讨会。在其"重建性神学"理论中，格里芬系统阐述了怀特海的过程哲学之后现代意义，也对其后现代的建构性神学进行了论证。当保守的基要主义神学家批评现代自由派神学理论显得空虚乏味时，其立场则是要回到以《圣经》和教会传统为权威的超自然主义观念，而自由主义神学却强调理性与经验对于其信仰的重要性；对此，后现代的建构性神学认为自由派神学的世界观及方法论并没有错，而问题是其过度推崇理性，并将之与现代理性相关联；这种神学构思的核心仍然是自然主义的有神论，当其将上帝在世界中内化，视其为冥冥之中的"宇宙理性"之后，也就失去了上帝超越及神圣之维。在格里芬看来，传统有神论基于"存在论神学"立场，把上帝等同于存在本身，但世界作为受造物之存在只是一种赠礼，并不真正拥有任何权力；而这种"给予"也可能随时会中断，因而其关于存在的自然与超自然之维很难得以透彻阐述，故需重回"从虚无中"（ex nihilo）创造之思考。由此而论，后现代的建构性神学不能回避基督教的基本教义问题，却可能以其新的解释而使之得以加强，这就需要克服传统神学教义中超然与自然、神圣与世俗、存在与虚无、此岸与彼岸、精神与物质的二元分裂。

此外，格里芬认为对神学与伦理的理解也不可分而述之，后现代神学在这里势必乃一种解放神学。这种结合使神学与伦理相呼应，形成有机关照。例如，不可抽象地谈论人类之罪，而需具体分析；这种伦理意义上的犯罪实际上是与神学意义上的神圣拯救内在关联、有机共构。另外，当把

---

① 参见 John Hick ed., *The Myth of God Incarnate*, London：SCM Press, 1977。

罪与现代社会状况联系到一起来看时，格里芬还有一种出自生态学视域的评价。现代人之罪其实就是人类对地球的不公平对待，从而导致了全球性的生态危机，人对地球环境的破坏及其生态恶化的后果，现已引起人们的极大关注和普遍共识。人们对自然世界的解构也带来了人的自我异化，而克服这种异化则需要建构性的观念及努力。① 由此可见，这种"重建性"后现代神学在格里芬这里就是以其神学之论来重建人与神圣、人与世界、人与自然、人与社会和人与人之间的关系。在格里芬思想的后来发展中，他开始走向一种后现代的生态主义，认为"重建性神学"首先就应该支持对人类生存的这一星球的"生态性解放"（ecological liberation），而无限制剥夺地球资源的经济增长实际上会加速世界的毁灭，不可能做到"可持续发展"。他所担忧的是，目前世界风行的经济主义在很大程度上使人变成了经济动物，其思潮并已取代民族主义而成为全球性宗教，他呼吁人类应增强"共同体"意识，形成同一家园的观念来共同维护世界的和谐、维系生态的平衡，一旦让上述生态危机及其恶果积重难返，则悔之晚矣。在这种生态意识指导下，格里芬反对军备竞赛，反对核武器的发展，反对破坏人权，提倡社会民主、公平，从而从神学走向了政治学，从宗教理论家变成为社会活动家。但其神学政治影响不大，效果也有限，而其"重建"亦举步维艰，差强人意，并没有成为西方社会的主流思潮，更谈不上取得了任何具有实质性进步的成果。

五　激进正统神学

"激进正统神学"（radical orthodoxy）也是尝试对现代正统神学否定或超越的各种努力，这一思潮兴起于英国，以英国圣公会及天主教的学者为主体，主张以古代基督教思想大家的正统思想来"根本地超越现代和后现代性中的二元对峙困境"，"参与此运动之学者是要对早期至中古的'正统'（orthodoxy）神学作'彻底'的承传，却对后现代和晚期现代文化作出'激进的批判'"②。由于这些学者都是来自学术界，其基本构思和理论

---

① 以上内容参见 Kevin J. Vanhoozer ed. , *The Cambridge Companion to Postmodern Theology*, pp. 103-107。

② 曾庆豹主题策划：《激进正统神学》，香港道风书社，2005，林子淳"卷首语"，第 11~13 页。

对话也都基于相关学术范畴,其神学因而也被称为独树一帜、出类拔萃的"学院神学"(academic theology)。

这一神学思潮的历史较短,可谓方兴未艾。1997 年,英国学者阿拉斯代尔·约翰·米尔班克(Alasdair John Milbank)等人组织了一次专题圆桌会议,会上首次提出了"激进正统"(radical orthodoxy,中文亦译"基进正统")这一表述,故此为这一神学思潮确立了基调。1999 年,米尔班克、凯瑟琳·皮克斯托克(Catherine Pickstock)和格雷厄姆·沃德(Graham Ward)共同主编出版了《激进正统:一种新的神学》(*Radical Orthodoxy:A New Theology*)一书。这是"激进正统神学"的正式亮相,米尔班克被视为这一思潮的领军人物,而他们三人亦成为这一神学流派理论代表的"三剑客"。随后,这一思潮影响迅速扩大,不久就成为跨越欧美的新神学理论学说。2000 年,劳伦斯·保罗·亨明(Laurence Paul Hemming)编辑出版了《激进正统?天主教的提问》(*Radical Orthodoxy? A Catholic Enquiry*)一书;2002 年,美国加尔文学院组织了"激进正统成员工作小组";2004 年,詹姆斯·K. A. 史密斯(James K. A. Smith)出版比较系统介绍这一神学的著作《激进正统引介:刻画一种后世俗的神学》(*Introducing Radical Orthodoxy:Mapping a Post-secular Theology*),加深了人们对该思潮发展的理解。其他涉及"激进正统神学"的著作还包括加文·海曼(Gavin Hyman)著《后现代神学的困境:激进正统神学或虚无主义的文本主义》(*The Predicament of Postmodern Theology:Radical Orthodoxy or Nihilist Textualism*,2001)、克莱顿·克罗克特(Clayton Crockett)著《一种崇高神学》(*A Theology of the Sublime*,2001)及其所编《世俗神学:美国激进神学思潮》(*Secular Theology:American Radical Theological Thought*,2001)等。

"激进正统神学"思潮的核心代表人物米尔班克于 1952 年 10 月 23 日出生在英国金斯兰利,为英国圣公会家庭背景,早年就读于海默尔斯学院,后在牛津大学女王学院获得艺术学士学位,并在剑桥大学成为罗恩·威廉姆斯(后任英国圣公会坎特伯雷大主教)的学生,获得神学研究生毕业证书;他在伯明翰大学以研究意大利近代思想家詹巴蒂斯塔·维柯(Giambattista Vico)的论文获得哲学博士学位;1998 年,剑桥大学以认可其已出版专著的方式授予他高级神学博士学位。米尔班克毕业后曾在英国剑桥大学、兰开斯特大学和美国弗吉尼亚大学任教,后长期在英国诺丁汉大学人文学院神学与宗教研究系担任教授，直至退休，并曾担任该校神学与哲学研究中心主任，其间于 2011 年应邀在剑桥大学斯坦顿讲座做讲演。米尔班克的学术兴趣广泛，是当代英国著名神学家、哲学家和诗人，其涉猎领域包括系统神学、哲学、伦理学、美学、社会理论、政治理论、政治神学等；其主要著作包括《神学与社会理论：超越世俗理性》（*Theology and Social Theory：Beyond Secular Reason*，1990）、《维柯思想中的宗教之维，1668–1744》（*The Religious Dimension in the Thought of Giambattista Vico*，2 Vols.，1991–1992）、《水银木：场所，故事，性质》（*The Mercurial Wood：Sites，Tales，Qualities*，1997）、《话语造成奇异》（*The Word Made Strange*，1997）、《阿奎那的真理》（与皮克斯托克合著，［C. Pickstock］*Truth in Aquinas*，2000）、《达成和解：本体论与赦免论》（*Being Reconciled：Ontology and Pardon*，2003）、《中间之悬置：亨利·德·吕巴克与关涉超自然的争论》（*The Suspended Middle：Henri de Lubac and the Debate Concerning the Supernatural*，2005）、《神学与政治：新的争论》（与斯拉沃热·齐策克［Slavoj Žižek］及克里斯顿·戴维斯［Creston Davis］合著，*Theology and the Political：The New Debate*，2005）、《死亡传说：两套组诗》（*The Legend of Death：Two Poetic Sequences*，2008）、《基督的怪异：悖论还是辩证?》（与齐策克及戴维斯合著，*The Monstrosity of Christ：Paradox or Dialectic?* 2009）、《爱之未来：政治神学文集》（*The Future of Love：Essays in Political Theology*，2009）、《保罗的新时刻：大陆哲学与基督教神学的未来》（与齐策克及戴维斯合著，*Paul's New Moment：Continental Philosophy and the Future of Christian Theology*，2010）、《超越世俗秩序：存在之代表与人民之代表》（*Beyond Secular Order：The Representation of Being and the Representation of the People*，2013）、《德性政治：后自由主义与人类的未来》（与艾德里安·帕布斯特［Adrian Pabst］合著，*The Politics of Virtue：Post-Liberalism and the Human Future*，2016）等。

　　另一"激进正统神学"思想家西蒙·奥利弗（Simon Oliver）曾指出："'过去曾经没有"世俗"。'这是约翰·米尔班克在其《神学与社会理论》中的开篇陈述。这部著作常被引证为此后以激进正统神学而闻名的神学敏感性之肇端。自米尔班克这部奠基著作出版以来，在过去近二十年中，激进正统神学或许说已经成为在讲英语的神学中最具挑衅性、讨论亦最多的趋势。考虑到激进正统神学这类著作在其范围及目标上的雄心勃勃，涉及

古代、中世纪、现代及现代后期的思想，旨在神学上读懂我们自身时代的
征兆，那么其领域是极为广泛的。"① 米尔班克的思想深受柏拉图、新柏拉
图主义及奥古斯丁理论的影响，他以回到基督教经典作家的构想而专门探
究了当代西方神学与社会科学的相互关系，认为社会科学乃现代世俗主义
的产物，与暴力存在论相关，所以他对现代性持尖锐批判的态度，指出神
学不可寻求对世俗社会理论的建设性运用，因为神学本身乃应提供一种对
所有现实和平的、包容性的愿景，并以其"原初和平创造"的观念来在当
下社会和政治领域加以推广，神学故此不需要任何以暴力为基础的世俗社
会理论。而基督教神学则是本来应该有能力阻止用暴力等手段对德性进行
破坏的。在此，他亦借用了德里达哲学和汉斯·乌尔·冯·巴尔塔萨尔
（Hans Urs von Balthasar）神学对现代世俗主义的批判，主张建立一种基督
教"三位一体"的存在论，并以其对现代性及其世俗理论的激进批评来回
归"正统"。米尔班克为此指出："激进正统的确是一种智识性、普世性以
及文化性调解（Mediation）的运动。它同样反对纯粹理性与纯粹信仰的断
言，同样反对各教派垄断救恩的宣称与对教会训令的漠视，同样反对作为
一种'内在封闭性个人术语'的神学，与修正自身以迎合未经质疑之世俗假
设的神学。在如是意义下，它即是一种'中庸之道'（via media）。"② 而沃
德在其著作《巴特，德里达与神学语言》（*Barth，Derrida and the Language
of Theology*，1995）中也对"激进正统神学"有如下解释："两种声音的相
互考验——规避对自身提出之神学问题进行研究的哲学声音，以及规避自
身无法避免之哲学议题交锋的神学声音——启发了一种哲学神学的新进
路，一种同样在哲学上激进、但在神学上正统的进路。"③

　　显然，这些神学家的目的就是要根据西方社会当下"后现代"的发展
来创立一种与之关联的"新神学"。但由于其作为一种理论学说的确太
"新"而还未真正确定完整的理论系统，只是有相关学者的不同断想、见

---

① John Milbank and Simon Oliver eds.，*The Radical Orthodoxy Reader*，London and New York：Routledge，2009，p. 3.
② 转引自曾庆豹主题策划《激进正统神学》，香港道风书社，2005，第 20 页，此书中所用译文原为"基进正统"之表达。
③ 转引自曾庆豹主题策划《激进正统神学》，香港道风书社，2005，第 17 页，此书这里也将"radical"汉译为"基进"。

解而已。甚至有人认为其"新"并非现代神学或后现代标签意义上之"新"，而有着与之全然不同的意蕴。不过，随着研究的不断深入，其立意已日渐明确。这种"激进正统"之神学理论所面对的社会现状主要是西方传统体系的被"破坏"或"解构"，如近代以来笛卡尔、托马斯·霍布斯（Thomas Hobbes）和巴鲁赫·斯宾诺莎（Baruch Spinoza）等人以其理性基础所奠立的具有终极性宣称的"现代性"之崩塌，以及尼采以惊人之"上帝死了"这一虚无主义的呐喊所代表的传统信仰意义及价值的消失，故而有着愤世嫉俗的悲观和激进。这里，"激进正统神学"有着两难处境，一方面它认可后现代思潮的认知，即察觉到现代超验主义的神学所推出的是一种与世无关的上帝观，这对传统信仰的摧毁乃不言而喻的；另一方面它又反对后现代主义的立场，因为后现代思想家找不到根基，回不到过去。[①]

为此，"激进正统神学"试图以其"激进"之态而回归"正统"，以带来后现代时期的神学转机。其目的一是回归中世纪初奥古斯丁具有"神圣光照"（divine illumination）的知识洞察力；二是以古典神学来批判现代社会的学科建构及其知识领域；三是以其持守的正统观念来反思基督教传统的得与失，找寻其衰败之源；四是回击启蒙运动给基督教理论体系带来的消解，重建一种以上帝为超越和永恒根基的"参与神学"（theology of participation）。[②] 于是，传统神学的基督论就成为"激进正统神学"可用以"参与"的理论体系，并被视为建立一种基督教实用哲学和存在论的基础。与现代超验主义神学不同，基督论以"道成肉身"而实现了超越与现实的时空关联，从而为克服从现代到后现代过渡中的危机提供了可能性。为此，"激进正统神学"也并非纯粹神学，而与政治、经济和伦理密切关联，并在其中起着重要的中介作用。从这种目标和旨归来看，"激进正统神学"是一种在后现代处境中保守主义的回归，它以封闭之态的自说自话企图拯救不断衰弱的西方信仰传统及其精神体系。但在世界多元文化及其多元思潮的冲击下，"激进正统神学"的努力显然难以奏效，依然无法挽回西方精神思潮发展的颓势。

---

① 参见 Kevin J. Vanhoozer ed. , *The Cambridge Companion to Postmodern Theology*，p. 129。
② 以上参见曾庆豹主题策划《激进正统神学》，香港道风书社，2005，第 35、38 页。

结　语

西方当代宗教思潮乃自 20 世纪下半叶以来不足百年的宗教思潮，而且在西方社会处境中显然是以基督教思潮为主，尤其反映出其神学理论的多元状况及未来走向。不过，其理论关注却又不限于 20—21 世纪的西方社会，而有着更加广远的时空涵括、纵横拓展。从时间上可以纵向追溯到古代《圣经》传统及古希腊思想精神，从空间上则可以横向关联到东西交往甚至全球覆盖。因此，西方当代宗教思潮乃是其整个思想史上最为多元、最为复杂、最有争议，也最富挑战性的时段。

限于篇幅，本研究集中在过去半个多世纪以来西方社会最为活跃、最引人注目，以及观点分歧亦最大的西方"新时代"运动宗教思潮、西方女权主义宗教神学思潮、西方后现代主义宗教思潮这三个方面。在其发展过程中，我们可以看出一些共有的特点，说明当代西方宗教思潮所体现出的时代特色及文化个性，并以此而可预测其未来发展的大致意向及多元趋势。当代西方宗教发展仍聚焦于宗教与科技、社会、政治及人类精神发展的关系，但其思考更深，视域更广。在全球化时代的同一地球，我们与世界各国的交往尤其是与西方社会打交道，都需要对其宗教精神及发展现状有比较系统而透彻的了解，这样才能在共建人类命运共同体的努力中有的放矢、事半功倍。

其一，当代西方宗教在对待科技发展上有了新认识。随着人类在宏观世界和微观世界的认知拓展上取得成就，西方宗教尤其是"新时代"运动思潮对科技持有一种全新的接受、吸纳、运用之态度，并试图以其"返璞归真"之解释来把最新科技成就与古老宗教观念相对比，以说明现代科技成果实现了古代宗教的神话，这种"圆梦"也证实了古代宗教想象的真实性及"科学性"，因而借以反驳宗教与科学必然对立之说，认为在当代意义上已达到宗教与科学的协调甚至"共构"。这样，西方当代宗教发展其实在一定程度上缓解了近现代以来科学与宗教的对立及张力。这也应该成为我们今天讨论西方科学与宗教的真实关系时的一个必要关注点。

其二，西方当代宗教不再处于独立于世俗世界的"隔都"，而已全方位地融入西方社会，在政治、经济、市场、网络、思想、文化等众多领域有着广泛的参与和积极的亮相，并发挥出重要作用。这样，"神圣"与"世俗"的界限已进一步模糊，故而著名宗教学者伊利亚德用今天社会的"圣显"（hierophany）来取代以往宗教的"神显"（theophany），指明世俗社会中的各种"圣显"乃与宗教世界的"神显"异曲同工、殊途同归。所以，"宗教"与"非宗教"不再如以往那样清晰可辨，社会涌现出各种"准宗教"或"类宗教"现象，而对传统宗教也可以加以"非宗教式解释"；尤其是对作为当代西方信仰主体的基督教而言，传统的有神论观念开始被打破，已经出现了各种"非宗教的基督教""无神论的基督教""基督教的无神学"等说法，让人匪夷所思、难辨真假。

其三，西方当代宗教的神学体系有了更大的开放性和更多的包容性，基督教神学院已不再为"基督教"所独有，而成为各种宗教现象展示、各种宗教理论对话及融合的场所，出现了涵括各种宗教理论学说、吸纳不同宗教教义的"世界宗教神学"或"普世神学"。基督教的排他性、唯一性被边缘化，其"唯我独尊""教会之外无拯救"论也失去了普遍市场。不过，在最近的"逆全球化"发展中，随着"西方中心主义"的抬头，又开始出现在民族、宗教问题上选边站队、排除异己的迹象，"基督教中心主义"的所谓西方"主体意识"在重新得以加强，其后果如何还值得我们重新关注和认真研究。

其四，西方当代宗教在社会、政治参与上空前活跃，宗教"进入社会"与宗教的"祛魅"或"复魅"复杂交织，不少宗教思潮已经转化为社会运动或政治思潮，其"政治神学""女权神学"的神学涵盖减少，政治及民权意向加强，不少宗教理论家转为社会活动家，其关注焦点也从神学问题、宗教诉求转向政治话题、社会要求，一些神学家走到了社会政治、民主人权、反种族及性别歧视等斗争的第一线，其宗教身份则反而日趋淡化。

其五，西方当代宗教的组织意识在弱化，"建构性"宗教与"弥散性"宗教杂糅并存、难分伯仲、不争高下、和平共处。随着精神灵修、心理治疗等群体的涌现及各种研修方式的存在，其与所谓"新兴宗教"的差距越来越小，而其理念及形态却越来越接近。这种群体修行活动与以往宗教传统中的朝觐、圣徒崇拜等形异神似，异曲同工，在传统组织性宗教不断衰弱、解体的过程中，这种"修行"团体（相对而言有别于神圣膜拜团体）却如雨后春笋般不断涌现、迅速发展壮大。这对我们认识、界定宗教提出了新要求，对如何处理好与宗教的关系也带来了新挑战。

其六，西方当代宗教"超越东西方"、融通东西方的意向明显加强，地域之隔、民族之分及文化之别已不再是东西方宗教对话的障碍，"东方神秘主义"对当代西方宗教意识的重建具有极大的吸引力，"易"变、"道"通、"禅"意、"仙"境、"佛"悟、"梵"我等表述体现巨大的东方魅力。当西方宗教形而上体系、超验主义、终极实在、彼岸精神、绝对一神论受到冲击后，当代西方宗教出现了对东方宗教的逍遥精神、超越情怀的青睐，有着"跳出社会""忘掉自我"的发展走向，也以"道法自然"、游玩于山水之间、陶醉于无我之中作为自我解脱之途，并把这种境界与宗教灵修紧密结合起来。

其七，西方当代宗教有着"回到原点""不忘初心"的意欲，对保守主义的"回潮"或"回归"做出新的理解及诠释。他们认为人的原初本能可与天地通，神人不隔，故而可以万变不离其宗，"道通千古"，但这种能力却因人类的"进化"（或"原罪"）而被遗忘了、丢失了，故才"人心不古""神性不再"。而它们现在则想通过信仰或训练恢复这种原始本能、"与神合一"。在相关努力中，它们除了有着回到"原教旨主义"的基要之态，也会结合西方科学主义与东方"天人合一"思想来对神人关系、神迹奇事甚至特异功能等重加解读，并出现了所谓神圣景观学（地理学）或神圣预测学（未来学）的发展走向，于此亦产生出典型的生态学关注。这样，它们相信"神"乃存在之真，具有超然、超越性质，而"精"则为人生之本，体现自然、内在现象；并在道教"内丹"修练中发现了人的"微观世界之调适"，以及在其"外丹"冶炼中察觉到物质"宏观世界之援助"，以此希望能打通内在与外在之隔，回到神人合一的原态。

其八，西方当代宗教也在克服单边主义、单线思维的自我孤立中找寻一种整体主义、全息思维，这样以人的主体性（社会性、生活性）为认识、思考之基来形成联动、联想和联觉，追求感性与理性、形象与抽象、体悟与推断等思维模式及方法范畴的有机统一，倡导对自我与世界的有机、辩证思考，以实现科学、玄学、神学（仙学）、人学的一体共构。在各种宗教有神论的包装中，其关注核心实质上乃集中在人的存在，及人之生活方式的存在，人与社会、自然之关系的存在。

　　虽然当代西方宗教思潮呈现出开放、开明的姿态，有着多元主义的发展及不同选择的并存，但其西方主体精神、西方文化主流意识并没有发生根本改变，其调适、改革乃是为了在这个多元的世界更好地掌握主动权、话语权。因此，其审视既有着对广袤宇宙的探测，亦有着对生存世界的洞观，更有着对精神意蕴的哲思，从而不断丰富其信仰理解和灵性积淀。随着当下国际局势的剧变及西方意识的自我回归和内化，当代之变会更加明显，对我们的挑战亦更为严峻。我们要审时度势、注意流变，在积极推动国际对话、提倡多边及多元并存之际，仍需看清、体认到西方当代精神万花筒中所折射出的其所期望的"一枝独秀"之潜影和隐喻。

图书在版编目（CIP）数据

当代西方宗教思潮研究："新时代"运动、女权神
学与后现代主义/卓新平著. -- 北京：社会科学文献
出版社，2023.8
　ISBN 978-7-5228-1912-9

　Ⅰ.①当… 　Ⅱ.①卓… 　Ⅲ.①宗教-思想史-研究-
西方国家　Ⅳ.①B929.5

中国国家版本馆 CIP 数据核字（2023）第 108191 号

当代西方宗教思潮研究
——"新时代"运动、女权神学与后现代主义

著　　者／卓新平

出　版　人／冀祥德
组稿编辑／宋月华
责任编辑／胡百涛　杨　雪
责任印制／王京美

出　　版／社会科学文献出版社·人文分社（010）59367215
　　　　　地址：北京市北三环中路甲 29 号院华龙大厦　邮编：100029
　　　　　网址：www. ssap. com. cn
发　　行／社会科学文献出版社（010）59367028
印　　装／三河市尚艺印装有限公司

规　　格／开本：787mm×1092mm　1/16
　　　　　印　张：21　字　数：345 千字
版　　次／2023 年 8 月第 1 版　2023 年 8 月第 1 次印刷
书　　号／ISBN 978-7-5228-1912-9
定　　价／168.00 元

读者服务电话：4008918866